北京大學中國語言學研究中心

早期北京話珍稀文獻集成 —— 日本北京話教科書彙編

主編 劉雲

分卷主編 陳穎 陳曉

華語跬步

[日] 御幡雅文 編著
徐毅發 校注

北京大學出版社
PEKING UNIVERSITY PRESS

圖書在版編目 (CIP) 數據

華語跬步 /(日)御幡雅文編著；徐毅發校注. —北京：北京大學出版社，2018.4
（早期北京話珍本典籍校釋與研究）
ISBN 978–7–301–29124–5

Ⅰ. ①華… Ⅱ. ①御… ②徐… Ⅲ. ①北京話–史料 Ⅳ. ① H172.1

中國版本圖書館 CIP 數據核字 (2017) 第 328761 號

書　　　名	華語跬步 HUAYU KUIBU
著作責任者	［日］御幡雅文　編著　徐毅發　校注
責 任 編 輯	宋思佳
標 準 書 號	ISBN 978–7–301–29124–5
出 版 發 行	北京大學出版社
地　　　址	北京市海淀區成府路 205 號　100871
網　　　址	http://www.pup.cn　　新浪微博：@ 北京大學出版社
電 子 信 箱	zpup@pup.cn
電　　　話	郵購部 62752015　發行部 62750672　編輯部 62753027
印 刷 者	北京虎彩文化傳播有限公司
經 銷 者	新華書店
	720 毫米 × 1020 毫米　16 開本　17.75 印張　272 千字 2018 年 4 月第 1 版　2018 年 4 月第 1 次印刷
定　　　價	88.00 元

未經許可，不得以任何方式複製或抄襲本書之部分或全部內容。
版權所有，侵權必究
舉報電話：010–62752024　電子信箱：fd@pup.pku.edu.cn
圖書如有印裝質量問題，請與出版部聯繫，電話：010–62756370

《華語跬步》書影（來源：日本東洋文庫藏本）

顏色（單句、散語）類

這個做双小綉鞋兒、就彷彿是出水的紅菱似的、然而總得三寸金蓮纔行、若是尺牛拉兒的脚、用這個做鞋、那就把人的牙都可以笑掉了。古銅色很文靜、很正派、也算是上等顏色。官場買賣人通行、什庅材料什庅東西都能做。湖綠也是做裡兒用的、做面兒少。婦女偶然用他做面兒的也有、可也看什庅材料若是紗羅綢絹之類、爺們也可以做夏天的衣裳、緞子綾子就沒有用這個顏色做衣裳的了、國家定例、黃的不用說、天青最貴、其次是大紅、另外就是黑白兩樣兒別的都是襍色不一定。

總　序

　　語言是文化的重要組成部分,也是文化的載體。語言中有歷史。

　　多元一體的中華文化,體現在我國豐富的民族文化和地域文化及其語言和方言之中。

　　北京是遼金元明清五代國都(遼時爲陪都),千餘年來,逐漸成爲中華民族所公認的政治中心。北方多個少數民族文化與漢文化在這裏碰撞、融合,產生出以漢文化爲主體的、帶有民族文化風味的特色文化。

　　現今的北京話是我國漢語方言和地域文化中極具特色的一支,它與遼金元明四代的北京話是否有直接繼承關係還不是十分清楚。但可以肯定的是,它與清代以來旗人語言文化與漢人語言文化的彼此交融有直接關係。再往前追溯,旗人與漢人語言文化的接觸與交融在入關前已經十分深刻。本叢書收集整理的這些語料直接反映了清代以來北京話、京味文化的發展變化。

　　早期北京話有獨特的歷史傳承和文化底蘊,於中華文化、歷史有特別的意義。

　　一者,這一時期的北京歷經滿漢雙語共存、雙語互協而新生出的漢語方言——北京話,它最終成爲我國民族共同語(普通話)的基礎方言。這一過程是中華多元一體文化自然形成的諸過程之一,對於了解形成中華文化多元一體關係的具體進程有重要的價值。

　　二者,清代以來,北京曾歷經數次重要的社會變動:清王朝的逐漸孱弱、八國聯軍的入侵、帝制覆滅和民國建立及其伴隨的滿漢關係變化、各路軍閥的來來往往、日本侵略者的占領,等等。在這些不同的社會環境下,北京人的構成有無重要變化?北京話和京味文化是否有變化?進一步地,地域方言和文化與自身的傳承性或發展性有着什麼樣的關係?與社會變遷有着什麽樣的關係？清代以至民國時期早期北京話的語料爲研究語言文化自身傳承性與社會的關係提供了很好的素材。

　　了解歷史才能更好地把握未來。新中國成立後，北京不僅是全國的政治中心，而且是全國的文化和科研中心，新的北京話和京味文化或正在形成。什麽是老北京京味文化的精華？如何傳承這些精華？爲把握新的地域文化形成的規律，爲傳承地域文化的精華，必須對過去的地域文化的特色及其形成過程進行細致的研究和理性的分析。而近幾十年來，各種新的傳媒形式不斷涌現，外來西方文化和國内其他地域文化的衝擊越來越强烈，北京地區人口流動日趨頻繁，老北京人逐漸分散，老北京話已幾近消失。清代以來各個重要歷史時期早期北京話語料的保護整理和研究迫在眉睫。

　　"早期北京話珍本典籍校釋與研究（暨早期北京話文獻數字化工程）"是北京大學中國語言學研究中心研究成果，由"早期北京話珍稀文獻集成""早期北京話數據庫"和"早期北京話研究書系"三部分組成。"集成"收録從清中葉到民國末年反映早期北京話面貌的珍稀文獻并對内容加以整理，"數據庫"爲研究者分析語料提供便利，"研究書系"是在上述文獻和數據庫基礎上對早期北京話的集中研究，反映了當前相關研究的最新進展。

　　本叢書可以爲語言學、歷史學、社會學、民俗學、文化學等多方面的研究提供素材。

　　願本叢書的出版爲中華優秀文化的傳承做出貢獻！

王洪君、郭鋭、劉雲
二〇一六年十月

"早期北京話珍稀文獻集成"序

清民兩代是北京話走向成熟的關鍵階段。從漢語史的角度看，這是一個承前啓後的重要時期，而成熟後的北京話又開始爲當代漢民族共同語——普通話源源不斷地提供着養分。蔣紹愚先生對此有着深刻的認識："特別是清初到19世紀末這一段的漢語，雖然按分期來說是屬於現代漢語而不屬於近代漢語，但這一段的語言（語法，尤其是詞彙）和'五四'以後的語言（通常所說的'現代漢語'就是指'五四'以後的語言）還有若干不同，研究這一段語言對於研究近代漢語是如何發展到'五四'以後的語言是很有價值的。"（《近代漢語研究概要》，北京大學出版社，2005年）然而國內的早期北京話研究并不盡如人意，在重視程度和材料發掘力度上都要落後於日本同行。自1876年至1945年間，日本漢語教學的目的語轉向當時的北京話，因此留下了大批的北京話教材，這爲其早期北京話研究提供了材料支撑。作爲日本北京話研究的奠基者，太田辰夫先生非常重視新語料的發掘，很早就利用了《小額》《北京》等京味兒小説材料。這種治學理念得到了很好的傳承，之後，日本陸續影印出版了《中國語學資料叢刊》《中國語教本類集成》《清民語料》等資料匯編，給研究帶來了便利。

新材料的發掘是學術研究的源頭活水。陳寅恪《〈敦煌劫餘録〉序》有云："一時代之學術，必有其新材料與新問題。取用此材料，以研求問題，則爲此時代學術之新潮流。"我們的研究要想取得突破，必須打破材料桎梏。在具體思路上，一方面要拓展視野，關注"異族之故書"，深度利用好朝鮮、日本、泰西諸國作者所主導編纂的早期北京話教本；另一方面，更要利用本土優勢，在"吾國之舊籍"中深入挖掘，官話正音教本、滿漢合璧教本、京味兒小説、曲藝劇本等新類型語料大有文章可做。在明確了思路之後，我們從2004年開始了前期的準備工作，在北京大學中國語言學研究中心的大力支持下，早期北京話的挖掘整理工作於2007年正式啓動。本次推出的"早期北京話珍稀文獻集成"是階段性成果之一，總體設計上"取異族之故書與吾國之舊籍互相補正"，共分"日本北京話教科書匯編""朝鮮日據時期漢語會話書匯編""西人北京話教科書匯編""清代滿漢合璧文獻萃編""清代官話正音文獻""十全福""清末民初京味兒小說書系""清末民初京味兒時評書系"八個系列，臚列如下：

"日本北京話教科書匯編"於日本早期北京話會話書、綜合教科書、改編讀物和風俗紀聞讀物中精選出《燕京婦語》《四聲聯珠》《華語跬步》《官話指南》《改訂官話指南》《亞細亞言語集》《京華事略》《北京紀聞》《北京風土編》《北京風俗問答》《北京事情》《伊蘇普喻言》《搜奇新編》《今古奇觀》等二十餘部作品。這些教材是日本早期北京話教學活動的縮影，也是研究早期北京方言、民俗、史地問題的寶貴資料。本系列的編纂得到了日本學界的大力幫助。冰野善寬、內田慶市、太田齋、鱒澤彰夫諸先生在書影拍攝方面給予了諸多幫助。書中日語例言、日語小引的翻譯得到了竹越孝先生的悉心指導，在此深表謝忱。

"朝鮮日據時期漢語會話書匯編"由韓國著名漢學家朴在淵教授和金雅瑛博士校注，收入《改正增補漢語獨學》《修正獨習漢語指南》《高等官話華語精選》《官話華語教範》《速修漢語自通》《速修漢語大成》《無先生速修中國語自通》《官話標準：短期速修中國語自通》《中語大全》《"內鮮滿"最速成中國語自通》等十餘部日據時期（1910年至1945年）朝鮮教材。這批教材既是對《老乞大》《朴通事》的傳承，又深受日本早期北京話教學活動的影響。在中韓語言史、文化史研究中，日據時期是近現代過渡的重要時期，這些資料具有多方面的研究價值。

"西人北京話教科書匯編"收錄了《語言自邇集》《官話類編》等十餘部西人編纂教材。這些西方作者多受過語言學訓練，他們用印歐語的眼光考量漢語，解釋漢語語法現象，設計記音符號系統，對早期北京話語音、詞彙、語法面貌的描寫要比本土文獻更爲精準。感謝郭鋭老師提供了《官話類編》《北京話語音讀本》和《漢語口語初級讀本》的底本,《尋津錄》、《語言自邇集》(第一版、第二版)、《漢英北京官話詞彙》、《華語入門》等底本由北京大學圖書館特藏部提供,謹致謝忱。《華英文義津逮》《言語聲片》爲筆者從海外購回,其中最爲珍貴的是老舍先生在倫敦東方學院執教期間,與英國學者共同編寫的教材——《言語聲片》。教材共分兩卷:第一卷爲英文卷,用英語講授漢語,用音標標注課文的讀音;第二卷爲漢字卷。《言語聲片》采用先用英語導入,再學習漢字的教學方法講授漢語口語,是世界上第一部有聲漢語教材。書中漢字均由老舍先生親筆書寫,全書由老舍先生錄音,共十六張唱片,京韵十足,殊爲珍貴。

上述三類"異族之故書"經江藍生、張衛東、汪維輝、張美蘭、李無未、王順洪、張西平、魯健驥、王澧華諸先生介紹,已經進入學界視野,對北京話研究和對外漢語教學史研究產生了很大的推動作用。我們希望將更多的域外經典北京話教本引入進來,考慮到日本卷和朝鮮卷中很多抄本字跡潦草,難以辨認,而刻本、印本中也存在着大量的異體字和俗字,重排點校注釋的出版形式更利於研究者利用,這也是前文"深度利用"的含義所在。

對"吾國之舊籍"挖掘整理的成果,則體現在下面五個系列中:

"清代滿漢合璧文獻萃編"收入《清文啓蒙》《清話問答四十條》《清文指要》《續編兼漢清文指要》《庸言知旨》《滿漢成語對待》《清文接字》《重刻清文虛字指南編》等十餘部經典滿漢合璧文獻。入關以後,在漢語這一强勢語言的影響下,熟習滿語的滿人越來越少,故雍正以降,出現了一批用當時的北京話注釋翻譯的滿語會話書和語法書。這批教科書的目的本是教授旗人學習滿語,却無意中成爲了早期北京話的珍貴記錄。"清代滿漢合璧文獻萃編"首次對這批文獻進行了大規模整理,不僅對北京話溯源和滿漢語言接觸研究具有重要意義,也將爲滿語研究和滿語教學創造極大便利。由於底本多爲善本古籍,研究者不易見到,在北京大學圖書館古籍部和日本神户市外國語大學竹越孝教授的大力協助下,"萃編"將以重排點校加影印的形式出版。

"清代官話正音文獻"收入《正音撮要》(高静亭著)和《正音咀華》(莎

彝尊著）兩種代表著作。雍正六年（1728），雍正諭令福建、廣東兩省推行官話，福建爲此還專門設立了正音書館。這一"正音"運動的直接影響就是以《正音撮要》和《正音咀華》爲代表的一批官話正音教材的問世。這些書的作者或爲旗人，或寓居京城多年，書中保留着大量北京話詞彙和口語材料，具有極高的研究價值。沈國威先生和侯興泉先生對底本搜集助力良多，特此致謝。

《十全福》是北京大學圖書館藏《程硯秋玉霜簃戲曲珍本》之一種，爲同治元年陳金雀抄本。陳曉博士發現該傳奇雖爲崑腔戲，念白却多爲京話，較爲罕見。

以上三個系列均爲古籍，且不乏善本，研究者不容易接觸到，因此我們提供了影印全文。

總體來說，由於言文不一，清代的本土北京話語料數量較少。而到了清末民初，風氣漸開，情況有了很大變化。彭翼仲、文實權、蔡友梅等一批北京愛國知識分子通過開辦白話報來"開啓民智""改良社會"。著名愛國報人彭翼仲在《京話日報》的發刊詞中這樣寫道："本報爲輸進文明、改良風俗，以開通社會多數人之智識爲宗旨。故通幅概用京話，以淺顯之筆，達樸實之理，紀緊要之事，務令雅俗共賞，婦稚咸宜。"在當時北京白話報刊的諸多欄目中，最受市民歡迎的當屬京味兒小說連載和《益世餘譚》之類的評論欄目，語言極爲地道。

"清末民初京味兒小說書系"首次對以蔡友梅、冷佛、徐劍膽、儒丐、勳銳爲代表的晚清民國京味兒作家群及作品進行系統挖掘和整理，從千餘部京味兒小說中萃取代表作家的代表作品，并加以點校注釋。該作家群活躍於清末民初，以報紙爲陣地，以小說爲工具，開展了一場轟轟烈烈的底層啓蒙運動，爲新文化運動的興起打下了一定的群衆基礎，他們的作品對老舍等京味兒小說大家的創作產生了積極影響。本系列的問世亦將爲文學史和思想史研究提供議題。于潤琦、方梅、陳清茹、雷曉彤諸先生爲本系列提供了部分底本或館藏綫索，首都圖書館歷史文獻閱覽室、天津圖書館、國家圖書館提供了極大便利，謹致謝意！

"清末民初京味兒時評書系"則收入《益世餘譚》和《益世餘墨》，均係著名京味兒小説家蔡友梅在民初報章上發表的專欄時評，由日本岐阜聖德學園大學劉一之教授、矢野賀子教授校注。

這一時期存世的報載北京話語料口語化程度高，且總量龐大，但發掘和整理却殊爲不易，稱得上"珍稀"二字。一方面，由於報載小説等欄目的流行，外地作者也加入了京味兒小説創作行列，五花八門的筆名背後還需考證作者是否爲京籍，以蔡友梅爲例，其真名爲蔡松齡，查明的筆名還有損、損公、退化、亦我、梅蒐、老梅、今睿等。另一方面，這些作者的作品多爲急就章，文字錯訛很多，并且鮮有單行本存世，老報紙殘損老化的情況日益嚴重，整理的難度可想而知。

上述八個系列在某種程度上填補了相關領域的空白。由於各個系列在內容、體例、出版年代和出版形式上都存在較大的差異，我們在整理時借鑒《朝鮮時代漢語教科書叢刊續編》《〈清文指要〉匯校與語言研究》等語言類古籍的整理體例，結合各個系列自身特點和讀者需求，靈活制定體例。"清末民初京味兒小説書系"和"清末民初京味兒時評書系"年代較近，讀者群體更爲廣泛，經過多方調研和反復討論，我們決定在整理時使用簡體橫排的形式，儘可能同時滿足專業研究者和普通讀者的需求。"清代滿漢合璧文獻萃編""清代官話正音文獻"等系列整理時則采用繁體。"早期北京話珍稀文獻集成"總計六十餘册，總字數近千萬字，稱得上是工程浩大，由於我們能力有限，體例和校注中難免會有疏漏，加之受客觀條件所限，一些擬定的重要書目本次無法收入，還望讀者多多諒解。

"早期北京話珍稀文獻集成"可以説是中日韓三國學者通力合作的結晶，得到了方方面面的幫助，我們還要感謝陸儉明、馬真、蔣紹愚、江藍生、崔希亮、方梅、張美蘭、陳前瑞、趙日新、陳躍紅、徐大軍、張世方、李明、鄧如冰、王强、陳保新諸先生的大力支持，感謝北京大學圖書館的協助以及蕭群書記的熱心協調。"集成"的編纂隊伍以青年學者爲主，經驗不足，兩位叢書總主編傾注了大量心血。王洪君老師不僅在經費和資料上提供保障，還積極扶掖新進,"我們搭臺,你們年輕人唱戲"的話語令人倍感溫暖和鼓舞。郭銳老師在經費和人員上也予以了大力支持,不僅對體例制定、底本選定等具體工作進行了細致指導,還無私地將自己發現的新材料和新課題與大家分享,令人欽佩。"集成"能夠順利出版還要特別感謝國家出版基金規劃管理辦公室的支持以及北京大學出版社王明舟社長、張鳳珠副總編的精心策劃,感謝漢語編輯室杜若明、鄧曉霞、張弘泓、宋立文等老師所付出的辛勞。需要感謝的師友還有很多,在此一并致以誠摯的謝意。

"上窮碧落下黃泉,動手動腳找東西",我們不奢望引領"時代學術之新潮流",惟願能給研究者帶來一些便利,免去一些奔波之苦,這也是我們向所有關心幫助過"早期北京話珍稀文獻集成"的人士致以的最誠摯的謝意。

劉 雲
二〇一五年六月二十三日
於對外經貿大學求索樓
二〇一六年四月十九日
改定於潤澤公館

整理點校凡例

自1876年9月始，日本的中國語教育開始轉向北京官話。此後陸續出版了大批北京話教材、讀本和工具書，爲研究這一時期的北京話和域外漢語教學留下了寶貴資料。日本學界對這批文獻非常重視，已將代表性教材影印出版，主要收錄在《中國語學資料叢刊》（波多野太郎編，不二出版社，1985年）和《中國語教本類集成》（六角恒廣編，不二出版社，1995年）兩部巨著之中。在國内，《日本明治時期漢語教科書彙刊》（張美蘭編，廣西師範大學出版社，2011年）和《日本漢語教科書彙刊（江户明治編）》（李無未主編，中華書局，2015年）的影印出版也給研究者帶來便利。美中不足的是，這批教材底本均爲竪排，異形詞、異體字、俗字和别字極多，一些手抄本字迹模糊，利用不便。爲了方便讀者使用，我們精選一批口語化程度高的代表性教材，重新錄入後加以點校、注釋，横排出版。本套叢書主要服務於北京話研究，整理中儘可能保持彼時北京話的原貌。相關體例如下：

一　關於標點、符號

底本的標點不合規範，斷句也偶有舛誤。整理本依據《標點符號用法》，并結合文義重新標點。底本原有的批注一律放在脚注中，用※提示，以區别於整理者的新注釋。此外，底本中難以辨識的文字用□表示，并出注說明。例如：

　　不在過强的人的左右爲□①，因爲生出是非來，常是弱的敗。
　　注釋：①底本字迹模糊，似爲"美"，又似"業"，列此備考。

二　關於底本訛誤之處

凡係底本中明確的錯訛、衍文、脱漏、倒文之處，均在整理本中直接更正

并出校注。舉例如下:

1. 錯別字

> 這麽著大家就把酒席都撤①了。
> 注釋:①撤:原作"撒"。

因繁體字或異體字而造成的錯訛,整理後不易看出,可稍作説明:

> 趕到了他們平上,硬説是才彀①五兩三錢銀子。
> 注釋:①彀:原作"殼"。够。

2. 衍文

> 做買賣别太手緊了,恐怕耽誤生意;也别太手松了,恐怕傷了①本錢。
> 注釋:①底本"了"後還有一"了"字,當爲衍字,今删。

3. 脱漏

> 像這①樣兒挖肉補瘡的事情,聽着真令人可憐可慘。
> 注釋:①底本無"這"字,據文義補。

4. 倒文

> 房德①就走到右邊兒廊子底下門磡兒上坐下了。
> 注釋:①房德:原作"德房",二字序誤,今改。

三 關於字形

簡體字、繁體字、異體字、疑難字均原樣録入。有的字與現在的用法有較大差異,在首次出現時注釋説明。例如:

> 就咂着嘴兒讚了讚,驢蹤①了半天,總搆②不着。
> 注釋:①驢蹤:躘縱。向上跳。※驢:上平,驤也,下做此。※蹤:去聲,跳也,下做此。

②搆：够。To plot, reach up to. ［美］富善（Chauncey Goodrich）《北京音袖珍字典》（*A Pocket Dictionary, Chinese-English and Pekingese Syllabary*, 1891年，107頁）　※搆：讀上平，以物及物也，下倣此。

人名、地名、書名的用字如果轉換後易引起混淆，則保留原字。

四　關於詞形

部分北京話詞彙的漢字形體無規範可依，同一個詞在不同作者筆下和不同詞典中往往有不同形體，以"嚼裹"一詞爲例，還有"嚼過""嚼骨""嚼果""嚼谷""嚼谷兒""嚼棍""嚼咕"等形式。類似情況極多，如"腦油—闹油、頷磣—憨蠢、疙瘩—疙疸、合式—合適、皮氣—脾氣"。這些豐富的異形詞恰恰展現了彼時北京話最鮮活的面貌，對於考察北京話口語詞的面貌、詞源和定型過程都極有價值，如統一爲一個詞形，既無必要，也難令人信服。

"與其改而不足信，改而不能盡，甚或改後反生歧義，莫如一律不改。"（許逸民《古籍字體轉換釋例》）因此，我們對底本中的異形詞采取"悉依其舊"的處理方式，保留原詞形，疑似的異形詞也都用現代漢語規範詞形注釋。例如：

> 他們彼此生了疑心，嫉妒很利害①，各自分散開了。
> 注釋：①利害：厲害。

讀音完全相同的一組詞，詞義部分相同，注釋時補充説明。例如：

> 他那門口兒寫著①"賈寓"，那就是他家。
> 注釋：①著：着，助詞。

與現今的叫法不一致的地名和品名，也當作異形詞處理，均保持原貌，例如"戒壇寺""海甸"。一些詞的用字與現今規範用字不同，如補語標記"得"作"的"、語氣詞"了"作"咯""喇"、"這麼"作"這們"、"做事"作"作事"、"什麼"作"甚麼"等，這些特殊用字往往反映了當時北京話的特殊發音,也當作異形詞處理,不作改動。

底本中一些帶有污辱蔑視色彩的用詞(如"拳匪"等)僅代表原作者當時的個人立場,這類情況循例均不加更改。

五 關於注釋

1. 對一些有特色的北京話口語詞加以注釋。如:

老太太、大姑兒①,您可憐我一個大。

注釋:①大姑兒:乞丐乞討時對中青年婦女的稱呼。(王秉愚編著《老北京風俗詞典》,中國青年出版社,2009年,149頁)

2. 涉及讀者可能比較陌生的書名、人名、歷史事件、歷史人物或特殊專名時儘可能注釋説明,并爲規範起見注明引用來源。例如:

貴班次①?

候補知州。

注釋:①班次:職位品級。[美]富善(Chauncey Goodrich)《官話萃珍》(*A Character Study in Mandarin Colloquial*, 1898/1916):"問作官的品職爲貴班次。"

3. 注釋詞義中有需要説明的異體字和校對情況時,先説明字形和校對情況,再注釋。如:

我剛才問他來著,他説他是珐藍作①的人。

注釋:①原作"珐是藍作"。珐藍作:製造加工珐藍的工廠。

爲方便讀者使用,所有注釋均采用脚注形式,各頁以①起始,獨立編序。目錄不出注釋,序言視同正文處理。

六 關於書影

此次點校所據均爲已出版或公開的影印本。爲了更好地呈現原書面貌,卷首附有原書的書影。其中,《燕京婦語》原書現爲日本鱒澤彰夫先生個人收藏,其書影出自鱒澤彰夫先生編著的《影印燕京婦語》(好文出版社,2013年),《虎頭蛇尾》書影出自日本關西大學圖書館長澤文庫藏本,《伊蘇普喻言》書影出自日本關西大學東西學術研究所藏本,《北京風土編》書影出自日本筑波大學附屬圖書館藏本,《搜奇新編》書影出自日本滋賀大學附屬圖書館藏本,《華語跬步》書影出自日本東洋文庫藏本,《亞細亞言語集》書影出自日本神戶市外國語大學圖書館藏本,《北京事情》《北京風俗問答》《北京紀聞》《四聲聯珠》《今古奇觀》《急就篇》《華言問答》《中國話》《生意筋絡》《中等官話談論新篇》《官話指南》《改訂官話指南》十二種書影均出自日本關西大學アジア文化研究センター鱒澤彰夫氏寄贈圖書。

附書影的原則是儘量做到與點校本所使用的爲同一版本。但由於年代久遠,各書版本衆多,且多藏於日本,故此有兩種書影與點校本版本不一致:一種爲《官話指南》,點校本所使用的是1903年版,而其書影爲1900年版,但這兩個版本的內容和版式均相同;一種爲《虎頭蛇尾》,點校本爲排印本,其書影爲寫本,內容亦基本一致。另外,因編者能力有限,無法得見《官話續急就篇》《京華事略》點校本的原書,因此其書影暫缺。以上望讀者諒之。

本卷的編校工作由北京大學出版社崔蕊老師統籌,宋思佳、路冬月、唐娟華、王鐵軍、何杰杰等責編老師也付出了大量心血。高淑燕老師在疑難字識別方面提供了幫助,蔣春紅老師提供了《華語跬步》的底本,羅菲菲、郝小煥、謝超、趙正婕、農蕾、朱斯雲、趙芹、趙旭、曠濤群、吳薈莉、李紅婷、許靜、李郭然、黎楠婷在前期準備過程中予以協助,在此一并致以謝意。

陳穎、陳曉
二〇一七年十月

解 題

　　《華語跬步》,是御幡雅文編著的漢語教科書,初版於明治十九年(1886)十月一日發行①,本次點校所據版本爲增補第九版,於明治四十四年(1911)四月廿五日由文求堂書店發行。

　　作者御幡雅文(1859—1912),係日本明治時期著名的漢語教師,1859年生於長崎市,1879年被日本陸軍參謀本部選派到日本駐北京公使館學習北京官話。他諳熟閩南話和上海話,曾於上海日清貿易所、臺灣總督府等機構教授漢語。②

　　《華語跬步》是御幡雅文的代表作。初版發行以後,又發行了第二至第六版;第七版開始爲增補版,于明治四十一年(1908)九月五日發行,對舊版作了較大改動和增補。比如,新增加了"通姓捷訣"和"部首俗稱",對舊版中的"官話平仄編""家常問答""續散語類"等部分都做了較大幅度的改動和增補。③

　　增補第九版的主體內容爲日常實用會話的分類彙編。卷首爲"官話音譜便覽"和"官話平仄編",主要以音節表的形式介紹漢語音系;隨之有"百家姓續"和"部首"以便熟悉聲韵字形;其後是主體部分,分"數目""天文""時令"等19個事物類,每類之下,先列單詞,後列單句或散語;接下來的"家常問答""續散語類""接見問答"等部分均屬日常會話彙編;"常言類"是中國民間諺語彙編;最後附"通姓捷訣"和"部首俗稱"兩部分。

　　明治以來,日本近代漢語教育經歷了由南京官話向北京官話的轉變。在轉變初期,北京官話教科書奇乏,當時教材的編寫深受威妥瑪《語言自邇集》

---

　　① 參看六角恒廣《中國語教育史の研究》,東京:東方書店,1988年,306頁。
　　② 參看六角恒廣著、王順洪編譯《日本近代漢語名師傳》,北京大學出版社,2002年,69頁。
　　③ 參看六角恒廣著、王順洪譯《日本中國語教學書志》,北京語言大學出版社,2000年,24頁。

(1867)的影響,甚至有不少套搬之作,《華語跬步》也難免受其影響。比如,《官話平仄編》實際上是以《語言自邇集》裏的"平仄編"爲基礎而編纂,散語也均爲《語言自邇集》裏的用語。除了《語言自邇集》外,《華語跬步》的編排還受到當時其他教材和教學實踐的影響。六角恒廣在《日本中國語教學書志》中提到:"(天文類、數目類)這種形式,與漢語學所初期中國語教學使用的《漢語跬步》是一樣的。此書起名爲《華語跬步》,也許是因該緣由。"[①]

《華語跬步》與《官話指南》《談論新編》《急就篇》等明治時期的重要漢語教科書齊名,亦可看作近代日本漢語教學的一個縮影。

---

① 六角恒廣著、王順洪譯《日本中國語教學書志》,北京語言大學出版社,2000年,23頁。

《華語跬步》整理體例

《華語跬步》底本約有一半的篇幅爲每個漢字標注了聲調和聲母的送氣/不送氣,對研究者有一定的參考價值;但底本的標注方式爲四角標音,標注符號爲小圓圈,不便于排版和編輯。今將標注體例修改如下:

1. 整理本采用數字上標進行調類標音,與底本的對應關係爲:

	上平	下平	上聲	去聲
底　本	｡們	｡王	馬｡	叫｡
整理本	們¹	王²	馬³	叫⁴

2. 底本有時一個漢字標有兩個聲調,可能表示變調,也可能爲錯訛,整理本一律照錄。即:

底本	整理本
｡想｡	想¹³
｡水｡	水²³

3. 底本標調符號爲實心點的表示送氣音,整理本改爲在標調符號下加下劃綫表示送氣。即:

底本	整理本
彩·	彩³

4. 底本有的字無標調符號,該情況或出現于重叠形式的後字以避免重複

標調,或爲漏印,整理本一律照錄。如:

底本	整理本
°頑°兒頑兒	頑²兒²頑兒
另有°	另有³

5. 底本帶雙圈的字爲該課生詞,整理本在該字下加下劃綫表示。即:

底本	整理本
°明°年	明²年²

6. 底本某些部分中字右邊帶有一短橫綫,疑爲重音,整理本在該字上加着重號表示。即:

底本	整理本
°門一	門²

7. 底本某些字的聲調、送氣/不送氣與今北京音不同,或爲當時語音之反映,或爲錯訛,整理本一律依底本照錄。

《官話平仄編》排版説明

　　底本《官話平仄編》共分三十五個列音,每個列音相當於一個韻母。每個列音分五大橫行,每一大行按聲調分"上平""下平""上聲"和"去聲"四小行,每一小行的漢字聲調相同;每一大行中又分爲若干個小縱列,每個小縱列所列漢字的聲母相同。今爲適應橫排版體例,在不改變底本表格"漢字每小行聲調相同、每小縱列聲母相同"的規則的前提下,將底本表格的五大橫行改爲五大縱列。以"阿列音"爲例,底本表格爲:

上平		阿	他	媽	臢
下平		○	○	麻	雜
上聲		阿	塔	馬	咱
去聲		阿	榻	罵	○

上平	阿	嘎	哪	拉	擦
下平	列	嘎	拿	邋	○
上聲	音	嘎	那	喇	○
去聲	一	嘎	那	蠟	○

上平		卡	哈	渣	發
下平		○	蝦	劄	法
上聲		○	哈	拃	髮
去聲		○	哈	乍	法

| 上平 | | 撒 | 八 | 叉 | |

2 華語跬步

下平	瞰	拔	茶
上聲	洒	把	扠
去聲	○	罷	杈

上平	答	琶	殺
下平	搭	扒	○
上聲	打	○	傻
去聲	大	怕	刹

今改爲：

阿列音_

上平	阿	他	媽	臜	嘎	哪	拉	擦	卡	哈	渣	發	撒	八	叉	答	琶	殺
下平	○	○	麻	雜	嘎	拿	邋	○	○	蝦	劄	法	瞰	拔	茶	搭	扒	○
上聲	阿	塔	馬	咱	嘎	那	喇	○	○	哈	拃	髮	洒	把	扠	打	○	傻
去聲	阿	榻	罵	○	嘎	那	蠟	○	○	哈	乍	法	○	罷	杈	大	怕	刹

目　錄

序　一	1
序　二	2
序　三	3
自　序	5
凡　例	6
官話音譜便覽	8
初學須知	10
訂正官話平仄編	16
百家姓續	25
部　首	27
數目（單句、散語）類	28
天文（單句、散語）類	37
地輿（單句、散語）類	39
時令（單句、散語）類	45
水火（單句、散語）類	50
飲食（單句、散語）類	52
衣冠（單句、散語）類	59
傢伙（單句、散語）類	64
昆蟲（單句、散語）類	74
草木（單句、散語）類	77
禽獸（單句、散語）類	82
身體（單句、散語）類	86

倫常（單句、散語）類……………………………………… 95
稱呼（單句、散語）類……………………………………… 102
疾病（單句、散語）類……………………………………… 109
葯材（單句、散語）類……………………………………… 111
房屋（單句、散語）類……………………………………… 114
舖店（單句、散語）類……………………………………… 118
顏色（單句、散語）類……………………………………… 123
家常問答…………………………………………………… 128
　第一章（破案起贓，窩家涉訟）………………………… 128
　第二章（託人售物，應允賒賬）………………………… 129
　第三章（送肉不鮮，立飭退換）………………………… 130
　第四章（投信主出，倩人代收）………………………… 131
　第五章（查問僕役，討取回信）………………………… 132
　第六章（議事未定，專待經手）………………………… 133
　第七章（幫忙事畢，約伴同遊）………………………… 134
　第八章（行客到寓，檢點什物）………………………… 135
　第九章（學話讀報，當差候缺）………………………… 136
　第十章（飭僕掃屋，待客臨門）………………………… 137
　第十一章（買賣未成，從中探價）……………………… 138
　第十二章（預定客座，修治餚饌）……………………… 139
　第十三章（託人修表，配買鑰匙）……………………… 140
　第十四章（收貨訪友，相約同車）……………………… 141
　第十五章（託買書籍，昂價待售）……………………… 142
　第十六章（典賣房屋，輾轉探聽）……………………… 143
　第十七章（回家省親，出外求名）……………………… 144
　第十八章（病官乞假，散僕求傭）……………………… 145
　第十九章（僕隸慇懃，服侍周到）……………………… 146
　第二十章（乍見新知，因問舊友）……………………… 147
　第二十一章（徧覓紅呢，約伴同買）…………………… 148
　第二十二章（公事忙迫，不能分身）…………………… 149

第二十三章（飭僕賣飯，托友寄信）……………………… 150
第二十四章（奉差查工，應酬舊友）……………………… 151
第二十五章（途中遇雨，城外借宿）……………………… 152
第二十六章（買料雇工，趕造棉衣）……………………… 153
第二十七章（買炭過多，友欲分賣）……………………… 154
第二十八章（行客到店，吃粥換銀）……………………… 155
第二十九章（拍買叫貨，折本還價）……………………… 156
第三十章（訪友不遇，託人探聽）………………………… 157
第三十一章（試買劣驢，被友勸阻）……………………… 158
第三十二章（包車拉客，主人分錢）……………………… 159
第三十三章（代攬主顧，購買古玩）……………………… 160
第三十四章（遣使餽問，犒僕致謝）……………………… 161
第三十五章（來箱點數，分別轉送）……………………… 162
第三十六章（電報輪回，公司鼎立）……………………… 163
第三十七章（書屬陳編，例禁飜印）……………………… 164
第三十八章（設局訂約，勸商勵賈）……………………… 165
第三十九章（治饌不潔，庖人被斥）……………………… 166
第四十章（偷安嗜賭，獲譴求寬）………………………… 167
第四十一章（車分式樣，馬用單雙）……………………… 168
第四十二章（雇坐新車，謁見當道）……………………… 169
第四十三章（出口免釐，報關取用）……………………… 170
第四十四章（寄懷舊雨，東道洗塵）……………………… 171
第四十五章（售繭議價，看樣成交）……………………… 172
第四十六章（下鄉收貨，到埠付銀）……………………… 174
第四十七章（造票通行，奉官查准）……………………… 175
第四十八章（行東求夥，舊友荐人）……………………… 176
第四十九章（叙談舊事，修訂成書）……………………… 177
第五十章（苦心孤詣，寶卷益人）………………………… 178

續散語類…………………………………………………	180
接見問答…………………………………………………	216
第一章（初相會）…………………………………………	216
第二章（屢次相會）………………………………………	217
第三章（久別相會）………………………………………	218
第四章（暫別相會）………………………………………	219
第五章（拜訪遇）…………………………………………	220
第六章（拜訪未遇）………………………………………	220
第七章（承擾）……………………………………………	221
第八章（謝恩）……………………………………………	221
第九章（謝勞）……………………………………………	222
第十章（致意）……………………………………………	222
第十一章（見文官）………………………………………	223
第十二章（見武官）………………………………………	224
第十三章（見師長）………………………………………	225
第十四章（見文人）………………………………………	225
第十五章（見農家）………………………………………	226
第十六章（見商賈）………………………………………	227
第十七章（見畫工）………………………………………	227
第十八章（見書家）………………………………………	228
第十九章（見船家）………………………………………	228
第二十章（見工匠）………………………………………	229
第二十一章（見釋家）……………………………………	230
第二十二章（見道士）……………………………………	231
第二十三章（見漁父）……………………………………	231
第二十四章（見僕役）……………………………………	233
第二十五章（見學童）……………………………………	233
第二十六章（見女孩）……………………………………	235
第二十七章（見旅客）……………………………………	236
第二十八章（見醫士）……………………………………	237

第二十九章（見旗兵）……………………………… 239
第三十章（戒友酒色）……………………………… 241
常言類……………………………………………… 242
通姓捷訣…………………………………………… 250
部首俗稱…………………………………………… 255

序 一

吾國亭林先生之言曰："五方之語不同，使友天下之士而操一鄉之音，君子所不取也，通天下之故，葢①必自其發言始矣。"況今五洲交通，必先從事於語言文字之間，然後可以換知識，孚誠信②。故方言之學爲尤亟讀。御幡君《華語跬步》一書，其用意至爲深遠，吾華人士宜借鏡焉。

光緒三十三年
大清國南洋大臣兩江總督端方 序

---

① 葢：蓋。《説文・艸部》："葢，苫也。從艸，盍聲。"《玉篇・皿部》："葢"，同"蓋"。
② 孚：爲人信服。孚誠信，使誠信爲人信服，樹立誠信。民國蔡東藩、許廑父《民國演義》："本大總統德薄能鮮，誠信未孚，致爲國家禦侮之官，竟有藩鎮聯兵之禍。"（合訂本・第三册，上海文化出版社，1983年，20頁）

序 二

　　吾友御幡揮肅年少立志游支那，專攻語言之學，又熟悉其風俗人情。嘗授徒於滬上，講餘著《華語跬步》一書。子弟多賴其便，成業者彬彬輩出，一時稱其盛矣，頃者重印行世。余知其裨益子弟，今亦猶故也，乃爲叙本書之緣起如此。

長岡護美

序 三

　　人之有言語，盖所以通其情、達其意，使其心懷之于内者，由口而聲之於外者也。譬之河漢之隔，非藉橋梁舟楫之用，終無以彼此交濟，故猶是人也。而言語不通，則一室漠然，無異木偶，咫尺隔絶，有如千里矣。我日本之與清國一水相望，其人種①同，其文字同，唯以言語不同之故，有情無由通，有意無由達，心有所懷，口噤莫聲，識者憾之。方今東亞多事之秋，兩國勢關唇齒，形切輔車，正宜同聲同氣以相助相扶持，而我日人士諳曉清語者乃不多覯②，將何以濟接洽之際而聯親睦之誼？予友御幡君揮肅③夙有見于此，專究清語垂三十年，靡所不通。兹乃本其所得著爲一書以餉世，名曰《華語跬步》，乞序于予，予受而讀之。其書簡而不漏，易而不疏，最便初學。將來兩國情通意達，接洽親睦，此其橋梁舟楫也。曰"跬步"者，謙詞耳。抑予自惟學清語者十餘年，於兹而卒無所就，恒用自愧。雖予之不才，然亦未始非無善爲先導者之有以使之然也。今讀此書，既深爲君不早著以敎予恨，復不禁爲後之學者之得所先導幸焉。

明治癸卯④八月
小田切萬壽之助序於上海總⑤領事府

---

① 穜：種。
② 覯：遇見。
③ 肅：肅。
④ 夘：卯。元熊忠《古今韻會舉要·巧韻》："卯，俗作夘。"
⑤ 緫：總。

自 序

　　重譯來聘，無君命之辱，古之事也。瀛①船鱗集，伏商戰之機，今之勢也。目下各國競尚方言，豈無故哉？日清相距一帶水耳，其緩急利害關鍵在焉，貿易往來得失繫焉，我邦人不通曉華語而可得乎？惟其國幅員廣大，風俗異殊，南北語言字音淆亂，其中上海語爲用至要，北京語爲用最廣。蓋滬語者宜施之于商賈也，京語者宜施之于官宦也，余將曩日爲日清貿易研究所生徒所輯之《華語跬步》一册重訂增補，附日文譯解一卷，名《增補華語跬步譯解》，印行於世，以公日清同好。嗚呼！日清兩國本有夙緣，同文之美事早見於往時，同語之大功當始於今日。倘有志諸君鑒及鄙意，不擇細流於此書，一加披閱降志②揣摩，俾兩國貿易之道或能特開生面，大發新機，何幸如之！

　　　　　　　　　　　　　　　　　　　　　　　明治四十一年五月下浣
　　　　　　　　　　　　　　　　　　　　　　　　御幡雅文 識

---

① 瀛：汽。
② 降志：平抑心氣。

凡　例

　　是集分單句、散語、問答、常言四種，選用士商須知之要語纂成也。
　　爲便於初學，別編譯解一本，使讀者逐句查對號碼，自能瞭然而得其理矣。
　　音聲之分別、音義之變換、字句之用法、發音之輕重、語氣之緩急等，學者尤當深究，但此中微妙，非可口傳，亦非可筆授，學者受業於師傅之時，當悉心玩昧，熟讀深思，自能領悟。
　　集中四聲標記，以每字左下角用"。"，如(。夫)爲上平；左上角用"˚"，如(˚人)爲下平；右上角用"˚"，如(子˚)爲上聲；右下角用"。"，如(各。)爲去聲。出氣之音，均用"・"爲標記。
　　是集編列次序，首以音譜爲入門要領。此音譜係專選京音，糸以日本音譜，經緯分明，橫通竪達。若同環誦習其中細微之別，朗若列眉①，不稍有疑似之處，且無音不賅，即無字不可讀矣。次以四聲爲發語準繩，若四聲熟練，則出言吐語之時，不待思索，自然合調。又恐四聲既熟，雖能隨附和，順口叫譹②，而一遇四聲倒置錯列之時，則仍不能字字諧合、節奏停勻，結舌傲牙之弊，勢必不免，故復以百家姓爲練習之一助，蓋非比四聲之依序按班易於成誦，乃逆施叢措，平仄紛乘，讀之并百家姓氏亦因之而能記悉，其有裨於學者更非一端也。然後授以單句，便於誦讀，又慮僅習單句則數見不鮮，復進以散語聯絡有情，最易啓發，引人入勝，莫妙於此，雖讀百囬亦不生厭。至於家常問答，則更爲學者所不可缺。凡聲音節度、輕重緩急、神情意態，均可於此中領略，即應對周旋之

---

　　① 列眉：兩眉對列，謂真切無疑。
　　② 譹：號，大聲喊叫。譹，《集韻》："乎刀切，音豪。"

際,風土人情亦可略知一斑①。每字均加圈點一一標記,纖毫不爽,善讀者玩索而有得焉,則終身用之有不能盡者矣。及後接見問答並常言類,均不再加圈點者,以學者程度漸高,至此已無須標記自能觸悟,且故意缺其圈點,爲學者試驗練習地步。果能循此次序而行,則躐等②踰閑③無庸過慮,登峰造極當不外求。

言語一科,學習之功難易深淺,各國不相上下,殆各有所難、各有所易也。若實究其難易之分,則惟中國語爲最難學耳。蓋中國語,除四聲之外,又有出氣入氣,及寬音窄音,開口撮口。諸般煩雜之處,學者不知,往往不先從事於此,而遽求語言之學,調可得乎?故吾謂:講求語學,必先於此中隱微諳練之後,則根柢④既固,生機日暢,然後從事於語言,斯爲得其要矣。中國語之較難學者,即在是也。然苟能潛心研究,亦非難事。字音雖多,尋常語言通用之字,不外二三千之數,即文墨之中,多至七八千字,亦頗足應用。明其音,復記其字,則無往而不利。至於音字俱能明晰記憶⑤之後,而更有所當知者,則如讀書之法有"三到",即"眼到""口到""心到"。學語之法亦有"三到",即"耳到""口到""心到"。若不用心思索,不用口勤讀,不用耳聆察,茫茫若涉大海,一經而過,便自詡可以一蹴而至者,吾知其必不能也。僕於此中已閱歷三十年矣,親見蹈此轍者不知凡幾。爲敢剖誠相告,非妄肆雌黃作狂瞽之談,務望學者采納芻言,將凡例中各條,如法讀之,不獨使英年篤學者易于造就,即壯年好學者亦能按圖索驥、觸類旁通矣。

---

① 斑:底本作"班"。
② 躐等:越級。
③ 踰閑:逾閑。跨越界限。這裏指取得進步。
④ 柢:柢。樹根,喻指基礎。
⑤ 憶:底本作"臆"。

譜便覽

	列外音	音ヲ				音ヰ		音ワ			音ヨ		音エ		音ユ			音	
		開合口濁音	牽合口音	合口	合口	牽合口音	合口	開口濁音	牽開口音	開口	開口	濁合口音	合口	牽開口音	開口	牽合口音	合口	合口	開口濁音
合開口 一〇〇 開口濁牽音 五 合口 合口濁牽音 二三	兒 三六 一九 一九 二一 一九 二五 一九 一七 一七 一八 二五 三三 一八 一七 一六 九一四 四一〇	翁 35 工 孔 絲 冬 同 弄 紅 龍 中 充 子 次 絨	論 准 春 專 葱 潤	文 34 棍 困 送 教 吞 嫩 混 駱 追 吹 嘴 寸 瑞	寫 33 規 愧 碎 對 退 挪 回 卓 綽 水 催 若	我 32 果 圍 多 安 火 波 坡 論 綾 斐 作 錯 佛	句 31 遙邇 女 律 雖句 趣	魚 30 光 況 須虚 算 短 團 暖 黃 亂 壯 拽 雙 寶 輓	往 29	完 28 官 寬 怪 快 壞 換 專 穿 拴 衰 鑽	外 27 瓜 詩 花 抓 檔 欸 刷	瓦 26 瓜	用 25 兄	約 24	言 23 先戚 店 天 虐 念 扁 片 面 署 晉 兗	耶 22 蚎 掛 叠 貼 念 捏 別 撒 滅 連 接銜 委長	原 21 宣唁	月 20 雪學 全囿 雀談 偶巧	尤 19 修 休 丢 挑 牛 表 票 繆 苗 絕 酒究 秋	要 18 小孝 吊 鳥	陽 17 詳向 吊 娘 兩 江 諮

御潘雅文著

明治四十一年三月二十二日稿成

官話音

		ヤ音			オ音			ヱ音			ウ音			イ音			ア音		母音	音音	喉喉脣
		開口	開口	開口	合口	開口	濁開口音	窄開開口音	合口	濁開口音	窄開開口音	合口	濁開口音	窄開開口音	開口	開口		オヨヲ	エエ井	ウユ	イヤ	アワ			
		涯16	牙15	額14	殿13	哼12	恩11	餃10	烏9	英8	因7	衣6	傲5	昂4	安3	哀2	阿1					
				各	狗	更	根	給	古			告	剛	甘	改	嘎	コケクカ	子音	牙音			
				可		口	肯	刻	苦			考	炕	看	開	卡	コケクカ	子音	牙音有氣			
			夏	瑣	搜	僧	森		素	姓奧	心欣	西希	掃	桑	散	賽	撒	ソスシサ	子音	齒音		
				得	豆	等				妒	定	的	道	當	單	歹	大	トドデタ	子音	舌音		
				特	頭	疼			土		聽	替	逃	湯	炭	太	他	トドデタ	子音	舌音有氣		
						耨	能	嫩	內	奴	寧	您	你	鬧	蘘	男	奶	那	ノヌニナ	子音	舌音
					河	後	恒	很	黑	戶			好	行	寒	害	哈	ホハ	子音	脣音		
					不	迸	本	北	不	兵	賓	必	包	幫	半	拜	罷	ホブビバ	子音	脣音		
					剖	朋	盆	陪	普	憑	貧	皮	跑	旁	盼	派	怕	ポプピパ	子音	脣音有氣		
					末	謀	夢	門	美	木	名	民	米	毛	忙	慢	買	馬	ムミマ	子音	脣音
					勒	陋	冷	累	這	主	另	林	立	勞	浪	懶	來	拉	ロルリラ	子音	舌音
		偓	家卷	這	壹	正	眞	這			時京青輕	斤親	祭吉知奇氏	兆	章	斬	窄	乍	ヂヰ	子音	舌捲
					車	抽	成	臣	出				吵	唱	産	柴	茶	殺	チキ	子音	捲舌有氣
					舌	手	生	身	書			事	少	賞	山	晒	殺		ジ	子音	舌捲
					則	走	增	怎	賊				早	葬	贊	在	雜	ツ	子音	舌音	
					策	湊	層	參	粗				草	倉	慚	才	擦	ツ	舌音有氣		
						否	風	扔	非	夫				方	反		法	フ	子音	脣音
					熱	肉	扔	人	如			日	繞	讓	染			ルリラ	子音	半濁音
																		列外子音 五四	母音 三五 二	計
		二	五	一五	一九	一六	一三	一九	一一	一九	一五	一八	一九	一九	一七	一八					

---

* 本表格掃描件由吳迪博士提供。

初學須知

　本表ハ特ニ北京語學習者ノ發音ヲ講究スルニ便センカ爲メ編成シタルモノナルモ此中至難ノ處アリ完全ヲ期シ難シ掛漏之譏自カラ免カレサルヲ知ル學者之ヲ諒セハ幸甚

音數ノ說明

　抑北京語ノ我邦ニ輸入サレタルハ明治七年ノ事ナリ爾来教科書トシテ用ヒラレタル「トーマス、ウエード」氏ノ羅馬字順ニ編成サレタル語言自邇集平仄編ニ據レハ京音ノ總數ハ四百二十種ナリ然レトモ今編者カ我五十音ノ順序ニ據リ「アイウエオ」「ヤイユエヨ」「ワヰウヱヲ」ノ十五音ヲ母音ノ基礎ト爲シ新規ニ三十五種ノ母音ヲ編製シ五十二種（列外音ヲ除ク）ノ子音ヲ以テ縱橫ニ反切ヲ試ミ甫メテ四百十種ノ音別アルコトヲ確メ得タリ

四聲ノ區別

　四聲トハ上平、下平、上聲、去聲ヲ謂フ其四聲ノ讀法ハ文字ノ通リ聲ノ平ニシテ上ルヲ上平ト云ヒ聲ノ平ニシテ下ルヲ下平ト云ヒ聲ノ緩ニシテ長キヲ上聲ト云ヒ聲ノ急ニシテ短キヲ去聲ト云フ

出入氣ノ別

　牙音カキクケコ舌音タチツテト唇音パピプペポノ十五音ニ限リ出氣（有

氣) 入氣 (無氣) ノ別ヲ有ス出氣トハ聲ノ刺激サレテ猛烈ニ發音スルヲ云フ入氣トハ聲ノ刺激ヲ受ケスシテ自然ト平易ニ發音スルヲ云フ

窄音濁音ノ別

窄音トハ本表ノ窄音縦列ニ載スル如ク我邦音ノ音尾ニ(ン)音ヲ有スルモノニシテ仍ホ支那音ニテモ(ン)音ヲ帯ヒタルモノヲ云フ甘看散單炭等ノ^{カヌカヌサヌタヌタヌ}字是ナリ其發音法ハ舌尖ヲ上腭ニ付着シ羅馬字 n ノ發音ト同様ニ發音スヘシ濁音トハ本表濁音縦列ニ在ル如ク我邦音ノ音尾ニ(ン)音ヲ有セスシテ支那音ノ音尾ニ(ン)ヲ帯ヒタルモノヲ云フ剛炕桑當湯等ノ字是ナリ其發音^{カンカンサンタンタン}法ハ舌尖ノ働キヲ止メテ口ヲ開キ羅馬字 ng ノ發音ト一様ニ發音センコトヲ要ス

開口合口ノ別

開口トハ口ヲ縦或ハ横ニ開キテ發音スルヲ云フ縦開トハ阿卡撒他那^{アーカーサーターナー}横開トハ伊機西的尼等ノ音ヲ指ス合口トハ口ヲ攝メ或ハ閉チテ發音スルヲ^{イーチーシーデーニー}云フ攝口ハ女　須　魚合口ハ要告老閉口ハ屋古蘇祖奴等ノ音ヲ指スモノ^{ニュキーシュキーイキー}　^{ヤオカオラオ}　^{トガ}　^{ウークウスウツウヌウ}ナリ

標記ノ區別

本表中(チ)(シ)ニ圈點ヲ附シタルモノハ巻舌音ト稱シテ舌尖ヲ捲キタル心持ニテ發音スルト云フ印ナリ(テ)(ト)ニ圈點ヲ加ヘタルモノハ羅馬字綴ノ ti tu ト同シ發音ト知ルヘシ(ラリル)ニ二點ヲ施シタルモノハ所謂半濁音ニシテ(ラリルレロザジズゼゾ)ニ非ザル特種ノ音ナリ片假名ノ右傍ニ竪棒ヲ附シタルモノハ出氣音ヲ示シタルモノナリ

列外音ノ説明

　本表中列外音ノ四種ニ對シテハ適當ナル母音ヲ搜出スル能ハス因テ兒(オエル)ハ母音ノ横列ニ歸シ絲(スー)ハ(サシスソ)子次(ツーツー)ハ(ツ)音ノ横列ニ編入セリ

活弧ノ説明

　本表中(サシスソ)音ノ横列ニ活弧ヲ有スル文字ハ原來(ヒ)音ヨリ發音シ又(チ)音ノ横列ニアル活弧ノ文字モ亦タ(キ)音ヨリ發音スヘキ性質ナルモ北京ニ於テハ(ヒ)ヲ(シ)ニ(キ)ヲ(チ)ニ混同ス南方ニ於テハ明ニ之ヲ區別セリ

　以上ハ本表ヲ編成シタル意思ノ一端ヲ述ヘタルニ過キス其微妙ニ至リテハ究竟圖解ス可カラス筆述スヘカラス學者宜ク師ノ口傳ニ就キテ深究玩味セハ自カラ領悟スル所アラン

明治四十一年五月
於清國上海虹口海能路
御幡雅文　編述

初學須知[①]

　本表特別是爲便於北京話學習者鑽研發音之用，因此編纂而成，其中有至難之處，難保萬全；掛漏之譏，自知難免。學者若諒之，幸甚。

---

①　此中文翻譯爲陳曉博士所做。

音節數之説明

　　北京話於明治七年進入我國。此後,作爲教科書而使用的是威妥瑪氏以羅馬字順序而編成的《語言自邇集》,若根據其《平仄編》,北京音的音節總數是四百二十種。然而現今本編者根據我國五十音順序"アイウエオ""ヤイユエヨ""ワヰウヱヲ"十五音的韻母为基础,重新編製三十五個韵母,以五十二個聲母(除"列外音"),嘗試進行了全面的反切,確認有四百種區別性音节。

四聲之區別

　　所謂四聲,稱爲"上平、下平、上聲、去聲",此四聲的讀法正如其名,聲平直而又上升稱爲"上平",聲平直而又下降稱爲"下平",聲緩且長稱爲"上聲",聲促且短稱爲"去聲"。

出入氣之別

　　只限于牙音"カキクケコ"、舌音"タチッテト"、唇音"パピプペポ"這十五音有出氣(送氣)与入氣(不送氣)的區別。所謂出氣,是受到聲①的刺激而進行强力地發音;所謂入氣,是不受到聲的刺激而自然平和地發音。

窄音闊音之別

　　所謂窄音,如本表的窄音縱列所錄,即我國漢字音的音尾帶有"ン"的音,漢語音依然也帶"ン"的音,甘(カヌ)、看(カヌ)、散(サヌ)、單(タヌ)、炭(タヌ)等字即如此,其發音方法是,舌尖附着於上腭,應發出與羅馬字 n 音相同的音。所謂闊音,如本表闊音縱列所錄,即我國漢字音的音尾不帶"ン"的音,漢語音的音尾却帶有"ン"的音,剛(カン)、炕(カン)、桑(サン)、當(タン)、湯(タ

---

① 譯者按:原文此處"聲"的具體意義不詳,據前後文推測,或指"通過聲帶的氣流"。

ン)等字即如此,其發音方法是,停止舌尖的運動,須要發出與羅馬字 ng 音相同的音。

開口合口之別

所謂開口,是將口縱向打開或橫向打開而進行發音。所謂縱向打開,是指阿(ア—)、卡(カ—)、撒(サ—)、他(タ—)、那(ナ—),所謂橫向打開,是指伊(イ—)、機(チ—)、西(シ—)、的(ヂ—)、尼(ニ—)等音。所謂合口,是將口撮起或合起而進行發音。撮口是指女(ニュヰ—)、須(シュヰ—)、魚(イヰ—),合口是指要(ヤオ)、吿(カオ)、老(ラオ),閉口是指屋(ウ—)、古(クウ)、蘇(スウ)、祖(ツウ)、奴(ヌウ)等音。

標記之區別

本表中,在"チ""シ"加有圈點的,稱之爲捲舌音,圈點即是保持將舌尖捲起的狀態而發音的標記。在"テ""ト"加有圈點的,須知是與羅馬拼音的 ti、tu 發音相同的音。施與"ラリル"兩點的是所謂的半濁音,是與"ラリルレロ、ザジズゼゾ"均相異的特殊音。片假名的右側附有豎杠的表示出氣音。

列外音之説明

本表中四種列外音,是因爲無法找出適當的韻母,故將"兒(オエル)"歸入韻母的橫行,"絲(ス—)"編入"サシスソ","子(ツ—)、次(ツ—)"編入ツ音的橫行。

括號之説明

本表中"サシスソ"音旁列有帶括號的文字,是指原本的發音爲"ヒ";另外"チ"音旁列有帶括號的文字也是指其來源於"キ"音這一性質。在北京,"ヒ"與"シ","キ"與"チ"混淆使用,在南方對此是明確分別的。

以上不過是對本表編纂意圖的一部分而進行的說明，至於細微之處，終究不是圖表可解，亦非筆述可及，學者宜根據教師之口傳而深究其中奧妙，若能如此，纔會有切身的感悟。

明治四十一年五月
於清國上海虹口海能路
御幡雅文編述

訂正官話平仄編

{母音三十五,子音五十二,列外音四,計四百十音}

阿列音₋

上平	阿他媽臢	嘎哪拉擦	卡哈渣發	撒八叉	答琶殺
下平	○○麻雜	嘎拿邋○	○蝦劄法	瞂拔茶	搭扒○
上聲	阿塔馬咱	嘎那喇○	○哈拃髮	洒把扠	打○傻
去聲	阿榻罵○	嘎那蠟○	○哈乍法	○罷杈	大怕刹

哀列音₋七

上平	哀胎○栽	該○○猜	開咳齋	顋擗拆	獃拍篩
下平	埃抬埋○	○○來才	○孩宅	○白柴	○牌○
上聲	矮○買宰	改奶○彩	慨海窄	○百冊	歹蠆色
去聲	愛太賣在	概耐賴菜	○害債	賽拜○	代派晒

安列音₋九

上平	安貪顢簪單攀山	甘喃藍①參	看頇沾翻	三班攙○	
下平	○談瞞偺盤	○男婪慚	○寒○煩	○○饞然	
上聲	俺坦滿儹胆○閃	赶○懶慘	砍喊盞反	傘板產染	

---

① 藍:《集韻》:"盧甘切。"《玉篇》:"髮多也。"

去聲 岸炭慢贊	幹難爛儳	看漢站飯	散半懺〇	
蛋盷善				

昂列音—九

上平 昂湯茫賍	剛攘梛倉	康硿章方	桑幫娼孃	
當胖商				
下平 昂糖忙喀	〇囊狼藏	扛行〇房	〇〇長瓤	
〇旁晌				
上聲 〇䑕莽〇	堈① 攘朗〇	抗〇長訪	嗓綁厰孃	
攮嗙賞				
去聲 〇燙〇葬	杠齉浪〇	炕項賬放	喪謗唱讓	
當胖上				

傲列音—八

上平 熬叨猫遭	高撓撈操	尻蒿招〇	騷包吵	刀抛燒
下平 熬逃毛鏊	〇鐃勞槽	〇毫着饒	〇薄巢	擣袍杓
上聲 襖討卯早	稿惱老草	考好找繞	掃保炒	倒跑少
去聲 傲套貌造	告鬧澇〇	靠好兆繞	掃抱鈔	道砲少

衣列音—五

上平 衣逼七期	希西批知	的眯赤	梯璃失	〇雞跡〇
下平 益鼻齊奇	禽席皮值	敵迷遲	提離十	泥吉瘠
上聲 〇筆〇起	喜洗鄙指	底米尺	體禮使	擬己擠〇
去聲 易必戚氣	戲細屁志	地密翅	替立事	覔記祭日

因列音—九

上平 因〇	欣心〇	〇斤津	賓欽親	挧
下平 銀民	〇尋林	您〇〇	〇勤〇	貧

---

① 堈：缸。

上聲	引 憫	○○ 檁	○錦○	○○寢	品
去聲	印 ○	釁 信 賃	○近進	殯 ○嗯	牝

英列音——

上平	英 兵 輕青	興星 砰	釘 ○	聽 ○	○經晴
下平	迎 ○ 擎晴	行 錫 憑	○ 名	停 零	寧 ○○
上聲	影 丙 頃請	悻 醒 ○	頂 ○	挺 領	擰景井
去聲	應 病 慶○	幸 姓 聘	定 命	聽 另	倿① 敬静

烏列音——九

上平	烏 禿 ○租	估○嚕 粗	窟 忽 猪 夫	蘇 不 出 如	督 鋪 書
下平	無 塗 模 足	骨 奴 爐 ○	○ 壺 竹 扶	速 不 厨 如	毒 葡 贖
上聲	武 土 母 祖	古 努 櫓 ○	苦 虎 主 斧	○ 補 處 入	賭 普 數
去聲	物 唾 木 ○	固 怒 路 醋	褲 户 住 父	素 不 處 入	妒 舖 數

餩列音——三

上平	餩 黑 ○	○ 背 ○	刻 披 非	鏑 ○	○ 勒
下平	○ ○ ○	○ ○ 賊	○ 陪 肥	○ 煤	○ 雷
上聲	○ 黑 ○	給 北 ○	○ ○ 匪	得 美	○ 累
去聲	○ ○ 這	○ 背 ○	○ 配 費	○ 昧	内 累

恩列音——六

上平	恩 ○ 噴 ○	根 奔 身	○ 噴 ○	森 捫 參	○ 真 分
下平	○ 痕 臣 人	哏 ○ 神	○ 盆 ○	○ 門 ○	○ ○ 墳
上聲	○ 很 磣 忍	○ 本 審	肯 ○ 怎	○ ○ ○	○ 枕 粉
去聲	揾 恨 趁 任	艮 奔 慎	揹 噴 ○	○ 悶 ○	嫩 震 分

---

① 倿:佞。

哼列音一九
上平 哼 鼟 懵 增　更○○蹭　坑哼正風　僧綳稱扔　燈烹生
下平 ○疼盟○　○能稜層　○恒○縫　○○成○　○朋繩
上聲 ○○猛怎　梗○冷○　○整○○　○○懵○　等捧省
去聲 ○櫈夢贈　更○愣蹭　○橫正奉　○迸秤○　鐙碰剩

毆列音一九
上平 毆偷○○　溝○搜○　摳齁週○　搜不抽揉　兜掊收
下平 ○頭謀○　狗○樓○　○候軸浮　○○紬柔　○○熟
上聲 偶○某走　狗○簍○　口吼肘否　叟○醜○　斗剖手
去聲 嘔透○奏　勾耨陋湊　叩後晝埠　嗽○臭肉　豆○獸

額列音一五
上平 阿厄車　哥喝賒　可摩○　嘶○○　叨遮○
下平 額○○　格河舌　可麼則　○○○　得摺○
上聲 我○扯　各○捨　渴抹○　○○○　○者○
去聲 惡特撤　個賀射　客末○　嗇勒策　○這熱

牙列音五
上平 丫　　瞎　　○　　家　　掐①
下平 牙　　霞　　○　　夾　　○
上聲 雅　　○　　倆　　甲　　卡
去聲 壓　　夏　　○　　價　　恰

涯列音二
上平 ○　　○
下平 涯　　○
上聲 ○　　楷
去聲 ○　　○

---

① 掐：掐。

陽列音 六

上平	央 腔鏘	香箱	○	量	江將
下平	陽 強牆	降詳	娘	凉	○○
上聲	養 強搶	享想	○	兩	講蔣
去聲	樣 ○戧	向像	釀	諒	絳匠

要列音 一一

上平	腰 標敲○	梟消 漂	貂 喵	挑○	嘵 交焦
下平	遙 ○橋樵	學○ 嫖	苗	條 聊	○○嚼
上聲	咬 表 巧悄	曉小 漂	○ 藐	挑 了	鳥 腳剿
去聲	要 鰾 竅俏	孝笑 票	弔 廟	跳 料	尿 叫醮

尤列音 八

上平	憂 遛	休修 究揪	丟 丘秋	妞	○
下平	尤 留	○酋 ○○	○ 求囚	牛	○
上聲	有 柳	朽宿 久酒	吽 ○糗	鈕	○
去聲	右 六	○袖 救就	○ ○○	拗	謬

月列音 六

上平	曰 缺○	靴削	○	○	噘○
下平	嗟 瘸○	穴○	○	○	○爵
上聲	○ ○○	血雪	○	○	蹶○
去聲	月 確雀	穴○	虐	略	倔○

原列音 五

上平	冤	喧宣	○	捐○	圈○
下平	原	懸旋	○	○○	○全
上聲	遠	○選	○	捲○	犬○
去聲	願	楦選	戀	眷○	勸○

耶列音一一
上平 嗟 憋 ○切　蝎些 擎①　爹 咩　貼 咧　捏 街接
下平 耶別茄○　鞋邪○　叠○　○咧　呆②結捷
上聲 野 瞥○且　血寫撇　○○　鐵咧　○解姐
去聲 夜暼怯妾　懈謝○　○滅　帖咧　孽戒借

言列音二
上平 煙邊牽千　○先偏　搧○　天連　拈奸尖
下平 言○鉗錢　閑○便　○綿　田憐　年○○
上聲 眼扁遣淺　險鮮諂　點勉　餂臉　捻減剪
去聲 沿便欠茜　限線片　店面　掭練　念見賤

約列音三
上平 約　　○　　○
下平 ○　　○　　○
上聲 ○　　○　　○
去聲 樂　　虐　　畧

用列音四
上平 庸　兄　○　○
下平 容　熊　○　窮
上聲 永　○　窘　○
去聲 用　○　○　○

瓦列音七
上平 挖欻　瓜刷　誇　花　抓
下平 娃○　○○　○　滑　○

---

① 擎：撇。擎，《集韻》："蒲結切，音蹩。讀若敝入聲。"
② "呆"字與此列的聲韵地位不合，疑為"枲"之誤，今依底本照錄。

上聲	瓦 ○	寡 要	侉	話	爪
去聲	襪 ○	掛 ○	跨	話	○

外列音 七

上平	歪 揣	乖 衰	○	○	拽
下平	○ ○	○ ○	○	懷	○
上聲	崴 揣	拐 摔	擓	○	跩
去聲	外 踹	怪 率	快	壞	拽

完列音 一五

上平	灣 ○ 穿	官 ○ 拴	寬 歡 鑽	酸 ○ 驢	端 專 ○
下平	完 團 船	○ ○ ○	○ 環 ○	○ ○ 攢	○ ○ ○
上聲	晚 ○ 喘	管 暖 ○	款 緩 纂	○ ○ ○	短 轉 頓
去聲	萬 ○ 串	慣 ○ 涮	○ 換 揝①	算 亂 竄	斷 傳 ○

往列音 七

上平	汪 牕	光 雙	誆	荒	裝
下平	王 床	○ ○	狂	黃	○
上聲	往 闖	廣 爽	○	謊	奘
去聲	忘 創	逛 雙	況	晃	壯

魚列音 六

上平	愚 屈 ○	虛 須	○	○	居 車
下平	魚 渠 ○	○ 徐	○	驢	局 ○
上聲	雨 鉅 取	許 嶼	女	屢	舉 咀
去聲	預 去 趣	旭 續	○	律	句 聚

---

① 揝：攢。

勻列音 五

上平	暈	薰〇	掄	君 迿	〇〇
下平	勻	〇巡	倫	〇〇	群〇
上聲	允	〇〇	圇	菌〇	
去聲	運	訓 汛	論	郡 峻	〇〇

我列音 一八

上平	窩 託 擴 挫	鍋〇 桌〇	〇 劃 擢	唆 波 説	多 坡 作
下平	〇 駝 騾 矬	國 挪 濁 佛	〇 活 〇〇	〇 駁 學	奪 婆 昨
上聲	我 妥 裸 〇	果 〇〇〇	〇 火 〇〇	鎖 播 〇	朵 筈 左
去聲	臥 唾 駱 錯	過 懦 〇〇	濶 貨 綽 若	溯 簸 朔	惰 破 作

爲列音 一三

上平	微 推 堆	規 灰 催	虧 追 〇	雖 吹	堆〇
下平	爲 〇〇	〇 回 隨	揆 〇〇	隨 垂	〇 誰
上聲	委 腿 嘴	詭 悔 〇	傀 〇 蕊	髓 〇	〇 水
去聲	位 退 罪	貴 賄 萃	愧 墜 瑞	碎 〇	對 睡

文列音 一五

上平	温 吞 春	〇〇〇	坤 昏 尊	孫 〇 村	敦 諄〇
下平	文 屯 純	〇〇〇	〇 魂 〇	〇 輪 存	〇〇〇
上聲	穩 〇 蠢	滾 〇〇	閫 渾 撙	損 圇 忖	盹 准〇
去聲	問 褪 〇	棍 嫩 順	困 混 〇	〇 論 寸	鈍 〇 潤

翁列音 一四

上平	翁 通 充	工 〇 宗	空 烘 蔥	松 窿 〇	冬 中
下平	〇 同 虫	〇 濃 〇	〇 紅 從	〇 龍 榮	〇〇
上聲	〇 統 寵	礦 〇 總	孔 哄 〇	竦 隴 氄	懂 腫
去聲	甕 痛 銃	共 弄 縱	空 汞 〇	送 弄 〇	動 重

列外音[四]
上平 ○	絲	資	齜
下平 兒	○	○	磁
上聲 耳	死	子	此
去聲 二	四	字	次

百家姓續

趙[4] 錢[2] 孫[1] 李[3] 周[1] 吳[2] 鄭[4] 王[2] 馮[2] 陳[2] 褚[3] 衛[4] 蔣[3] 沈[3] 韓[2] 楊[2]
朱[1] 秦[2] 尤[2] 許[3] 何[2] 呂[3] 施[1] 張[1] 孔[3] 曹[2] 嚴[2] 華[2] 金[1] 魏[4] 陶[2] 姜[1]
戚[1] 謝[4] 鄒[1] 喻[4] 柏[4] 水[3] 竇[4] 章[1] 雲[2] 蘇[1] 潘[1] 葛[3] 奚[1] 范[4] 彭[2] 郎[2]
魯[3] 韋[2] 昌[1] 馬[3] 苗[2] 鳳[4] 花[1] 方[1] 俞[2] 任[4] 袁[2] 柳[3] 酆[1] 鮑[4] 史[3] 唐[2]

費[4] 廉[2] 岑[2] 薛[1] 雷[2] 賀[4] 倪[2] 湯[1] 滕[2] 殷[1] 羅[2] 畢[4] 郝[3] 鄔[1] 安[1] 常[2]
樂[4] 于[2] 時[2] 傅[4] 皮[2] 卞[4] 齊[2] 康[1] 伍[3] 余[2] 元[2] 卜[3] 顧[4] 孟[4] 平[2] 黃[2]
和[2] 穆[4] 蕭[1] 尹[3] 姚[2] 邵[4] 湛[4] 汪[1] 祁[2] 毛[2] 禹[3] 狄[2] 米[3] 貝[4] 明[2] 臧[1]
計[4] 伏[2] 成[2] 戴[4] 談[2] 宋[4] 茅[2] 龐[2] 熊[2] 紀[3] 舒[1] 屈[1] 項[4] 祝[4] 董[3] 梁[2]

杜[4] 阮[3] 藍[2] 閔[3] 席[2] 季[4] 麻[2] 強[2] 賈[3] 路[4] 婁[2] 危[2] 江[1] 童[2] 顏[2] 郭[1]
梅[2] 盛[4] 林[2] 刁[1] 鍾[1] 徐[2] 邱[1] 駱[4] 高[1] 夏[4] 蔡[4] 田[2] 樊[2] 胡[2] 凌[2] 霍[4]
虞[2] 萬[4] 支[1] 柯[1] 昝[3] 管[3] 盧[2] 莫[4] 經[1] 房[2] 裘[2] 繆[2] 干[1] 解[3] 應[4] 宗[1]
丁[1] 宣[1] 賁[1] 鄧[4] 郁[4] 單[4] 杭[2] 洪[2] 包[1] 諸[1] 左[3] 石[2] 崔[1] 吉[2] 鈕[3] 龔[1]

程[2] 嵇[1] 邢[2] 滑[2] 裴[2] 陸[4] 榮[2] 翁[1] 荀[2] 羊[2] 於[2] 惠[4] 甄[1] 麴[2] 家[1] 封[1]
芮[3] 羿[4] 儲[2] 靳[4] 汲[2] 邴[3] 糜[2] 松[1] 井[3] 段[4] 富[4] 巫[1] 烏[1] 焦[1] 巴[1] 弓[1]
全[2] 郗[1] 班[1] 仰[3] 秋[1] 仲[4] 伊[1] 宮[1] 甯[4] 仇[2] 欒[2] 暴[4] 甘[1] 鈄[3] 厲[4] 戎[2] 祖[3] 武[3] 符[2] 劉[2] 景[3] 詹[1] 束[4] 龍[2]

葉[4] 幸[4] 司[1] 韶[2] 郜[4] 黎[2] 薊[4] 薄[4] 印[4] 宿[4] 白[4] 懷[2] 蒲[2] 邰[1] 從[2] 鄂[4]
索[3] 咸[2] 籍[2] 賴[4] 卓[2] 藺[4] 屠[2] 蒙[2] 池[2] 喬[2] 陰[1] 鬱[4] 胥[1] 能[2] 蒼[1] 雙[1]

聞² 莘¹ 党³ 翟² 譚² 貢⁴ 勞² 逢² 姬¹ 申¹ 扶² 堵³ 冉³ 宰³ 酈⁴ 雍¹
郤⁴ 璩¹ 桑¹ 桂⁴ 濮² 牛² 壽² 通¹ 邊¹ 扈⁴ 燕⁴ 冀⁴ 郟² 浦³ 尚⁴ 農²

溫¹ 別² 莊¹ 晏⁴ 柴² 瞿² 閻² 充¹ 慕⁴ 連² 茹² 習² 宦⁴ 艾⁴ 魚² 容²
向⁴ 古³ 易⁴ 慎⁴ 戈¹ 廖⁴ 庚³ 終¹ 暨⁴ 居¹ 衡² 步⁴ 都¹ 耿³ 滿³ 弘²
匡¹ 國² 文² 冠⁴ 廣³ 祿⁴ 闕¹ 東¹ 歐①殳¹ 沃⁴ 利⁴ 蔚⁴ 越⁴ 夔² 隆²
師¹ 鞏³ 庫⁴ 聶⁴ 晁³ 勾¹ 敖² 融² 冷³ 訾¹ 辛¹ 闞³ 那² 簡³ 饒² 空¹

曾¹ 毋² 沙¹ 乜³ 養³ 鞠¹ 須¹ 豐¹ 巢² 關¹ 蒯³ 相⁴ 查² 後⁴ 荊¹ 紅²
游² 竺² 權² 遽⁴ 蓋⁴ 益⁴ 桓² 公¹ 万⁴ 俟² 司¹ 馬³ 上⁴ 官¹ 歐¹ 陽²
夏⁴ 侯² 諸¹ 葛² 聞² 人² 東¹ 方¹ 赫⁴ 連² 皇² 甫³ 尉⁴ 遲² 公¹ 羊²
澹⁴ 臺² 公¹ 冶³ 宗¹ 政⁴ 濮² 陽² 淳² 于² 單¹ 于² 太⁴ 叔² 申¹ 屠²

公¹ 孫¹ 仲¹ 孫¹ 軒¹ 轅² 令⁴ 狐² 鐘¹ 離² 宇³ 文² 長² 孫¹ 慕⁴ 容²
鮮¹ 于² 閭² 丘¹② 司¹ 徒² 司¹ 空¹ 亓² 官¹ 司¹ 寇⁴ 仇³ 督¹ 子³ 車¹
顓¹ 孫¹ 端¹ 木⁴ 巫¹ 馬³ 公¹ 西¹ 漆¹ 雕¹ 樂⁴ 正⁴ 壤³ 駟⁴ 公¹ 良²
拓⁴ 拔² 夾¹ 谷³ 宰³ 父⁴ 穀³ 梁² 晉⁴ 楚³ 閆² 法⁴ 汝³ 鄢¹ 涂² 欽¹

段⁴ 干¹ 百⁴ 里³ 東¹ 郭³ 南² 門² 呼¹ 延² 歸¹ 海³ 羊² 舌² 微¹ 生¹
岳⁴ 帥⁴ 緱¹ 亢⁴ 況⁴ 后⁴ 有³ 琴² 梁² 丘¹ 左³ 丘¹ 東¹ 門² 西¹ 門²
商¹ 牟² 佘² 佴⁴ 伯² 賞³ 南² 宮¹ 墨⁴ 哈¹ 譙² 笪² 年² 愛⁴ 陽² 佟¹
第⁴ 五³ 言² 福² 百⁴ 家¹ 姓⁴ 續⁴

---

① 底本作"殿"。
② 㡴:丘。

部　首

一⁴	丨³	丶³	丿³	乙⁴	亅³	二⁴	亠²	人²	儿²
入⁴	八¹	冂³	冖³	冫⁴	几¹	凵²	刀¹	力²	勹¹
匕³	匚¹	匸¹	十²	卜³	卩²	厂¹	厶¹	又⁴	口¹
口²	土³	士³	夂¹	夊¹	夕⁴	大⁴	女¹	子³	宀²
寸⁴	小³	尢¹	尸¹	屮¹	山¹	巛¹	工¹	己³	巾²
干¹	幺¹	广²	廴⁴	廾³	弋⁴	弓¹	彐³	彡¹	彳¹
心¹	戈²	戶⁴	手³	支¹	攴⁴	文⁴	斗³	斤¹	方¹
无²	日⁴	曰¹	月²	气⁴	欠⁴	止¹	歹³	殳¹	毋¹
比³	毛²	氏²	水⁴	玄²	火³	爪¹	父⁴	爻²	爿²
片⁴	牙²	牛¹	犬³	玉¹	瓜¹	瓦²	甘¹	目²	生¹
用⁴	田²	疋³	疒¹	癶⁴	白¹	皮¹	皿²	目²	矛²
矢³	石¹	示¹	内⁴	禾¹	穴¹	立¹	竹²	米³	糸¹
缶³	网¹	羊¹	羽³	老¹	而¹	耒¹	聿¹	肉¹	艸¹
臣²	自⁴	至¹	臼⁴	舌¹	舛³	舟¹	艮⁴	色⁴	艸³
虍³	虫²	血³	行²	衣¹	西¹	見¹	角²	言²	谷³
豆⁴	豕³	豸⁴	貝¹	赤⁴	走¹	足¹	身¹	車¹	辛¹
辰²	辵⁴	邑¹	酉³	采¹	里³	金¹	長²	門¹	阜⁴
隶⁴	隹¹	雨¹	青¹	非¹	面¹	革¹	韋²	韭³	音¹
頁⁴	風¹	飛¹	食²	首³	香¹	馬¹	骨¹	高¹	髟¹
鬥⁴	鬯⁴	鬲¹	鬼¹	魚¹	鳥¹	鹵¹	鹿⁴	麥⁴	麻¹
黃²	黍¹	黑¹	黹³			鼓¹	鼠³	鼻²	齊¹
齒³	龍²	龜¹	龠¹						

數目(單句、散語)類

1. (一¹ 二⁴ 三¹ 四⁴ 五³ 六⁴ 七¹ 八¹ 九³ 十²)①
2. (一⁴ 百³　一⁴ 千¹　一² 萬⁴　一⁴ 百³ 萬⁴　一² 兆⁴　十² 兆⁴　一⁴ 百³ 兆⁴)
3. (一² 個⁴　倆³　三¹　四⁴ 啊¹　五³ 啊¹　六⁴ 啊¹　七² 個⁴　八² 個⁴　九³ 啊¹　十² 個⁴)
4. (一² 噸⁴　一² 磅⁴)
5. (一² 担⁴　一⁴ 斤¹　一⁴ 兩³　一⁴ 錢²　一⁴ 分¹　一⁴ 釐²　一⁴ 毫²)
6. (一² 丈⁴　一⁴ 尺³　一² 寸⁴　一⁴ 分¹)
7. (一² 石⁴　一⁴ 斛²　一⁴ 斗⁴　一⁴ 舛¹②　一⁴ 合²)
8. (一⁴ 頃³　一⁴ 畝³　一² 步⁴)
9. 一² 件⁴
10. 一⁴ 張¹
11. 一⁴ 把³
12. 一⁴ 刀¹
13. 一² 塊⁴
14. 一⁴ 捆³
15. 一⁴ 包¹
16. 一² 磊⁴
17. 一⁴ 堆¹
18. 算⁴ 盤²
19. 加¹ 減³ 乘⁴ 除²
20. 小³ 九³ 數⁴
21. 乘² 法³ 疊² 併⁴ 數⁴
22. 歸¹ 除² 算⁴ 法³
23. 還² 原²
24. 總³ 歸¹ 口³ 訣⁴
25. 斤¹ 求² 兩³ 法³
26. 兩³ 求² 斤¹ 法³
27. 大⁴ 九³ 歸¹
28. 數⁴ 目⁴ (數⁴ 兒²)
29. 十² 個⁴ 多¹
30. 十² 來² 個⁴
31. 十² 幾³ 個⁴
32. 幾³ 個⁴ (多¹ 少³ 個⁴)

---

① 底本有圓括號"(　)"和方括號"[　]",整理本一律照錄。
② 舛:底本爲"舛"。舛即升。

數目(單句、散語)類

33. 好³些¹個⁴
34. 數³一⁴數³
35. 點³一⁴點³
36. 稱¹一⁴稱¹
37. 量²一⁴量²
38. 不²過⁴
39. 還²有³
40. 下⁴剩⁴(下⁴餘²)
41. 盈²餘²(富⁴餘²)
42. 不²穀⁴
43. 分¹兩³
44. 過⁴秤⁴
45. 過⁴磅⁴
46. 摟¹摟¹(合²合)(打³打)(扒¹拉¹扒 拉)
47. 長³①落⁴
48. 貴⁴賤⁴
49. 高¹低¹
50. 滙⁴水³
51. 折²頭²(扣⁴頭²)
52. 九³五³折²(九³五³扣⁴)
53. 七¹折²(七²扣⁴)
54. 中¹佣⁴
55. 行²佣⁴
56. 明²扣⁴
57. ②暗⁴扣⁴
58. 花¹銷¹
59. 銷¹路⁴

60. 開¹銷¹
61. 添¹頭²
62. 少³頭²
63. 零²賣⁴
64. 躉³賣⁴③
65. 行²市⁴(行²情²)
66. 花¹紅²
67. 官¹利⁴
68. 按⁴月⁴利⁴息¹
69. 常²年²利⁴息¹
70. 滙⁴票⁴
71. 期²票⁴
72. 鈔⁴票⁴
73. 銀²票⁴
74. 押¹欵³
75. 上⁴海³規¹元²
76. 漢¹口³洋²例⁴
77. 芝¹罘²烟¹平²
78. 天¹津¹化⁴寶³
79. 曹²平²
80. 庫⁴平²
81. 司¹平²
82. 京¹平²
83. 算⁴賬⁴
84. 對⁴賬⁴
85. 賒¹賬⁴

---

① 長:漲。
② 底本序號爲"37"。底本序號偶有錯漏,整理本依順序徑改,不再逐一注出。
③ 躉賣:批發。

86. 收[1]賬[4]
87. 放[4]賬[4]
88. 還[2]賬[4]
89. 關[1]稅[4]
90. 棧[4]租[1]
91. 水[3]脚[3]
92. 保[3]險[3]
93. 賺[4]錢[2]
94. 賠[2]錢[2]
95. 大[4]寫[3]字[4]
96. 小[3]寫[3]字[4]
97. 蘇[1]州[1]碼[3]兒[2]

1. [（三[1]十[2]五[3]）加[1]（十[2]六[4]）共[4]總[3]是[4]五[3]十[2]一[1]。
四[4]十[2]七[2]除[2]（去[4]）（刨[2]下[4]）二[4]十[2]九[3]下[4]剩[4]十[2]八[1]。
六[4]十[2]二拿[2]十[2]七[1]乘[2]是[4]多[1]少[3]？（十[2]七[1]個[4]六[4]十[2]二[4]是[4]多[1]少[3]？）
拿[2]十[2]八[1]除[2]兩[3]萬[4]零[2]八[1]十[2]八[1]是[4]多[1]少[3]？（兩[3]萬[4]零[2]八[1]十[2]八[1]，分[1]十[2]八[1]是[4]多[1]少[3]？）]
2. [十[2]個[4]一[4]百[3]是[4]一[4]千[1]。
十[2]個[4]十[2]萬[4]是[4]一[4]百[3]萬[4]。
一[4]百[3]萬[4]爲[2]一[2]兆[4]。
一[4]百[3]兆[4]日[4]本[3]爲[2]一[2]億[4]。]
3. [倆[3]搭[1]①五[3]個[4]是[4]多[1]少[3]？
"二[2]個[4]""倆[3]""三[1]"是[4]數[3]東[1]西[1]的[1]件[4]數[3]兒[2]。]
4. [一[2]噸[4]是[4]一[4]千[1]六[4]百[3]八[1]十[2]斤[1]。
二[2]磅[4]是[4]十[2]二[4]兩[3]。
一[2]噸[4]是[4]英[1]國[2]二[4]千[1]二[4]百[3]四[4]十[2]磅[4]。]

5. [一[2]担[4]是[4]一[4]百[3]斤[1]。
一[4]百[3]斤[1]是[4]一[4]百[3]三[1]十[2]三[1]磅[三[1]。
十[2]六[4]兩[3]爲[2]一[4]斤[1]。
十[2]錢[2]爲[2]一[4]兩[3]。]
6. [十[2]尺[3]爲[2]一[2]丈[4]。
十[2]寸[4]爲[2]一[4]尺[3]。]
7. [中[1]國[2]的[1]斛[2]斗[3]②大[4]小[3]雖[1]說[1]各[4]處[4]不[4]同[2]，那[4]個[4]名[2]目[4]可[3]都[1]是[4]一[2]樣[4]。
十[2]勺[2]爲[2]一[4]合[2]。
十[2]合[2]爲[2]一[4]升[1]。
十[2]升[1]爲[2]一[2]斗[3]。
五[3]斗[3]爲[2]一[4]斛[2]。
兩[3]斛[2]爲[2]一[2]石[4]。]
8. [一[4]百[3]畝[3]爲[2]一[4]頃[3]。上[4]海[3]没[2]有[3]這[4]個[4]名[2]目[4]。
地[4]的[1]畝[3]數[4]各[4]處[4]不[4]同[2]。]
9. 這[4]副[4]機[1]器[4]一[2]件[4]也[3]不[4]能[2]少[3]的[1]。

―――――――――

① 搭：加。
② 斛斗：斛和斗均爲糧食量器名。

10. 那^{4}個^{4}銀^{2}票^{4}一^{4}張^{1}紙^{3}就^{4}值^{2}好^{3}幾^{3}萬^{4}銀^{2}子^1。

11. 這^{4}一^{4}把^{3}開^{1}口^{3}的^{1}指^{3}揮^{1}刀^{1}是^{4}做^{4}樣^{4}子^{1}的^1。

12. 紙^{3}數^{4}兒^{2}都^{1}是^{4}論^{4}刀^1，規^{1}矩^{4}總^{3}是^{4}一^{4}百^{3}張^{1}爲^{2}一^{4}刀^1，可^{3}也^{4}不^{4}一^{2}定^4。

13. ［這^{4}一^{2}塊^{4}地^{4}有^{3}多^{1}少^{3}畝^3？
    這^{4}一^{2}塊^{4}錢^{2}是^{4}悶^{1}板^{3}①，怕^{4}使^{3}不^{4}出^{1}去^4，換^{4}好^{3}的^{1}罷^4。］

14. 這^{4}同^{2}裝^{1}來^{2}的^{1}海^{3}帶^{4}菜^{4}一^{4}捆^{3}有^{3}多^{1}少^{3}斤^1？

15. 這^{4}一^{4}包^{1}貨^{4}打^{3}開^{1}看^{4}看，跟^{4}樣^{4}子^{1}對^{4}不^{2}對^4。

16. ［那^{4}棧^{4}房^{2}裡^{3}堆^{1}着^{2}的^{1}貨^{4}一^{2}磊^{3}兒^{2}有^{3}多^{1}少^3？
    這^{4}個^{4}貨^{4}一^{2}磊^{3}兒^{2}能^{2}堆^{1}多^{1}少^3？］

17. 那^{4}一^{4}堆^{1}煤^{2}堆^{1}的^{1}很^{3}高^1，是^{4}那^{②}一^{4}路^{4}的^{1}煤^2？

18. 他^{1}的^{1}算^{4}盤^{2}子^{3}兒^{2}③打^{3}的^{1}清^{1}着^{2}呢^1。

19. 加^{1}減^{3}乘^{2}除^{2}是^{4}學^{4}算^{4}盤^{2}離^{2}不^{4}了^{3}的^1。

20. ［小^{3}九^{3}數^{4}又^{4}叫^{4}小^{3}九^{3}九^{3}兒^2，是^{4}孩^{2}子^{1}們^{1}開^1／入^{4}手^{3}的^{1}算^{4}法^3。
    一^{1}上^{4}一^1
    二^{4}上^{4}二^4
    三^{1}下^{4}五^{3}除^{2}二^4
    四^{4}下^{4}五^{3}除^{2}一^1
    五^{3}去^{4}五^{3}進^{4}一^1
    六^{4}上^{4}一^{1}去^{4}五^{3}進^{4}一^1
    七^{1}上^{4}二^{4}去^{4}五^{3}進^{4}一^1
    八^{1}除^{2}二^{4}進^{4}一^1
    九^{3}除^{2}一^{1}進^{4}一^1
    一^{1}上^{4}一^1
    二^{4}下^{4}五^{3}除^{2}三^1
    三^{1}上^{4}三^1
    四^{1}除^{2}六^{4}進^{4}一^1
    五^{3}上^{4}五^3
    六^{4}上^{4}六^4
    七^{1}除^{2}三^{1}進^{4}一^1
    八^{1}除^{2}二^{4}進^{4}一^1
    九^{3}除^{2}一^{1}進^{4}一^1］

21. ［"乘^{2}法^{3}疊^{2}併^{4}數^4"俗^{2}說^1"大^{4}九^{3}九^3"，又^{4}說^1"堆^{1}寶^{3}塔^3"。
    一^{1}一^{1}如^{2}一^1
    一^{1}二^{4}如^{2}二^4
    二^{4}二^{4}如^{2}四^4
    一^{1}三^{1}如^{2}三^1
    二^{4}三^{1}如^{2}六^4
    三^{1}三^{1}如^{2}九^3

---

①　悶板：假銀元。舊時鑒別銀元真偽，多用投擲或吹邊聽音的辦法，摻假的銀元往往聲音沉悶不清亮。（徐世榮編《北京土語辭典》，北京出版社，1990年，561頁）

②　那：哪，疑問代詞。

③　算盤子兒：算盤上的珠子。

一^{1}四^{4}如^{2}四^4
二^{4}四^{4}得^{2}八^1
三^{1}四^{4}十^{2}二^4
四^{4}四^{4}十^{2}六^4
一^{1}五^{3}如^{2}五^3
二^{4}五^{3}得^{2}十^2
三^{1}五^{3}十^{2}五^3
四^{4}五^{3}得^{2}二^{4}十^2
五^{3}五^{3}二^{4}十^{2}五^3]

22. ["歸^{1}除^{2}算^{4}法^3"俗^{2}說^4"小^{3}九^{3}歸^1"。
四^{4}一^{1}改^{3}作^{4}二^{4}十^{2}二^4
逢^{2}四^{4}進^{4}一^1
四^{4}三^{1}改^{3}作^{4}七^{1}十^{2}二^4
逢^{2}四^{4}進^{4}一^1
四^{4}二^{4}添^{1}作^{4}五^3
逢^{2}四^{4}進^{4}一^1
四^{4}一^{1}改^{3}作^{4}二^{4}十^{2}二^4
逢^{2}八^{1}進^{4}二^4
逢^{2}四^{4}進^{4}一^1
四^{4}三^{1}改^{3}作^{4}七^{1}十^{2}二^4
逢^{2}八^{1}進^{4}二^4
四^{4}二^{4}添^{1}作^{4}五^3
逢^{2}八^{1}進^{4}二^4]

23. [怕^{4}算^{4}錯^{4}了^{1}的^{1}時^{2}候^{4}兒^2,一^{4}還^{2}原^{2}兒^{2}就^{4}明^{2}白^{2}了^1。
四^{4}七^{1}改^{3}作^{4}二^{4}十^{2}八^1
四^{4}九^{3}改^{3}作^{4}三^{1}十^{2}六^4
一^{1}四^{4}下^{4}得^{2}四^4
四^{4}四^{4}改^{3}作^{4}十^{2}六^4
四^{4}六^{4}改^{3}作^{4}二^{4}十^{2}四^4
四^{4}八^{1}改^{3}作^{4}三^{1}十^{2}二^4
四^{4}三^{1}改^{3}作^{4}七^{1}十^{2}二^4]

24. [總^{3}歸^{1}口^{3}訣^{2}是^{4}要^{4}緊^{3}的^1,得^{3}背^{4}熟^{2}了^1。
二^{4}一^{1}添^{1}作^{4}五^3
逢^{2}二^{4}進^{4}一^1
逢^{2}四^{4}進^{4}二^4
逢^{2}六^{4}進^{4}三^1
逢^{2}八^{1}進^{4}四^4
三^{1}一^{1}三^{1}十^{2}一^1
三^{1}二^{4}六^{4}十^{2}二^4
逢^{2}三^{1}進^{4}一^1
逢^{2}六^{4}進^{4}二^4
逢^{2}九^{3}進^{4}三^1
四^{4}一^{1}二^{4}十^{2}二^4
五^{3}一^{1}倍^{4}作^{4}二^4
六^{4}一^{1}下^{4}加^{1}四^4
七^{1}一^{1}下^{4}加^{1}三^1
八^{1}一^{1}下^{4}加^{1}二^4
九^{3}一^{4}下^{4}加^{1}一^1。]

25. [斤^{1}求^{2}兩^{3}法^{3}的^{1}口^{3}訣^{2}記^{4}住^{4}了^1,要^{4}算^{4}每^{3}兩^{3}的^{1}價^{4}錢^{2}多^{1}少^{3}也^{3}行^2。
一^{1}是^{4}六^{4}二^{4}五^3
二^{4}是^{4}一^{1}二^{4}五^3
三^{1}是^{4}一^{1}八^{1}七^{1}五^3
四^{4}是^{4}二^{4}五^3
五^{3}是^{4}三^{1}一^{1}二^{4}五^3
六^{4}是^{4}三^{1}七^{1}五^3

七^{1}是^{4}四^{4}三^{1}七^{1}五^3
八^{1}是^{4}四^{4}五^3
九^{3}是^{4}五^{3}六^{4}二^{4}五^3
十^{2}是^{4}六^{4}二^{4}五^3
十^{2}一^{1}是^{4}六^{4}八^{1}七^{1}五^3
十^{2}二^{4}是^{4}七^{1}五^3
十^{2}三^{1}是^{4}八^{1}一^{1}二^{4}五^3
十^{2}四^{4}是^{4}八^{1}七^{1}五^3
十^{2}五^{3}是^{4}九^{3}三^{1}七^{1}五^3〕

26. 〔兩^{3}求^{2}斤^{1}法^{3}還^{2}有^{3}三^{3}句^{4}歌^{1}兒^2：
斤^{1}要^{4}求^{2}兩^{3}身^{1}加^{1}六^4，減^{3}六^{4}存^{2}身^{1}兩^{3}見^{4}斤^1。
一^{1}是^{4}一^{1}六^4
二^{4}是^{4}三^{1}二^4
三^{1}是^{4}四^{4}八^1
四^{4}是^{4}六^{4}四^4
五^{3}是^{4}八^1
六^{4}是^{4}九^{3}六^4
七^{1}是^{4}一^{1}一^{1}二^4
八^{1}是^{4}一^{1}二^{4}八^1
九^{3}是^{4}一^{1}四^{4}四^4
十^{2}是^{4}一^{1}六^4
十^{2}一^{1}是^{4}一^{1}七^{1}六^4
十^{2}二^{4}是^{4}一^{1}九^{3}二^4
十^{2}三^{1}是^{4}二^{4}零^{2}八^1
十^{2}四^{4}是^{4}二^{4}二^{4}四^4
十^{2}五^{3}是^{4}二^{4}四^4

十^{2}六^{4}是^{4}二^{4}五^{3}六^4
十^{2}七^{1}是^{4}二^{4}七^{1}二^4
十^{2}八^{1}是^{4}二^{4}八^{1}八^1
十^{2}九^{3}是^{4}三^{1}零^{2}四^4
二^{4}十^{2}是^{4}三^{1}二^4〕

27. 〔"大^{4}九^{3}歸^1"是^{4}九^{3}歸^{1}九^{3}除^2。
七^{1}一^{1}下^{4}加^{1}三^1
一^{1}三^{1}除^{2}三^1
七^{1}五^{3}七^{1}十^{2}一^1
無^{2}除^{2}退^{4}一^{1}下^{4}還^{2}七^1
三^{1}六^{4}除^{2}十^{2}八^1
七^{1}六^{4}八^{1}十^{2}四^4
逢^{2}七^{1}進^{4}一^{1}十^2
三^{1}九^{3}除^{2}二^{4}十^{2}七^1
逢^{2}七^{1}進^{4}一^{1}十^2
一^{1}三^{1}除^{2}三^1
七^{1}一^{1}下^{4}加^{1}三^1
一^{1}三^{1}除^{2}三^1
七^{1}六^{4}八^{1}十^{2}四^4
三^{1}八^{1}除^{2}二^{4}十^{2}四^4
七^{1}六^{4}八^{1}十^{2}四^{4}①
逢^{2}七^{1}進^{4}一^{1}十^2
三^{1}九^{3}除^{2}二^{4}十^{2}七^1
七^{1}九^{3}六^{4}十^{2}三^1
三^{1}八^{1}二^{4}十^{2}四^4
七^{1}八^{1}五^{3}十^{2}六^{4}②
一^{1}三^{2}下^{4}得^{2}三^1

---

① 底本"三八除二十四，七六八十四"連用三次。
② 底本"三八二十四，七八五十六"連用三次。

一[1]七[1]下[4]得[2]七[1]①
三[1]九[3]二[4]十[2]七[1]
七[1]九[3]六[4]十[2]三[1]
三[1]六[4]十[2]八[1]
六[4]七[1]四[3]十[2]二[4]
一[1]三[1]下[4]得[2]三[1]
一[1]七[1]下[4]得[2]七[1]。]

28. 算[4]起[3]賬[4]來[2]數[4]目[4]是[4]萬[4]錯[4]不[4]得[2]的[1]。(那[4]些[1]東[1]西[1]都[1]記[4]上[4]數[4]兒[2]了[1]。)
29. 大[4]概[4]有[3]十[2]個[4]多[1]。
30. 不[2]要[4]多[1],有[3]十[2]來[2]個[4]就[4]得[2]了[1]。
31. 他[1]家[1]有[3]十[2]幾[3]個[4]人[2]。
32. 你[3]要[4]幾[3]個[4]?(你[3]要[4]買[3]多[1]少[3]個[4]?)
33. 我[3]買[3]了[1]好[3]些[1]個[4]了[1]。
34. 數[3]一[2]數[3]對[4]不[2]對[4]。
35. 點[3]一[2]點[3]有[3]多[1]少[3]件[4]數[4]兒[2]。
36. 稱[1]一[2]稱[1]有[3]多[1]少[3]斤[1]。
37. 量[2]一[2]量[2]有[3]多[1]少[3]碼[3]。
38. 不[2]過[4]有[3]三[1]四[4]個[4]。
39. 還[2]有[3]一[4]百[1]多[1]。
40. 下[4]剩[4]②還[3]有[3]幾[1]十[2]個[4]。(下[4]餘[2]不[2]過[4]有[3]兩[3]個[4]。)
41. 還[4]剩[4]多[4]少[3]盈[2]餘[2]?(這[4]裡[3]頭[2]要[4]有[3]富[4]餘[2],大[4]家[1]均[1]分[1]就[4]是[4]了[1]。)
42. 這[2]還[2]不[4]夠[4]數[4]兒[2]了[1]。
43. 分[1]兩[3]③差[1]不[4]多[1]了[1]。
44. 一[2]過[4]秤[4]剛[1]剛[1]有[3]一[4]百[3]斤[1]。
45. 一[2]過[4]磅[4]纔[2]知[1]道[4]有[3]多[1]少[3]磅[4]數[4]兒[2]。
46. 這[4]筆[3]賬[4]不[4]清[1]楚[3],你[3]給[3]我[3]摟[1]摟[1]④。
47. 行[2]市[4]長[3]落[4]是[4]沒[2]準[3]兒[2]的[1]事[4]情[2]。
48. 各[4]處[4]的[1]東[1]西[1]貴[4]賤[4]不[4]同[2]。
49. 滙[4]水[3]⑤的[1]高[1]低[1]誰[2]也[3]不[4]能[2]知[1]道[4]。
50. 現[4]在[4]的[1]滙[4]水[3]八[1]十[2]一[1],光[1]景[3]⑥還[2]要[4]長[3]。
51. 有[3]折[2]頭[2]⑦沒[2]有[3]?
52. 我[3]們[1]的[1]買[3]賣[4]都[1]是[4]九[3]五[3]扣[4]。

---

① 底本"一三下得三,一七下得七"連用兩次。
② 下剩:剩下。
③ 分兩:分量,重量。
④ 摟:核算。徐世榮《北京土語辭典》:"摟:用算盤計算;拿起算盤一摟,就知道用多少錢了。"(北京出版社,1990年,256頁)
⑤ 滙水:辦理匯兌業務時收取的手續費。
⑥ 光景:大概、估計。清吳趼人《二十年目睹之怪現狀》第七回:"這人來了,就到督署去求見那位刑名師爺,又遞了一紙催呈。那刑名師爺光景是對大帥說明白了。"另見第七回:"他光景知道我同藩臺還説得話來,所以特地來拜會我。"(張友鶴校注,人民文學出版社,1959年,51頁)
⑦ 折頭:折扣。

數目(單句、散語)類　35

53. 這^{4}些^{1}底^{3}貨^{4}按^{4}七^{1}折^{2}算^{4}罷^4。
54. 中^{1}佣^{4}是^{4}經^{1}紀^{4}得^{2}的^1。
55. 你^{3}們^{1}的^{1}行^{2}佣^{4}①是^{4}多^{1}少^3？
56. 明^{2}扣^{4}②算^{4}五^{3}分^1。
57. 要^{4}有^{3}暗^{4}扣^4，我^{3}們^{1}可^{3}是^{4}另^{4}打^3。
58. 我^{3}們^{1}一^{2}個^{4}月^{4}的^{1}花^{1}銷^{1}不^{4}少^{3}了^1。
59. 你^{3}看^{4}這^{4}個^{4}貨^{4}銷^{1}路^{4}怎^{3}广^{1}③樣^4？
60. 他^{1}們^{1}一^{4}年^{2}的^{1}開^{1}銷^{1}至^{4}少^{3}得^{3}好^{3}幾^{3}千^1。
61. 我^{3}還^{2}的^{1}價^{4}兒^{2}本^{3}來^{2}沒^{2}留^{2}什^{2}广^{4}添^{1}頭^2。
62. 我^{3}買^{3}這^{4}广^{4}些^1，總^{3}有^{3}點^{3}兒^{2}少^{3}頭^{2}罷^4。
63. 這^{4}是^{4}櫃^{4}上^{4}零^{2}賣^{4}的^{1}價^{4}兒^2。
64. 躉^{3}賣^{4}的^{1}價^{4}兒^{2}總^{3}便^{2}宜^{2}點^{3}兒^2。
65. 東^{1}西^{1}的^{1}行^{2}情^2，今^{1}年^{2}比^{3}往^{3}年^{2}貴^{4}多^{1}了^1。
66. 他^{1}們^{1}行^{2}裡^{3}一^{4}年^{2}分^{1}兩^{3}回^{2}花^{1}紅^2。
67. 把^{3}官^{1}利^{4}④打^{3}净^{4}了^1，纔^{2}能^{2}算^{4}賺^{4}賬^4。
68. 莊^{1}上^{4}放^{4}出^{1}來^{2}的^{1}欵^{4}都^{1}是^{4}按^{4}月^{4}利^{4}息^1。
69. 按^{4}年^{2}起^{3}息^{2}的^1，那^{4}是^{4}常^{2}年^{2}利^{4}息^2。
70. 往^{3}各^{4}處^{4}滙^{4}兌^{4}銀^{2}子^{1}得^{3}用^{4}滙^{4}票^4。
71. 到^{4}期^{2}纔^{2}能^{2}取^{3}錢^{2}的^{1}是^{4}期^{2}票^4。
72. 鈔^{4}票^{4}跟^{1}現^{4}銀^{2}子^{1}一^{2}樣^{4}的^{1}使^{3}喚^4。
73. 銀^{2}票^{4}的^{1}樣^{4}式^{4}很^{3}多^1。
74. 把^{3}東^{1}西^{1}交^{1}給^{3}人^{3}家^1，借^{4}他^{1}的^{1}銀^{2}子^1，那^{4}叫^{4}押^{1}欵^3。
75. 上^{4}海^{3}規^{1}元^{2}⑤是^{4}九^{3}八^{1}銀^2。
76. 漢^{4}口^{3}洋^{2}例^{4}按^{4}規^{1}元^{2}每^{3}百^{3}申^{1}三^{1}兩^3。
77. 芝^{1}罘^{2}烟^{1}平^{2}按^{4}規^{1}元^{2}申^{1}四^{4}兩^{3}五^3。
78. 天^{1}津^{1}化^{4}寶^{2}兒^{2}按^{4}規^{1}元^{2}申^{1}六^{4}兩^3。
79. 曹^{2}平^{2}⑥就^{4}是^{4}公^{1}砝^{4}平^2，按^{4}規^{1}元^{2}作^{4}一^{4}千^{1}零^{2}八^{1}十^{2}兩^3。
80. 庫^{4}平^{2}是^{4}一^{4}千^{1}九^{3}十^{2}八^{1}兩^3。
81. 司^{1}平^{2}就^{4}是^{4}海^{3}關^{1}平^2，是^{4}一^{4}千^{1}一^{2}百^{3}一^{4}十^{2}四^{4}兩^3。

---

① 行佣：佣金，買賣時中間人所得的報酬。
② 明扣：買賣雙方在合同中定明的折扣。
③ 广：麼。
④ 官利：近代中國對股息的俗稱，股東憑投入股金從企業取得的利息。
⑤ 規元：1933年廢兩改元前上海的通用記賬銀兩，亦稱"九八規元"。（張海聲主編《中國近百年經濟史辭典》，蘭州大學出版社，1992年，124頁）
⑥ 曹平：漕平。舊時徵收漕銀的衡量標準。

82. 京[1]平[2]是[4]一[4]千[1]零[2]四[4]十[2]兩[3]。
83. 他[1]竟[4]①在[4]家[1]裡[3]算[4]賬[4]，不[4]管[3]別[2]的[1]。
84. 他[1]們[1]倆[3]在[4]那[4]兒[1]對[4]賬[4]哪[1]。
85. 他[1]那[4]舖[1]子[1]買[3]東[1]西[4]可[3]以[3]賒[1]賬[4]广[1]？
86. 到[4]了[1]節[2]下[3]夥[3]計[1]們[1]得[3]出[1]去[4]收[1]賬[4]。
87. 做[4]銀[2]號[4]買[3]賣[4]總[3]得[3]放[4]賬[4]。
88. 這[4]筆[3]錢[2]不[4]能[2]動[4]，還[2]得[3]還[2]賬[4]。
89. 現[4]在[4]的[1]關[1]稅[4]差[1]不[4]多[1]值[2]百[4]抽[1]五[3]。
90. 貨[4]物[4]存[2]棧[4]得[3]給[3]棧[4]租[1]。
91. 這[4]個[4]價[4]錢[2]水[3]脚[3]②在[4]外[4]。
92. 保[3]險[3]有[3]水[3]險[3]、火[3]險[3]、壽[4]險[3]之[1]分[1]。
93. 那[4]個[4]舖[4]子[1]很[3]賺[4]錢[2]。
94. 這[4]幾[3]年[2]的[1]買[3]賣[4]竟[4]賠[2]錢[2]。
95. 銀[2]錢[2]數[4]兒[2]得[3]用[4]大[4]寫[3]字[4]，人[2]家[1]就[4]不[4]能[2]改[3]了[1]。
96. 平[2]常[2]的[1]數[4]目[4]都[1]用[4]小[3]寫[3]字[4]。
97.［蘇[1]州[1]碼[3]兒[2]③記[4]數[4]兒[2]很[3]方[1]便[4]，應[1]當[1]是[4]怎[3]广[1]個[4]寫[4]法[3]？
一[1]是[4]一[4]道[4]兒[2]"｜"；
二[4]是[4]兩[3]道[4]兒[2]，一[4]筆[3]長[2]一[4]筆[3]短[3]"‖"；
三[1]是[4]三[1]道[4]兒[2]"Ⅲ"；
四[4]是[4]個[4]乂[4]字[4]"×"；
五[3]是[4]彷[3]彿[2]④葫[2]蘆[2]兒[2]似[4]的[1]"？"；
六[4]是[4]一[4]拐[3]"⊥"；
七[1]是[4]一[4]拐[3]加[1]一[4]橫[2]"⊥"；
八[1]是[4]一[4]拐[3]加[1]兩[3]橫[2]"⊥"；
九[3]是[4]漢[4]字[4]知[1]⑤文[2]字[4]兒[2]似[4]的[1]"文"；
零[2]是[4]一[4]個[4]圈[1]兒[2]，跟[1]外[4]國[2]的[1]法[2]子[1]一[2]樣[1]"0"。］

---

① 竟：净，光。
② 水脚：水路運輸的費用。
③ 蘇州碼(兒)：舊時日常記賬所用的數碼，原理是用符號表示算籌擺放的位置，即"算籌碼"，後稱爲"蘇州碼"，也稱"碼子字"。(王秉愚《老北京風俗詞典》，中國青年出版社，2009年，204頁)
④ 彷彿：仿佛。
⑤ 此處"知"字疑爲衍字，今保留。

天文（單句、散語）類

1. 太⁴陽²
2. 月⁴亮⁴
3. 日⁴頭²地⁴
4. 月⁴亮⁴地⁴
5. 峨²眉²月⁴① （月⁴芽²兒²）
6. 星¹星¹/象⁴
7. 掃⁴箒³星¹
8. 天¹氣⁴
9. 雲²彩³
10. 天¹晴²
11. 天¹陰¹
12. 天¹亮⁴
13. 天¹昏¹地⁴暗⁴
14. 晴²天¹朗³日⁴
15. 颳¹風¹
16. 颳¹大⁴風¹
17. 順⁴風¹
18. 颱⁴風¹
19. 鬥⁴/頂³風¹
20. 南²風¹
21. 北³風¹
22. 東¹風¹
23. 西¹風¹
24. 鬧⁴天¹氣⁴
25. 下⁴雨³
26. 下⁴雪³
27. 下⁴霧⁴
28. 下⁴霜¹
29. 下⁴雹²子¹
30. 濛¹鬆¹雨³
31. 連²陰¹雨³
32. 暴⁴雨³
33. 帶⁴日⁴下⁴雨³
34. 打³雷²
35. 打²閃³
36. 霹¹雷²閃⁴電⁴
37. 避⁴風¹
38. 避⁴雨³
39. 露⁴水³珠¹兒²
40. 冰¹楞²

---

① 峨眉月：蛾眉月。

1. 太⁴陽²冒⁴嘴³兒²①了¹。
2. 好³大⁴月⁴亮⁴。
3. 日⁴頭²地⁴②裡¹晒⁴得²慌¹。
4. 在⁴月⁴亮⁴地⁴裡¹看⁴看⁴月⁴亮⁴。
5. 蛾²眉²月⁴就⁴是⁴月⁴芽²兒²。
6. 滿³天¹的¹星¹星¹/象³數³不²過⁴來²。
7. 彗⁴星¹俗²名²就⁴叫⁴掃³箒³星¹。
8. 天¹氣⁴簡³直²的¹沒²準³兒²。
9. 黑¹雲²彩¹在⁴滿³天¹上⁴直²飛¹。
10. 天¹晴²③了¹可³以³出⁴去⁴逛⁴一²逛⁴。
11. 天¹陰¹了¹出¹門²兒²要⁴帶⁴把³雨³傘³。
12. 天¹亮⁴的¹時²候⁴兒²纔²動⁴身¹。
13. 風¹颳¹的¹天¹昏¹地⁴暗⁴。
14. 晴²天¹朗³日⁴一²點³兒²雲²彩¹都¹沒²有³。
15. 外⁴頭²颳³風¹,土³大⁴。
16. 昨²兒²夜⁴裡¹颳¹大⁴風¹。
17. 今¹兒²是⁴順⁴風¹,船²走³得²快⁴。
18. 羊²角³風¹就⁴是⁴颶¹風¹的¹別²名²兒²。
19. 遇⁴見⁴了¹鬬⁴/頂³風¹④不⁴能²開¹船²。
20. 夏⁴天¹的¹南²風¹吹¹在⁴身¹上⁴很³爽³快⁴。
21. 一⁴起³北³風¹就⁴很³冷³了¹。
22. 一⁴颳¹東¹風¹天¹就⁴變⁴了¹。
23. 今¹兒²是⁴西¹風¹,開¹船²罷¹。
24. 路⁴上⁴倒⁴沒²遇⁴見⁴什²広¹鬧⁴天¹氣⁴。
25. 秋¹天¹不²下³雨³叫⁴秋¹吊⁴兒²。
26. 廣³東¹一²帶⁴地⁴方¹不²大⁴下⁴雪³。
27. 坐⁴輪²船²怕⁴的¹是⁴下⁴霧⁴。
28. 到⁴了¹霜¹降⁴節¹期²就⁴要⁴下⁴霜¹了¹。
29. 下⁴雹²子¹把⁴莊¹稼¹打³壞⁴了¹。
30. 下⁴的¹是⁴濛²鬆¹雨³兒²,道⁴兒²還² 好²走³。
31. 去⁴年²江¹北³地⁴方¹下⁴連²陰¹雨³, 把⁴莊¹稼¹都¹淹¹了¹。
32. 來²了¹一²陣⁴暴⁴雨³,沒²地⁴方¹兒²躲³。
33. 黃²梅²時²節²,帶⁴日⁴下⁴雨³的¹ 時²候⁴兒²多¹。
34. 乾¹打³雷²不²下⁴雨³。
35. 雷²公¹打³雷²,電⁴母³娘²娘² 打³閃³。
36. 霹¹雷²閃³電⁴很³可³怕⁴。
37. 天¹不⁴好³了¹得²避⁴風¹,赶³緊³灣¹⑤船²罷¹。
38. 沒²地⁴方¹兒²避⁴雨³,把⁴衣¹裳¹都¹ 淋²濕¹了¹。
39. 早³起¹⑥起³來²看⁴見⁴露⁴水³珠¹兒²了¹。
40. 房²簷²兒²上⁴有⁴冰¹棱²搭¹拉¹着²。

---

① 冒嘴兒:太陽剛從地平線升起。
② 日頭地:陽光照射到的地方。
③ 晴:底本作"暒"。
④ 鬬風、頂風:逆風。
⑤ 灣:停泊。
⑥ 早起:早晨。

地輿(單句、散語)類

1. 滿³洲¹
2. 蒙³古¹
3. 清¹/中¹國²
4. 東¹三¹省³
5. 盛⁴京¹
6. 吉¹林¹
7. 黑¹龍²江¹
8. 十²八¹省³
9. 直²隸⁴
10. 江¹蘇¹
11. 安¹徽¹
12. 江¹西¹
13. 浙⁴江¹
14. 福²建⁴
15. 湖²北³
16. 湖²南²
17. 河²南²
18. 山¹東¹
19. 山¹西¹
20. 陝³西¹
21. 甘¹肅⁴
22. 四⁴川¹
23. 廣³東¹
24. 廣³西¹
25. 雲²南²
26. 貴⁴州¹
27. 海³口³
28. 馬³頭²
29. 上⁴海³
30. 鎮⁴江¹
31. 寧²波¹
32. 九³江⁴
33. 漢⁴口³
34. 天¹津¹
35. 牛²莊¹
36. 芝¹罘²又烟¹台²
37. 廣³州¹
38. 汕⁴頭²
39. 瓊²州¹
40. 福²州¹
41. 厦⁴門²
42. 九³龍²
43. 拱³北³
44. 蕪²湖²

45. 宜²昌¹
46. 重²慶⁴
47. 長²沙¹
48. 蘇¹州¹
49. 杭²州¹
50. 世⁴界⁴
51. 山¹
52. 河²
53. 湖²
54. 海³
55. 大⁴洋²
56. 泰⁴山¹
57. 華²山¹
58. 衡²山¹
59. 恒²山¹
60. 嵩²山¹
61. 鴨¹緑⁴江¹
62. 遼²河²
63. 灤²河²
64. 白²河²
65. 運⁴河²
66. 黃²河²
67. 楊²子³江¹①
68. 洞⁴庭²湖²
69. 高¹郵²湖²
70. 丹¹陽²湖²
71. 太⁴湖²

72. 寶³應¹湖²
73. 鄱¹陽²湖²
74. 渤²海³
75. 黃²海³
76. 山¹峰¹
77. 山¹嶺³兒²
78. 山¹坡¹子¹
79. 山¹澗⁴子¹
80. 山¹窪¹子¹
81. 陡³坡¹子¹
82. 高¹坡¹子¹
83. 土³坡¹兒²
84. 山¹底³下⁴
85. 河²岔⁴子¹
86. 河²沿⁴兒²
87. 河²岸⁴
88. 海³岸⁴
89. 對⁴岸⁴
90. 護⁴城²河²
91. 死³溝¹
92. 水³坑¹
93. 漩⁴窩¹②
94. 大⁴道⁴
95. 小³道⁴
96. 岔⁴道⁴
97. 三¹岔⁴路⁴
98. 石²頭²道⁴

---

① 楊子江:揚子江。
② 漩窩:漩渦。

99. 道⁴路⁴
100. 大⁴街¹
101. 小³巷⁴
102. 大⁴胡²同⁴兒²
103. 小³胡²同⁴兒²
104. 死³胡²同⁴兒²
105. 拐³灣¹兒²①
106. 樹⁴林²子¹
107. 墳²地⁴
108. 莊¹稼¹地⁴
109. 池²子¹
110. 鄉¹下⁴(屯²裏³)
111. 大⁴/小³鎮⁴店⁴
112. 小³村¹兒²
113. 村¹庄¹
114. 水³源²
115. 一²道⁴橋²
116. 擺³渡⁴
117. 水³路⁴
118. 旱⁴路⁴
119. 煤²窰²
120. 金¹礦⁴
121. 銀²礦⁴
122. 火³山¹
123. 瀑⁴布⁴
124. 溫¹泉²
125. 地⁴震⁴/動⁴

1. 當¹今¹的¹萬⁴歲⁴爺²是⁴滿³洲¹人²。
2. 蒙³古¹人²都¹是⁴喇³嘛²教⁴。
3. 清¹國²定⁴鼎³已³來²二¹百³六⁴十²四⁴年²了¹。
4. 東¹三¹省³從²前²没²有³督¹撫³②。
5. 奉⁴天¹是⁴在⁴盛⁴京¹省³。
6. 吉¹林¹省³出¹人²參⁴的¹。
7. 黑¹龍²江¹是⁴東¹三¹省³的¹一⁴省³。
8. 十²八¹省³有³八²個⁴總³督¹。
9. 北³京¹是⁴在⁴直²隸⁴省³裡³頭²。
10. 江¹蘇¹地⁴方¹是⁴頂³熱⁴鬧⁴的¹。
11. 安¹徽¹省³也³屬³江¹南²制¹台²營³。
12. 江¹西¹出¹的¹磁²器⁴③最⁴好³。
13. 杭²州¹是⁴浙⁴江¹的¹省¹城²。
14. 福²建¹省³也³有³駐⁴防²。
15. 湖²北³的¹上⁴流²船²不⁴好³走³。
16. 湖²南²出¹的¹人²物⁴很³多¹。
17. 河²南²爲²中¹州¹說¹話⁴的¹聲¹音¹最⁴直²。
18. 山¹東¹是⁴古³時²候⁴兒²的¹東¹魯³。
19. 滙⁴票⁴莊¹的¹買³賣⁴都¹是⁴山¹西¹人²。
20. 長²安¹就⁴是⁴陝³西¹的¹別²名²兒²。

---

① 拐灣兒：拐彎兒。
② 督撫：總督和巡撫的合稱，明清時地方最高行政長官。
③ 磁器：瓷器。

21. 甘⁴肅⁴算⁴是⁴邊¹省³的¹地⁴方¹。
22. 四⁴川¹省³地⁴面⁴很³大⁴。
23. 廣³東¹人²很³講³究⁴洋²務⁴。
24. 廣³西¹的¹賊²匪³向⁴來²很³利⁴害⁴①。
25. 雲²南²也³造⁴鐵³路⁴了¹。
26. 貴⁴州¹省³的¹地⁴面⁴是⁴個⁴各³貧²。
27. 吳²淞¹是⁴個⁴海³口³。
28. 碼³頭²是⁴上⁴貨⁴卸⁴貨⁴的¹地⁴方¹兒²。
29. 中¹國²第⁴一²個⁴通¹商¹口³岸⁴就⁴數³上⁴海³。
30. 鎮⁴江¹的¹焦¹山¹和⁴金¹山¹寺⁴是⁴很³有³名²的¹。
31. 甯²波¹人²在⁴上⁴海³的¹很³多¹。
32. 九³江¹古³稱¹潯²陽²。
33. 外⁴國²的¹茶²商¹年²年²兒²上⁴漢⁴口³去⁴辦⁴茶²。
34. 天¹津¹算⁴是⁴南²貨⁴換⁴北³貨⁴的¹地⁴方⁴兒²。
35. 牛²莊¹的¹豆⁴油²每³年²往³南²邊¹去⁴的¹很³多¹。
36. 烟¹台²的¹地⁴勢⁴很³高¹。（芝¹罘²也³是⁴一²個⁴通¹商¹碼³頭²兒²。）
37. 廣³州¹是⁴廣³東¹省³的¹首³府³。
38. 汕⁴頭²那⁴邊¹的¹山¹是⁴多¹海³裡³的¹，風¹浪⁴是⁴大⁴。
39. 瓊²州¹府³所³屬³的¹有³三¹州¹十²縣⁴。
40. 福²州¹的¹土³音¹實²在⁴亂⁴雜²難²學²。
41. 打³②上³海³到⁴廣³東¹得³經¹過⁴廈⁴門²。
42. 聽¹說¹九³龍²地¹方¹出¹強²盜⁴。
43. 拱³北³是⁴個⁴小³碼³頭²兒²。
44. 蕪²湖²地¹方¹買³賣⁴不⁴怎³麼¹樣⁴。
45. 宜²昌¹是⁴在⁴漢⁴口³的¹上⁴流²。
46. 重⁴慶⁴是⁴四⁴川¹省³新¹開¹的¹碼³頭²。
47. 過⁴了¹洞⁴庭²湖²就⁴到⁴長²沙¹湘¹潭²。
48. 蘇¹州¹有³日⁴本³的¹租¹界⁴。
49. 杭²州¹的¹西¹湖²景³致⁴甚⁴好³。
50. 世⁴界⁴上⁴分¹五³大⁴洲¹。
51. 日⁴本³的¹富⁴士⁴山¹是⁴有³名²的¹。
52. 中¹國²的¹黃²河²長²有³九³千¹里³。
53. 昆¹明²湖²在⁴萬⁴壽⁴山¹。
54. 山¹南²海³北³他¹是⁴都¹走³遍⁴了¹，所³以³很³四⁴海³③。
55. 大⁴洋²裡³走³的¹都¹是⁴輪²船²。
56. 東¹嶽⁴是⁴泰⁴山¹，在⁴山¹東¹。
57. 西¹嶽⁴是⁴華²山¹，在⁴陝³西¹。
58. 南²嶽⁴是⁴衡²山¹，在⁴湖²南²。
59. 北³嶽⁴是⁴恒²山¹，在⁴山¹西¹。

---

① 利害：厲害。
② 打：從，表示起點。
③ 四海：形容人性情豪爽、交游廣泛。

60. 中¹嶽⁴是⁴嵩¹山¹，在⁴河²南²。
61. 鴨¹綠⁴江¹是⁴清¹韓²兩³國²交界⁴的¹一⁴條²大⁴江¹。
62. 遼²河²的¹上⁴流²水³不²大⁴深¹。
63. 灤²河²也³算⁴是⁴北³邊¹的¹大⁴河²。
64. 白²河²封¹了¹河²就⁴不⁴能²進⁴口³。
65. 從²南²到⁴北³的¹一⁴條²運⁴河²有³幾³千¹里³。
66. 年²年²兒²修理³黃²河²的¹工¹程²不⁴小³。
67. 楊¹子³江¹一²帶⁴商¹船²來²往³很³多¹。
68. 湖²南²的¹洞⁴庭²湖²就⁴是⁴古³時²候²兒²的¹雲²夢⁴。
69. 高¹郵²湖²是⁴在⁴揚²州¹府³。
70. 丹¹陽²湖²是⁴在⁴鎮⁴江¹。
71. 太⁴湖²是⁴在⁴蘇¹州¹。
72. 寶³應⁴湖²和⁴高¹郵²湖²相¹連²，隔⁴開¹一⁴條²壩⁴。
73. 鄱²陽²湖²是⁴在⁴江¹西¹饒²州¹府³了¹。
74. 甲³午³那⁴年²把³渤¹海³封¹了¹。
75. 那⁴年²日⁴俄⁴兩³國²有³事⁴①，就⁴是⁴在⁴黃²海³了¹。
76. 山¹峰¹是⁴高¹而²尖¹的¹。
77. 山¹嶺³兒²也³高¹，就¹是⁴沒²有³尖¹
78. 有³山¹坡¹子¹就⁴可³以³上⁴去⁴。
79. 山¹澗⁴子¹是⁴②兩³邊¹有³山¹中¹間¹兒²有³水³。
80. 山⁴上⁴有³很³低¹的¹地⁴方¹兒²就⁴是⁴山¹窪¹子¹。
81. 陡³③坡¹子¹上⁴不²去⁴。
82. 那⁴座⁴山¹都¹是⁴高¹坡¹子¹。
83. 山¹上⁴都¹是⁴土³坡¹兒²。
84. 山¹底³下⁴住⁴家¹兒²的¹④不⁴少³。
85. 這⁴道⁴河²有³好³些¹河²岔⁴子¹。
86. 在⁴河²沿²兒²上⁴洗³衣¹裳¹。
87. 兩³邊¹兒²河²岸⁴上⁴景³致⁴很³好³。
88. 海³岸⁴上⁴住⁴的¹都¹是⁴打³魚²的¹多¹。
89. 上⁴海³的¹對⁴岸⁴就⁴是⁴浦³東¹。
90. 上⁴海³的¹護⁴城²河²窄³而²且³髒¹。
91. 那⁴是⁴一²道⁴死³溝¹，水³流²不⁴出¹去⁴。
92. 地⁴下⁴有³水³坑¹，得³留²神²。
93. 河²裡³有³個⁴漩⁴窩¹把³他¹漩⁴住⁴了¹。
94. 大⁴道⁴上⁴竟⁴是⁴泥²和⁴水³。
95. 打³那⁴條²小³道⁴兒²穿¹過⁴去⁴。
96. 那⁴邊¹有³一²股³岔⁴道⁴兒²，別²走³

---

① 有事：有戰事，婉辭。
② 底本"山澗子是"後衍一"是"字。
③ 陡：陡。
④ 住家兒的：住戶，人家。

差⁴了¹。
97. 走³到⁴三¹岔⁴路⁴口³得³小³心¹馬³車¹。
98. 石²頭²道⁴上⁴坐⁴車¹硌¹蹬¹①得²慌¹。
99. 道⁴路⁴上⁴不⁴平²安³, 很³難²走³。
100. 那⁴條²大⁴街¹又⁴長²又⁴熱⁴鬧⁴。
101. 他¹家¹住⁴在⁴一²個⁴小³巷⁴兒²後⁴頭²。
102. 大⁴衚²衕⁴②兒³裡³都¹是⁴宅²門²子¹③。
103. 小³衚²衕⁴兒²裡³住⁴家¹兒²的¹多¹。
104. 這⁴是⁴死³衚²衕⁴兒², 走³不⁴通¹。
105. 一⁴拐³灣¹兒²就⁴到⁴了²。
106. 他¹坐⁴在⁴樹⁴林²子¹底³下⁴納⁴涼²呢¹。
107. 城²外⁴頭²墳²地⁴很³多¹。
108. 今¹年²莊¹稼⁴地⁴裡³好³不⁴好³？
109. 那⁴池²子¹裡³有³荷²花¹。
110. 他¹是⁴打³鄉¹下⁴出¹來²的¹。(在⁴屯²裡³住⁴很³冷³清¹。)
111. 那⁴兒²有³個⁴大⁴鎮⁴店⁴④可³以³

住⁴店³。(快⁴到⁴一²個⁴小³鎮⁴店⁴了¹, 在⁴那⁴兒²打¹尖¹⑤。)
112. 那⁴個⁴小³村⁴兒²不²過⁴有³三¹四⁴家¹。
113. 到⁴那⁴村¹庄¹兒²裡³去³看⁴看⁴罷⁴。
114. 長²江¹的¹水³源²出¹在⁴西¹藏⁴。
115. 過⁴了¹那⁴一²道⁴橋²就⁴是⁴進¹京¹的¹大⁴道⁴了¹。
116. 離²擺³渡⁴口³兒²還²有³三¹四⁴里³地⁴。
117. 南²邊¹水³路⁴多¹, 得³坐⁴船²。
118. 北³邊¹旱⁴路⁴多¹, 得³坐⁴車¹。
119. 開¹平²的¹煤²窯¹出¹的¹煤²很³好³。
120. 開¹金¹礦⁴可⁴不⁴容²易⁴。
121. 中¹國²銀²礦⁴多¹不⁴多¹？
122. 火³山¹是⁴印⁴度⁴那⁴邊¹多¹。
123. 山¹上⁴的¹瀑⁴布⁴很³可³觀¹。
124. 在⁴中¹國²溫¹泉²很³少³。
125. 地⁴震⁴/動⁴是⁴日⁴本³國²常²有³。

---

① 硌蹬：顛簸。
② 衚衕：胡同。
③ 宅門子：官宦之家或富戶。又叫"宅門兒"。
④ 鎮店：集鎮。
⑤ 打尖：在旅途中短暫用餐。

時令（單句、散語）類

1. 四⁴季⁴
2. 春¹天¹
3. 夏⁴天¹
4. 秋¹天¹
5. 冬¹天¹
6. 一²個⁴禮³拜⁴
7. 禮³拜⁴
8. 禮³拜⁴一⁴
9. 禮³拜⁴二⁴
10. 禮³拜⁴三¹
11. 禮³拜⁴四⁴
12. 禮³拜⁴五³
13. 禮³拜⁴六⁴
14. 大⁴前²年²
15. 前²年²
16. 去⁴年²
17. 今¹年²
18. 明²年²
19. 後⁴年²
20. 大⁴後⁴年²
21. 上⁴月²
22. 本³月⁴
23. 下⁴月²
24. 大⁴前²兒²個⁴（大⁴前²天¹）
25. 前²兒²個⁴（前²天¹）
26. 昨²兒²個⁴（昨²天¹）
27. 今¹兒²個⁴（今¹天¹）
28. 明²兒²個⁴（明²天¹）
29. 後⁴兒²個⁴（後²天¹）
30. 大⁴後⁴兒²個⁴（大⁴後⁴天¹）
31. 一²個⁴時²辰²
32. 一⁴點³鐘¹（一²下⁴兒²鐘¹）
33. 一⁴點³半⁴鐘¹（一²下⁴兒²半⁴）
34. 一²刻⁴
35. 一²刻⁴五³
36. 兩³刻⁴
37. 三¹刻⁴
38. 一⁴分¹
39. 十²分¹
40. 一⁴秒³
41. 一⁴年²
42. 半⁴年²
43. 早³/前²半⁴天¹（上⁴半⁴天¹）
44. 晚³/後⁴半⁴天¹（下⁴半⁴天¹）

45. 半⁴夜⁴裏¹
46. 白²日⁴(白²晝⁴)
47. 夜裏¹(晚³上⁴)
48. 早³起³(早³晨²)
49. 一⁴黑¹早³兒²(朦¹朦亮⁴兒²)
50. 晌²午¹
51. 小³晌²午¹
52. 正⁴午³
53. 晌²午¹錯⁴了¹
54. 掌³燈¹的¹時²候⁴兒²
55. 十²冬¹臘⁴月⁴的¹天¹
56. 見⁴天¹(天¹天¹兒²)
57. 整³天¹家¹
58. 年²下⁴
59. 節²下⁴
60. 這⁴程²子¹(這⁴兩³/幾³天¹)

61. 這⁴會³兒²(這⁴當¹兒²)(這⁴時²候⁴兒²)
62. 新¹近⁴
63. 現⁴在⁴(目⁴下⁴)(現⁴今¹)(脚³下⁴)
64. 上⁴囘²
65. 下⁴囘²
66. 這⁴囘²
67. 當¹初¹(起³初¹)(起³根¹兒²)
68. 從²前²(從²來²)(向⁴來²)
69. 往³後⁴(以⁴後⁴)(將¹來²)(後⁴來²)
70. 剛¹纔²(方¹纔²)
71. 早³已³(已³經¹)
72. 一⁴會³兒²
73. 好³半⁴天¹子¹
74. 囘²頭²(囘²來²)
75. 不²大⁴的¹工¹夫¹兒²。

1. 一⁴年²裡³頭³分¹出⁴四⁴季⁴兒²來²。
2. 到⁴了²春¹天¹花¹木⁴都¹開¹了¹。
3. 我³最⁴怕⁴的¹是⁴夏⁴天¹。
4. 一²到⁴秋¹天¹樹⁴木⁴就⁴要⁴凋¹零²了¹。
5. 冬¹天¹太⁴冷³,連²手³脚³都¹凍²僵¹了¹。
6. 一²個⁴禮³拜⁴是⁴七¹天¹。
7. 禮³拜⁴本³是⁴耶¹蘇①教⁴的¹休¹息²日⁴。

8. 禮³拜⁴一⁴就⁴得³上⁴公¹事⁴房²②辦⁴事⁴。
9. 每³禮³拜⁴二⁴公¹司¹的¹船²要⁴開¹。
10. 俗²語²兒²說¹"小³禮³拜⁴"就⁴是⁴禮³拜⁴三。
11. 禮³拜⁴四⁴日⁴本³話⁴說¹"木⁴曜⁴日⁴"。
12. 天¹主³教⁴的¹瞻¹日⁴就⁴是⁴禮³拜⁴五³。
13. 上⁴海³的¹郵²船²公¹司¹的¹船²總³

---

① 耶蘇:耶穌。
② 公事房:辦公室。

是⁴禮³拜⁴六⁴開¹。

14. 三¹年²前²就⁴說¹大⁴前²年²。
15. 前⁴年²是²說¹去⁴年²的¹去⁴年²。
16. 去⁴年²的¹皇²曆用⁴不⁴着²了¹。
17. 今¹年²的¹年²成²很³好³。
18. 趕³①到⁴明²年²春¹天¹，我³要⁴出¹盪②外⁴。
19. 這⁴小³孩²兒²到⁴了¹後⁴年²頭²尾³三¹歲⁴。
20. 那⁴項⁴利⁴錢²算⁴到⁴大⁴後⁴年²比³本³錢²還²大⁴了¹。
21. 上⁴月⁴的¹工¹錢²已³經¹支¹用⁴了¹。
22. 本³月⁴的¹賬⁴還²沒²算¹清¹哪¹。
23. 他¹下⁴月⁴就⁴要⁴分¹手³了¹。
24. 大⁴前²兒²個⁴打³天¹津¹動⁴身¹，怎³广³還²沒²到⁴京¹？（大⁴前²天¹算⁴起³纔²四⁴天¹的¹工¹夫¹兒²。）
25. 前²兒²個⁴他¹找³我³來²了¹。（前²天¹我³不⁴在⁴家¹。）
26. 昨²兒²個⁴我³去⁴找³他¹了¹。（昨²天¹我³出¹去⁴了¹。）
27. 這⁴件⁴事⁴到⁴今¹兒²個⁴還²這⁴广¹騎²攔¹③着²哪¹？（到⁴今¹天¹還²沒²辦²停¹當¹④哪¹？）
28. 明²兒²個⁴送⁴封¹信⁴去⁴。（明²天¹

你³把³這⁴封¹信⁴給³我³捎¹到⁴家¹裡³去⁴。）
29. 趕³後⁴兒²個⁴他¹來²了¹就⁴交¹給³他¹。（後⁴天¹恐³怕⁴趕³不²上⁴。）
30. 大⁴後⁴兒²個⁴就⁴可³以³辦⁴完²了¹。（一²到⁴大⁴後⁴天¹就⁴差⁴不²多¹了¹。）
31. 一²個⁴時²辰²就⁴是⁴兩³下⁴兒²鐘¹。
32. 一⁴點⁴鐘¹能²寫³多¹少³字⁴？（一²下⁴兒²鐘¹能²寫³一⁴千¹字⁴。）
33. 一⁴點⁴半⁴鐘¹就⁴是⁴一⁴點³三¹十¹分¹。（一²下⁴兒²半⁴就⁴是⁴一⁴點³鐘¹兩³刻⁴。）
34. 一²刻⁴是⁴十²五³分¹。
35. 二⁴十⁴分¹也³說¹一²刻⁴五³。
36. 半⁴點⁴鐘¹就⁴是⁴兩³刻⁴。
37. 兩³點⁴少³十²五³分¹還²是⁴說¹一⁴點³三¹刻⁴的¹多¹。
38. 一⁴分¹鐘¹有³六⁴十²秒³。
39. 他¹吃¹飯⁴吃¹的¹很³快⁴，十²分¹的¹工¹夫¹就⁴得⁴了¹。
40. 這⁴個⁴錶³很³準³的¹，一⁴秒³也³不²差⁴。
41. 一⁴年²到⁴頭²辛¹辛¹苦³苦³的¹圖²甚²广¹？

---

① 趕：等，等到。
② 盪：趟。"京語發音，往往有些字音含混不清，量詞'趟'，北京人發音有時介乎 tàng 和 dàng 之間，所以作品中直音書寫作'盪'，是有道理的。"（文康著、爾弓校釋，《兒女英雄傳》，齊魯書社，1990 年，25 頁）
③ 騎攔：攔置。
④ 停當：妥當。

42. 半⁴年²的¹工¹夫¹就⁴把³日⁴本³話⁴學²好³了¹。

43. 早³/前²半⁴天¹在⁴家¹裡³辦⁴事⁴。（上⁴半⁴天¹辦⁴官¹事⁴。）

44. 晚³/後⁴半⁴天¹出¹去⁴看¹朋²友³。（下⁴半⁴天¹没²事⁴出¹去³逛³逛³。）

45. 半⁴夜⁴裡³走³了¹水³①了¹。

46. 他¹很³懶³，青¹天¹白²日⁴的¹竟⁴睡⁴覺⁴。（白²晝⁴没²事⁴可³以³看⁴看¹閒²書¹。）

47. 輪²船²不⁴分¹夜⁴裡³白²天¹都¹可³以³走³。（晚³上⁴回²家¹吃¹飯⁴。）

48. 大⁴清¹早³起³別²混⁴說¹②。（早³晨²洗³了¹臉³就⁴吃¹點³心¹。）

49. 他¹一⁴黑¹早³兒²③就⁴起³來²念⁴書¹。（船²朦²朦²亮⁴兒²就⁴到⁴了¹碼³頭²了¹。）

50. 到⁴了¹晌²午³再⁴來²一²盪⁴罷⁴。

51. 打³了¹十²一⁴點³鐘¹就⁴是⁴小³晌²午¹了¹。

52. 正⁴午³就⁴是⁴十²二⁴點³鐘¹。

53. 晌²午³錯⁴④了¹快⁴一⁴點³鐘¹了¹。

54. 掌³燈¹⑤的²時²候⁴兒²關¹門²叫⁴狗³。

55. 十²冬¹臘⁴月⁴的¹天¹很³短³。

56. 我³見⁴天¹出¹去⁴遛²達²遛²達²。（天¹天¹兒²如²此³。）

57. 整³天¹家¹⑥竟⁴在⁴家¹裡³悶⁴着²。

58. 大⁴年²下⁴得³說¹吉²祥²話⁴兒²。

59. 到⁴了¹節¹下⁴要⁴開¹銷¹賬⁴目⁴。

60. 這⁴程²子¹總³沒²見⁴您²。（這⁴兩³/幾³天¹幹⁴甚²麼¹來²着²?）

61. 這⁴會⁴兒²好³一⁴點³兒²了¹。（這⁴當¹兒²他¹的¹事⁴情²很³忙²。）（這⁴時²候⁴兒²還²不⁴起³來²。）

62. 他¹新¹近⁴到⁴外⁴國²去⁴了¹。

63. 現⁴在⁴有³幾³點³鐘¹了¹？（目⁴下⁴⑦的¹光¹景³很³好³。）（現⁴今¹不⁴比³從²前²了¹。）（脚³下⁴他¹沒²了¹錢²了¹。）

64. 我³上⁴回²鬧⁴錯⁴了¹。

65. 下⁴回²再⁴不⁴敢³了¹。

66. 這⁴回²是⁴饒²了¹我³罷¹。

67. 這⁴件⁴事⁴當¹初¹我³和³你³定⁴規¹⑧的¹。（起³初¹我³還²不⁴理³會⁴。）

---

① 走水：指失火，避諱語。
② 混說：胡說。
③ 一黑早兒：一大早。
④ 晌午錯：過了中午。
⑤ 掌燈：點燈，也指點燈的時分（黃昏）。
⑥ 整天家：成天，一天到晚。
⑦ 目下：眼下，現在。
⑧ 定規：商定，決定。

時令（單句、散語）類 49

(起³根¹兒²① 就⁴ 有³ 好³ 些¹ 個⁴ 錢²。)

68. 我³ 記⁴ 得² 從² 前² 有³ 這⁴ 广¹ 件⁴ 事⁴。(我³ 從² 來² 沒² 見⁴ 過⁴ 他¹ 喝¹ 酒³ 的¹。)(向⁴ 來² 他¹ 不⁴ 幫¹ 人²。)

69. 往³ 後⁴ 見⁴ 過⁴ 一² 次⁴。(以³ 後⁴ 他¹ 就⁴ 不⁴ 來² 了¹。)(將¹ 來² 還² 不⁴ 知¹ 道⁴ 怎³ 广¹ 樣⁴ 呢¹。)(後⁴ 來² 我³ 聽¹ 見⁴ 他¹ 發¹ 了¹ 財² 了¹。)

70. 剛¹ 纔² 來² 的¹ 那⁴ 位⁴ 是⁴ 做⁴ 什² 广¹ 的¹？(方¹ 纔² 我³ 告⁴ 訴⁴ 您² 的¹ 那⁴ 話⁴ 千¹ 萬⁴ 別² 說¹ 出¹ 來²。)

71. 早³ 已³ 過⁴ 的¹ 事⁴ 情² 不² 用⁴ 提² 了¹。(那⁴ 項⁴ 銀² 子¹ 我³ 已³ 經¹ 還² 清¹ 了¹。)

72. 等³ 一⁴ 等³，他¹ 一⁴ 會³ 兒² 就⁴ 來²。

73. 他¹ 去⁴ 了¹ 好³ 半⁴ 天¹ 子¹ 了¹。

74. 回² 頭² 我³ 再⁴ 告⁴ 訴⁴ 您²。(你³ 不² 用⁴ 問⁴，回² 來² 就⁴ 明² 白² 了¹。)

75. 那⁴ 厨² 子¹ 很³ 傢² 俐⁴②，不² 大⁴ 的¹ 工¹ 夫¹ 兒² 就⁴ 把³ 菜⁴ 做⁴ 得² 了¹。

---

① 起根兒：原來，本來。
② 傢俐：麻利。

水火（單句、散語）類

1. 水³溷²①了¹
2. 澆¹水³
3. 撩¹水³
4. 滴¹水³
5. 水³泡⁴的¹
6. 水³開¹了¹
7. 挑¹水³
8. 打³火³
9. 弄⁴火³（做⁴火³）
10. 搜¹火³
11. 滅⁴火³
12. 點³燈¹
13. 燒¹火³
14. 洗³一⁴洗³
15. 涮⁴一²涮⁴
16. 舀³水³
17. 打³水³
18. 涼²水³
19. 開¹水³
20. 溫¹和²水³兒²
21. 火³着²了¹
22. 火³滅⁴了¹
23. 擰²出¹水³來²
24. 這⁴水³太⁴熱⁴了¹
25. 再⁴兌⁴點³兒²涼²水³

1. 水³溷²了¹，用⁴礬²淀⁴一²淀⁴。
2. 這⁴花¹兒²得³澆¹水³了¹。
3. 撩¹水³是⁴把³水³潑¹出¹去⁴的¹意⁴思¹。
4. 那⁴把³壺²漏³了¹滴¹水³。
5. 那⁴是⁴用⁴水³泡⁴的¹。
6. 等³水³開¹了¹好³沏¹茶²。
7. 這⁴地⁴方¹没²井³，得³雇⁴人²挑¹水³喝¹。
8. 頭²裡¹②用⁴石²頭²打³火³，現⁴在⁴

---

① 溷：肮髒，渾濁。
② 頭裡：先前。

不²用⁴了¹。

9. 他¹在⁴厨²房²裡³弄⁴火³哪¹。（要⁴賣³飯⁴，先¹得³做⁴火³。）

10. 搜¹火³是⁴拿²撥¹火³棍⁴兒²把⁴火³搜¹一⁴搜¹。

11. 到⁴了¹夜⁴裡³十²點³鐘¹就³⁴得³滅⁴火³。

12. 天¹黑⁴上⁴來²了¹，快⁴點³燈¹罷⁴。

13. 冬¹天¹燒¹火³用⁴煤²用⁴炭⁴都¹可³以³。

14. 把⁴這⁴双¹筷⁴子¹拿²去⁴洗³一⁴洗³。

15. 再⁴把³茶²壺²拿²去⁴涮³一²涮³。

16. 你³拿²勺²子¹舀³水³去⁴，我³自⁴各³兒²爤火³①。

17. 你³去⁴打³水³來²，我³要⁴洗³臉³。

18. 凉²水³洗³澡³中¹國²人²不²慣⁴。

19. 茶²葉⁴有³了¹，拿²開¹水³來²沏¹上⁴就⁴得²了¹。

20. 冬¹天¹洗³什²广¹東¹西¹得³用⁴溫¹和²水³兒²。

21. 火³着¹了¹，再⁴添¹上⁴點³兒²炭⁴。

22. 厨²房²裡³的¹火²滅⁴了¹没²有³？去⁴看⁴一²看⁴。

23. 你³看⁴這⁴揌布⁴②擰³出¹水³來²都¹是⁴臟¹的¹。

24. 這⁴水³太⁴熱⁴了¹伸¹不²下⁴手³去⁴。

25. 臉³盆²裡³再⁴兑⁴點³兒²凉²水³。

---

① 爤，《玉篇》:"魯紅切。"爤火；生火。明李開先《寶劍記》第三十三出："此時甚是寒冷，用劍劈些柴薪，爤火烘烘身上。"（《續修四庫全書·一七七四》，上海古籍出版社，2002年，289頁）也作"攏火""籠火"。

② 揌布；抹布。

飲食(單句、散語)類

1. 早³飯⁴
2. 晌³飯⁴
3. 晚³飯⁴
4. 米³
5. 麵⁴
6. 小³米³
7. 麥⁴子¹
8. 糯⁴米³
9. 白²米³
10. 老³米³
11. 高¹粱²①
12. 黑³豆⁴
13. 豌¹豆⁴
14. 芝¹麻²
15. 黃²豆⁴
16. 綠⁴豆⁴
17. 冰¹糖²
18. 白²糖²
19. 黑¹糖²
20. 紅²糖²
21. 生¹菜⁴
22. 韭³菜⁴
23. 蔥¹
24. 芹¹菜⁴
25. 菠¹菜⁴
26. 龍²鬚¹菜⁴
27. 白²菜⁴
28. 山¹药⁴豆⁴兒²
29. 白²薯³
30. 豆⁴芽²菜⁴
31. 芋⁴頭²
32. 蘿²葡²②
33. 胡²蘿²葡²③
34. 茄²子¹
35. 黃²瓜¹
36. 東¹瓜¹④

---

① 粱:底本作"梁"。
② 蘿葡:蘿蔔。
③ 胡蘿葡:胡蘿蔔。
④ 東瓜:冬瓜。

飲食(單句、散語)類

37. 西¹瓜¹
38. 南²瓜¹
39. 甛²瓜¹(香¹瓜¹)
40. 笋³
41. 藕³
42. 鹹²菜⁴
43. 醬⁴菜⁴
44. 薑¹
45. 芥⁴末⁴
46. 胡²椒¹
47. 胡²椒¹麵⁴兒²
48. 荸²薺²
49. 牛²肉⁴
50. 羊²肉⁴
51. 雞¹肉⁴
52. 鴨¹子¹
53. 野³雞¹
54. 野³鴨¹
55. 野³猫¹
56. 野³猪¹
57. 猪¹肉⁴
58. 鴿¹子¹
59. 火³雞¹(外⁴國²雞¹)
60. 公¹雞¹
61. 母³雞¹
62. 雞¹蛋⁴(雞¹子³兒²)
63. 小³雞¹子¹

64. 小³毛²雞¹兒²
65. 家¹雀³兒²
66. 桃²
67. 李³子¹
68. 梨²
69. 杏⁴兒²
70. 橘¹子¹
71. 蘋²果³
72. 葡²萄²
73. 柿⁴子¹
74. 栗⁴子¹
75. 橙²子¹
76. 柘²榴²①
77. 核²桃²
78. 櫻¹桃²
79. 棗³兒²
80. 橄²欖²(青¹果³)
81. 龍²眼³(桂⁴圓²)
82. 無²花¹果³
83. 荔⁴枝¹
84. 鳳⁴梨²(波¹羅²②)
85. 鱔²魚²
86. 大⁴頭²魚²(海³鯽⁴魚²)
87. 鯽⁴魚²
88. 鯉³魚²
89. 銀²魚²
90. 甲³魚²

---

① 柘榴：石榴。
② 波羅：菠蘿。

91. 鮑⁴魚²
92. 龍²蝦¹
93. 蝦¹米¹
94. 蛤²蠣⁴
95. 海³蛤²蠣⁴（海³蠣⁴子¹）
96. 饅²頭²
97. 包¹子¹
98. 餃³子¹
99. 豆⁴腐³
100. 酒³
101. 紹⁴興¹酒³
102. 燒¹酒³
103. 紅²酒³
104. 舍¹利⁴酒³
105. 三¹賓¹酒³①
106. 苦³酒³（卑¹酒³②/麥⁴酒³）
107. 蒲²蘭²的¹③酒³
108. 荷²蘭²水³
109. 醬⁴油²
110. 醋⁴
111. 白²鹽²
112. 香¹油²
113. 燈¹油²
114. 黃²油²
115. 牛²奶³
116. 茶²
117. 咖¹啡¹
118. 紅²茶²
119. 綠⁴茶²
120. 麵⁴包¹
121. 點³心¹
122. 烟¹
123. 亞³片⁴烟¹④
124. 水³烟¹
125. 烟¹卷³兒²

1. 北³邊¹人²吃¹早³飯⁴總³在⁴十²點³鐘¹前²後⁴。
2. 每³天¹吃¹兩³頓⁴兒²的¹，就⁴不⁴吃¹晌³飯¹了¹。
3. 晚³飯⁴有³在⁴四⁴五³點³鐘¹吃¹的¹，有³在¹七¹八¹點³鐘¹吃¹的¹。
4. 米³是⁴大⁴莊¹稼¹。
5. 北³邊¹的¹麵⁴食²好³。
6. 小³米³兒²也³算⁴是⁴雜²糧²。
7. 麥⁴子¹的¹用⁴處⁴最⁴寬¹。
8. 八¹寶³飯⁴是⁴用⁴蓮²子²、棗³兒²、冰¹糖²攪²在⁴糯²米³裡³頭²做⁴的¹。
9. 白²米³都¹是⁴南²邊¹去⁴的¹。

---

① 三賓酒：香檳酒。
② 卑酒：啤酒。
③ 蒲蘭的：白蘭地。
④ 亞片烟：鴉片烟。

飲食(單句、散語)類

10. 鄉¹下⁴老³兒²①一⁴碗³老³米³飯⁴算⁴是⁴很³講³究¹的¹了¹。
11. 高²粱²做⁴酒³很³利⁴害⁴。
12. 黑³豆⁴可³以³餵⁴馬³。
13. 豌¹豆⁴不⁴能²做⁴菜⁴，豌¹豆⁴角³兒²倒⁴是⁴做⁴菜⁴用⁴的¹。
14. 芝¹蔴²磨⁴香¹油¹、做⁴菜⁴、做⁴點³心¹都¹用⁴。
15. 牛²莊¹出¹豆⁴油²是⁴黃²豆³榨²的¹。
16. 綠⁴豆⁴可³以³熬²粥¹，也³可³以³做⁴點³心¹。
17. 冰¹糖²有³好³幾³樣⁴兒²，有³透⁴亮⁴的¹，有³迷²糊²②的¹。
18. 外⁴國²的¹白²糖²雪¹白²雪¹白的¹，很³漂¹亮⁴。
19. 黑¹糖²也³有³好³幾⁴樣⁴兒²分¹別²。
20. 中¹國²娘²兒²們¹坐⁴月⁴子¹得³吃¹紅²糖²。
21. 生¹菜⁴可³以³用⁴醋⁴生¹拌⁴着²吃¹。
22. 韭³菜⁴的¹氣⁴味⁴難²聞²。
23. 日⁴本³人²喜³歡⁴吃¹蔥¹，不²大⁴吃¹蒜⁴。
24. 芹²菜⁴有³青¹白²兩³樣⁴兒²，還²是⁴青¹芹¹菜⁴香¹。
25. 菠¹菜⁴餡⁴③兒²做³餃³子¹是⁴好³吃¹極²了¹。
26. 龍²鬚¹菜⁴很³好³，出¹在⁴北³京¹天¹壇²地⁴方¹。
27. 安¹肅¹縣⁴的¹白²菜⁴可³以³進⁴貢⁴。
28. 西¹洋²人²常⁴吃¹山¹藥⁴豆⁴兒²。
29. 白²薯²是⁴鄉¹下⁴人²的¹糧²食²。
30. 豆⁴芽²菜⁴是⁴豆⁴子¹發¹了¹芽²兒²，連²豆⁴帶⁴芽²可³以³做⁴菜⁴吃¹。
31. 廣³東¹的¹芋⁴頭²很³大⁴。
32. 北³邊¹的¹蘿²葡¹是⁴家¹常²菜⁴，一⁴年²裡³頭²不²斷⁴頭²。
33. 胡²蘿²葡¹是⁴細⁴而²長²，有³黃²的¹，有³紅²的¹，也³有³青¹的¹。
34. 寧²波¹出¹的¹茄²子¹又⁴長²又⁴細⁴。
35. 北³京¹的¹黃²瓜¹脆⁴而²香¹，蘇¹州¹的¹也³可³以³。
36. 廣³東¹來²的¹冬¹瓜¹有³幾³十²斤¹一²個⁴的¹。
37. 西¹³瓜¹是⁴花¹皮²跟¹三¹白²的¹好³。
38. 南²瓜¹有³圓²而²扁³的¹，也³有³腰¹圓²兒²的¹。
39. 甜²瓜¹的¹別²名²叫⁴旱⁴瓜¹兒²，又⁴叫⁴香¹瓜¹兒²，是⁴當¹果³子¹吃¹的¹。
40. 笋³是⁴南²邊¹第⁴一¹了¹，有³菉¹笋³、冬¹笋³、春¹笋³、毛²笋³、篦¹笋³之¹分¹。
41. 北³京¹御⁴河²的¹藕³跟¹蘇¹州¹的¹塘²藕³是⁴最⁴有³名²的¹。

---

① 鄉下老兒:鄉下人。
② 迷糊:渾濁,不透明。
③ 餡:餡。

42. 飯⁴後⁴吃¹點³兒¹鹹²菜⁴是⁴清¹口³的¹法²子¹。
43. 京¹城²的¹醬⁴菜⁴很³講³究¹。
44. 薑¹是⁴老³的¹辣⁴。
45. 芥⁴末⁴是⁴做⁴菜⁴的¹作²料⁴兒²。
46. 高¹麗²人²吃¹菜⁴離²不⁴開¹胡²椒¹。
47. "沒²有³胡²椒¹麵⁴兒²不²算⁴是⁴餛²飩⁴"這⁴句⁴話⁴是⁴短³①一²樣⁴兒²東¹西¹不⁴行²的¹意⁴思¹。
48. 荸²薺²算⁴是⁴果³子¹,也³可³以³作⁴粉³。
49. 中¹國²念⁴書¹人²不²大⁴吃¹牛²肉⁴。
50. 冬¹天¹吃¹羊²肉⁴最⁴好³。
51. 雞¹肉⁴做⁴湯¹是⁴很³補³的¹。
52. 北³京¹的¹鴨²子¹是⁴用⁴高¹粱²填²的¹很³肥²。
53. 野³雞¹本³來²是⁴飛¹禽²,按⁴着²南¹邊¹話⁴的¹意⁴思¹很³廣³。
54. 野³鴨¹一²露⁴頭²兒²,打³圍²②的¹就⁴該¹忙²了³。
55. 野³猫¹又⁴能²吃¹,皮²毛²兒²又⁴可³以³做⁴筆³。
56. 野³猪¹很³利⁴害⁴,可³以³傷¹人²。
57. 回²回²教⁴不⁴吃¹猪¹肉⁴。
58. 鴿¹子¹下⁴的¹蛋⁴也³算⁴是⁴筵²席²上⁴的¹好³東¹西¹。
59. 火³雞¹的¹別²名²叫⁴外⁴國²雞¹,講³究¹吃¹陳²的¹好³。
60. 公¹雞¹是⁴打³鳴²兒²。
61. "嘎¹嘎¹蛋⁴兒²"的¹是⁴母³雞¹。
62. 雞¹蛋⁴又⁴叫⁴雞¹子³兒²,可³以³做⁴點³心¹,也³可³以³做⁴菜⁴。
63. 小³雞¹子¹的¹公¹母³兒²得³看⁴冠¹子¹。
64. 小³毛²雞¹兒²是⁴纔²從²蛋⁴壳¹²兒²裡³出¹來²的¹。
65. 家¹雀³兒²③各⁴處⁴都¹有³。
66. 蟠²桃²是⁴扁³的¹算⁴仙¹桃²。
67. 吃¹多¹了¹李³子¹就⁴變⁴痢⁴疾²,少³吃¹點³兒²好³。
68. 山¹東¹的¹萊²陽²梨²算⁴是⁴富⁴產³,出¹口³的¹很³多¹。
69. 杏⁴兒²是⁴有³香¹白²土³杏⁴兒²、青¹水³杏⁴兒²什²麼⁴的¹。
70. 廣¹東¹橘²子¹很³多⁴,化⁴州¹橘²紅²是⁴有³名²的¹藥⁴材²。
71. 南²邊¹沒²有³蘋²果³,都¹是⁴北³邊¹出¹的¹。
72. 葡²萄²可³以³做⁴酒³,山¹西¹最⁴多¹。
73. 柿⁴子¹的¹性⁴最⁴涼²,柿⁴霜¹更⁴涼²,柿⁴皮²可³是⁴煖⁴性⁴。
74. 良²鄉¹的¹栗⁴子¹又⁴小³又⁴麵⁴。
75. 橙²子¹的¹皮²也³是⁴通¹常²的¹藥⁴

---

① 短:缺少。
② 打圍:打獵。
③ 家雀兒:麻雀。

76. 一⁴年²通¹扯³①三¹百³六⁴十²天¹，石²榴²的¹子³數⁴兒²也³是⁴隨²着²年²頭²兒²的¹。
77. 核²桃²仁⁴兒²用⁴處⁴最⁴廣³。
78. 姑¹娘²們¹的¹小³嘴³唇²兒就⁴叫⁴櫻¹桃²小³口³。
79. 棗³兒²南²北³都¹有³，北³邊¹的¹大⁴棗³和⁴金¹華²的¹南³棗³最⁴好³。
80. 橄²欖²又⁴叫⁴青²果³，那³是⁴開¹口³味⁴去⁴邪⁴氣⁴的¹。
81. 龍²眼³又⁴叫⁴桂⁴圓²，有³鮮¹的¹，有³乾³的¹，也³算⁴是⁴補³養³的¹。
82. 無²花¹果²也³是⁴寒²性⁴質⁴，可³是⁴有³點³兒²甜²味³兒²。
83. 也³不²怪⁴蘇¹東²坡¹愛⁴吃¹荔⁴枝¹了¹，現⁴在⁴荔⁴枝¹罐⁴頭²的¹銷¹路⁴真¹不⁴少³了¹。
84. 鳳⁴梨²又⁴叫⁴波¹羅²蜜⁴，彷³彿²像⁴果³子¹，葉⁴子²還²可³以³織¹布⁴，洋²人²很³愛⁴吃¹。
85. 鱔⁴魚²有³黃²白²之¹分¹。
86. 大⁴頭²魚²又⁴叫⁴海⁴鯽⁴魚²，吃¹肉⁴真¹解¹恨⁴。
87. 鯽⁴魚³是⁴黑¹背³兒²的¹好³。
88. 北³邊¹以³鯉²魚³爲²王²，日⁴本³以³海³鯽⁴魚²爲²貴⁴。

89. 炒³銀²魚²兒²是⁴就⁴酒³的¹美³菜⁴。
90. 團²魚¹就⁴是⁴甲³魚²，滋¹陰¹的¹。
91. 日⁴本³乾¹鮑²魚²銷¹中¹國²不⁴少³。
92. 龍²蝦¹是⁴大⁴蝦¹米¹，滋¹味⁴兒²不⁴几²。
93. 鮮¹蝦²米¹頂³②好³是⁴炒³了¹吃¹。
94. 喝¹點³兒²蛤²蠣²湯¹就⁴可³以³止³汗⁴。
95. 海³哈¹蠣⁴又⁴叫⁴海⁴蠣⁴子⁴，是⁴胎¹卵³濕⁴化⁴之¹中¹的¹化⁴生¹。
96. "饅²頭²"寫³字⁴的¹時²候⁴兒²得³寫³"饅²首³"倆³字¹。
97. 包¹子³是⁴有³韶²兒²的¹。
98. 餃³子³是⁴菜²肉⁴攙²在⁴一²塊⁴兒²包¹成²的¹。
99. 沒²牙¹的¹人²吃¹豆²腐²好³。
100. 無²論⁴那²國²酒³的¹樣⁴數⁴也³是⁴數³不²盡⁴。
101. 中¹國²酒³最⁴好³的¹是⁴紹⁴興¹酒³，名²爲²本³色⁴。
102. 燒¹酒³是⁴高¹粱²做⁴的¹。
103. 葡²萄²酒³的¹別²名²叫⁴紅²酒³。
104. 舍¹利¹酒³的¹味⁴兒²跟¹什²广¹酒³彷³彿²呢¹？
105. 三⁴賓¹酒³是⁴應⁴酬²客⁴的¹頭²一²行²兒²。

---

① 通扯：總共。
② 頂：最。

106. 苦³酒³又⁴叫⁴皮²酒³①，又⁴叫⁴麥⁴酒³，味⁴兒²很³苦³，可³是⁴養³胃⁴。
107. 蒲²蘭²的¹酒³很³兇¹，得³攙¹點³兒²水³喝¹。
108. 夏⁴天¹喝¹荷²蘭²水³②很³好³。
109. 醬⁴油還¹分¹紅²白²兩⁴樣⁴兒²。
110. 醋⁴是⁴米³做⁴的¹，鎮⁴江¹的¹白²醋⁴頂³有³名²。
111. 日⁴本³的¹白²鹽³很³細⁴，可³不⁴能²進⁴口³。
112. 香¹油²是⁴炸²炒³要⁴緊³的¹東¹西¹。
113. 燈¹油²是⁴做⁴菜³不⁴能²用⁴的¹。
114. 吃¹麵⁴包¹得³抹³上⁴黃²油²。
115. 他¹能²喝¹牛²奶³不能²吃¹牛²肉⁴，很³奇²怪⁴。

116. 沏¹壺²茶²來²罷¹。
117. 喝¹咖¹啡¹得³攙¹牛²奶³和⁴白²糖²。
118. 紅²茶²俄⁴國²人²用⁴的¹多¹。
119. 中¹國²用⁴的¹是⁴清¹茶²，也³用⁴綠⁴茶²。
120. 有³麵⁴包¹的¹地⁴方²就⁴是⁴外⁴國²人²能²到⁴的¹地⁴方¹。
121. 早³點³心¹吃¹了³沒²有³？
122. 抽¹袋⁴煙¹罷⁴。
123. 現⁴在⁴禁³止³亞⁴片⁴烟¹，是⁴中¹國²的¹大⁴轉³機¹。
124. 水³煙¹是⁴甘¹肅⁴蘭²州¹來²的¹好³。
125. 脚³下⁴吃¹煙¹捲³兒²的¹太⁴多¹，這項⁴買³賣⁴很³⁴大⁴。

---

① 皮酒；啤酒。
② 荷蘭水；汽水。

衣冠(單句、散語)類

1. 蟒³袍²
2. 補³褂⁴
3. 花¹衣¹
4. 霞²佩⁴
5. 玉⁴①帶⁴
6. 外⁴褂⁴子¹(外⁴套⁴兒²)
7. 褂⁴子¹
8. 馬³褂⁴兒²(額²褲²褡²)
9. 砍³肩¹兒²②(背⁴心¹)
10. 褲⁴子¹
11. 裕¹包¹
12. 套⁴褲⁴
13. 套⁴褲⁴帶⁴兒²
14. 腿³帶⁴兒²
15. 汗⁴褐¹兒²(汗⁴衫¹兒²)
16. 圍²裙²
17. 雨³衣¹
18. 斗³篷²(一¹口³鐘¹)
19. 襪⁴子¹
20. 領³子¹

21. 領³帶⁴
22. 單¹衣¹裳¹
23. 夾²衣¹裳¹
24. 綿²衣¹裳¹
25. 朝²帽⁴
26. 鳳⁴冠¹
27. 官¹帽⁴兒²
28. 小³帽⁴兒²(便⁴帽⁴兒²)
29. 涼²帽⁴
30. 緯⁴帽⁴
31. 四⁴塊⁴瓦³兒²
32. 頂³子¹
33. 寶³石²頂³子¹
34. 紅²頂³子¹
35. 藍²頂³子¹
36. 白²頂³子¹
37. 金¹頂³兒²
38. 朝²靴¹
39. 官¹靴¹

---

① 玉:底本作"王"。
② 砍肩兒:坎肩兒。

40. 靴¹
41. 鞋²
42. 手³帕⁴子¹（絹⁴子¹）
43. 手³套⁴兒²
44. 錶³
45. 錶³鍊⁴①子¹
46. 眼³鏡⁴
47. 搬¹指¹兒²
48. 戒⁴指¹兒²
49. 鐲²子¹
50. 鉗²子¹

51. 五³件⁴兒¹
52. 眼³鏡⁴盒²子¹
53. 褡⁴褳¹兒²
54. 對⁴子¹荷²包¹
55. 靴⁴披¹兒²
56. 扇⁴落⁴兒²
57. 扇⁴子¹
58. 圍²扇⁴
59. 鈕³子¹
60. 鈕³襻⁴兒²

1. 蟒³袍²是⁴上⁴朝²見⁴皇²上⁴用⁴的¹禮³服²。
2. 王²爺²的¹補³褂⁴是⁴圓²的¹，大⁴臣²的¹補³褂⁴是⁴方³的¹。
3. 花¹衣¹是⁴太⁴監⁴穿¹的¹，紅²緞⁴②子¹做⁴的¹。
4. 霞²佩⁴③是⁴跟¹大⁴砍³肩¹兒²似⁴的¹，可³是⁴女³人²穿¹的¹。
5. 玉⁴帶⁴是⁴從²古³時²候⁴兒²有³的¹衣¹裳¹帶⁴子¹，可³是⁴現³在⁴男²人²不²帶⁴。
6. 外⁴褂⁴子¹又⁴說¹外⁴套⁴兒²，是⁴在⁴袍²子¹外⁴頭²套⁴的¹，可³是⁴對⁴襟¹。
7. 褂⁴子¹是⁴夏⁴天¹外⁴面⁴穿¹的¹大⁴衣¹裳¹，冬⁴天¹叫⁴袍²子¹。
8. 馬³褂⁴兒²又⁴說¹額²褳²褡²，是⁴在⁴袍²子¹上⁴頭²套⁴的¹短³衣¹裳¹。
9. 砍³肩¹兒²又⁴叫⁴背¹心¹，也³是⁴沒²袖⁴子¹，有³大⁴襟¹、對⁴襟¹，還²有³琵²琶²襟¹的¹，沒²有³開¹襟¹的¹叫⁴巴¹都¹魯¹砍³兒²④。
10. 下⁴身¹的¹衣¹裳¹就⁴叫⁴褲⁴子¹，外⁴號⁴兒²叫⁴小³衣¹兒²。
11. 褡¹包¹的¹材²料⁴是⁴綢²子¹和²洋²縐²什²廣¹的¹，用⁴絲¹線⁴編¹的¹那⁴叫⁴帶⁴子¹，都¹可³以³繫¹腰¹。

---

① 鍊：鏈。
② 緞：底本作"鍛"。
③ 霞佩：霞帔，古代婦女挂在頸部、垂于胸前的一種飾帶，類似披肩。
④ 巴都魯砍兒：巴圖魯坎肩，其式樣爲一字形前襟，上面裝排扣，兩邊腋下也有紐扣，在當時京師八旗子弟中頗爲流行。巴圖魯，滿語，意爲"勇士"。

衣冠（單句、散語）類　61

12. 套⁴在⁴褲⁴子¹外⁴頭²沒²有³褲⁴腰¹的¹叫⁴套⁴褲⁴。
13. 套⁴褲⁴帶⁴兒²是⁴套⁴褲⁴上⁴頭²的¹帶⁴子⁴，有³弓³箭⁴帶⁴兒²，有³一²字⁴帶⁴兒²。
14. 腿³帶⁴兒²是⁴裡³外⁴綁³在⁴腿³腕⁴子¹上⁴的¹。
15. 汗⁴褟²兒²又⁴説¹汗⁴衫⁴兒²，是⁴儘³裡³頭²穿¹的¹單⁴衣¹裳¹。
16. 圍²裙³是⁴漢⁴裝⁴用⁴的¹，為⁴的¹是⁴擋³腿³，又⁴為⁴的¹是⁴好³看⁴。
17. 雨³衣¹是⁴油⁴布⁴做⁴的⁴，可³以³遮¹風¹避³雨³。
18. 斗³篷⁴又⁴叫⁴一⁴口³鐘¹，是⁴宋⁴朝²昭¹君¹娘¹娘¹興¹出¹來²的²。
19. 襪⁴子¹樣⁴兒²北³京¹最⁴講³究¹，還²分¹出¹四⁴季⁴兒²來²。
20. 領³子¹有³連²在⁴衣¹裳¹上⁴的¹，有³不²連²着¹的¹。
21. 領³帶⁴的¹名²目⁴中¹國²本³來²沒²有³，可³是⁴有³領³衣¹兒²。
22. 單¹衣¹裳¹裡³頭²要⁴分¹紗¹羅²、綢²緞⁴①、綾²錦³、布⁴葛²。
23. 有³裡³兒²有³面⁴兒²的¹是⁴夾⁴衣¹裳¹。
24. 夾²衣¹裳¹裡³頭²有³棉²花¹或⁴是⁴續⁴絲¹綿²的¹，那⁴叫⁴棉²衣¹裳¹。
25. 朝²帽⁴是⁴上⁴朝²戴⁴的¹，跟¹平²常²的¹官¹帽⁴兒²不⁴一²樣⁴。
26. 鳳⁴冠¹是⁴女³人²帶⁴的¹珠¹冠¹，娶³聘⁴的¹時²候⁴兒²用⁴的¹。
27. 辦⁴官¹事⁴得³戴⁴官¹帽⁴兒²。
28. 小³帽⁴兒²又⁴叫⁴便⁴帽⁴兒²，上⁴、中¹、下⁴三¹等²人²都¹可³以³用⁴。
29. 涼²帽⁴分¹兩³樣⁴兒²，有³用⁴緯⁴的¹，有²用⁴羽³纓²兒²的¹。
30. 緯⁴帽⁴的¹胎¹子¹是⁴籐²皮²子¹編¹的¹，上⁴頭²朦²②着²是⁴紗¹羅²的¹材²料⁴。
31. 四⁴塊⁴瓦³兒²是⁴帽⁴子¹簷²兒²上⁴有³四⁴塊⁴皮²子¹的¹，放⁴下⁴來²很³暖⁴和²。
32. 頂³子¹是⁴有³功¹名²、有³品³級²纔²能²戴⁴哪¹。
33. 寶³石²頂³子¹是⁴紫³顏²色⁴的¹，公¹伯⁴王²侯²戴⁴的¹。
34. 戴⁴紅²頂³子¹的¹是⁴一²二⁴品³的¹文²武³官¹。
35. 藍²頂³子¹是⁴有³亮⁴藍²、涅⁴藍²之¹分¹。
36. 白²頂³子¹是⁴硨¹磲¹③石²做⁴的¹，

---
① 緞：底本作"緞"。
② 朦：遮掩。
③ 硨磲：一種美石，又名"車渠"。一説指軟體動物硨磲的貝殼，可作裝飾品。（華夫主編《中國古代名物大典》，濟南出版社，1993年，204頁）

亮[4]白[2]是[4]水[3]晶[1]做[4]的[1]。

37. 金[1]頂[3]兒[2]本[3]來[2]是[4]應[1]當[1]戴[4]金[1]的[1]，現[4]在[4]都[1]是[4]銅[2]做[4]的[1]。
38. 朝[2]靴[1]也[3]是[4]上[4]朝[2]穿[1]的[1]，不[4]過[4]是[4]底[3]子[1]上[4]有[3]分[1]別[2]。
39. 官[1]靴[1]又[4]叫[4]武[3]備[4]院[4]①，樣[4]子[1]像[4]鮎[2]魚[2]頭[2]似[4]的[1]，衙[2]門[2]裡[3]都[1]用[4]。
40. 靴[1]是[4]另[4]有[3]一[4]宗[1]樣[4]兒[2]，平[2]常[2]人[2]都[1]可[3]以[3]穿[1]。
41. 平[2]常[2]穿[1]的[1]都[1]叫[4]鞋[2]，是[4]不[2]帶[4]靿[4]子[1]②的[1]。
42. 手[3]帕[4]子[1]又[4]叫[4]絹[2]子[1]，是[4]擦[1]鼻[2]涕[4]用[4]的[1]。
43. 手[3]套[4]兒[2]是[4]外[4]國[2]人[2]用[4]的[1]，中[1]國[2]人[2]不[2]大[4]用[4]。
44. 錶[3]的[1]樣[4]數[4]很[3]多[1]，左[3]興[1]右[4]興[1]簡[3]直[2]的[1]没[2]頭[2]兒[2]了[1]。
45. 錶[3]鏈[4]子[1]黃[2]金[1]的[1]是[4]不[2]大[4]興[1]時[2]③了[1]，白[2]金[1]的[1]誰[2]也[3]喜[3]歡[1]帶[4]。
46. 中[1]國[2]的[1]眼[3]鏡[4]光[1]子[1]④又[4]圓[2]又[4]大[4]，外[4]國[2]的[1]都[1]是[4]腰[1]圓[2]兒[2]的[1]。
47. 搬[1]指[1]兒[2]本[3]來[2]是[4]旗[2]人[2]拉[1]弓[1]用[4]的[1]，現[4]在[4]帶[4]着[2]竟[4]為[4]好[3]看[4]兒[1]了[1]。
48. 戒[4]指[1]兒[2]又[4]叫[4]手[3]鐲[2]子[1]，男[2]女[3]都[1]可[3]以[3]帶[4]。
49. 鐲[2]子[1]有[3]五[3]金[1]珠[1]玉[4]，還[2]有[3]藤[2]子[1]跟[1]葡[2]萄[2]枝[1]兒[2]做[4]的[1]，很[3]值[2]錢[2]。
50. 鉗[2]子[1]又[4]叫[4]耳[3]墜[4]兒[2]，各[4]國[2]婦[4]女[3]帶[4]的[1]很[3]多[1]，惟[2]有[3]東[4]洋[2]人[2]不[2]帶[4]。
51. 五[3]件[4]兒[2]又[4]叫[4]活[2]計[4]，還[2]叫[4]針[1]綫[4]，那[4]都[1]是[4]衣[1]裳[4]外[4]頭[2]的[1]佩[4]帶[4]兒[2]。
52. 眼[3]鏡[4]盒[2]子[1]是[4]平[2]金[1]⑤綉[4]花[1]的[1]，為[4]的[1]是[4]攔[1]鏡[4]子[1]不[2]受[4]傷[1]。
53. 褡[1]褳[4]兒[2]又[4]叫[4]萬[4]寶[3]囊[2]，那[4]是[4]攔[1]什[2]广[3]東[1]西[1]都[1]可[3]以[3]。
54. 對[4]子[1]荷[2]包[1]是[4]官[1]衣[1]兒[2]的[1]左[3]右[4]，隨[2]着[2]忠[1]孝[4]帶[4]⑥一[2]塊[4]兒[2]

---

① 武備院：清朝負責軍械和宮中陳設物的製造和貯存的機構，隸屬內務府。武備院將旗人的尖頭靴加以改造，所成樣式也稱"武備院"。《京都竹枝詞》云："尖靴武備院稱魁。"（駱崇騏著《中國歷代鞋履研究與鑒賞》，東華大學出版社，2007年，81頁）
② 靿子：靴筒。
③ 興時：時興，流行。
④ 光子：眼鏡的鏡片。
⑤ 平金：一種刺綉針法，用金綫或銀綫綉出花紋。
⑥ 忠孝帶：清代大臣在腰帶上另繫兩根白色絲帶，上綉有"忠""孝"二字，以示對皇帝盡忠盡孝。兩根忠孝帶的末端各繫有兩隻小荷包，稱"對子荷包"。

帶⁴的¹。

55. 靴¹掖¹兒²是⁴三¹折²兩³扣⁴的¹，攔¹在⁴靴¹靿⁴子¹裡³，所³以³叫⁴靴¹掖¹兒²。

56. 扇⁴落⁴兒²就⁴是⁴扇⁴挿¹兒²，樣⁴子¹彷³彿²一⁴條²魚²似⁴的¹。

57. 有³名²的¹扇¹子¹就⁴是⁴蘇¹杭²雅³

扇⁴。

58. 團²扇⁴有³月⁴光¹兒²的¹，有³蘋²果³形³兒²的¹，可³以³搧⁴風¹遮¹太⁴陽²。

59. 鈕³子¹是⁴衣¹裳¹的¹扣⁴子¹。

60. 時²興¹的¹紐³襻⁴兒²①有³葡²萄²鬚¹兒²、葫²蘆²紋²兒²的¹分¹別²。

---

① 紐襻兒：布製的紐子扣洞。

傢伙（單句、散語）類

1. 飯⁴碗³
2. 茶²碗³
3. 茶²盅¹
4. 茶²壺²
5. 茶²船²兒²（茶²托²子¹）
6. 茶²盤²兒²
7. 酒³杯¹①（酒³盅¹子¹）
8. 酒³壺²
9. 盤²子¹
10. 碟²子¹
11. 海³碗³
12. 湯¹盤²
13. 咖¹啡¹碗³
14. 咖¹啡¹壺²
15. 匙²子¹
16. 勺²子¹
17. 鏇①②子¹
18. 刀¹子¹
19. 筷⁴子¹
20. 玻⁴璃²杯¹
21. 瓶²子¹③
22. 酒³瓶²
23. 七¹星¹罐¹兒²
24. 台²布⁴
25. 飯⁴單¹
26. 火³筷⁴子¹
27. 鐵³吊⁴子¹
28. 銅²吊⁴子¹
29. 洋²鐵³吊⁴子¹
30. 洋²鐵³罐⁴子¹
31. 錫²鑞⁴罐⁴兒²
32. 鐵³鍋¹
33. 沙¹鍋¹④
34. 桌¹子¹
35. 椅³子¹
36. 櫈⁴子¹（杌⁴櫈⁴兒²）

---

① 杯：底本作"抔"。
② 鏇：錛。錛子：叉子。
③ 子：底本作"于"。
④ 沙鍋：砂鍋。

傢伙（單句、散語）類

37. 脚³踏⁴兒²
38. 寫³字⁴桌¹
39. 八¹仙¹桌¹子¹
40. 圓²桌¹面⁴子¹
41. 鐵³床²
42. 木⁴床²
43. 櫃⁴子¹
44. 鏡⁴子¹
45. 地⁴毯³
46. 凉²蓆²
47. 煖³蓆²
48. 鐘¹
49. 洋²燈¹
50. 燈¹籠²
51. 蠟⁴燈¹
52. 取³燈¹兒²
53. 蠟⁴夾¹子¹
54. 胰²子¹
55. 手³巾¹
56. 洗³臉³盆²
57. 毡¹子¹
58. 枕³頭²
59. 枕³頭²籠³布⁴
60. 鋪¹蓋⁴
61. 被⁴窩¹
62. 褥⁴子¹
63. 被⁴單¹子¹（褥⁴單¹子¹）
64. 胰²子¹盒²兒²
65. 臉³盆²架⁴
66. 刷¹子¹

67. 牙²刷¹子¹
68. 刷¹牙²散³
69. 牙²籤¹兒²
70. 煙¹袋⁴
71. 煙¹荷²包¹
72. 烟¹袋⁴桿³兒²
73. 火³爐²子¹
74. 煤²斗³子¹
75. 煤²鏟³子¹
76. 火³剪³
77. 通¹條²
78. 柴²火³
79. 劈³柴²
80. 煤²
81. 炭⁴
82. 火³紙³捻³兒²
83. 秫²稭¹（高¹梁²桿³兒²）
84. 鑰⁴匙¹
85. 鎖³
86. 激¹筒³
87. 熨⁴斗³
88. 金¹
89. 銀²
90. 銅²
91. 鐵³
92. 錫²
93. 鋼¹
94. 鉛¹
95. 水³銀²
96. 金¹剛¹鑽¹

97. 珍¹珠¹
98. 珊¹瑚²
99. 猫¹兒²眼³
100. 大⁴理³石²(雲²石²)
101. 紙³
102. 筆³
103. 墨⁴
104. 硯⁴池²/臺²
105. 墨⁴盒²兒²
106. 硃¹墨⁴
107. 印⁴色⁴
108. 圖²書¹(圖²章¹)
109. 鋼¹筆³
110. 鉛¹筆³
111. 信⁴紙³
112. 信⁴封¹兒²
113. 小³刀¹子¹
114. 火³漆¹
115. 洋²糨⁴①子¹
116. 信⁴票⁴
117. 顔²料⁴
118. 鞍¹子¹
119. 韁¹繩²(扯³手³)
120. 馬³鐙⁴
121. 嚼²子¹
122. 肚⁴帶⁴
123. 馬³掌³

124. 籠²頭²
125. 木⁴梳¹
126. 剪³子¹
127. 酒³鑽¹子¹
128. 剃⁴頭²刀¹兒²
129. 耳³刷¹子¹
130. 耳³挖²子¹
131. 錘²子¹
132. 鑿²子¹
133. 鉗²子¹
134. 鋸⁴
135. 銼⁴
136. 鉋⁴子¹
137. 抹³子¹
138. 鑷⁴子¹
139. 針¹
140. 頂³針¹兒²
141. 線⁴
142. 絲¹線⁴
143. 吊⁴桶³
144. 水³桶³
145. 簸³箕²
146. 笤²②箒³
147. 算⁴盤²
148. 繩²子¹
149. 草³繩²
150. 蔴²繩²

---

① 糨:糡。
② 笤:底本作"苕"。

傢伙(單句、散語)類　67

151. 雨^{3}傘^3
152. 旱^{4}傘^3
153. 琵^{2}琶^1
154. 鑼^2
155. 喇^{3}叭^1

156. 皷^3
157. 笛^2
158. 三^{1}絃^2
159. 胡^{2}琴^{2}兒^2
160. 月^{4}琴^2。

1. 中^{1}國^{2}飯^{4}碗^{3}是^{4}没^{2}蓋^{4}兒^{2}的^1。
2. 茶^{2}碗^{3}是^{4}有^{3}蓋^{4}兒^{2}的^1。
3. 茶^{2}盅^{1}比^{3}茶^{2}碗^{3}小^{3}一^{4}點^{3}兒^2,也^{3}没^{4}蓋^{4}兒^2。
4. 茶^{2}壺^{2}是^{4}帶^{4}屈^{4}兒^{2}的^{1}好^3,就^{4}不^{4}能^{2}受^{4}了^{1}堵^{3}嘴^{3}兒^{2}的^{1}毛^{2}病^{4}了^1。
5. 有^{3}客^{4}來^{2}沏^{1}茶^2,總^{3}得^{3}用^{4}茶^{2}船^{2}兒^2。(茶^{2}托^{1}子^{1}就^{4}是^{4}底^{3}下^{4}有^{3}窟^{1}窿^{2}的^1,也^{3}是^{4}托^{1}那^{4}茶^{2}碗^{3}的^1。)
6. 很^{3}多^{1}的^{1}茶^{2}碗^{3}擱^{1}在^{4}盤^{2}兒^{3}裡^{3}的^1,那^{4}叫^{4}茶^{2}盤^{2}兒^2。
7. 外^{4}國^{2}酒^{3}杯^{1}都^{1}是^{4}玻^{1}璃^{1}的^{1}多^1。(中^{1}國^{2}的^{1}酒^{3}盅^{1}子^{1}有^{3}好^{3}些^{1}樣^{4}兒^2。)
8. 酒^{3}壺^{2}是^{4}斟^{1}酒^{3}用^{4}的^1。
9. 盛^{2}炒^{3}菜^{4}用^{4}的^{1}都^{1}是^{4}盤^{2}子^1。
10. 碟^{2}子^{1}又^{4}説^{1}布^{4}碟^{4}兒^2,不^{2}過^{4}是^{4}盛^{2}醎^{2}菜^4、醬^{4}油^{2}甚^{2}麼^{2}的^1。
11. 最^{4}大^{4}的^{4}菜^{4}碗^{3}就^{3}說^{1}海^{3}碗^3。
12. 外^{4}國^{2}吃^{1}飯^{4}的^{1}法^{2}子^1:先^{1}上^{4}一^{2}個^{4}湯^{1}盤^2。

13. 咖^{1}啡^{1}碗^{3}總^{3}①得^{3}使^{3}把^{4}兒^{2}缸^{1}子^{1}②。
14. 咖^{1}啡^{1}壺^{2}和^{4}茶^{2}壺^{2}一^{2}樣^4。
15. 喝^{1}湯^{1}喝^{1}牛^{2}奶^{3}得^{3}用^{4}匙^{2}子^1。
16. 勺^{2}子^{1}比^{3}匙^{2}子^{1}大^4,而^{2}且^{3}把^{4}兒^{2}又^{4}長^2。
17. 西^{1}洋^{2}菜^{4}的^{1}吃^{1}法^3,非^{1}用^{4}鏟^{1}子^1、刀^{1}子^{1}不^{4}可 。
18. 中^{1}國^{2}人^{2}吃^{1}飯^{4}不^{2}用^{4}刀^{1}子^1。
19. 日^{4}本^{3}人^{2}吃^{1}飯^{4}也^{3}用^{4}筷^{4}子^1。
20. 玻^{1}璃^{1}杯^{1}是^{4}喝^{1}酒^{3}用^{4}的^1,喝^{1}茶^{2}不^{2}大^{4}用^4。
21. 瓶^{2}子^{1}有^{3}磁^{2}的^1,有^{3}玻^{1}璃^{1}的^1,還^{2}有^{4}銅^{2}錫^{2}做^{4}的^1。
22. 把^{4}酒^{3}瓶^{2}裡^{3}的^{1}酒^{3}倒^{4}在^{4}壺^{2}裡^{3}頭^2。
23. 七^{1}星^{1}罐^{2}兒^{2}是^{4}擱^{1}各^{4}樣^{4}作^{2}料^{4}兒^{2}的^1。
24. 用^{4}台^{2}布^{4}鋪^{1}在^{4}桌^{1}子^{1}上^{4}吃^{1}飯^{4}很^{3}乾^{1}净^4。

---

① 總:總。
② 把兒缸子:帶手把的缸子。缸子,盛茶水的罐狀搪瓷器皿。

25. 穿²着³好³衣¹裳¹吃¹飯⁴怕⁴招¹了¹臟¹①，得³用⁴飯⁴單¹圍²着²。
26. 火³筷⁴子¹也³叫⁴撥¹火³棍¹兒²。
27. 做⁴開¹水³的¹鐵³壺²有³把⁴兒¹的¹叫⁴鐵³吊⁴子¹。
28. 銅²吊⁴子¹還²有³提²梁²兒²的¹哪¹。
29. 馬³鐵³又⁴説¹馬³國²兒²，鐵³做⁴的¹水³壺²就⁴是⁴洋²鐵³吊⁴子¹。
30. 外⁴國²無²論⁴甚²麼¹東¹西¹都¹用⁴洋²鐵³罐⁴子¹封¹着²，好³防²備⁴不²受⁴傷¹。
31. 錫¹鑞⁴罐⁴兒²甚²広¹也³能²收¹，可³不²用⁴封¹口³。
32. 平²常²做⁴飯⁴做⁴菜⁴都¹用⁴鐵³鍋¹。
33. 沙¹鍋¹是⁴土³燒¹的¹，煑³粥¹做⁴飯⁴另⁴有³一²派⁴鮮¹味⁴兒¹。
34. 桌¹子¹的¹樣⁴數⁴太⁴多¹，又⁴説¹几¹子¹案⁴子¹。
35. 中¹國²的¹椅²子¹樣⁴子¹不⁴合²局²，得³改³良²纔²好³。
36. 櫈⁴子¹是⁴没²有³倚¹翅⁴兒¹②的¹。（杌⁴櫈⁴兒²③是⁴圓²的¹、方¹的¹、長²的¹都¹有³。）
37. 脚¹踏⁴兒²是⁴彷³彿²小³炕⁴桌¹兒¹似⁴的¹，兩³隻¹脚³可³以³蹬¹着²

他¹。
38. 外⁴國²的¹寫³字⁴桌¹，那⁴面⁴子¹大⁴概⁴是⁴趈¹楞²趈¹角²兒²④的¹。
39. 八¹仙¹桌¹子¹四¹面⁴兒²可³以³坐⁴八²個⁴人²。
40. 桌¹子¹坐⁴不⁴開¹人²，得³合²上⁴一²個⁴圓²桌¹面⁴子¹就⁴好³了¹。
41. 外⁴國²都¹用⁴鐵³床²。
42. 中¹國²的¹木⁴床²做⁴的¹很³笨⁴，還²是⁴不⁴容²易⁴搬¹。
43. 櫃⁴子¹是⁴頂³箱¹、立⁴柜⁴的¹總³名²兒²。
44. 古³人²以³銅²爲²鏡⁴，現⁴在⁴都¹用⁴玻¹璃²鏡⁴子¹。
45. 到⁴了¹夏⁴天¹，屋¹子¹裡³頭²不²用⁴地⁴毯³。
46. 中¹國²人²夏⁴天¹睡⁴覺⁴都¹用⁴涼²席²。
47. 煖³席²是⁴冬¹天¹得³鋪¹的¹。
48. 鐘¹有³掛⁴鐘¹、坐⁴鐘¹的¹分¹別²。
49. 洋²燈¹用⁴的¹是⁴煤²油²。
50. 點¹燈¹籠²非¹蠟⁴不⁴可³。
51. 蠟⁴燈¹的¹樣⁴式⁴是⁴有²罩⁴子¹的¹，没²有³罩⁴子¹的¹叫⁴燈¹台²。
52. 取³燈¹兒²⑤比³火³鎌²、火³絨²、火³

---

① 臟：底本作"臓"。
② 倚翅兒：椅子的靠背和扶手。翅，物體兩側的部分。
③ 杌櫈兒：較小的凳子，多爲方形。
④ 趈楞趈角兒：形容物體棱角分明、不圓滑。
⑤ 取燈兒：取火用品，此處指火柴。

石²①强²多¹了¹。

53. 蠟⁴夾¹子²是⁴夾¹羊²油²蠟⁴使³的¹。
54. 中¹國²做⁴胰²子¹②的¹材²料⁴是⁴打³猪¹身¹上⁴取³下⁴來²的¹。
55. 羊²肚²兒²手²巾¹使³着⁴很³舒¹服²，又⁴軟³又⁴好³。
56. 洗³臉³盆²銅²的¹、磁²的¹、洋²鐵³的¹、木²頭²的¹都¹有³。
57. 中¹國²氈²子¹是⁴口³外⁴③來²的¹頂³好³。
58. 枕³頭²的¹樣⁴式⁴中¹外⁴不⁴同²，裡³頭²的¹心¹子¹什²広²柔²軟³的¹東¹西¹都¹可³以³續⁴上⁴。
59. 枕³頭²籠⁴布⁴得³常²洗¹一⁴洗¹就⁴很³乾³净²。
60. 舖¹蓋⁴是⁴被⁴窩¹褥⁴子¹的¹總²名²兒²，中¹國²人²行²路⁴都¹帶⁴一²分⁴兒²。
61. 被⁴窩¹是⁴上⁴頭²蓋¹的¹。
62. 褥⁴子¹是⁴底³下⁴舖¹的¹。
63. 被⁴單¹子¹是⁴被⁴窩¹外⁴頭²的¹一⁴層²布⁴。（把⁴褥⁴單¹子¹揭¹下⁴來²換⁴新¹的¹。）
64. 胰²子¹盒²兒²是⁴帶⁴屉⁴子¹的¹很³好³。

65. 臉³盆⁴架⁴上⁴有³帶⁴鏡⁴子¹的¹方¹便⁴一⁴點³兒²。
66. 所³有³呢²毛²兒²的¹衣¹裳²得³用⁴刷¹子¹刷¹。
67. 牙²刷¹子¹在⁴臉³盆²架⁴的¹抽¹屉⁴裡³了¹。
68. 刷¹牙²散³又⁴叫⁴刷¹牙²粉³，到⁴底³是⁴什²広²材²料²兒²做⁴的¹？
69. 吃¹完²了¹飯⁴得³用⁴牙²籤²兒²剔¹剔²牙²。
70. 烟¹袋⁴是⁴有³鍋¹兒²有³嘴²兒²的¹。
71. 盛²煙¹的¹口³袋⁴就⁴是⁴煙¹荷²包¹。
72. 娘²兒²們¹用⁴的¹煙¹袋⁴桿¹兒²越⁴長²越⁴體⁴面⁴，北³邊¹叫⁴線⁴桿⁴兒²。
73. 到⁴了¹冬¹天¹屋¹裡³得³用⁴火³爐²子¹。
74. 一⁴煤²斗³子¹煤²差¹不⁴多²有³二⁴十²斤¹。
75. 煤²鏟³子¹是⁴添¹煤²用⁴的¹傢¹伙³。
76. 火³剪³是⁴夾¹煤²用⁴的¹。
77. 通¹條²是⁴搜¹火³用⁴的¹。
78. 南²邊¹的¹竈⁴燒¹柴²火³，北³邊¹的¹灶⁴用⁴煤²。

---

① 火鐮（鎌）、火絨、火石：均為取火用具。"火鐮"為形狀似鐮刀的薄鐵板；"火絨"為艾草加硝製成的絨狀引燃物；"火石"指燧石，一種以石英為主要成分的礦石。取火時，以火鐮劃擊表面放有火絨的火石，產生的火花點燃火絨即可取火。火柴輸入後，這些取火用品逐漸被淘汰。（王秉愚編著《老北京風俗詞典》，中國青年出版社，2009年，88—90頁）

② 胰子：一種以猪的胰臟為原料製成的肥皂，為白色圓球狀。也叫"猪胰子"。

③ 口外：泛指今長城以北地區。也説"口北"。

79. 爐[2]子[1]裡[3]要[4]燴[2]火[3]先[1]得[3]用[4]劈[3]柴[2]。
80. 叫[4]煤[2]燻[2]着[2]不[2]是[4]頑[2]①兒[2]的[1]。
81. 別[2]叫[4]炭[4]星[1]兒[2]迸[4]在[4]眼[3]睛[1]裡[3]。
82. 抽[1]水[3]煙[1]非[1]用[4]火[3]紙[3]捻[3]兒[2]②不[4]可[3]。
83. 秫[2]稭[1]又[4]叫[4]高[1]粱[2]桿[3]兒[2]，用[4]處[4]很[3]寬[1]，銷[1]路[4]頂[3]多[1]是[4]在[4]裱[3]糊[2]匠[4]手[3]裡[3]。
84. 鑰[4]匙[1]丟[1]了[2]不[4]能[2]開[1]箱[1]子[1]，得[3]配[4]一[2]個[4]。
85. 鎖[3]有[3]明[2]鎖[3]暗[4]鎖[3]的[1]分[1]別[2]。
86. 激[1]筒[3]③是[4]救[4]火[3]的[1]傢[1]伙[3]。
87. 熨[4]斗[3]和[4]烙[4]鐵[3]用[4]法[3]差[4]不[4]多[1]，噴[1]水[3]一[2]烙[4]就[4]平[2]了[1]。
88. 金[1]有[3]鏢[1]金[1]、赤[4]金[1]、足[2]金[1]、沙[1]金[1]之[1]分[1]。
89. 銀[2]有[3]白[2]銀[2]、松[1]江[12]之[1]別[2]。
90. 銅[2]的[1]分[1]別[2]也[2]多[1]了[1]，青[1]的[1]、黃[2]的[1]、紅[2]的[1]、紫[3]的[1]、白[2]的[1]都[1]有[3]。
91. 鐵[3]有[3]生[1]鐵[3]、熟[2]鐵[3]，不[4]一[2]樣[4]。
92. 錫[2]是[4]江[1]南[2]的[1]好[3]，北[3]京[1]叫[4]錫[2]鑞[4]。
93. 鋼[1]就[4]是[4]熟[2]鐵[3]煉[4]出[1]來[2]的[1]。
94. 鉛[1]可[3]以[3]頂[3]着[2]錫[2]鑞[4]用[4]。
95. 水[3]銀[2]的[1]用[4]處[4]很[3]大[4]，有[3]時[2]候[4]治[4]人[2]，有[3]時[2]候[4]害[4]人[2]。
96. 金[1]剛[1]鑽[4]本[3]來[2]是[4]長[3]的[1]，現[4]在[4]也[3]能[2]做[4]假[3]的[1]。
97. 珍[1]珠[1]是[4]天[1]然[2]的[1]寶[3]貝[4]，也[3]有[3]人[2]能[2]在[4]海[3]裡[3]弄[4]出[1]來[2]的[1]。
98. 珊[1]瑚[2]頂[3]好[3]的[1]顏[2]色[4]兒[2]叫[4]娃[1]娃[2]臉[3]兒[2]。
99. 猫[1]兒[2]眼[3]說[1]是[4]個[4]石[2]頭[2]，也[3]能[2]看[4]出[1]時[2]辰[2]來[2]。
100. 大[4]理[3]石[2]又[4]叫[4]雲[2]石[2]，那[4]是[4]雲[2]南[2]大[4]理[3]府[3]的[1]出[1]產[3]。
101. 紙[3]是[4]中[1]國[2]南[2]邊[1]出[1]產[3]的[1]大[4]宗[1]兒[2]。
102. 筆[3]是[4]浙[4]江[1]湖[2]州[1]府[3]的[1]最[4]有[3]名[2]，所[3]以[3]叫[4]湖[2]筆[3]。
103. 墨[4]是[4]安[1]徽[1]徽[1]州[1]府[3]出[1]的[1]，所[3]以[3]叫[4]徽[1]墨[4]。
104. 硯[4]台[2]是[4]安[1]徽[1]的[1]歙[2]硯[4]、福[2]建[4]的[1]端[1]硯[4]頂[3]好[3]了[1]，並[4]且[3]有[3]活[2]眼[3]、淚[4]眼[3]、死[3]眼[3]之[1]分[1]。
105. 墨[4]盒[2]兒[2]是[4]北[3]京[1]琉[2]璃[2]廠[3]的[1]刻[4]工[1]很[3]講[3]究[1]。
106. 硃[1]墨[4]是[4]硃[1]砂[1]④做[4]的[1]。
107. 印[4]色[4]是[4]打[3]圖[2]書[1]用[4]的[1]。
108. 圖[2]書[1]又[4]叫[4]圖[2]章[1]，還[2]有[3]說[1]

---

① 頑：玩。
② 火紙捻兒：點火用的細長紙捲。也叫"紙捻兒"。
③ 激筒：唧筒，以竹或金屬製成的可吸水噴水的滅火器械，運作原理與水泵相似。
④ 硃砂：朱砂。又名"丹砂"。硫黃與水銀的天然化合物，呈紅色，可供提煉水銀或作朱墨，也可入藥。

印^{4}章^1，也^{4}可^{3}以^{3}説^{1}戳^{1}記^4。

109. 寫^{3}洋^{2}文^{2}得^{3}用^{4}鋼^{1}筆^3，還^{2}得^{3}有^{3}洋^{2}墨^{4}水^{3}兒^2。

110. 鉛^{1}筆^{3}有^{3}好^{3}幾^{3}樣^{4}兒^{2}顏^{2}色^{4}的^1。

111. 中^{1}國^{2}的^{1}信^{4}紙^{3}都^{1}用^{4}八^{1}行^2，也^{3}有^{3}用^{4}五^{3}行^{2}的^1。

112. 信^{4}封^{1}兒^{2}有^{3}官^{1}封^{1}①、馬^{3}封^{1}②、封^{1}套^{4}之^{1}別^2。

113. 小^{3}刀^{1}子^{1}是^{4}裁^{2}紙^3、修^{1}鉛^{4}筆^3、刺^{4}菓^{3}子^{1}用^{4}的^1。

114. 火^{3}漆^{1}是^{4}粘^{1}在^{4}封^{1}套^{4}上^{4}封^{1}信^{4}用^{4}的^1。

115. 洋^{2}糨^{4}子^{1}是^{4}糊^{2}什^{1}広^{1}東^{1}西^{1}很^{3}方^{1}便^4。

116. 中^{1}國^{2}的^{1}信^{4}票^{4}叫^{4}龍^{2}頭^2，外^{4}國^{2}的^{1}叫^{4}人^{2}頭^2，日^{4}本^{3}的^{1}叫^{4}切^{1}手^3，猛^{3}一^{4}聽^{1}見^{4}這^{4}話^{4}可^{3}了^{3}不^{4}得^{2}了^1。

117. 中^{1}國^{2}的^{1}顏^{2}料^{4}也^{3}是^{4}一^{2}項^{4}大^{4}買^{3}賣^4。

118. 中^{1}國^{2}的^{1}馬^{3}鞍^{1}子^{1}是^{4}木^{4}頭^{2}心^{1}子^1，外^{4}國^{2}的^{1}是^{4}皮^{2}子^{1}做^{4}的^1。

119. 中^{1}國^{2}的^{1}韁^{1}繩^{2}又^{4}叫^{4}扯^{3}手^3，都^{1}是^{4}羊^{2}腸^{2}子^{1}做^{4}的^1。

120. 騎^{2}馬^{3}用^{4}的^{1}馬^{3}鐙^4，收^{1}短^{3}放^{4}長^{2}也^{3}得^{3}看^{4}人^2。

121. 馬^{3}嘴^{3}裡^{3}的^{1}嚼^{2}子^{1}③都^{1}是^{4}鐵^{3}活^{2}④。

122. 馬^{3}身^{1}上^{4}的^{1}肚^{4}帶^{4}鬆^{1}了^{1}就^{4}要^{4}出^{1}亂^{4}子^{1}了^1。

123. 馬^{3}掌^{3}磨^{2}歪^{1}了^{1}不^{4}能^{2}將^{1}就^4，得^{3}換^{4}新^{1}的^{1}釘^{1}上^4。

124. 那^{4}個^{4}人^{2}是^{4}沒^{2}籠^{2}頭^{2}的^{1}馬^3，一^{4}出^{1}去^{4}可^{3}就^{4}沒^{2}影^{3}兒^{2}了^1。

125. 木^{4}梳^{1}不^{4}一^{2}定^{4}是^{4}木^{4}頭^{2}做^{4}的^1。篦^{4}子^{1}可^{3}是^{4}竹^{2}子^{1}做^{4}的^1。

126. 剪^{3}子^{1}是^{4}裁^{2}衣^{1}裳^{3}鉸^{3}⑤綢^{2}緞^{4}用^{4}的^1，別^{2}的^{1}愛^{4}鉸^{3}什^{1}広^{1}鉸^{3}什^{2}広^1。

127. 拿^{2}酒^{3}鑽^{4}子^{1}⑥把^{4}那^{4}酒^{3}瓶^{2}開^{1}開^1。

128. 中^{1}國^{2}的^{1}剃^{4}頭^{2}刀^{1}兒^{2}月^{4}芽^{2}形^{2}兒^2，外^{4}國^{2}的^{1}跟^{1}皂^{4}⑦莢^{2}兒^{2}似^4

---

① 官封：清代官方專用的公文信封，上有官方蓋戳。

② 馬封：古代交由驛站遞送的緊要文書的封套。清吳趼人《二十年目睹之怪現狀》第六回："只要用個馬封，面上標著'通州各屬沿途探投勘荒委員'，沒個遞不到的。"（張友鶴校注，人民文學出版社，1959年，40頁）

③ 嚼子：橫放在牲口嘴裏的小鐵鏈，兩端與韁繩相連。

④ 鐵活：鐵製零件的統稱。

⑤ 鉸：剪。

⑥ 酒鑽子：開瓶器。

⑦ 皂：底本作"皀"。

129. 耳³朵¹痒³痒，用⁴耳³刷¹子¹刷¹一⁴刷¹就²解³了¹。
130. 耳³挖²子¹是⁴掏¹耳³塞¹的¹小³勺²兒²。
131. 拿²錘²子¹把⁴釘²子¹釘¹上⁴。
132. 鑿²子¹是⁴木⁴匠⁴用⁴的¹，鑿⁴子¹是⁴石²匠⁴使³的¹。
133. 鉗²子¹又⁴叫⁴夾²剪³，手³上⁴辦⁴不⁴了³的¹事⁴得³使³他¹。
134. "鋸⁴倒³了¹樹⁴捉²老³鴰¹"是⁴説¹那⁴個⁴人²是⁴死³心¹眼³兒²的¹意⁴思¹。
135. 銼⁴是⁴廣¹東¹來²的²頂³好³，格²外⁴受⁴使³。
136. 做⁴木⁴器⁴像¹伙²起³楞²兒¹見⁴角³兒²①，得³用⁴鉋⁴子¹來²回²鉋⁴。
137. 瓦³匠⁴用⁴的¹像¹伙²離²不⁴開¹瓦³刀¹、抹³子¹這⁴兩³樣⁴兒²。
138. 夾¹很³小³的¹東¹西¹非¹用⁴鑷⁴子¹不⁴可³。
139. 針¹的¹名²兒²有³全¹剛¹腿³兒²、綉⁴針¹、棒⁴槌²形²兒²、螞³蚱⁴腿³兒²什²广²的¹。
140. 頂³針¹兒²是⁴婦⁴女³們⁴作⁴活²離²不⁴開¹的¹東¹西¹。
141. 線⁴是⁴綿²花¹捻³的¹，顏²色⁴差⁴不⁴多¹有³二⁴三¹十²樣⁴兒²。
142. 絲¹線⁴是⁴絲¹捻³的¹，縫²綢²緞⁴得³用⁴的¹。
143. 拿²着²吊⁴桶³到⁴井³上⁴打³水³去⁴。
144. 水³桶³是⁴銅²箍¹、鐵²箍¹，還²有³篾²子¹箍¹的¹。
145. 拿²簸²箕²撮¹雪³，推¹起³一²個⁴小³人²兒¹來²頑²兒²頑²兒¹。
146. 地⁴下⁴存²了¹好³些¹個⁴塵²土³，拿²笤²帚²來²掃³一⁴掃³。
147. 他¹的¹算⁴盤²子³兒²扒¹拉¹的¹有³點³兒²熟²勁⁴兒²。
148. 繩²子¹扣⁴兒²勒¹死²了¹怕⁴解³不⁴開¹，還²是⁴活²扣⁴兒²的¹好³。
149. 拿²草³繩²兒¹綑³東¹西¹，硬⁴幫¹幫²的¹很³結²實²。
150. 要⁴打³算⁴在⁴海³關¹上⁴免³税⁴，還²是⁴用⁴蔴²繩²兒¹綑³東¹西¹好³。
151. 帶⁴把³雨³傘³出¹去⁴罷¹，防²備⁴②着²下⁴暴⁴雨³。
152. 旱⁴傘³是⁴遮¹太⁴陽²用⁴的¹，也³可³以³擋³雨²使³。
153. 中¹國²的¹婦⁴女³專¹講³究¹彈²琵²琶¹，聲¹音¹兒²彷²佛²大⁴珠¹小³珠¹落⁴玉⁴盤²兒²似⁴的¹，很³幽¹雅³。

---

① 起楞兒見角兒：形容物體表面多棱角、不光滑。也説"起棱起角""起楞起角"。
② 備：底本作"俻"。

154. 打³鑼²了¹走³了¹水³了¹，看⁴看是⁴什²庅¹地⁴方¹兒²。
155. 辦⁴不⁴了³事⁴的¹人²，就⁴說¹他¹吹¹喇³叭¹了¹。
156. 中¹國²的¹鼓³是⁴木⁴頭²墻²兒²打³的¹，兩³面⁴兒²的¹皮²子¹樣⁴樣⁴兒²都¹有³。
157. 橫²吹¹的¹叫⁴笛²，竪⁴吹¹的¹叫⁴簫¹。
158. 中¹國²的¹三¹絃²是⁴蟒³皮²做⁴的¹，日⁴本³的¹三¹絃²是⁴猫¹皮²做⁴的¹。
159. 他¹會⁴拉²胡²琴²兒¹就⁴會⁴唱⁴二⁴簀²、西¹皮²梆¹子¹甚²庅¹的¹了¹。
160. 月⁴琴²是⁴分¹十²三¹品³，絃²是⁴兩³樣⁴兒²，有³愛⁴用⁴四⁴根¹兒²的¹，廣³東¹人²彈²的¹好³。

昆蟲(單句、散語)類

1. 龍^2
2. 蟒^3
3. 長^{2}蟲^2
4. 蝎^{1}子^1
5. 蝎^{1}虎^{3}子^1
6. 蝦^{2}蟆^{1}①
7. 蛄^{1}喋^{1}兒^2
8. 蜈^{2}蚣^1
9. 螞^{1}螂^2
10. 螞^{4}蚱^3
11. 螞^{3}蟻^3
12. 螞^{3}蜂^1
13. 蜜^{4}蜂^1
14. 蠶^{2}蟲^2
15. 蝗^{2}蟲^2
16. 蝴^{2}蝶^{3}兒^2
17. 撲^{1}燈^{1}蛾^{2}兒^1
18. 水^{3}牛^{2}兒^2
19. 毛^{2}毛蟲^2
20. 蒼^{1}蠅^2
21. 蚊^{2}子^1
22. 舢^{1}斗^{1}蟲^2
23. 白^{2}蛉^2
24. 虱^{1}子^1
25. 蛇^{4}蚤^3
26. 臭^{4}蟲^2
27. 狗^{3}豆^{4}子^1
28. 八^{1}脚^{3}兒^2
29. 髻^{1}了^{3}兒^2
30. 伏^{2}天^{1}兒^2
31. 金^{1}鐘^{1}兒^2
32. 蛆^1
33. 火^{3}蟲^2
34. 蜘^{1}蛛^1
35. 蠹^{4}魚^{2}子^1

---

① 蝦蟆：蛤蟆。

昆蟲(單句、散語)類   75

1. 皇[2]上[4]的[1]衣[1]裳[1]是[4]五[3]爪[3]團[2]龍[2]。
2. 王[2]爺[2]的[1]衣[1]裳[1]是[4]五[3]爪[3]蟒[3]的[1]花[1]樣[1]。
3. 長[2]蟲[2]的[1]皮[2]很[3]薄[2],做[4]音[1]樂[1]聲[1]音[1]最[4]響[3]。
4. 蠍[1]子[1]要[4]是[4]螫[1]了[1]手[3]不[2]破[4]不[2]爛[4],就[4]是[4]又[4]青[1]又[4]紅[2],又[4]疼[2]又[4]腫[3]。
5. 蠍[1]虎[3]子[1]又[4]叫[4]壁[1]虎[3],可[3]別[2]惹[3]他[1],他[1]是[4]愛[4]吃[1]醋[4]。
6. 蝦[1]蟆[2]有[3]特[4]別[2]的[1]能[2]耐[4],無[2]論[4]什[2]广[1]東[1]西[1]蓋[4]着[1]他[1],他[1]也[3]會[4]逃[2]。
7. 喝[1]點[3]兒[2]活[2]蛄[1]㧼[1]兒[2]①是[4]專[1]治[4]内[4]熱[4]的[1],北[1]邊[1]人[2]常[2]喝[1],不[4]知[1]道[4]外[4]國[2]有[3]没[2]有[3]。
8. 蜈[2]蚣[1]的[1]爪[3]子[1]路[4]過[4]什[2]广[1]地[4]方[1]兒[2],總[3]得[3]留[2]下[4]點[3]兒[2]毒[2]。
9. 小[3]孩[2]子[1]最[4]愛[4]拿[2]着[2]竿[1]子[1]粘[1]螞[3]螂[2]②。
10. 螞[4]蚱[1]是[4]鳥[3]兒[2]的[1]活[2]食[2]。
11. 螞[3]蟻[3]是[4]神[2]蟲[2],未[4]曾[2]下[4]雨[3]以[3]先[1]他[1]必[4]報[4]個[4]信[4]兒[2]。
12. 螞[3]蜂[1]的[1]窩[1]跟[1]蓮[2]蓬[2]似[4]的[1],可[3]以[3]當[4]藥[4]材[2]用[4],又[4]説[1]西[1]洋[2]的[1]女[3]人[2]是[4]螞[3]蜂[1]變[4]的[1]。
13. 蜜[4]蜂[1]是[4]最[4]仁[2]義[4],釀[4]出[1]蜜[4]來[2]也[3]是[4]養[3]人[2]的[1]一[4]棵[1]老[3]米[3]樹[4]③。
14. 蠶[2]蟲[2]是[4]很[3]愛[4]乾[1]净[4],要[4]是[4]腌[1]臢[1],吐[4]出[1]絲[1]來[2]必[4]是[4]亂[4]七[1]八[1]遭[1]的[1]。
15. 鄉[1]下[4]老[3]兒[2]就[4]怕[4]鬧[4]蝗[2]蟲[2]。
16. 蝴[2]蝶[3]兒[2]的[1]樣[4]數[4]兒[2]也[3]太[4]多[1],一[4]時[2]説[1]不[2]盡[4]。
17. 撲[1]燈[1]蛾[2]兒[2]的[1]别[2]名[2]叫[4]燈[1]相[1]公[1],是[4]最[4]愛[4]用[4]工[1]。
18. 水[3]牛[2]兒[2]的[1]文[2]話[4]叫[4]"蝸[1]牛[2]",是[4]小[3]孩[2]子[1]最[4]美[3]的[1]頑[2]意[4]兒[2]。
19. 毛[2]毛[1]蟲[2]要[4]是[4]落[4]在[4]手[3]上[4],就[4]痒[3]痒[1]的[1]了[3]不[4]得[2]。
20. 蒼[1]蠅[2]是[4]最[4]討[3]人[2]嫌[2]的[1],不[4]拘[1]怎[3]广[1]趑[1]④他[1],他[1]還[2]是[4]要[4]來[2],没[24]有[3]人[2]不[2]恨[4]他[1]的[1]。
21. 蚊[2]子[1]是[4]觔[1]斗[1]蟲[2]兒[2]⑤變[4]的[1],要[4]是[4]咬[3]上[4]人[2],真[1]是[4]難[2]躲[3]

———————————————
① 蛄㧼兒:蝌蚪。也叫"骨朵兒""蛤蟆骨朵兒"。北方民間有吞活蝌蚪治病的偏方。
② 螞螂:蜻蜓。
③ 老米樹:比喻收入有保障的生意、職業。清代旗人當兵領餉銀、餉米,收入非常穩定可靠,故有旗人吃的是"鐵桿莊稼老米樹"的説法。京師旗人領的禄米多爲南方進貢,漕米入京後収倉貯藏,不發新米,先發陳米。這些米因年期較久,顏色發黄,故稱"老米"。(參見劉小萌著,《清代八旗子弟》,遼寧民族出版社,2008年,35—39頁)
④ 趑:轟。
⑤ 觔斗蟲:筋斗蟲。即孑孓,蚊子的幼蟲。

22. 舩¹斗¹蟲³兒²是⁴水³中¹長³的¹，來²囘來²去⁴的¹折²舩¹斗¹，很³有³趣⁴兒²。

23. 白²蛉²極²小³，咬³上⁴人²可³是⁴片⁴張²兒¹更⁴大⁴。

24. 虱¹子²是⁴人²身¹上⁴長³的¹，常²換⁴衣¹裳²就⁴沒³有³那⁴個¹東¹西¹。

25. 虼⁴蚤³①一²迸⁴十²萬⁴八¹千¹里³，不²容²易⁴得²。

26. 想³除²臭⁴蟲²，頂³好³是⁴送⁴給³他³點³兒²煤²油²吃¹。

27. 狗³豆⁴子¹②就⁴是⁴狗³身¹上⁴生¹長¹的¹。

28. 八¹脚³兒²③是⁴就⁴在⁴那⁴個¹地⁴方¹兒²生¹長³的¹，別²的¹地⁴方¹兒¹他¹難²藏²的¹。

29. 髻²了³兒²④翅⁴髒²兒²一⁴動⁴，鈴²鐺²就⁴喏⁴喏兒²響³。

30. 伏²天¹兒²⑤一²叫⁴唤⁴就⁴知¹道⁴到⁴了¹三¹伏²天¹了¹。

31. 金¹鐘¹兒²⑥是⁴秋¹天¹出¹的¹，叫⁴唤⁴的¹聲²兒²跟¹鈴²鐺²似⁴的¹。

32. 食⁴物⁴朽³壞⁴了¹的¹時²候⁴兒⁴就⁴要⁴生¹蛆¹。

33. 火³蟲²兒²⑦的¹屁⁴股⁴帶¹燈¹兒²，可³以³借²光¹看⁴書¹。

34. 蜘¹蛛¹出¹來²得³害⁴他¹，不⁴然²他¹就⁴盤²絲¹搭¹網²的¹，實²在⁴是⁴討³厭⁴。

35. 書¹裡²頭²長³出¹來²的¹蟲²兒²叫⁴蠹⁴魚²子¹。

---

① 虼蚤：跳蚤。

② 狗豆子：狗虱，一種寄生蟲，狀如豌豆，多呈黑褐色，吸血爲生。

③ 八脚兒：一種狗虱。

④ 髻了兒：蟬。又稱"知了兒""季鳥兒"。

⑤ 伏天兒：蚱蟬。

⑥ 金鐘兒：一種秋蟲，狀如蟋蟀但稍小，頭部有棱角，鳴叫似連續的鐘聲，又叫"馬鈴子"。徐珂《清稗類鈔·動物類》云："金鐘兒似促織，身黑而長，前銳後豐，尾歧爲二，以翼鳴作磴稜之聲，如小鐘然。俗稱爲'馬鈴子'。"（中華書局，1986年，5666頁）

⑦ 火蟲兒：螢火蟲。

草木（單句、散語）類

1. 牡³丹¹
2. 芍²藥⁴
3. 百³合²
4. 蘭²花¹
5. 菊²花¹
6. 玫²瑰⁴
7. 水³仙¹
8. 紫³薇²
9. 茉⁴莉⁴花¹
10. 夜來²香¹
11. 珠¹蘭²花¹
12. 荷²花¹
13. 雞¹冠¹花¹
14. 指¹甲¹草³
15. 勤²娘²子¹
16. 萬⁴年²青¹
17. 南²天¹竺²
18. 紅²竹²
19. 芭¹蕉¹
20. 菖¹蒲²花¹
21. 藤²蘿²花¹
22. 木⁴蓮²
23. 木⁴犀¹
24. 繡⁴毬²
25. 杜⁴鵑¹花¹
26. 海³棠²花¹
27. 茶²花¹
28. 山¹茶²花¹
29. 松¹樹⁴
30. 杉¹樹⁴
31. 羅²漢⁴松¹
32. 柏³樹⁴
33. 梅²樹⁴
34. 桃²樹⁴
35. 梨²樹⁴
36. 李³子¹樹⁴
37. 柿⁴子¹樹⁴
38. 栗⁴子¹樹⁴
39. 白²果³①兒²樹⁴
40. 杏⁴樹⁴

---

① 果：底本作"杲"。

41. 蘋²果³樹⁴
42. 楓¹樹⁴
43. 櫻¹樹⁴
44. 槐²樹⁴
45. 桑¹樹⁴

46. 柳³樹⁴
47. 桐²樹⁴
48. 棕¹樹⁴
49. 鐵³樹⁴
50. 竹²子¹

1. 牡³丹¹花¹又⁴叫⁴富⁴貴⁴花⁴，算⁴是⁴花¹中¹的¹王²了¹。
2. 花¹瓶²裡³挿³芍²藥⁴花¹，得³把³梗³子¹先¹燒¹一⁴燒¹，爲⁴的¹是⁴耐⁴久³，那是⁴楊²貴⁴妃¹興¹出¹來²的¹法²子¹。
3. 百³合²是⁴河²南²出¹的¹頂³有³名²，吃⁴着²可³以³攏³肺⁴，又⁴是⁴清¹補³滋¹陰²的¹。
4. 蘭²花¹又⁴叫⁴芝¹蘭²，香¹遠³益⁴清¹甚⁴可³愛⁴，又⁴説¹蘭²爲²王³者³香¹。
5. 菊²花¹俗²名²九³花¹兒²，又⁴叫⁴秋¹菊²，有³五³百³八¹十²種³的¹譜³，世⁴界⁴上⁴惟²東¹洋²的¹花¹朵³兒²最⁴大⁴。
6. 玫²瑰⁴是⁴作⁴點³心¹用⁴的¹上⁴品³，味⁴甜²香¹純²。
7. 水²仙¹還²有³龍²爪³水³仙¹，那⁴是⁴這⁴幾³年²新¹出¹來²的¹秧¹子¹。
8. 紫²薇²是⁴木⁴本³的¹，可³是⁴碎⁴花¹兒²，紫³的¹、紅²的¹、白²的¹都¹有³。

9. 茉⁴莉⁴花¹兒²是⁴薰⁴茶²葉⁴、薰⁴鼻²煙¹兒²的¹正⁴莊¹①，香¹味⁴兒²極²長²。
10. 夜⁴來²香¹是⁴白²日⁴不²放⁴香¹，到⁴了¹夜²深¹的¹時²候²兒²另⁴有³一²派⁴的¹香¹氣⁴。
11. 珠¹蘭²花¹是⁴朵³兒²極¹小³，清¹香¹清香的¹，婦⁴人²用⁴的¹頭²髮³油²差⁴不⁴多¹都¹用⁴這⁴個⁴花¹炮¹製⁴的¹。
12. 荷²花¹又⁴叫⁴蓮²花¹，有³紅²白²之¹分¹，又⁴有³陰¹陽²瓣⁴兒²之¹別²。
13. 鷄¹冠¹子¹花¹兒²是⁴中¹秋¹節²配⁴青¹豆⁴供¹月⁴兒²必¹須¹用⁴的¹。
14. 呦¹，誰²給³大⁴姑¹娘²染³了¹日⁴月⁴星¹的¹指³甲³草²兒²②了¹。
15. 勤²娘²子¹③是⁴朝¹開¹暮⁴收¹，什²麼⁴顏²色⁴的¹都¹有³，正⁴像⁴小³喇¹叭¹兒²似⁴的¹。
16. 萬⁴年²青¹是⁴結⁴紅²果³子¹，取³

---

① 正莊：正宗的，真正的。
② 指甲草兒：鳳仙花，一種草本花卉，花呈紅色或白色，將其花瓣加入明礬搗爛，可用於染指甲，故名。
③ 勤娘子：牽牛花。

其[2]長[2]久[3]吉[2]祥[2],看[4]葉[4]子[1]就[4]是[4]了[1]①。

17. 南[2]天[1]竺[2]跟[1]水[3]仙、石[2]頭[1]三[1]樣[4]兒[2]就[4]叫[4]"群[2]仙[1]祝[4]壽[4]"。

18. 紅[2]竹[2]是[4]紅[2]葉[4]紅[2]竿[1]子[1],臺[2]灣[1]出[1]的[很[3]多[1]。

19. 芭[1]蕉[1]又[4]名[2]甘[1]露[4],結[1]的[1]果[3]子[1]就[4]是[4]香[1]蕉[1]。

20. 日[4]本[3]的[菖[1]蒲[2]花[1]兒[2]什[广][1]顏[2]色[4]都[有[3],花[1]朵[3]兒[2]又[4]大[4]又[4]好[3]看[4],比[3]中[1]國[2]說[1]的[1]菖[1]蒲[2]差[4]多[1]了[1]。

21. 藤[2]蘿[2]花[1]兒[2]②蒸[1]糕[1]吃[1],另[有[3]一[2]派[4]美[3]中[1]不[4]足[2]的[1]味[4]兒[2]。日[4]本[3]國[2]雖[1]多[1],可[3]是[4]竟[4]看[4]不[4]吃[1]。

22. 木[4]蓮[2]花[1]是[4]有[3]白[2]的[1],有[3]紫[的[1],四[4]個[2]瓣[4]兒[2],花[1]本[3]跟[1]小[3]樹[4]兒[2]似[4]的[1]。

23. 木[4]犀[1]又[4]叫[4]桂[4]花[1],那[4]味[4]兒[2]是[4]聒[2]香[1]的[1],做[4]點[3]心[1]離[2]不[4]開[1]他[1]。

24. 繡[4]球[2]花[1]兒[2]的[1]那[4]個[4]樣[4]式[4]是[4]透[4]仙[1]的[1],又[4]圓[2]又[4]白[2]。

25. 杜[4]鵑[1]花[1]兒[2]揭[1]折[2]了[1]可[3]以[3]不[4]死[3],要[4]是[4]種[4]在[4]別[2]處[4]也[3]容[2]易[4]生[1]長[3]。

26. 海[3]棠[2]花[1]是[4]比[3]美[3]人[2],那[4]是[4]說[4]他[1]有[3]女[3]人[2]的[1]性[4]質[4]。

27. 茶[2]花[1]本[3]來[2]是[4]清[1]涼[2]性[4],在[4]裡[3]門[2]兒[2]的[1]人[2]專[1]愛[4]拿[2]他[1]當[4]茶[2]喝[1],那[4]是[4]他[1]們[1]應[1]盡[4]的[1]責[2]任[4]。

28. 山[1]茶[2]花[1]是[4]跟[1]茶[2]花[1]相[1]仿[3],日[4]本[3]很[3]多[1]。

29. 中[1]國[2]是[4]把[3]松[1]樹[4]種[在[4]墳[2]地[4]的[1]時[2]候[3]兒[2]多[1],取[3]其[2]長[2]久[3]不[2]變[4]的[1]意[4]思[1]。

30. 杉[4]樹[4]的[1]木[4]料[4]大[4]概[4]都[1]是[4]搭[1]棚[2]架[4]子[1]用[4],也[3]可[3]以[3]做[4]板[3]。

31. 羅[2]漢[4]松[1]大[4]的[少[3],做[4]盆[2]景[3]兒[2]最[4]好[3]看[4]。

32. 柏[3]樹[4]也[3]是[4]吉[2]祥[2]的[1]樹[4],樣[4]兒[2]跟[1]松[1]樹[4]差[4]不[4]多[1],葉[4]子[很[3]細[4]。日[4]本[3]說[1]的[1]柏[3]樹[4]可[3]反[3]對[4]③了[1],葉[4]子[1]大[4]。

33. 梅[2]樹[4]上[4]結[1]的[1]梅[2]子[1]可以[3]做[4]蜜[4]餞[4]果[3]脯[3]用[4],味[4]道[4]極[2]酸[1],夏[4]天[1]沏[4]水[3]喝[1]是[4]去[4]暑[3]的[1]。

34. 桃[2]樹[4]上[4]結[1]的[1]桃[2]有[3]能[2]吃[4]的[1],有[3]不[4]能[2]吃[4]的[1],還[2]有[3]大[4]

---

① 底本"取其長久看吉祥葉子就是了",文義不通,今酌改。
② 藤蘿花兒:"藤蘿"是"紫藤"的俗稱,為木質藤本植物,花紫色。花瓣用糖漬後可作糕點的餡。
③ 反對:相反。

葉⁴兒²白²、五⁴月⁴鮮¹兒²①、青¹桃²、蜜⁴桃²的¹分¹別²。

35. 梨²樹⁴最⁴茂⁴盛⁴的¹地¹方¹兒²是⁴京¹北³牛²瀾⁴山¹②，出¹的¹梨²水³頭¹兒²③大⁴，又⁴是⁴上¹用⁴的¹。

36. 李³子¹樹⁴是⁴屬³陰¹的¹，太⁴陽²越⁴晒⁴越⁴不⁴相¹宜²，不²算⁴好⁴果³子¹，要⁴是⁴吃¹多¹了¹就⁴要⁴拉¹痢⁴疾²。

37. 柿⁴子¹樹⁴惟²獨²京¹西¹的¹妙⁴峰¹山¹左³右⁴出¹的¹最⁴有³名²，而²且³還³有³高¹莊¹兒²、大⁴蓋⁴④的¹分¹別²。

38. 栗⁴子¹樹⁴是⁴良²鄉¹第⁴一¹的¹產⁴了¹，又⁴小³又⁴麵⁴，所³以³各⁴處⁴無²所³不⁴有³的¹。

39. 白²果³兒²⑤樹⁴結¹下⁴來²的¹果³子¹比³別²的¹果³子¹不⁴同²，竟⁴吃¹仁²兒²不⁴吃¹肉⁴，做⁴素⁴菜⁴總³得³用⁴的¹。

40. 杏⁴樹⁴的¹果³子¹算⁴是⁴尊¹貴⁴，不⁴但⁴肉⁴的¹味⁴兒²吃¹着²透⁴鮮¹，而²且³仁²兒²還³可³以³磨²粉³，很³是³補⁴養³滋¹陰¹的¹，頗³

可³以³頂³着²牛²奶³的¹力⁴量⁴。

41. 蘋²果³樹⁴是⁴果⁴木⁴之¹中¹算⁴是⁴第⁴一¹了¹，最⁴講³究¹是⁴硬⁴青¹硬⁴紅²，京¹西¹出¹的¹可³以³進⁴貢⁴。

42. 楓¹樹⁴又⁴叫⁴紅²葉⁴，日⁴本³的¹頂³有³名²，一²到⁴了¹秋¹天¹變⁴色⁴的¹時²候⁴兒²，要⁴叫⁴人²看⁴見⁴真¹能²捨³不⁴得²走³。

43. 櫻¹樹⁴天¹下⁴第⁴一¹的¹是⁴日⁴本³國²了¹，竟⁴看⁴花¹不⁴吃¹果³，比³中¹國²的¹差⁴多¹了¹。

44. 槐²樹⁴的¹用⁴處⁴很³廣³，花¹兒²、葉⁴兒²當⁴藥⁴材²，槐²豆²兒²當⁴染³料⁴，而²且³在⁴人²家¹門²口³兒²可³以³替⁴主³人²迎²賓¹。

45. 桑¹樹⁴的¹葉⁴子¹餵⁴蠶²，果³子¹叫⁴桑¹椹⁴⑥兒²，一²到⁴了¹端¹陽²節²，拿²他¹供¹屈¹原²。

46. 柳³樹⁴發¹芽²兒²的¹時²候⁴兒²就⁴是⁴清¹明²節²，男²男²女³女³的¹都¹帶⁴柳³枝¹子¹，常²言"活着不帶柳，死了變個狗"，究¹竟⁴不⁴知¹道⁴什²广¹意⁴思¹。

---

① 五月鮮兒:農曆五月上市的一種桃子。
② 瀾:瀾。牛瀾山:牛欄山，相傳山洞內有金牛而得名。
③ 水頭兒:汁水的量。
④ 高莊兒、大蓋:北京柿子的兩大品種。高莊兒柿子呈短圓柱形;高莊兒，形狀高的，與"扁"相對。大蓋柿子呈扁圓形，狀如磨盤，又叫"磨盤柿"。
⑤ 白果兒:銀杏。
⑥ 桑椹:桑葚。

47. 桐²樹⁴的¹木⁴料⁴，做⁴各⁴樣⁴兒²的¹琴²總³得³用⁴他¹，而²且³是⁴很³吉²祥²的¹，要⁴是⁴種⁴桐²樹⁴可³以³引¹鳳⁴凰²來²。

48. 棕¹樹⁴①的¹皮²子¹用⁴處⁴很³寬¹，做⁴刷¹子¹、擰²繩²子¹、編¹蓆²子¹什²广¹的¹，又⁴結¹實²又⁴不²怕⁴水³。

49. 鐵³樹⁴是⁴常²青¹的¹，他¹最⁴喜³歡¹鐵³，附⁴和²枝¹葉⁴就⁴茂⁴盛⁴，也³不²用⁴澆¹什²广¹別²的¹了¹。

50. 竹²子¹的¹樣⁴數⁴本³來²很³多¹，都¹是⁴南²邊¹出¹的¹，北³邊¹簡³直²的¹没²有³，一²切⁴的¹用⁴處⁴可³說¹不⁴完²了¹。

---

① 棕樹：棕櫚。

禽獸(單句、散語)類

1. 鳳⁴凰²
2. 仙¹鶴²
3. 孔²雀³
4. 錦³雞¹
5. 鷺⁴鷥¹
6. 老³鵰¹
7. 鷹¹
8. 雁⁴
9. 駝²鳥³
10. 老³鴰¹
11. 鳶¹
12. 鷲²
13. 夜⁴貓¹子¹
14. 家¹雀³兒²
15. 鸚¹哥¹
16. 黃²鶯¹
17. 杜⁴鵑¹
18. 鵪¹鶉¹
19. 燕⁴子¹
20. 雞¹
21. 野³雞¹
22. 火³雞¹
23. 鴨¹子¹
24. 野³鴨¹子¹
25. 鴿¹子¹
26. 野³鴿¹子¹
27. 象⁴
28. 駱⁴駝²
29. 獅¹子¹
30. 老²虎³
31. 豹⁴子¹
32. 狼²
33. 狗³熊²
34. 鹿⁴
35. 牛²
36. 小³牛²兒²(牛²犢²子¹)
37. 水³牛²
38. 馬³
39. 駒¹
40. 驢²
41. 騾²子¹
42. 猪¹
43. 野³猪¹
44. 山¹羊²

45. 綿²羊²
46. 羊²羔¹兒²（羊²崽³子¹）
47. 家¹兔¹兒²
48. 野³猫¹
49. 猫¹
50. 狗³

51. 耗⁴子¹
52. 松¹鼠³兒²
53. 猴²兒²
54. 狸²子¹
55. 狐²狸²
56. 燕⁴盤²虎³兒²

1. 鳳⁴凰²是⁴鳥³中¹王²，其²實²誰²也³没²看⁴見⁴過⁴。
2. 仙¹鶴²在⁴中¹國²主³於²長²壽⁴，所³以³給³人²祝⁴壽⁴送⁴一⁴張¹仙¹鶴²的¹畫⁴兒²。
3. 孔²雀³的¹翎²兒²做⁴品³級²翎²①，都¹是⁴在⁴他¹的¹眼³兒²上⁴分¹高¹低¹。
4. 二⁴品³官¹帶⁴的¹補³子¹②是⁴錦³鷄¹的¹花¹樣²兒²。
5. "鷥¹鷥¹卧⁴蓮²"說¹的¹是⁴在⁴蓮²花¹上⁴睡⁴覺⁴的¹意⁴思¹。
6. 老³鵰¹的¹翎²毛²兒²專¹能²做⁴扇⁴子¹用⁴，搧⁴出¹風¹來²很³清¹凉²。
7. 鷹¹是⁴打³獵⁴用⁴的¹，會⁴抓¹雀³鳥³兒²是⁴他¹的¹本³分⁴。
8. 雁⁴行²空¹中¹都¹是⁴有³規¹矩³的¹，而²且³雌²雄²真¹有³點³兒²節²烈⁴③。
9. 駝²鳥³是⁴亞³非¹利⁴加¹地⁴方¹出¹的¹，可³以³駝²人²。
10. 老³鴰¹又⁴叫⁴烏¹鴉¹，是⁴個⁴神²鳥³兒²，不²但⁴每³天¹早³起³報⁴辰²，而²且³主³於²吉²凶¹。
11. 鳶¹像⁴鷹⁴似⁴的¹，没²有³能²耐⁴，鷹¹嘴³鴨¹爪³兒²，會⁴吃¹不²會⁴拏²。
12. 鵝²毛²可³以³做⁴筆³，晉⁴朝²王²羲¹之¹很³愛⁴他¹。
13. 夜⁴猫¹子¹這⁴個⁴東¹西¹，不²論⁴什²広²人²都¹很³嫌²吝³④他¹。
14. 家¹雀³兒²又⁴叫⁴老³家¹賊²，可³是⁴個⁴吉²利⁴鳥³兒²，人²人²都¹喜³歡¹。
15. 鸚¹哥¹兒²是⁴會⁴學²人²說²話⁴。
16. 黄²鶯¹叫⁴唤⁴很³好³聽¹。
17. 杜⁴鵑¹鳥³是⁴晝⁴夜⁴不⁴眠²，怎³広¹不⁴覺²得²乏²困⁴呢¹？

---

① 品級翎：清代官帽上的孔雀羽毛。翎毛末端上的圓斑俗稱"眼"，分單眼、雙眼、三眼，眼多者品級爲高。

② 補子：舊時官服前後各綴有一塊方型圖案，以別品級高低。

③ 節烈：雁終身只有一個伴侶，若其中一方死去，另一方將成孤雁。古人認爲這是夫妻忠貞的象徵。

④ 嫌吝：嫌弃，厭惡。也說"嫌連"。

18. 鵪[2]鶉[3]講[1]究[4]鬥[3]賭，贏①房[2]子[1]贏[2]地[4]全[2]在[4]他[1]。
19. 燕[4]子[1]說[1]的[1]是[4]小[3]燕[4]兒[2]，北[3]邊[1]拿[2]他[4]當[4]做[4]喜[3]鳥[3]兒[2]，所[3]以[3]在[4]住[4]房[2]累[3]窩[1]②也[3]不[4]嫌[2]他[1]。
20. 雞[1]又[4]叫[4]牲[1]口[3]，又[4]說[1]小[3]雞[1]子[4]，公[1]的[1]打[3]鳴[2]兒[2]，母[3]的[1]下[4]蛋[4]兒[2]。
21. 野[3]雞[1]的[1]肉[4]很[3]嫩[4]，有[3]五[3]彩[3]的[1]翎[2]毛[2]兒[2]。
22. 火[3]雞[1]又[4]叫[4]外[4]國[2]雞[1]，本[3]來[2]中[1]國[2]沒[2]有[3]的[1]。
23. 吃[1]鴨[1]子[1]的[1]味[4]兒[2]，北[3]京[1]甲[3]於[2]天[1]下[4]。
24. 野[3]鴨[1]子[1]一[4]出[1]來[2]，打[3]圍[2]的[1]就[4]喜[3]歡[1]了[1]。
25. 鴿[1]子[1]又[4]叫[4]家[1]鴿[1]，能[2]去[4]能[2]歸[1]，還[2]能[2]捎[1]信[4]。
26. 野[3]鴿[1]子[1]的[1]蛋[4]平[2]常[2]得[2]不[4]着[2]，肉[4]還[2]容[2]易[4]打[3]。
27. 象[4]是[4]很[3]長[2]壽[4]的[1]，北[3]京[1]有[3]過[4]四[4]百[3]多[1]歲[4]的[1]象[4]，可[3]惜[1]在[4]甲[4]午[3]年[2]去[4]世[4]了[1]。
28. 過[4]沙[1]漠[1]非[1]使[3]駱[4]駝[2]不[4]可[3]。
29. 宮[1]、府[3]、廟[4]的[1]門[2]前[2]擺[3]着[2]有[3]一[2]對[4]石[2]頭[2]獅[1]子[1]。
30. 老[3]虎[3]雖[1]毒[2]，可[3]是[4]不[4]吃[1]子[3]。
31. 豹[4]有[3]金[1]錢[2]豹[4]、山[1]字[4]兒[2]豹[4]，比[3]老[2]虎[3]的[1]利[4]害[4]不[2]在[4]以[3]下[4]。
32. 你[3]別[2]惹[3]他[1]，他[1]簡[3]直[2]的[1]是[4]個[4]狼[1]心[1]狗[3]肺[4]的[1]人[2]。
33. 狗[3]熊[2]站[4]起[3]來[2]跟[1]人[2]似[4]的[1]，而[2]且[3]會[4]喝[1]酒[3]。
34. 那[4]個[4]地[4]方[1]各[4]國[2]都[1]要[4]把[3]過[4]來[2]③，不[4]知[1]鹿[4]死[2]誰[2]手[3]。
35. 牛[2]不[4]說[1]公[1]母[3]，得[3]說[1]牤[1]④牛[2]、乳[3]牛[2]。
36. 小[3]牛[2]兒[1]又[4]叫[4]牛[2]犢[2]子[1]，還[2]沒[2]長[3]出[1]犄[1]角[3]兒[2]⑤來[2]哪[1]。
37. 水[3]牛[2]力[4]大[4]，肉[4]不[4]好[3]吃[1]。
38. 馬[3]也[3]不[4]說[1]公[1]母[3]，該[1]當[1]說[1]騗[2]馬[3]、騍[4]馬[3]⑥，是[4]口[3]外[4]的[1]大[4]富[4]⑦產[3]。
39. 小[3]馬[3]叫[4]駒[1]兒[2]，小[3]驢[2]兒[2]跟[1]小[3]騾[2]子[1]也[3]可[3]以[3]說[1]駒[1]子[1]。

---

① 贏:底本作"羸"。
② 累窩:壘窩。
③ 把過來:(以強硬手段)據爲己有。
④ 牤:底本作"忙"。
⑤ 犄角兒:犄角兒。
⑥ 騗馬、騍馬:分別指公馬、母馬。清顧炎武《日知錄》卷三十二《草馬》:"今人則以牡爲兒馬,牝爲騍馬。"(黃汝成集釋,欒保群、呂宗力校點,《日知錄集釋(全校本)》,上海古籍出版社,2006年,1848頁)
⑦ 冨:富。

40. 公¹驢²叫⁴叫⁴驢²，母³驢²叫⁴騲³①驢²。
41. 公¹驢²配⁴母³馬³就⁴下⁴騾²子¹。
42. 在⁴教⁴的¹人²不⁴吃¹猪¹肉⁴，人²家¹要⁴説¹出¹"猪¹"字⁴兒²來⁴，他¹也³是⁴不²愛⁴聽¹。
43. 野³猪¹是⁴在⁴山¹上⁴出¹來⁴的¹，不²是⁴養³的¹，比³家¹猪¹又⁴肥²又⁴大⁴。
44. 山¹羊²的¹肉⁴羶¹得²很³，皮²子¹只²能²做⁴褥⁴子¹，不⁴能²做⁴衣¹裳¹。
45. 綿²羊²的¹皮²子¹做⁴皮²襖³，那⁴叫⁴皮²統³子¹。
46. 羊²羔¹兒²又⁴叫⁴羊¹崽³子¹，更⁴值²錢²，又⁴輕¹又⁴薄²又⁴暖³和²。
47. 家¹兔⁴兒²可³以³當⁴個⁴頑²意⁴兒²養³他¹，並⁴没²有³什²广¹益²處⁴。
48. 野³猫¹的¹肉⁴很³好³吃¹，彷³彿²鷄¹肉⁴似⁴的¹。
49. 猫¹的¹本³分⁴不²過⁴是⁴拿²耗⁴子¹，另⁴外⁴不²會⁴别²的¹。
50. 狗³是⁴不⁴嫌²主³人²貧²，什²广¹人²養³他¹也³是⁴一¹個⁴樣⁴。
51. 耗⁴子¹的¹牙²很³利⁴害²，什²广¹東¹西¹都¹能²咬³。
52. 松¹鼠³兒²是⁴通¹人²心¹，很³可³愛⁴，反³正⁴是⁴離²不⁴開¹葡²萄²。
53. 猴²兒²是⁴簡³直²的¹跟¹人²一²樣⁴，就⁴是⁴不⁴能²説¹話⁴。
54. 狸²子¹的¹皮²做⁴帽⁴子¹，是⁴黑¹亮⁴黑亮的¹，很³好³看⁴。
55. 狐²狸²的¹心¹雖¹狡³猾²，可³是⁴他¹的¹皮²毛²兒²很³尊¹貴⁴。
56. 燕⁴盤²虎³兒²的¹文²話⁴叫⁴"蝙³蝠²"，也³不²算⁴禽²也³不²算⁴獸⁴，可³是⁴很³吉²祥²。

---

① 騲：雌馬，也泛指母畜。《正字通·馬部》："騲，倉老切，音草，牝畜之通稱。"（《續修四庫全書·二三五》，上海古籍出版社，2002年，746頁）

身體（單句、散語）類

1. 腦³袋⁴
2. 頭²髮³
3. 辮⁴子¹
4. 嘴³
5. 臉³
6. 鼻²子¹
7. 眉²毛²
8. 耳³朵¹
9. 眼³睛¹
10. 舌²頭²
11. 小³舌²兒²
12. 太⁴陽
13. 天¹庭²
14. 印⁴堂²
15. 顖⁴①門²兒²（頂³門²心¹）
16. 笑⁴窩
17. 腮¹頰¹（腮¹幫¹子¹）
18. 眼³胞¹兒¹
19. 眼³犄¹角³兒²
20. 眼³睫²毛²
21. 鬍²子¹
22. 八¹字⁴鬍²
23. 連²鬢⁴鬍²子¹（羅²腮¹鬍²②）
24. 脖²子¹
25. 嗓³子¹
26. 胸¹脯²子¹③
27. 肚⁴子¹
28. 嗓³子¹眼³兒²
29. 嘴³唇²兒²
30. 下⁴巴¹頦¹兒²
31. 肩¹髈³兒²
32. 胳¹臂⁴
33. 胳¹膊⁴④肘³子¹
34. 脊²梁²
35. 波²稜²蓋⁴兒²
36. 踝²子¹骨³
37. 骨²節²兒²

---

① 顖：囟。
② 羅腮鬍：絡腮鬍。
③ 胸脯子：胸脯。
④ 膊：臂。

38. 手³
39. 腳³
40. 手³背⁴
41. 手³心¹
42. 手³縫⁴兒²
43. 腳³丫³巴¹兒²
44. 指²頭²
45. 指¹甲³
46. 大⁴拇³指²頭²
47. 二⁴拇³指²頭²
48. 中¹指³
49. 四⁴指³
50. 小³拇³指²頭²
51. 腿³
52. 腿³肚⁴子¹（連²脖²肚⁴）
53. 迎²面⁴骨³
54. 腳³掌³兒²（腳³板³）
55. 牙²
56. 牙²床²子¹
57. 牙²縫⁴兒²
58. 牙²花¹兒²
59. 板³牙²
60. 門²牙²
61. 啞¹啞¹兒²
62. 胳¹肢²窩¹
63. 肩¹窩¹子¹
64. 嗓³窩¹子¹
65. 心¹窩¹子¹（胸¹坎³子¹）
66. 脊²梁²骨³

67. 肋⁴巴¹骨³
68. 腿³䯓²骨³
69. 琵²琶¹骨³
70. 肚⁴臍²眼³兒²
71. 屁⁴股⁴溝¹兒²
72. 屁⁴股⁴
73. 卵³子³兒²
74. 穀³道⁴①
75. 陽¹物⁴
76. 陰⁴户⁴
77. 卵³胞¹兒²
78. 腦³梢¹子¹（枕³骨³）
79. 眨³巴¹眼³
80. 窟¹孔³眼³
81. 暴⁴子¹眼³兒²
82. 青¹睁¹眼³
83. 雀³矇²眼³（雞¹矇²眼³）
84. 近⁴視⁴眼³
85. 膚¹皮²
86. 毛²孔³（毛²眼³）
87. 鼻²鬚¹
88. 鼻²涕⁴
89. 鼻²準³頭²
90. 山¹根¹
91. 人²中³
92. 糟¹鼻²子¹
93. 塌¹鼻²子¹
94. 齈⁴鼻²子¹
95. 耳³塞¹

---

① 穀：穀。穀道：肛門。

96. 耳³垂²兒²
97. 耳³根¹
98. 細⁴高¹䠂³兒²①
99. 胖⁴子¹
100. 矬²胖⁴子¹
101. 矬²子¹
102. 白²胖⁴子¹
103. 禿¹子¹
104. 瞎¹子¹
105. 聾²子¹
106. 麻²子¹
107. 瘋¹子¹
108. 癱¹子¹
109. 瘸²子¹
110. 嗑¹吧¹②
111. 啞³吧¹③
112. 咬³舌²兒²
113. 豁¹牙²子¹
114. 傻³④子¹（獃¹子¹）
115. 駝²背⁴（螺²蝸¹兒²）
116. 雞¹胸¹
117. 疤¹痢¹臉³
118. 老³公¹嘴³兒²
119. 黑¹污¹子¹
120. 紅²污¹子¹
121. 痲²子¹
122. 瘤²子¹
123. 汗⁴瘢¹
124. 膃³子¹
125. 光¹着²身¹子¹
126. 光¹着²腦³袋⁴
127. 打³辮⁴子¹
128. 睞¹⑤一⁴眼³
129. 甩⁴眼³角³兒²
130. 瞇¹⑥着²眼³
131. 瞪⁴着²眼³
132. 閉⁴着²眼³
133. 抽¹鼻²子¹
134. 擤³鼻²子¹
135. 張¹開¹嘴³
136. 噘¹着²嘴³
137. 大⁴便⁴
138. 小³便⁴
139. 拉¹屎³
140. 撒¹溺⁴
141. 出¹恭¹（走³動⁴）（解³手³）

---

① 䠂：挑。䠂，《廣韵》："土了切。身長貌。"
② 嗑吧：結巴。
③ 啞吧：啞巴。
④ 傻：傻。
⑤ 睞：《字彙》："必昭切，音標。著眼視也。"
⑥ 瞇：底本作"眯"。

身體（單句、散語）類

1. 那⁴人²不⁴聰¹明²，是⁴腦¹袋⁴有³病⁴。
2. 頭²髮³太⁴長²了¹招¹穢⁴污¹，得³鉸³短³了¹。
3. 中¹國²爺²們¹都¹打³辮⁴子¹，本¹來²是⁴滿³洲¹的¹樣⁴兒²。
4. 嘴³裡¹吃¹東¹西¹，嘴³裡¹說¹話⁴，都¹要⁴小³心¹。
5. 臉³上⁴的¹氣⁴色⁴好³，就⁴沒²有³毛²病⁴。
6. 鼻²子¹流²鼻²涕⁴，那⁴是⁴傷¹了¹風¹了¹。
7. 眉²毛²骨³上⁴生¹了¹個⁴眉²疔¹①。
8. 耳³朵¹聾²了¹治⁴不⁴了³。
9. 倆³眼³睛¹不⁴能²同¹光¹，眼³鏡⁴的¹玻¹璃²也³得³分¹兩³樣⁴。
10. 舌²頭²上⁴的¹苔¹很³厚⁴，吃¹東¹西¹沒²味⁴兒²。
11. 小³舌²兒²②下⁴來²了¹，很³紅²。
12. 娘²兒²們¹頭²疼²得³貼¹上⁴兩³貼³太⁴陽²膏¹③。
13. "天¹庭²飽³滿³"那⁴是⁴看⁴相¹的¹話⁴，不⁴是⁴大⁴夫¹的¹話⁴。
14. 印⁴堂²也³是⁴致⁴命⁴處⁴。
15. 顖⁴門²兒²不⁴能²受⁴傷¹。（中¹國²南²邊¹孩²子¹的¹頂³門²心¹有³用⁴艾⁴火³灸³的¹。）
16. 俗²說¹有³笑⁴窩¹兒²④的¹愛⁴喝¹酒³。
17. 顋¹頰¹上⁴長³了¹一⁴個⁴瘤²子¹。（牙²疼²的¹連²腮¹幫¹子¹都¹腫³了¹。）
18. 迎²風¹流²淚⁴是⁴眼³胞¹兒²⑤裡³的¹病⁴。
19. 眼³睛¹有³病⁴，在⁴眼³倚¹角⁴兒²⑥上⁴扎¹一⁴針¹就⁴好³了¹。
20. 人²沒²有³眼³睫²毛²，眼³睛¹容²易⁴著²風¹。
21. 鬍²子¹白²了¹，那⁴是⁴氣⁴血³衰¹的¹緣²故⁴。
22. 南²邊¹地⁴熱⁴，生¹人²⑦八⁴字⁴鬍²兒²多¹。
23. 北³邊¹地⁴寒²，生¹人²連²鬢⁴鬍²子¹多¹。
24. 脖²子¹上⁴長³瘡¹，俗²名²"栗⁴子³頸¹"，又⁴叫⁴鼠³瘡¹。
25. 害⁴了¹嗓³子¹的¹時²候⁴兒²得³用⁴藥⁴水³漱⁴口³。

---

① 疔:一種惡性小瘡。
② 小舌兒:懸雍垂的俗稱，人體口腔中軟腭後緣正中懸垂的小圓錐體。
③ 太陽膏:一種治頭痛的膏藥，多爲黑色小方塊，貼于太陽穴。
④ 笑窩兒:酒窩。
⑤ 眼胞兒:眼泡兒。上眼皮。
⑥ 眼倚角兒:眼角。
⑦ 生人:"某某生人"表示某時候或地方出生的人，如"南邊生人"即在南方出生的人。

26. 胸¹膛²子¹裡³都¹是⁴心¹肝¹五³臟⁴。
27. 肚⁴子¹底³下⁴就⁴是⁴丹¹田²。
28. 嗓³子¹眼³兒²堵⁴住¹了¹就⁴悶⁴死³了¹。
29. 嘴³唇²兒⁴上⁴生¹疔¹，名²字⁴叫⁴"猪¹嘴³疔¹"。
30. 人²的¹精¹神¹不⁴足²，下⁴巴¹頦²兒²就⁴容²易⁴墜⁴下¹來²。
31. 肩¹髈³兒² 後⁴頭²長³瘡¹，名²為²"搭¹手³"。
32. 胳¹臂⁴折²了¹得³找³接¹骨¹匠⁴治⁴。
33. 胳¹臂⁴肘³子¹上⁴長³了¹一²個⁴疙¹瘩¹，怕³是⁴肘³疔¹罷⁴。
34. 瘠²梁²背⁴①兒²屬³陰¹，各⁴人②不¹能²看⁴見⁴，有³病⁴的¹時²候²兒大⁴夫¹也³難¹治⁴。
35. 人²面⁴瘡¹就⁴是⁴波¹稜²蓋⁴兒²③上⁴長³瘡¹，無²藥⁴可³醫¹，不⁴知¹道⁴現⁴在⁴的¹大⁴夫¹有³治⁴法³沒²有³。
36. 拿²住⁴了¹江¹洋²大⁴盜⁴就⁴把⁴他¹的¹踝²子¹骨¹敲¹碎⁴了¹。
37. 骨¹節²兒²裡³酸¹疼²，那⁴是⁴風¹濕¹。
38. 他¹燙⁴了¹手³了¹。
39. 脚³上⁴長³了¹雞¹眼³了¹。
40. 手³背⁴腫³了¹，身¹子¹虛¹極²了¹。

41. 他¹的¹手³心¹很³熱⁴，內⁴火³重⁴。
42. 他¹手³縫⁴兒²裡³漏⁴出¹來²的¹錢²就⁴彀⁴花¹的¹了¹。
43. 爛⁴脚³丫³巴¹兒²了¹。
44. 十²個⁴指³頭²是⁴連²心¹的¹。
45. 指¹甲¹長³了¹觸⁴碰⁴得²慌¹，剪³去⁴了¹倒⁴好³。
46. 大⁴拇³指³頭²文²話⁴說¹"巨⁴擘⁴"。
47. 食²指³是⁴二⁴拇³指³頭²。
48. 第⁴三¹指³就⁴說¹的¹是⁴中¹指³。
49. 四⁴指³也³叫⁴無²名²指³。
50. 小³拇³指³頭²是⁴五³個⁴之¹中¹最⁴小³的¹。
51. 折²了¹腿³的¹他¹就⁴算⁴是⁴瘸²子¹了¹。
52. 腿³肚⁴子¹裡³酸¹疼²跑²不²動⁴。（南²邊¹人²發¹痧¹，用⁴針¹在⁴連²脖²肚⁴上⁴扎¹出¹血¹來²，病⁴就⁴好⁴了¹。）
53. 要⁴是⁴一²個⁴不⁴小³心¹碰⁴了¹迎²面⁴骨³，疼²的¹了³不⁴得²。
54. 脚³掌³兒²走³出¹胞⁴來²了¹。（脚³板³兒²上⁴的¹老³繭³④厚⁴了¹，得³修¹一²修¹。）
55. 他¹是⁴牙¹科¹大⁴夫¹。

---

① 瘠梁背：脊梁背。
② 各人：自己。
③ 波稜蓋兒：波棱蓋兒。膝蓋。
④ 老繭：老趼。

56. 竟⁴剩⁴了¹牙²床²子¹,什²広¹都¹不⁴能²嚼²了¹。
57. 牙²縫²兒²裡³有³蟲²子¹咬³,所³以³疼²的¹利⁴害⁴。
58. 長³了¹牙²花¹兒²①,漱⁴口³不⁴勤²的¹緣²故⁴。
59. 板³牙²活²動⁴了¹,是⁴胃⁴弱⁴的¹緣²故⁴。
60. 掉⁴了¹門²牙²,得³找³大⁴夫¹鑲¹一²個⁴。
61. 母³親¹害⁴奶³,孩²子¹没²有³啞¹啞¹兒²②,可³實²在⁴難²受⁴。
62. 人²發¹燒¹的¹時²候⁴兒²,或⁴是⁴身¹子¹軟³弱⁴,胳¹肢¹窩¹裡³就³起³筋¹疙¹瘩¹③了¹。
63. 夜⁴裡³蓋⁴被⁴窩¹得³把³肩¹窩¹兒²④蓋⁴緊³了¹。
64. 嗓³子¹窩¹²⑤也³別²着²風¹。
65. 心¹窩¹子¹疼²,那⁴是⁴凉²水³喝¹多¹了¹。(胸¹坎³子¹裡³彷³彿²停²住⁴食²了¹。)
66. 脊²梁²骨³大⁴概⁴有³二⁴十⁴四⁴節²。
67. 左³邊¹的¹肋⁴巴¹骨³上⁴頭²就⁴是⁴肺⁴。
68. 腿³䯊¹骨³折²了¹還²可³以³接¹。
69. 琵²琶¹骨³⑥裡³頭²長³了¹淤¹肉⁴就⁴伸¹不⁴直²腿²了¹。
70. 肚⁴臍²眼³兒²得³用⁴布⁴遮⁴上⁴,別²吹¹進⁴風¹去⁴。
71. 屁⁴股¹溝¹兒²騎²馬³頓⁴腫³了¹,恐³怕⁴生¹粘¹瘡¹⑦。
72. 娘²兒²們¹的¹屁⁴股¹大⁴就⁴容⁴易⁴坐⁴月⁴子¹。
73. 一²個⁴卵³子¹兒²大⁴一²個⁴卵³子¹兒²小³,那⁴個⁴病⁴名²兒²是⁴偏¹墜⁴。
74. 穀³道⁴下⁴血³,光³景³是⁴長³了¹内⁴痔⁴了¹。
75. 陽²物⁴不⁴舉³謂⁴之¹陽²痿³,也³是⁴身¹子¹弱⁴的¹緣²故⁴。
76. 陰²户⁴也³說²陰¹門²,常²用⁴點³兒²鹽²洗³一³洗³最⁴好³。
77. 卵³胞¹兒²就⁴是⁴腎²囊²,膨²脹⁴⑧的¹時²候⁴兒²很³苦³,名²爲²小³

---

① 牙花兒:牙垢。
② 啞啞兒:奶頭。
③ 瘩:瘩。筋疙瘩:皮肉上的青色腫塊。
④ 肩窩兒:肩膀上鎖骨附近的凹陷部位。
⑤ 嗓子窩:喉嚨。
⑥ 琵琶骨:這裏指股骨。清阮葵生著《茶餘客話》:"琵琶骨在股膝之間。"(上海古籍出版社,2012 年,121 頁)也指肩胛骨。
⑦ 粘瘡:騎馬時因臀部與馬鞍過分摩擦而長的瘡。粘,鞍具。
⑧ 脹:脹。

腸[2]串[4]氣[4]。

78. 腦[3]梢[1]子[1]裡[3]頭[2]都[4]是[4]腦[3]子[1]。（南[2]邊[1]人[2]枕[3]骨[3]高[1]，那[4]是[4]小[3]時[2]候[4]兒[2]睡[4]覺[4]的[1]法[2]子[1]不[4]同[2]。）

79. 眨[3]巴[1]眼[3]可[3]以[3]用[4]藥[4]治[4]厷[1]？

80. 人[2]瘦[4]了[1]就[4]成[2]了[1]窪[1]孔[3]眼[3]①。

81. 暴[4]子[1]眼[3]兒[1]可[3]是[4]生[1]成[2]的[1]。

82. 青[1]睜[1]眼[3]也[3]是[4]眼[3]睛[1]有[3]病[4]，可[3]是[4]人[2]不[4]能[2]治[4]。

83. 雀[1]蒙[2]眼[3]②彷[3]彿[2]也[3]是[4]生[1]成[2]的[1]，大[4]夫[1]治[4]不[4]了[3]。（雞[1]朦[2]眼[3]還[2]是[4]一[2]樣[4]不[4]能[2]治[4]。）

84. 近[4]視[4]眼[3]也[3]有[3]生[1]成[2]的[1]，可[3]是[4]大[4]半[4]因[1]爲[4]年[2]輕[1]的[1]時[2]候[4]兒[2]看[4]書[1]的[1]緣[2]故[4]。

85. 頭[2]上[4]的[1]膚[1]皮[2]③用[4]顯[3]微[1]鏡[4]一[2]看[4]也[3]有[3]花[1]紋[2]。

86. 身[1]上[4]的[1]汗[4]都[1]是[4]從[2]毛[2]孔[3]裡[3]出[1]來[2]的[1]。

87. 人[2]的[1]鼻[2]鬚[1]又[4]叫[4]鼻[2]毫[2]，大[4]概[4]也[3]是[4]遮[1]風[1]的[1]。

88. 煙[1]癮[3]來[2]了[1]，鼻[2]涕[4]眼[3]淚[4]的[1]直[2]淌[3]。

89. 鼻[2]準[3]頭[2]上[4]生[1]瘡[1]名[2]爲[2]鼻[2]疔[1]。

90. 他[1]的[1]鼻[2]子[1]生[1]楊[2]梅[2]瘡[1]，直[2]爛[4]到[1]山[1]根[1]兒[2]④了[1]。

91. 人[2]中[1]長[3]短[3]主[3]一[4]生[1]的[1]壽[4]數[4]兒[2]。

92. 他[1]愛[4]喝[1]酒[3]，成[2]了[1]糟[1]鼻[2]子[1]了[1]。

93. 塌[1]鼻[2]子[1]帶[4]眼[3]鏡[4]兒[2]不[4]合[2]式[4]⑤。

94. 齈[4]⑥鼻[2]子[1]說[1]話[4]不[4]清[1]楚[3]。

95. 耳[3]塞[1]太[4]多[1]了[1]，拿[2]耳[3]挖[1]子[1]掏[1]一[4]掏[1]。

96. 那[4]人[2]沒[2]有[3]耳[3]垂[2]兒[2]，壽[4]數[4]兒[2]不[4]大[4]。

97. 耳[3]根[1]腫[3]了[1]，那[4]是[4]害[4]拃[1]腮[1]⑦。

98. 他[1]是[4]一[2]個[4]細[4]高[1]挑[1]兒[1]，很[3]瘦[4]。

99. 大[4]胖[4]子[1]是[4]痰[2]體[3]身[1]子[1]，也[3]未[4]必[4]很[3]健[4]壯[4]。

100. 那[4]個[4]矬[2]胖[4]子[1]很[3]結[1]實[2]。

101. 那[4]個[4]矬[2]子[1]有[3]我[3]的[1]大[4]腿[3]高[1]。

102. 那[4]位[4]老[3]爺[2]是[4]白[2]胖[4]子[1]，調[2]養[3]的[1]好[3]。

103. 我[3]最[4]不[2]愛[4]看[4]見[4]禿[1]子[1]，這[4]個[4]病[4]得[3]從[2]小[3]兒[2]治[4]。

104. 瞎[1]子[1]有[3]能[2]治[4]的[1]，有[3]不[4]能[2]

---

① 窪；凹陷。窪孔眼：雙眼深陷、眼眶突出的樣子。

② 雀蒙眼：夜盲症。

③ 膚皮：細小的皮屑。

④ 山根兒：鼻梁。

⑤ 合式：合適。

⑥ 齈《廣韻》："奴凍切"，指多鼻涕的鼻疾。

⑦ 拃腮：痄腮。流行性腮腺炎。

治⁴的¹。

105. 聾²子¹聽¹不²見⁴，用⁴一²個⁴喇³叭¹似⁴的¹機⁴器¹插⁴在⁴耳³朵¹裡³頭²就⁴聽¹見⁴了¹。
106. 花¹兒²出¹①的¹不⁴好³，變⁴了¹一⁴臉³的¹大⁴麻²子¹了¹。
107. 瘋¹病⁴院⁴是⁴專¹養¹瘋¹子¹的¹。
108. 人²成¹了¹癱¹子¹那²就⁴廢⁴了¹。
109. 瘸²子¹也³是⁴殘²疾²，還²有³法²子¹可³以³治⁴。
110. 嗐¹吧¹不²是⁴病⁴，從²小³兒²慣²了¹的¹。
111. 啞³吧¹也³能²念⁴書¹，大⁴夫¹可³不⁴能²治⁴。
112. 咬¹舌²兒²就³是⁴大⁴舌¹頭²，說¹話¹的¹聲¹音¹不⁴同²，那⁴不²是⁴病⁴。
113. 豁¹牙²子¹露⁴齒³的¹說¹話¹透¹風¹，可³以³找³牙²醫¹補³一⁴補³。
114. 華²陀²神¹醫¹沒³有³治⁴傻¹子¹的¹藥⁴。（吃¹多¹了¹碌³砂¹就⁴成²獸²子¹了¹。）
115. 駝²背⁴也³是⁴身¹子¹虛¹弱⁴的¹緣²故⁴。（我³是⁴"螺²蝸¹兒²上⁴山¹——前²短³②"，你³給³接¹個⁴短³兒²③罷⁴。）

116. 人²的¹胸¹脯²子¹高¹就⁴說¹是⁴雞¹胸¹。
117. 他¹臉³上⁴害⁴過⁴瘡¹的¹，是⁴個⁴疱¹瘌¹臉³。
118. 老²公¹④嘴¹兒²沒³鬚²子¹。
119. 黑¹污¹子¹文²話⁴叫⁴"痣⁴"，點³藥⁴也³點³不²下⁴去⁴。
120. 紅²污¹子¹跟¹黑¹污¹子¹差¹不⁴多¹，不²過⁴顏²色⁴兩³樣⁴兒²就⁴是⁴了¹。
121. 臉³上⁴長³了¹瘊²子¹，用⁴刀¹切¹了¹罷⁴。
122. 不²論²多¹麼¹大⁴的¹瘤²子¹也³能²切¹了¹去⁴。
123. 娘²兒²們¹臉³上⁴長³汗⁴癜¹，得³用⁴藥⁴搓¹一⁴搓¹。
124. 手³腳³起²臁³子¹⑤，那⁴都¹是⁴磨²蹭⁴出¹來¹的¹。
125. 你³光²着²身¹子¹，叫⁴我³用⁴傢¹伙¹聽¹一³聽¹裡³頭²的¹病⁴。
126. 冬¹天¹光²着²腦²袋⁴容²易⁴傷¹風¹。
127. 天¹天¹兒²洗²澡⁴打³辮¹子¹最⁴好³。
128. 不⁴好³明²看⁴，睞¹一⁴眼³也³行²了¹。

---

① 出花兒：出天花。
② 螺蝸兒上山——前（錢）短：歇後語，"前""錢"諧音，指手頭缺錢。螺蝸：即蝸螺。駝背的人。
③ 接短兒：接濟短缺。（董樹人著《新編北京方言詞典》，商務印書館，2010年，227頁）
④ 老公：太監。
⑤ 臁子：跰子。

129. 那⁴人²是⁴弔³眼³角²兒²①，心¹裡³辣⁴。
130. 瞇¹着²眼³兒²笑⁴。
131. 他¹生¹了¹氣⁴，瞪⁴着²眼³。
132. 閉⁴着²眼³睡⁴一⁴會³兒²罷⁴。
133. 他¹傷¹了¹風¹抽¹鼻²子¹。
134. 擤³鼻²子¹得³用⁴手³帕⁴②子¹。
135. 張¹開¹嘴³給³我³看⁴看¹有³什²广¹病⁴。
136. 你³別²噘着²嘴³，我³不²叫⁴你³使³氣⁴拔²力¹③的¹。
137. 大⁴夫¹看⁴病⁴還²得³查²看⁴病⁴人²的¹大⁴便⁴。
138. 小³便⁴是⁴斷⁴④不⁴能²不⁴通¹的¹。
139. 病⁴人²有³三¹天¹不⁴拉¹屎³了¹。
140. 要⁴是⁴不⁴撒¹溺⁴就⁴危¹險³的¹很³了¹。
141. 平²常²人²出¹²恭¹，一⁴天¹總³得³有³一⁴兩³盪²纔²好³。（病⁴重⁴不⁴能²起³來²，也³有³傢¹伙³可³以³躺³着²走³動⁴。）（病⁴人²解³手³兒²非¹用⁴那⁴個⁴東¹西¹不⁴行²。）

---

① 弔：吊。吊眼角兒：外眼角上揚的面相。
② 帕：底本作"怕"。
③ 使氣拔力：形容費了很大的力氣。
④ 斷：絕對，必定，常用在否定句中。

倫常（單句、散語）類

1. 祖³父⁴　祖³母³
2. 爺²爺²　奶³奶¹
3. 太⁴公¹　太⁴婆²
4. 外⁴公¹　外⁴婆²
5. 公¹公¹　婆²婆²
6. 岳⁴父⁴　岳⁴母³
7. 父⁴親¹　母³親¹
8. 爸¹爸¹　媽¹媽¹
9. 令⁴尊¹（老³太⁴爺²）　令⁴堂²（老³太⁴太⁴）
10. 家¹嚴²（家¹父⁴）　家¹慈²（家¹母³）
11. 大⁴爺²　大⁴娘²
12. 叔²叔²　嬸³子¹
13. 姑¹父⁴　姑¹姑¹
14. 舅⁴舅⁴　舅⁴母³
15. 姨²父⁴　姨²媽¹
16. 夫¹妻¹（兩³口³子¹）
17. 丈⁴夫¹（男²人²）　媳²婦⁴兒²（女³人²）
18. 賤⁴荊¹（賤⁴內⁴）（內⁴人²）（家¹裡³的¹）
19. 大⁴伯³子¹　嫂³子¹
20. 小³叔²子¹　小³嬸³兒²
21. 姐³夫¹　大⁴姑¹子¹
22. 妹⁴夫¹　小³姑¹子¹
23. 大⁴舅⁴子¹　大⁴舅⁴奶³奶¹
24. 小³舅⁴子¹　二⁴舅⁴奶³奶¹
25. 大⁴姨²丈⁴/夫¹　大⁴姨²子¹
26. 小³姨²丈⁴/夫¹　小³姨²子¹
27. 連²襟³兒²
28. 一²擔⁴兒²挑¹
29. 弟⁴兄¹（哥¹兒²們¹）
30. 姐³妹⁴（姐³兒²們¹）
31. 哥¹哥¹　兄¹弟⁴
32. 令⁴兄¹　令⁴弟⁴
33. 家¹兄¹　舍⁴弟⁴
34. 姐³姐³　妹⁴妹¹
35. 令⁴姐³　令⁴妹⁴
36. 家¹姐³　舍⁴妹⁴
37. 姪²姪³　姪²女³兒²
38. 外⁴甥¹　外⁴甥¹女³兒²
39. 內⁴姪²　內⁴姪²女³兒²
40. 兒²子¹（小³孩²兒²）　女³兒²（女³孩²兒²）

41. 令⁴郎²(少⁴君¹)(世⁴兄¹)(少⁴爺²)
42. 令⁴愛⁴(小³姐³)(千¹金¹)(女³公¹子¹)
43. 小³兒²　小³女³
44. 孫¹子¹　孫女³兒²
45. 令⁴孫¹　令⁴孫¹女³兒²
46. 小³孫¹　小³孫¹女³兒²
47. 女³婿⁴(姑¹爺²)　姑¹奶³奶¹
48. 少⁴姑¹爺²　少⁴姑¹奶³奶¹
49. 姪²婿⁴
50. 內⁴姪²婿⁴
51. 外⁴甥¹婿⁴
52. 叔²伯³弟⁴兄¹
53. 叔²伯³姐³妹⁴
54. 姑¹表³弟⁴兄¹
55. 姑¹表³姐³妹⁴
56. 姨²表³弟⁴兄¹
57. 姨²表³姐³妹⁴
58. 表³弟⁴兄¹
59. 表³姐³妹⁴
60. 親¹戚⁴
61. 令⁴親¹　舍⁴親¹
62. 朋²友³

63. 令⁴/貴⁴友³　敝⁴友³
64. 貴⁴同²鄉¹/鄉¹親¹
　　敝⁴同²鄉¹/鄉¹親¹
65. 隣²居¹(街¹坊¹)
66. 本³家¹
67. 遠³親¹
68. 乾¹爹¹　乾¹媽¹
69. 乾¹兒²子¹　乾¹女³孩²兒¹
70. 盟²兄¹弟⁴(拜⁴盟²的¹)(拜⁴把³子¹的¹)(磕¹過⁴頭²的⁴)
71. 生¹母³
72. 嫡²母³
73. 繼⁴母³
74. 庶⁴母³
75. 過⁴繼⁴兒²子¹
76. 爺²們¹
77. 娘²兒²們¹
78. 老³爺²　太⁴太¹
79. 姨²太⁴太¹(姨²奶³奶¹)(如²夫¹人²)(小³星¹)(小³妾⁴)
80. 老³翁¹　老³先¹生¹　老³爺²子¹
　　老³頭²兒²　老³太⁴太¹　大⁴哥¹
　　大⁴嫂³子¹　大⁴姐³少⁴爺²　姑¹娘²

1. 他¹們¹家¹是⁴三¹代⁴同²堂²,祖³父²還²在⁴。今¹兒²是⁴祖³母³的¹八¹十²歲⁴。
2. 我³爺²爺²在⁴家¹教⁴給³我³念⁴書¹。奶³奶¹不²叫⁴母³親¹打³我³。
3. 男²人²的¹祖³父⁴也³稱¹太⁴公¹。婆²婆²的¹婆²婆²就⁴稱¹太⁴婆²。

4. 我³母³親¹是⁴張¹門²李³氏⁴,所³以³我³的¹外⁴公¹姓⁴李³。外⁴婆²沒²養³兒²子¹,我³父³親¹是⁴他¹的¹入⁴贅⁴婿⁴。
5. 不²但⁴恭¹敬⁴他¹男²人²,也³孝³順⁴他¹公¹公¹。到⁴了¹男²家¹之¹後⁴,

婆²婆²很³疼²愛⁴他¹。

6. 他¹的¹岳⁴父⁴年²紀⁴不²大⁴,翁⁴婿⁴倆³彷³彿³哥¹兒²們¹似⁴的¹。岳⁴母³看⁴見⁴女⁴婿⁴長³得²很³俊⁴,喜³歡¹的¹了³不⁴得²。

7. 他¹父⁴親¹辛¹苦³了¹一²輩⁴子¹,纔²掙¹下⁴倆³錢²兒¹給³孩²子¹們¹享³福²。做⁴母³親¹的¹十²月⁴懷²胎¹三¹年²哺³乳³。

8. 我³爸¹爸¹不²叫⁴我³出¹去⁴頑²兒²。我³媽¹媽¹還³有³一²個⁴懷²抱⁴兒²①哪¹。

9. "令⁴尊¹""老³太⁴爺²"是⁴稱¹人²家¹的¹父⁴親¹。稱¹人²家¹的¹母³親¹就⁴說¹"令⁴堂²""老³太⁴太¹"。

10. 隨²侍⁴家¹父⁴/嚴²在⁴任⁴上⁴。家¹母³/慈²年²老³有³倚³閭²之¹望⁴②。

11. 我³們¹大⁴爺²不²在⁴家¹,就⁴是⁴我³爸¹爸¹管³事⁴。我³承²繼⁴給³大⁴娘²做⁴兒²子¹了¹。

12. 叔²叔²是⁴我³父⁴親¹的¹兄¹弟⁴。嬸³子³是⁴叔⁴叔²的¹媳²婦⁴兒²。

13. 姑¹父⁴在⁴任⁴上⁴,把³我³叫⁴了¹去⁴幫¹着²他¹。母³親¹早¹已³不²

在⁴了¹,是⁴我³姑¹姑¹撫³養³大⁴了¹的¹。

14. 告⁴忤³逆⁴③得³舅⁴舅⁴做⁴抱⁴呈²④。舅⁴母³的¹兒²子¹和²我³是⁴表¹兄¹弟⁴。

15. 姨²父⁴是⁴父⁴親¹的¹連²襟¹兒²。姨²媽¹是⁴母³親¹的¹姐³妹⁴。

16. 夫¹妻¹本³是⁴前²世⁴的¹姻¹緣²。(兩³口³子¹不⁴和²睦⁴,誰²能²管³呢¹。)

17. 丈⁴夫¹做⁴了¹當¹朝²的¹宰³相⁴,他¹就⁴是⁴一⁴品³夫¹人²了¹。(那⁴位⁴是⁴青¹年²守³寡³,男²人²早³已³不²在⁴了¹。)他¹的¹媳²婦⁴兒²是⁴某³人²跟¹前²的¹①⑤。(他¹娶³的¹真¹是⁴個⁴不⁴安¹本³分⁴的¹女⁴人²。)

18. 賤⁴荊¹就⁴養³了¹這⁴一²個⁴孩²子¹。(武³們¹⑥賤⁴内⁴是⁴常²愛⁴病⁴,所³以³不⁴能²料³理³家¹務⁴。)我³們¹内⁴人²給³嫂³夫¹人²請³安¹問⁴好³哪¹。)(他¹要⁴納⁴寵³,怕⁴他¹家¹裡³的¹吃¹了¹醋⁴。)

---

① 懷抱兒:嬰兒時期,亦指尚在懷抱中的嬰兒。
② 倚閭之望:形容父母盼望兒女歸家的心情。
③ 告忤逆:父母狀告子女不孝。
④ 抱呈:明清訴訟制度,指原告委托親屬或家丁代理訴訟。又叫"抱告"。
⑤ 跟前的:指親生子女。民國張杰鑫《三俠劍》第四回:"蠻子叫道:'勝三哥!這位小孩是誰跟前的?我怎麼不認識呀?'"(北京燕山出版社,2007年,554頁)一說指"跟前人",即被收爲妾的丫頭。
⑥ 武們:我們。北京話"我們 wǒmen"連讀省音爲 ǔmen,也說成"母們 mmen"。

19. 他男人是排二，還有一個大伯子。小叔子可以進嫂子屋裡去。
20. 他的小叔子纔懷抱兒呢。大伯子不能到小嬸兒房裡去。
21. 表姐妹成親，他的姐夫就是他姑媽的兒子。他的大姑子出了門①了。
22. 妹夫沒能耐，竟受無影兒的氣。他的小姑子竟簸弄②是非。
23. 大舅子頭一天登門。大舅奶奶是舅嫂兒的通稱。
24. 小舅子在他衙門裡做賬房。二舅奶奶比他們那頭兒全蓋下去了。
25. 他的大姨丈學問比他好，可是比不過他的盤兒③。大姨子家很富，可是大姨夫是個飯桶。
26. 他的小姨丈倒比他的歲數兒大。我的孩子跟小姨子的女兒為婚，那叫表兄妹成親。
27. 一個娶的張老二的大女兒，一個娶的是二女兒，他們是倆連襟兒。
28. 大女兒嫁姓張的，二女兒嫁姓李的，張李二姓就是一擔兒挑。
29. 我們弟兄三個。（他家哥兒們很和睦。）
30. 姐妹有幾個？（姐兒們不能常在一塊兒，總要嫁出去的。）
31. 我雖是你的哥哥，可也得恭而敬之。他居長，這是第三個兄弟。
32. 令兄比您大幾歲？令弟真是您的大幫手。
33. 我排二，就有一個家兄。還有兩個舍弟，年紀還輕哪。
34. 姊丈是我姐姐的男人。妹妹的男人就是妹夫，文話說"妹婿"。
35. 令姐是原配是續絃？令妹已經有了人家了。
36. 我們家姐竟在家裡做活。我們舍妹專會紮拉鎖扣。
37. 這個姪兒是大的屋裡

---

① 出門：女子出嫁。
② 簸弄：擺弄，玩弄。
③ 盤兒：臉盤，長相。

的¹。二⁴的¹屋¹裡³的¹沒²有³孩²子¹,可³有³一²個⁴姪²女³兒²。

38. 這⁴個⁴外⁴甥¹是⁴個⁴木¹生¹兒²①。把⁴外⁴甥²女³兒²接¹回²家¹來²,給²他¹找²門²親¹。

39. 內⁴姪²供⁴養³姑¹母³,那⁴也³是⁴一²片⁴孝¹心¹。內⁴姪²女³兒²做⁴兒²媳²,那⁴是⁴親¹上⁴親¹,不²甚¹相¹宜²。

40. 養³兒²子¹爲的¹是⁴傳²宗¹接¹代⁴,也³是⁴防²老的¹。(三¹四⁴歲⁴的¹小³孩²兒²不⁴懂²得²什²広¹。)養³女³兒²是⁴賠²錢²貨⁴。(女³孩²兒²家¹從²小³嬌¹養³慣⁴了¹的¹。)

41. 這⁴位⁴令⁴郎¹將¹來²是⁴不⁴可³限⁴量⁴。(閣²下⁴有²³幾³位⁴少³君¹?)(世⁴兄¹的¹學²問⁴很³深¹。)(少³爺²都¹長³起³來²了¹罷⁴?)

42. 令⁴愛⁴出⁴閣²了¹没²有³?這⁴位⁴小²³姐³才²貌⁴兩³全²。(他¹又⁴得²了¹千¹金¹了⁴。)(這⁴位⁴女³公⁴子¹長³得²又⁴風¹雅³又⁴穩²重⁴。)

43. 小³兒²是⁴中⁴了¹擧²之⁴後⁴成²的¹家¹,算¹是⁴大⁴登¹科¹後⁴小³登¹科¹。小³女³吟²詩¹作⁴畫⁴樣⁴樣⁴兒²俱¹全²。

44. 去⁴年²纔²給³他¹兒²子¹成²家¹,今¹年²抱⁴孫¹子¹了¹。他¹有³倆³錢²兒²,可³是⁴無²後⁴,把⁴孫¹女³兒²當¹兒²子¹養³活²。

45. 閣²下⁴令⁴孫¹很³多¹,是⁴古³時²的¹汾²陽²公¹了¹。這⁴位⁴令⁴孫¹女³兒²是⁴他¹奶³奶¹的¹命⁴根⁴子¹。

46. 小³孫¹今¹年²纔²上⁴學²了¹。今¹兒¹是⁴小³孫¹女³兒²的¹抓³週¹兒²。

47. 他¹的¹家¹當¹兒²叫⁴女³婿⁴得²了¹去⁴了¹。(新¹姑¹爺²拜⁴丈⁴人²。)頭²一⁴天¹的¹新¹姑⁴奶⁴奶¹,第²二⁴天¹回²門²就⁴稱¹姑¹太⁴太¹了¹。

48. 晚³一²輩⁴的¹姑¹爺²稱¹少⁴姑¹爺²。晚³一²輩⁴的¹新¹姑¹奶¹奶¹也³是⁴少⁴姑¹奶¹奶¹。

49. 姪²婿⁴是⁴姪²女³兒²的¹丈⁴夫¹。

50. 內⁴姪²女³兒²的¹婆²婆²不⁴疼²愛⁴內⁴姪²婿⁴。

51. 外⁴甥¹女³兒²的¹丈⁴夫¹就⁴叫⁴外⁴甥¹婿⁴。

52. 隔²房²同²輩⁴的¹是⁴叔²伯³弟⁴兄¹。

53. 叔²伯²姐³妹⁴就⁴是⁴堂²姐³妹⁴。

54. 姑¹表³弟⁴兄¹是⁴弟⁴兄¹姐³妹⁴的¹兒²子¹。

55. 姑¹表³姐³妹⁴還²是⁴弟⁴兄¹姐³妹⁴的¹女³兒²。

56. 姨²表³弟⁴兄¹就⁴是⁴倆³姨²子¹的¹兒²子¹。

57. 姨²表³姐³妹⁴還²是⁴倆³姨²子¹的¹

---

① 木生兒:暮生兒。遺腹子。

女^{3}兒^2。

58. 表^{3}弟^{4}兄^{1}是^{4}姑^{1}表^3、姨^{2}表^{3}弟^{4}兄^{1}的^{1}總^{3}名^2。

59. 表^{3}姐^{3}妹^{4}還^{2}是^{4}姑^{1}表^3、姨^{2}表^{3}姐^{3}妹^{4}的^{1}總^{3}名^2。

60. 他^{1}的^{1}親^{1}戚^{4}多^1，很^{3}有^{3}照^{4}應^4，窮^{2}不^{4}了^3。

61. 稱^{1}人^{2}家^{1}的^{1}郎^{2}舅^{4}都^{1}說^1"令^{4}親^1"。"舍^{4}親^1"說^{1}的^{1}是^{4}我^{3}的^{1}舅^{4}子^{1}或^{4}是^{4}我^{3}的^{1}姐^{3}妹^{4}家^1。

62. 他^{1}能^{2}交^{1}朋^{2}友^3，人^{2}緣^{2}兒^{1}又^{4}好^3。

63. 令^{4}友^{3}裡^{3}頭^{2}有^{3}明^{2}白^{2}古^{3}董^{3}的^{1}沒^{2}有^3？這^{4}位^{4}敝^{4}友^{3}我^{3}們^{1}不^{2}是^{4}一^{2}二^{4}年^{2}的^{1}交^{1}情^{2}了^1。

64. 貴^{4}同^{2}鄉^1／鄉^{1}親^{1}是^{4}多^{1}嗎^{1}①到^{4}這^{4}兒^{2}來^{2}的^1？這^{4}位^{4}敝^{4}同^{2}鄉^1／鄉^{1}親^{1}當^{1}年^{2}共^{4}過^{4}事^{4}的^1。

65. 您^{2}那^{4}位^{4}鄰^{2}居^{1}是^{4}有^{3}什^{2}廢^{1}公^{1}幹^4？（他^{1}是^{4}我^{3}們^{1}同^{2}院^{4}子^{1}的^{1}緊^{3}街^{1}坊^1。）

66. 雖^{1}說^{1}是^{1}我^{3}的^{1}本^{3}家^1，可^{3}是^{4}同^{2}姓^{4}不^{4}宗^1。

67. 拉^{1}扯^{3}着^{0}也^{3}算^{4}是^{4}個^{4}遠^{3}親^1。

68. 拜^{4}了^{1}乾^{1}爹^{1}得^{3}給^{1}見^{4}面^{4}兒^{2}禮^3。可^{3}別^{2}拜^{4}小^{3}歲^{4}數^{4}兒^{2}的^{1}乾^{1}媽^1。

69. 朋^{2}友^{3}喜^{3}歡^{1}我^{3}的^{1}兒^{2}子^1，就^{4}可^{3}以^{3}給^{3}他^{1}做^{4}乾^{1}兒^{2}子^1。南^{2}邊^{1}人^{2}常^{2}有^{3}把^{3}妞^{1}兒^{2}給^{3}妮^{1}姑^{1}②做^{4}乾^{1}女^{3}孩^{2}兒^{2}的^1。

70. 桃^{2}園^{2}結^{2}義^{4}就^{4}是^{4}盟^{2}兄^{1}弟^1。（拜^{4}盟^{2}的^{1}就^{4}是^{4}訂^{14}過^{4}金^{1}蘭^{2}譜^{3}的^1。）（他^{1}們^{1}倆^{3}如^{2}兄^{1}如^{2}弟^4，是^{4}拜^{4}把^{3}子^{1}的^1。）（彼^{2}此^{3}磕^{4}過^{4}頭^{2}的^1，何^{2}必^{4}拘^{1}泥^2。）

71. 他^{1}的^{1}生^{1}母^{3}是^{4}偏^{1}房^2。

72. 他^{1}父^{4}親^{1}的^{1}正^{4}室^{3}算^{4}是^{4}他^{1}的^{1}嫡^{2}母^3。

73. 他^{1}的^{1}生^{1}母^{3}早^{3}去^{4}世^{4}了^1，這^{4}是^{4}他^{1}的^{1}繼^{4}母^3。

74. 庶^{4}母^{3}也^{23}有^{3}一^{4}年^{2}的^{1}服^2。

76. 當^{1}家^{1}過^{4}日^{4}子^{1}總^{3}是^{4}爺^{2}們^{1}作^{4}主^3。

77. 娘^{2}兒^{2}們^{1}的^{1}縫^{2}縫^{2}補^{3}綻^{4}③是^{4}本^{3}分^{4}事^4。

78. 我^{3}們^{1}老^{3}爺^{2}是^{4}很^{3}有^{3}名^{2}望^{4}的^1。這^{4}位^{4}太^{4}太^{1}很^{3}有^{3}本^{3}事^{4}的^1。

79. "姨^{2}太^{4}太^1" "姨^{2}奶^{3}奶^1" "如^{2}夫^{1}人^2"這^{4}都^{1}是^{4}當^{1}面^{4}稱^{1}人^{1}家^{1}的^{1}話^4，"小^{3}星^1"也^{3}是^{4}說^{1}人^{1}家^{1}的^{1}妾^4，可^{3}是^{4}背^{4}談^{2}④。"小^{3}妾^4"是^{4}說^{1}自^{4}己^{3}的^{1}妾^4。

---

① 多嗎：多咱，什麼時候。

② 妮姑：尼姑。

③ 縫：連。縫連補綻：泛指女工。

④ 背談：在背後議論他人。

80. 對⁴有³年²紀⁴的¹人²,差¹不⁴多¹都¹可³以³稱¹呼¹他¹"老³翁¹""老³先¹生¹""老³爺²子¹""老³頭²兒²"什²庅¹的¹。若⁴遇⁴見⁴上⁴年²紀⁴的¹娘²兒²們¹,隨²便⁴稱¹他¹"老³太⁴太¹"。年²紀⁴跟¹自⁴己³差¹不⁴多¹的¹,爺²們¹稱¹"大⁴哥¹",娘²兒²們¹稱¹"大⁴嫂³子¹"。"少⁴爺²"是⁴男²孩²兒²的¹通¹稱¹,"大⁴姐³""姑¹娘²"是⁴女³孩兒²的¹通¹稱¹。

稱呼（單句、散語）類

1. 皇²太⁴后⁴
2. 皇²上⁴（萬⁴歲⁴爺²）（主³子¹）
3. 皇²后⁴
4. 太⁴子³
5. 王²爺²
6. 中¹堂²
7. 軍¹機¹大⁴臣²
8. 尚⁴書¹
9. 侍⁴郎²
10. 總³督¹
11. 巡²撫³
12. 布⁴政⁴使³
13. 按⁴察²使³
14. 道⁴台²
15. 知¹府³
16. 知¹縣
17. 提²督¹
18. 總³兵¹
19. 副⁴將¹
20. 糸¹將¹
21. 遊²擊
22. 都¹司¹
23. 守³備⁴
24. 千¹總³
25. 把³總³
26. 京¹官¹
27. 地⁴方¹官¹
28. 大⁴人²
29. 大⁴老³爺²
30. 太⁴爺²
31. 上⁴司¹
32. 屬³員²
33. 幕⁴友³（幕⁴賓⁴）（幕⁴府³）
34. 居¹停²
35. 西¹席²
36. 念⁴書¹的¹
37. 算⁴命⁴的⁴
38. 牧⁴師⁴
39. 和²尚⁴
40. 喇³嘛²
41. 道⁴士⁴
42. 妮²姑¹
43. 大⁴夫¹
44. 做⁴買³賣⁴的¹

45. 經¹紀⁴
46. 東¹家¹
47. 掌³柜⁴的¹
48. 夥³計⁴
49. 房²東¹
50. 店⁴東¹
51. 徒²弟⁴(學²生¹)
52. 管³賬⁴的¹
53. 收¹賬⁴的¹
54. 送⁴貨⁴的¹
55. 管³棧⁴的¹
56. 打³包¹的¹
57. 厨²子¹
58. 挑¹水³的¹
59. 苦³力⁴
60. 耍³手³藝⁴的¹
61. 車¹匠⁴
62. 船²匠⁴
63. 木⁴匠⁴
64. 瓦³匠⁴
65. 銅²匠⁴
66. 鐵³匠⁴
67. 刀¹匠⁴
68. 裱³糊²匠⁴
69. 棚²匠⁴
70. 油²漆¹匠⁴
71. 鐘¹表¹³匠⁴
72. 繡⁴花¹匠⁴
73. 花¹兒²匠⁴
74. 帽⁴匠⁴
75. 鞋²匠⁴
76. 皮²匠⁴
77. 裁²縫²
78. 照⁴相⁴的¹
79. 洗³衣¹裳¹的¹
80. 種⁴莊¹稼¹的¹
81. 打³魚²的¹
82. 放⁴羊²的¹
83. 獵¹户⁴
84. 屠²户⁴
85. 趕³車¹的¹
86. 拉¹車¹的¹
87. 趕³驢²的¹
88. 挑¹脚³的¹
89. 馬³夫¹
90. 賣⁴菜⁴的¹
91. 賣⁴魚²的¹
92. 送⁴報⁴的¹
93. 送⁴信⁴的¹
94. 唱⁴戲⁴的¹
95. 講³書¹的¹
96. 變⁴戲⁴法³兒²的¹
97. 剃⁴頭²的¹
98. 修¹脚³的¹
99. 看¹門²的¹
100. 看¹家¹的¹
101. 底³下⁴人²
102. 跟¹班¹的¹
103. 老³頭²兒²
104. 老³媽¹兒²

105. 小³廝¹
106. 丫¹頭²
107. 奶³媽¹子¹
108. 收¹生¹婆²
109. 縫²窮²的¹
110. 幫¹忙²兒²的¹
111. 跑³堂²兒²的¹
112. 帶⁴道⁴的¹
113. 帶⁴/引³水³的¹
114. 土³匪³
115. 閒²人²
116. 無²賴⁴子¹
117. 花¹子¹
118. 賊²
119. 強²盜⁴
120. 小³綹¹

1. 皇²太⁴后⁴垂²簾²聽¹政⁴已³經¹有³好³幾³十²年²了¹。
2. 中¹國²皇²上⁴是⁴聖⁴明²天¹子³。（當¹今¹的¹萬⁴歲⁴爺²憂¹國²憂¹民²。）（主³子¹就⁴是⁴一⁴國²之¹主³的¹意⁴思¹。）
3. 從²前²英¹國²皇²后⁴也³登¹過⁴極².
4. "陪²着²太⁴子³讀²書¹"，那⁴是⁴伺⁴候⁴人²的¹意⁴思¹。
5. 王²爺²們¹年²班①進⁴京¹。
6. 入⁴過⁴內⁴閣⁴的¹纔²稱¹中¹堂².
7. 軍¹機¹大⁴臣²可³以³掌³理²朝²綱⁴。
8. 各⁴部⁴都¹有³滿³漢⁴尚⁴書¹，是⁴正⁴一⁴品³的¹。
9. 侍⁴郎²也³是⁴堂²官¹，可³是⁴分¹滿³漢⁴左³右⁴。
10. 總³督¹是⁴外⁴任⁴官¹，可³彷³彿²是⁴部⁴裡³的¹堂²官¹，所³以³稱¹爲²部⁴堂²。
11. 巡²撫³衙²門²就⁴彷³彿²是⁴京¹裡³的¹院²衙²門²，所³以³稱¹爲²部⁴院⁴。
12. 布⁴政⁴使³司¹的¹缺¹康¹熙¹雍¹正⁴年²間¹怕³還²沒²有³，是⁴後⁴來²設⁴立⁴的¹。
13. 按⁴察²使³是⁴總³管³本³省³刑²名²的¹官¹。
14. 道⁴台²有³好³幾³樣⁴兒²，有³候⁴選⁴、試⁴用⁴、補³用⁴、儘³先¹補³用⁴、即²補³、記⁴名²之¹分¹。另⁴外⁴還²有³糧²、鹽²、巡²關¹、茶²馬³、兵¹備⁴，各⁴道⁴的¹名²目⁴多¹着²的¹哪¹。
15. 知¹府³是⁴州¹縣⁴官¹的¹頂³頭²上⁴司¹，也³說¹親¹臨²上⁴司¹。
16. 七¹品³知¹縣⁴倒³是⁴個⁴正⁴印⁴官¹，稱¹爲²民²之¹父⁴母³。

---

① 年班：清代朝廷規定蒙古、藏、回等民族上層王公每年十二月十五至二十五分班輪流入京朝賀，稱爲"年班"。（高文德編著《中國少數民族史大辭典》，吉林教育出版社，1995年，791頁）

17. 提²督¹是⁴一⁴品³的¹武³官¹，他¹的¹標¹下⁴就⁴是⁴提²標¹，也³有³巡²撫³兼¹提²督¹的¹。

18. 總³兵¹的¹標¹下⁴為²鎮³標¹，也³稱¹總³鎮⁴，總³兵¹官¹一⁴省³裡³也³有³好³幾⁴個⁴不²定⁴。

19. 副⁴將¹就⁴是⁴中¹軍¹官¹，總³理³督¹標¹的¹營²務⁴，也³管³督¹標¹中¹營²的¹事⁴，稱¹為²協²台²，也³稱¹協²鎮⁴。

20. 糸¹將¹是⁴撫³標¹的¹中¹軍¹官¹，也³管³撫³標¹左³營²的¹事⁴。

21. 遊²擊¹就⁴是⁴總³鎮⁴的¹中¹軍¹官¹。

22. 都¹司¹是⁴協²鎮⁴的¹中¹軍¹官¹，可³是⁴提²標¹的¹左³右⁴前²後⁴四⁴營²的¹事⁴也³是⁴都¹司¹分¹管³。

23. 守³備⁴是⁴糸¹將¹、遊²擊¹、都¹司¹各⁴人²的¹中¹軍¹官¹，大⁴概⁴不⁴歸¹標¹的¹單¹營²也³有³守³備⁴管³的¹。

24. 哨⁴官¹之¹中¹最⁴大⁴的¹是⁴千¹總³，左³右⁴哨⁴都¹是⁴千¹總³，六⁴七⁴品³的¹武³官¹。

25. 把³總³也³差¹不⁴多¹，可³是⁴七⁴品³大⁴概⁴是⁴前²後⁴哨⁴。

26. 在⁴京¹各⁴衙²門²的¹官¹，或⁴是⁴有³差¹使⁴的¹，不²論⁴大⁴小³都¹稱¹京¹官¹。

27. 各⁴處⁴的¹地⁴方¹官¹是⁴指³本³處⁴有³印⁴的¹州¹縣⁴官¹，不²論⁴京¹城¹外⁴省³。

28. 四⁴品³以³上⁴的¹官¹都¹是⁴大⁴人²。

29. 知³府³以³下⁴都¹稱¹"大⁴老³爺²"。

30. 那⁴位⁴縣⁴太⁴爺²公¹正⁴廉²明²。

31. 他¹是⁴我³的¹上⁴司¹。

32. 一⁴省³裡³頭²的¹大⁴小³官¹兒²都¹是⁴督¹撫³的¹屬³員²，稟³見⁴的¹時²候⁴兒²得³遞⁴手³本³。

33. "幕⁴友³""幕⁴賓¹""幕⁴府³"是⁴一²個⁴稱¹呼¹，因¹為⁴是⁴入⁴幕⁴之¹賓¹，所³以³做⁴幕⁴的¹都¹說¹"遊²幕⁴"，不⁴好³的¹幕⁴說¹"劣⁴幕⁴"。

34. "敝⁴居¹停²①"是⁴幕⁴友³對⁴人²稱¹他¹的¹館³東¹。

35. 西¹席²就⁴是⁴教⁴習²，是⁴請³在⁴家¹裡³教⁴讀²的¹。

36. 做⁴官¹總³是⁴念⁴書¹的¹出¹身¹好³，現⁴在⁴可³不⁴然²。

37. 算⁴命⁴的¹說¹他¹的¹八²字⁴後⁴來²要⁴戴⁴紅²頂³子¹②的¹。

38. 耶¹蘇¹教⁴、天¹主³教⁴把⁴人²比³作⁴羊²，所³以³傳²教⁴的¹稱¹為²牧⁴師¹，就⁴是⁴牧⁴羊²的¹意⁴思¹。

39. 信⁴佛²教⁴出¹家¹的¹是⁴和²尚⁴。

40. 蒙³古³和⁴新¹疆¹都¹是⁴崇²信⁴喇³

---

① 居停：指寄居處的主人。
② 戴紅頂子：此處指當高官。清代品級較高的官員戴紅色珊瑚珠的頂子。

嘛²教⁴的¹。
41. 現⁴在⁴的¹道⁴士⁴是⁴別²出¹一⁴家¹，與³當¹初¹老³子³不⁴同²。
42. 女³僧¹就⁴是⁴尼²姑¹。
43. 病⁴重¹了¹大⁴夫¹不²下²藥⁴了¹。
44. 做⁴買³賣⁴的¹第⁴一¹得³有³心¹胸¹。
45. 經¹紀¹都¹得³有³帖⁴纔²能²得²用⁴錢²哪¹。
46. 他¹是⁴領³東¹①做⁴掌⁴櫃⁴的¹，不²是⁴東¹家¹。
47. 東¹家¹自⁴己³做⁴掌⁴櫃⁴的¹，那⁴叫⁴本³東¹本³夥³。
48. 夥³計⁴們¹都¹是⁴精¹明²強²幹⁴的¹。
49. 上⁴海³的¹房²東¹竟⁴知¹道⁴要⁴房²錢²，不⁴給³人²拾²掇¹屋¹子¹。
50. 那⁴個⁴店⁴東¹會⁴應¹酬²客⁴人²，買³賣⁴做⁴的¹很³好³。
51. 做⁴徒²弟⁴的¹總³得³守³舖⁴規¹。（你³們¹收¹了¹幾³個⁴學²生¹?）
52. 那⁴個⁴管³賬⁴的¹人²太⁴拘¹泥²。
53. 收¹賬⁴的¹來²了¹得³開¹發¹②他¹。
54. 叫⁴送⁴貨⁴的¹把³貨⁴送⁴到⁴某³處⁴去⁴。
55. 看¹棧⁴房²的¹就⁴叫⁴管³棧⁴的¹。
56. 貨⁴包¹打³的¹大⁴小³、秀⁴氣⁴、蠢³笨⁴，都¹看⁴打³包¹的¹本³事⁴好³歹³③。
57. 那⁴個⁴廚²子³做⁴菜⁴做⁴的¹很³有³味⁴兒²。
58. 這⁴兒²沒²有³挑¹水³的¹，都¹是⁴用⁴車¹拉¹。
59. 苦³力⁴這⁴個⁴名²目⁴到⁴底³是⁴那³兒²來²的¹？也³許³是⁴外⁴國²話⁴。
60. 耍³手³藝⁴的¹匠⁴人²樣⁴數⁴很³多¹。
61. 車¹匠⁴是⁴能²打³車¹不⁴能²拉¹車¹。
62. 河²沿²兒²上⁴有³好³些¹船²匠⁴在⁴那兒²造⁴船²哪¹。
63. 木⁴匠⁴多²了¹蓋⁴歪¹了¹房²。
64. 瓦³匠⁴是⁴鏟³泥²、搬¹磚¹、砌⁴牆²什⁴广¹的¹。
65. 銅²匠⁴打³銅²不⁴打³鐵³。
66. 鐵³匠⁴是⁴打³鐵³，也³能²鑄⁴料⁴貨⁴④。
67. 東¹洋²的¹刀¹匠⁴最⁴講³究⁴鍊⁴鐵³。
68. 裱³糊²匠⁴是⁴糊²冥²衣¹、糊²牆²、糊²棚²、糊²窗¹戶⁴什⁴广¹的¹。
69. 棚²匠⁴原²來²就⁴會⁴登¹梯¹扒¹高¹兒²⑤的¹。
70. 油²漆¹匠⁴是⁴彩³畫⁴房²子¹的¹，不²會⁴畫⁴畫⁴兒²。

---

① 領東：領取東家的資本代表東家經營生意。
② 開發：支付。
③ 好歹：好壞。
④ 料貨：以玻璃爲原料製作的工藝品。也稱"料器"。
⑤ 扒高兒：爬高。

71. 鐘¹表³匠⁴是¹給³人²家¹收¹拾²鐘¹表³的¹。
72. 綉⁴花³匠⁴是⁴十²睜¹九³不⁴明²，可³見⁴是⁴過⁴於²累⁴眼³睛¹了¹。
73. 花¹兒²匠⁴他¹能⁴知¹道⁴花¹兒³的¹皮²氣⁴①秉³性⁴，所³以³栽¹種⁴最⁴得²法³。
74. 帽⁴匠⁴做⁴的¹帽⁴子¹有³官¹帽⁴、小³帽⁴之¹分¹。
75. 鞋²匠⁴都¹是⁴天¹津¹人²多¹。
76. 皮²匠⁴縫²皮²子¹講³究⁴對⁴花¹兒²，要⁴是⁴對⁴不⁴好³花¹兒²，不²算⁴是⁴好³皮²筒³子¹②了¹。
77. 裁²縫²能²做⁴衣¹裳¹，不⁴能²做⁴知¹縣⁴。
78. 照⁴相⁴的¹匣²子¹攔¹不⁴穩³，一²定⁴照⁴不⁴妥³當¹。
79. 洗³衣¹裳²的¹老³不⁴來²，我³就⁴沒²有³穿¹的¹了¹。
80. 種⁴莊¹稼⁴的¹起³早³睡⁴晚³，整²年²的¹不⁴歇¹閒²兒²③。
81. 打³魚²的¹碰⁴見⁴不²上⁴潮²就⁴砸²了¹飯⁴碗³子¹了¹。
82. 放⁴羊²的¹事⁴情²不⁴容²易²，一²個⁴不⁴留²心¹就⁴許³④丟¹兩³隻¹。
83. 獵⁴戶¹拉¹了¹一⁴條²狗³上⁴山¹打³獵⁴，也³説¹打³圍²。
84. 現⁴在⁴禁⁴屠²，不⁴准³屠²户⁴宰¹猪¹。
85. 叫⁴趕³車¹的¹套⁴上⁴車¹就⁴走³。
86. 有³了¹東¹洋²車¹以³來²，纔²有³拉¹車¹的¹名²目⁴了¹。
87. 趕³驢²的¹在⁴後⁴頭²跟¹着⁴跑³。
88. 叫⁴幾³個⁴挑¹脚³的¹來²，把⁴東¹西¹挑¹了¹去⁴罷⁴。
89. 馬³夫¹是⁴也³管³套⁴車¹也³管³餵⁴馬³。
90. 賣⁴菜⁴的¹用⁴的¹是⁴棕¹繩²蹻¹⑤扁³担¹。
91. 魚²床²子¹⑥就⁴是⁴賣⁴魚²的¹地⁴方¹兒²。
92. 送⁴報⁴的¹送⁴新⁴聞²紙³來²了¹。
93. 送⁴信⁴的¹找³不⁴着¹門²兒²，未⁴免³要⁴費⁴事⁴的¹。
94. 唱⁴戲⁴的¹别²名²就⁴是⁴梨²園²子³弟⁴。
95. 那⁴是⁴講³書⁴的¹，偺²們¹去⁴聽¹古³兒²調²罷⁴。
96. 變⁴戲³法³兒²的¹把⁴小³孩²子¹殺¹了¹，還²能²把⁴他¹活²過⁴來²。

---

① 皮氣：脾氣。
② 皮筒子：做皮衣用的整副毛皮。
③ 歇閒兒：休息。
④ 許：可能，單用比"也許"的確定程度高。
⑤ 蹻：蹺。
⑥ 床子：形狀似床的攤子或貨架。

97. 昨²兒²個⁴叫個⁴剃頭²的¹來²刮¹臉³，他¹給³我³打³了鏨³子¹①了¹。

98. 那⁴個⁴修¹脚³的¹不⁴行²，把³我³脚³修¹破⁴了¹。

99. 他¹們¹家¹大⁴門⁴口³兒²有³看³門²的¹。

100. 主³人²出¹外⁴得³找³一²個⁴看¹家¹的¹。

101. 你³們¹那⁴兒²有³幾³個⁴底⁵下⁴人²了¹？

102. 我³那⁴跟¹班¹的¹不²會⁴伺候⁴人²。

103. 那⁴個⁴老³頭²兒²年²紀⁴太⁴大²，不²中¹⁴用⁴了¹。

104. 叫⁴老³媽¹兒²來²把孩²子¹抱⁴進⁴去⁴罷⁴。

105. 他¹家¹裡³那⁴些¹小³厮¹們¹都¹很³㑆²俐⁴。

106. 丫¹頭²都¹是⁴用⁴錢²買³來²的¹女³婢⁴。

107. 孩子¹缺¹奶³得³雇⁴奶³媽¹子¹給³餵⁴。

108. 中¹國²的¹收¹生¹婆²都¹是⁴老³媽¹子¹們¹做⁴的¹，很³靠⁴不²住⁴。

109. 襪⁴子¹破⁴了¹，叫⁴個⁴縫²窮²的¹①②來²補³一⁴補³。

110. 人²手³不⁴齊²，找³個⁴幫¹忙²兒²的¹來²。

111. 跑³堂²兒²的¹拿²酒³來²！

112. 沒²走⁴過⁴的¹道⁴兒²得³用⁴帶⁴道⁴的¹。

113. 輪²船²進⁴口³有³帶⁴水³的¹引³路⁴。

114. 那⁴一²帶⁴地⁴方¹土³匪³鬧⁴起事⁴來²了¹。

115. 軍¹務⁴重⁴地⁴，閒²人²莫⁴入⁴。

116. 北³邊¹兒²說¹的¹無²賴⁴子¹就⁴是⁴南²邊¹的¹流²氓²。

117. 外⁴頭²有³個⁴老³花¹子¹要⁴飯⁴哪¹。

118. 上⁴人²家¹兒²裡³去⁴偷¹東¹西¹的¹，那⁴就⁴是⁴賊²。

119. 塗²面⁴掛⁴鬚¹、明²火³執²杖⁴的¹賊²纔²算⁴强⁴盜⁴。

120. 常²在⁴人²群²兒²裡³冷³不⁴防²把人²家¹的¹東¹西¹偷¹了¹去¹的¹，那⁴叫⁴小²綹¹。

---

① 鏨：掌。打掌子：刮破皮膚。
② 縫窮的：舊時在街頭幫人縫補衣服的人，多爲窮人家的婦女。

疾病（單句、散語）類

1. 肺⁴病⁴
2. 胃³病⁴
3. 熱⁴病⁴
4. 瘋¹病⁴
5. 羊²角²瘋¹
6. 瀉⁴肚⁴
7. 感³冒⁴（傷¹風¹）
8. 咳²嗽⁴
9. 瘡⁴子¹
10. 馬³脾²風¹
11. 風¹濕¹
12. 牙²疼²
13. 頭²疼²
14. 痢⁴疾²
15. 天¹花¹
16. 牛²痘⁴
17. 疹³子¹
18. 楊²梅²瘡¹
19. 霍⁴亂⁴病⁴
20. 淋⁴病⁴
21. 子³午³痧¹
22. 瘟¹疫⁴
23. 凍⁴瘡¹
24. 痔⁴瘡¹
25. 黃²疸⁴

1. 肺⁴病⁴算⁴是⁴傳²染³的¹，日⁴子¹久³了¹不⁴容²易⁴治⁴。
2. 人²有³了¹胃⁴病⁴得吃⁴容²易⁴消¹化⁴的¹東¹西¹。
3. 熱⁴病⁴就⁴是⁴發¹燒¹病⁴。
4. 人²得²了¹瘋¹病⁴就⁴癲¹癲¹傻³傻³的¹，不⁴省³人²事⁴。
5. 羊²角²瘋¹是⁴好³好¹兒²的¹人²忽¹然²的¹就⁴不⁴省³人²事⁴，橫²躺³竪⁴臥⁴的¹抽⁴起³瘋¹來²了¹，而²且⁴嘴³裡¹還²吐⁴沫⁴子¹，不²治⁴就⁴好³。
6. 瀉⁴肚⁴就⁴是⁴鬧⁴肚⁴子¹，也³說¹跑³肚⁴。
7. 他¹是⁴有³點³兒²感³冒⁴，沒²甚⁴広¹要⁴緊³。（人²傷¹風¹的¹時²候⁴兒²也³得³小³心¹，恐³怕⁴因¹小³而²

致⁴大¹。）

8. 咳²嗽⁴有³好³幾³樣⁴兒²，有³煙¹嗽⁴、酒³嗽⁴，還有³傷¹風¹咳²嗽⁴、痰²喘²咳²嗽⁴。

9. 他¹發¹瘧⁴子³了¹，冷³的¹直²打³戰⁴兒²。

10. 馬³脾²風¹①是⁴頂³危¹險³的¹，一²個⁴不⁴留²神¹就²能²要⁴了¹命⁴了¹。

11. 住⁴在⁴上⁴海³的¹人²常²受⁴風¹濕¹病⁴，因¹爲⁴潮²氣⁴大⁴的¹緣²故¹。

12. 牙²疼²有³風¹火³牙²②、虫²吃¹牙²③，要⁴是⁴疼²起³來²比³什²广³疼²都¹難²受⁴。

13. 頭²疼²的¹緣²故⁴多¹了¹，簡³直²的¹說¹不²過⁴來²，反³正⁴是⁴諸¹事⁴不⁴可³過⁴於²了¹。

14. 痢⁴症²④有³紅²白²兩³樣⁴兒²。

15. 孩²子¹出¹天¹花¹兒²，俗²說¹"這⁴孩²子¹當¹差¹使³哪¹"。

16. 種⁴生²痘⁴的¹法²子¹要⁴是⁴不⁴好³，就²還²許³出¹花¹兒²的¹。

17. 出¹疹³子¹也³是⁴痘²疹³娘²娘管³的¹事⁴情²。

18. 從²風¹流²場²中¹得²來²的¹病⁴那⁴叫⁴楊²梅²瘡²，俗²語³兒²也³說¹大⁴瘡¹。

19. 霍⁴亂⁴病⁴最⁴危¹險³的¹，夏⁴秋¹兩³季⁴兒²很³多¹。

20. 淋⁴病⁴有³五³樣⁴兒²，最⁴多²還²是⁴由²花¹柳³上⁴得²的¹，可³也³有³不²是⁴因¹爲²那⁴個⁴的¹。

21. 子³午³痧¹④是⁴下⁴等³人²得²的¹多¹，講³究¹衛⁴生¹的¹人²大⁴概⁴得²不⁴了³。

22. 中¹國²的¹瘟¹疫⁴，日⁴本³叫³流²行²病⁴。

23. 腳³上⁴長³了¹凍⁴瘡¹了¹，穿¹不²下⁴毛²兒²窩¹⑤了¹。

---

① 馬脾風：小兒急性喘症，又名風喉、暴喘。

② 風火牙：風火牙痛，症狀有牙齒疼痛、牙齦紅腫等，中醫認爲牙痛多由外感風邪、胃火過旺等引起。

③ 虫吃牙：齲齒。

④ 子午痧：霍亂。舊時霍亂發病死亡率高，有"子時發病午時死亡"的傳說，故稱"子午痧"。（參見張拱貴主編、王聚元等編寫《漢語委婉語詞典》，北京語言文化大學出版社，1996年，60頁）

⑤ 毛兒窩：一種保暖性較好的棉鞋，鞋幫高至腳踝處，分兩半在前面縫合成鞋臉。又叫"棉窩"。

葯材（單句、散語）類

1. 白²礬²
2. 大⁴黃²
3. 潮²腦¹
4. 人²蔘¹
5. 麝⁴香¹
6. 丁¹香¹
7. 鴉¹片⁴
8. 薄¹荷²
9. 巴¹豆⁴油²
10. 畢⁴麻²油²①
11. 機¹那¹
12. 茯²苓²
13. 硫²黃²
14. 榾⁴子¹
15. 桂⁴皮²
16. 野³菊²花¹
17. 麟³
18. 嗼¹啡¹啞¹
19. 甘¹草³
20. 硼²砂¹
21. 丸²藥⁴
22. 膏¹藥⁴
23. 麵⁴子¹藥⁴
24. 葯⁴水³兒²
25. 醒³葯⁴
26. 麻²葯⁴
27. 養³胃⁴葯⁴
28. 發¹散⁴葯⁴
29. 毒²葯⁴
30. 退⁴燒¹葯⁴

1. 白²礬²是⁴澀⁴性⁴，能²打³水³中¹的¹穢⁴污¹，又⁴能²治⁴濕¹為²乾¹。
2. 大⁴黃²又⁴叫⁴川¹軍¹，是⁴四⁴川¹出¹的¹頂³好³，是⁴個⁴打³藥⁴②。
3. 潮²腦¹③是⁴臺¹灣¹出¹的¹多¹，用⁴處⁴最⁴廣³。
4. 人²蔘¹是⁴大⁴補³的¹東¹西¹，是⁴高¹麗¹出¹產³的¹大⁴宗¹兒²。

---

① 畢麻油：蓖麻油。
② 打藥：瀉藥。
③ 潮腦：樟腦。

5. 麝[4]香[1]是[4]開[1]竅[4]的[1]東[1]西[1]，最[4]不[4]容[2]易[4]得[2]，孕[4]婦[4]怕[4]聞[2]那[4]個[4]味[4]兒[2]。

6. 丁[1]香[1]是[4]開[1]口[3]味[4]的[1]，有[3]白[2]紫[3]之[1]分[1]，又[4]能[2]去[4]邪[2]氣[4]。

7. 鴉[1]片[4]的[1]名[2]目[4]很[3]多[1]，有[3]益[2]有[3]損[3]的[1]一[4]種[3]藥[4]材[2]。

8. 薄[2]荷[2]是[4]清[1]涼[2]的[1]性[4]質[4]，麻[2]絲[1]絲[1]兒[2]的[1]。

9. 巴[1]豆[4]油[2]是[4]大[4]毒[2]藥[4]，一[2]到[4]肚[4]子[3]裡[3]就[4]斷[4]腸[2]，所[3]以[3]說[1]"人[2]吃[1]了[3]上[4]房[2]，狗[3]吃[1]了[3]跳[4]牆[2]"。

10. 畢[4]麻[2]油[2]光[1]景[3]就[4]是[4]貝[3]母[3]油[2]，做[4]印[4]色[4]得[2]用[4]這[4]個[4]油[2]。

11. 機[1]那[1]是[4]個[4]去[4]熱[4]的[1]藥[4]，大[4]夫[1]離[2]不[4]開[1]他[1]。

12. 茯[2]苓[2]是[4]養[3]血[4]安[1]神[2]的[1]藥[4]，要[4]是[4]睡[4]不[4]着[2]覺[4]，喝[1]點[3]兒[2]就[4]好[3]。

13. 硫[2]黃[2]的[1]用[4]處[4]最[4]大[4]，做[4]爆[4]竹[2]火[3]柴[2]什[2]廣[3]的[1]，非[1]他[1]不[4]可[3]。

14. 棓[4]子[1]又[4]叫[4]五[3]棓[4]子[1]①，是[4]尅[4]食[2]②消[1]水[3]用[4]的[1]。

15. 桂[4]皮[2]又[4]說[1]肉[4]桂[4]，是[4]個[4]大[4]熱[4]物[2]，吃[1]多[1]了[1]順[4]着[2]鼻[2]子[1]流[2]鮮[1]血[3]。

16. 野[3]菊[2]花[1]是[4]敗[4]火[3]化[4]痰[2]的[1]草[3]藥[4]。

17. 鹼[3]的[1]用[4]處[4]也[3]不[4]少[3]，洗[3]東[1]西[1]最[4]快[4]，做[4]菜[4]做[4]麵[4]可[3]以[3]拿[2]他[1]發[1]一[4]發[1]。

18. 嗎[2]啡[1]啞[1]③就[4]是[4]迷[2]魂[2]藥[4]兒[2]，要[4]是[4]聞[2]見[4]真[1]能[2]昏[1]迷[2]不[4]醒[3]。

19. 甘[1]草[3]是[4]藥[4]位[4]裡[3]頭[2]的[1]軍[1]士[4]，專[1]能[2]用[4]度[4]調[2]和[2]。

20. 硼[2]砂[1]是[4]化[4]堅[1]爲[2]弱[4]的[1]藥[4]材[2]，煉[4]金[1]的[1]時[2]候[2]兒[2]不[4]攔[1]他[1]化[4]不[2]動[4]。

21. 丸[2]藥[4]是[4]各[4]種[3]的[1]藥[4]料[4]磨[4]末[4]成[2]泥[2]，用[4]手[3]揉[2]成[2]圓[2]球[2]兒[2]的[1]，那[4]就[4]叫[4]丸[2]藥[4]。

22. 膏[1]藥[4]是[4]拿[2]藥[4]麵[4]子[1]兒[2]上[4]油[2]，熬[2]得[2]了[1]抹[3]在[4]紙[3]布[4]上[4]貼[1]在[4]患[4]處[4]的[1]，可[3]以[3]拔[2]毒[2]收[1]口[3]兒[2]。

23. 中[1]國[2]的[1]麵[4]子[1]藥[4]是[4]把[3]藥[4]料[4]研[2]成[2]細[4]麵[4]兒[2]，外[4]科[1]用[4]的[1]多[1]。

24. 葯[4]水[3]兒[2]是[4]外[4]國[2]醫[1]家[1]用[4]的[1]大[4]宗[1]兒[2]，中[1]國[2]的[1]儒[2]醫[1]不[2]大[4]用[4]。

25. 要[4]是[4]有[3]憋[1]悶[4]不[4]開[1]懷[2]的[1]人[2]，

---

① 五棓子：五倍子。
② 尅食：助消化。
③ 嗎啡啞：嗎啡。

用⁴醒³药⁴一⁴闻²就⁴好³。

26. 一²塊⁴肉⁴疼²的¹利⁴害⁴，用⁴麻²药⁴一⁴麻²就⁴解³了¹疼²了¹。

27. 所³有³犯⁴胃⁴氣⁴的¹得³常²常兒²吃¹點³兒²養³胃⁴藥⁴纔²好³。

28. 心¹裡³不²痛⁴快⁴，一⁴吃¹發¹散⁴药⁴就⁴舒¹服²了¹。

29. 留²點³兒²神²別²吃¹毒²药⁴，要⁴是⁴吃¹了¹可³是⁴掏¹不⁴出¹來²挖¹不⁴出¹來²。

30. 身¹子¹發¹燒¹滾³熱⁴，總³得³拿²退⁴燒¹药⁴退⁴一²退⁴。

房屋（單句、散語）類

1. 皇²宫¹
2. 禁⁴地⁴
3. 衙²門²
4. 兵¹房²（營²房²）
5. 廟⁴
6. 和²尚⁴廟⁴
7. 喇³嘛²廟⁴
8. 道⁴士⁴廟⁴
9. 教¹場³
10. 砲⁴臺²
11. 帳⁴房²
12. 學²堂²
13. 鋪⁴面⁴房²
14. 住⁴房²
15. 鋪⁴子¹
16. 房²子¹
17. 院⁴子¹
18. 屋¹子¹
19. 影³壁⁴
20. 客⁴廳¹
21. 飯⁴廳¹
22. 臥⁴房²
23. 厨²房²
24. 門²房²
25. 正⁴房²
26. 廂¹房²
27. 賬⁴房²
28. 閨¹房²
29. 套⁴間¹兒²（耳³房²）
30. 大⁴門²
31. 後⁴門²
32. 太⁴平²門²
33. 側⁴門²
34. 澡³堂²
35. 馬³棚²
36. 茅²厠¹（毛²房²）
37. 頂³棚²（望⁴板³）
38. 地⁴板³
39. 樓²板³
40. 牕¹户⁴
41. 槅²扇⁴
42. 炕⁴
43. 臺²堦¹兒²
44. 樓²梯¹

房屋(單句、散語)類   115

45. 米³倉¹
46. 銀²庫⁴
47. 寶³塔³
48. 烟¹筒³
49. 花¹園²子¹
50. 菜⁴園²子¹
51. 籬²笆¹
52. 花¹兒²洞⁴子¹
53. 井³
54. 房²頂³兒²
55. 瓦³隴³兒²
56. 檁³
57. 椽²子¹

58. 柁²
59. 交¹手³
60. 柱⁴脚³石²
61. 柱⁴子¹
62. 晒⁴臺²
63. 戲⁴臺²
64. 隔⁴壁³兒²
65. 蓋⁴房²子¹
66. 打³硪¹
67. 砌⁴墻²
68. 抹³①墻²
69. 和²泥²

1. 中¹國²的¹皇²宮¹是⁴乾²隆²爺²時²候⁴拾²掇²得¹很³好³。
2. 進⁴了¹紫³禁⁴城²就⁴是⁴禁⁴地⁴。
3. 京¹城²的¹大⁴小³衙²門²很³多¹。
4. 營²房²就⁴是⁴兵¹房²。
5. 北³京¹城²裡³廟⁴不⁴少³。
6. 京¹西¹的¹碧⁴雲²寺⁴是⁴和²尚⁴廟⁴。
7. 北³京¹的¹雍¹和²宮¹、黃²寺⁴兒²、黑¹寺⁴兒²都¹是⁴喇³嘛²廟⁴。
8. 最⁴大⁴的¹道⁴士⁴廟⁴要⁴數³白²雲²觀⁴了¹。
9. 教³場³是⁴操¹練⁴兵¹丁¹的¹地⁴方¹兒²。

10. 那⁴年²無²故⁴的¹把⁴吳²淞¹的¹砲⁴臺²拆¹了¹。
11. 出¹兵¹得³用⁴帳⁴房²。
12. 現⁴在⁴各⁴處⁴的¹學²堂²都¹是⁴講³新¹學²。
13. 蓋⁴起³幾³間¹舖⁴面⁴房²來²要⁴出¹租¹。
14. 那⁴一²處⁴住⁴房²太⁴小³,怕⁴住⁴不⁴開¹。
15. 你³這⁴舖⁴子¹開¹了¹有³幾³年²了¹?
16. 那⁴個⁴房²子¹很³講³究⁴。
17. 這⁴個⁴院⁴子¹敞³②亮⁴極²了¹。
18. 你³們¹家¹裡³有³幾³間¹屋¹子¹?

————————
① 抹:底本作"抺"。
② 敞:底本作"廠"。

19. 門²裡³頭²的¹影³壁⁴上⁴貼¹着²個⁴大⁴福²字⁴哪¹。
20. 請⁴您²在⁴客³廳¹裡³坐⁴罷⁴。
21. 飯⁴廳²兒³裡³擺¹上⁴了¹飯⁴了¹。
22. 賊²進⁴了³他¹的¹臥⁴房²,把⁴舖¹蓋⁴都¹偷¹了³去⁴了¹。
23. 厨²房²裡³有³厨²子¹做⁴菜⁴。
24. 隨²着²大⁴門²是⁴兩³間¹門²房²兒²。
25. 坐⁴北³朝²南²的¹三¹間¹大⁴房²就⁴是⁴正⁴房²了¹。
26. 兩³旁²邊¹兒⁰的¹那⁴幾³間¹小³房²就⁴叫⁴廂¹房²。
27. 賬⁴房²裡³有³幾³個⁴管³賬⁴的¹。
28. 姑¹娘²們¹都¹在⁴閨¹房²裡³不²大⁴出¹來²。
29. 正⁴房²兩³邊¹兒⁰有³倆³套⁴間¹兒²。(套⁴間¹兒²和²耳³房²是⁴開¹門²的¹方¹向⁴不⁴同²。)
30. 大⁴門²外⁴頭²是⁴誰²叫⁴門²哪¹?
31. 底³下⁴人²可³打³後⁴門²兒¹出¹入⁴。
32. 太⁴平²門²①是⁴平²常²不⁴開¹的¹。
33. 有³客⁴來²開¹正⁴門²,平²常²走³側⁴門²。
34. 他¹在⁴澡³堂²子¹裡³洗³澡³哪¹。
35. 馬³棚²裡³有³馬³槽²沒²有³?
36. 天¹天¹兒⁰得³上⁴茅²厠¹。(房²後⁴頭²有³毛²房²②。)
37. 頂³棚²也³有³用⁴灰¹抹³的¹,也³有³用⁴紙³糊²的¹。(外⁴國²房²子¹都¹有³望³板³。)
38. 這⁴地⁴板³不⁴平²,桌¹子⁰擺³不⁴穩³。
39. 樓²板³上⁴有³脚³步⁴聲¹兒²。
40. 打³開¹窗¹户⁴透⁴透¹風¹。
41. 正⁴廳²兒⁰上⁴的¹橘²扇⁴都¹關¹好³了¹広¹?
42. 北³邊¹都¹是⁴用⁴炕⁴,南²邊¹都¹是⁴用⁴床²。
43. 一²步⁴步⁴的¹臺²階¹兒²。
44. 樓²梯¹沒²有³扶²手³,怕⁴掉⁴下⁴去⁴。
45. 米³倉¹是⁴屯²米³的¹房²子¹。
46. 衙²門²裡³有³銀²庫⁴,是⁴重⁴要⁴的¹地⁴方¹兒²。
47. 那⁴座⁴寶³塔³很³高¹。
48. 烟¹筒³裡³冒⁴煙¹兒²。
49. 可³以³上⁴花¹園²子¹裡³去⁴逛⁴逛¹。
50. 菜⁴園²子¹裡³種⁴的¹都¹是⁴蔬¹菜⁴。
51. 鄉¹下⁴的¹房²子¹都¹是⁴籬²笆¹障⁴兒²圍²起³來²的¹。
52. 養³花¹得³有³個⁴花¹兒²洞⁴子¹③。
53. 那⁴眼³井³是⁴頂³深¹的¹。
54. 房²頂³兒⁰漏⁴了¹得³收¹拾²收¹拾²。

---

① 太平門:緊急疏散用的門。
② 毛房:茅房。
③ 花兒洞子:一種養花的温室,常爲半地下室。

55. 瓦³隴①兒² 裡³長³了¹草³了¹，得³割¹了¹。
56. 做⁴檁²②頂³好³是⁴用⁴什²广¹木⁴料²？
57. 你³看⁴椽²子¹是⁴方¹的¹好³是⁴圓²的¹好³？
58. 房²子¹好³全²靠⁴柁²③吃¹勁⁴兒²。
59. 立⁴木¹架⁴兒²的⁴時²候⁴兒²先¹得³搭⁴交²手³④。
60. 柱⁴脚²石²有³陰¹陽²面⁴兒²的¹分¹別²。
61. 蓋⁴房²子¹先¹得³立⁴柱²子¹安¹檁³。
62. 上⁴海³的¹房²子¹差¹不⁴多¹家¹家¹都¹有³晒⁴臺²⑤。
63. 中¹國²的¹公¹所³會⁴館³裡³頭²都¹有³戲⁴臺²。
64. 搬¹到⁴我³家¹隔¹壁³兒²來²了¹。
65. 蓋⁴房²子¹的¹事⁴情²很³難²，外⁴行²是⁴不⁴行²的¹。
66. 打³硪¹⑥的¹時²候⁴兒²，他¹們¹唱⁴的¹就⁴叫⁴硪¹歌¹兒²。
67. 砸²好³了¹地⁴基¹，然²後⁴砌¹墙²。
68. 抹²墙²得³用⁴白²灰¹、青¹灰¹、蔴²刀¹⑦什²广¹的¹。
69. 和²泥²是⁴小³工¹子¹的¹事⁴情²。

---

① 瓦隴：屋頂上用瓦鋪成的凸凹相間的行列。
② 檁：檩木，橫架在屋架上承受屋頂荷載的構件。
③ 柁：沿前後方向架在房柱上的橫木。
④ 交手：脚手架。
⑤ 晒臺：陽臺。
⑥ 硪：夯。打夯：用夯把基地砸實。
⑦ 蔴：麻。麻刀：塗墙時摻在泥灰裏的碎麻。又叫"麻擣"。

舖店（單句、散語）類

1. 公¹司¹
2. 洋²行²
3. 總³行²
4. 分¹行²
5. 銀²行²
6. 銀²號⁴
7. 滙⁴票⁴莊¹
8. 錢²舖⁴
9. 首³飾¹樓²
10. 綢²緞⁴舖⁴
11. 布⁴舖⁴
12. 估¹衣¹舖⁴
13. 繡⁴花¹舖⁴
14. 絲¹線⁴舖⁴
15. 扇⁴畫⁴店⁴
16. 藥⁴舖⁴
17. 當⁴舖⁴
18. 書¹舖⁴
19. 古³玩⁴舖⁴
20. 玉⁴器⁴舖⁴
21. 眼³鏡⁴舖⁴
22. 雜²貨⁴舖⁴
23. 樂⁴器⁴舖⁴
24. 鞍¹鉆⁴舖⁴
25. 鞋²舖⁴
26. 傘³舖⁴
27. 茶²葉⁴舖⁴
28. 香¹蠟⁴舖⁴
29. 紙³舖⁴
30. 酒³舖⁴
31. 糧²食²店⁴
32. 煤²舖⁴
33. 炭⁴廠³子¹
34. 木⁴廠³子¹
35. 磚¹瓦³窯²
36. 磁²器⁴舖⁴
37. 銅²舖⁴
38. 錫²舖⁴
39. 洋²鐵³舖⁴
40. 烟¹袋⁴舖⁴
41. 油²漆¹舖⁴
42. 燈¹籠²舖⁴
43. 耍³貨⁴舖⁴
44. 刻¹字⁴舖⁴

45. 皮²貨⁴舖⁴
46. 點³心¹舖⁴
47. 洋²貨⁴舖⁴
48. 廣³貨⁴舖⁴
49. 櫃⁴箱¹舖⁴
50. 照⁴相⁴館³
51. 成¹衣¹舖⁴
52. 客⁴店⁴
53. 澡³堂²子¹
54. 戲⁴館³子¹
55. 雜²耍³兒²館³子¹
56. 飯⁴館³子¹
57. 茶²館³兒¹
58. 麵⁴館³兒²
59. 餑¹餑¹舖⁴
60. 羊²肉⁴舖⁴
61. 湯¹鍋¹

62. 雞¹籠²
63. 魚²床²子¹
64. 果³局²子¹
65. 菜⁴床²子¹
66. 鏇⁴床²子¹
67. 機¹坊¹
68. 染³坊¹
69. 糖²坊¹
70. 油²坊¹
71. 磨⁴坊¹
72. 豆⁴腐³房²
73. 稅⁴局²子¹
74. 信⁴局²子¹
75. 電⁴報⁴局²
76. 郵²政⁴局²
77. 招¹商¹局²

1. "公¹司¹"二⁴字⁴是⁴新¹名²目¹,還³分¹個⁴有³限⁴無²限⁴呢¹。
2. 在⁴中¹國²的¹日⁴本³洋²行還²屬³三¹井³是⁴第⁴一¹了¹。
3. 他¹們的¹總³行²是⁴在⁴日⁴本³東¹京¹地⁴方¹。
4. 分¹行²是⁴大⁴小³碼³頭²都¹有³。
5. 在⁴中¹國²的¹外⁴國²銀²行²最⁴大⁴的¹是⁴滙²豐¹。
6. 銀²號⁴的¹買³賣⁴和⁴銀²行²差¹不⁴多¹。
7. 滙⁴票⁴莊¹各⁴省³都¹有³,不²論⁴官¹欵³民²欵³都¹可³以³滙⁴。
8. 零²碎⁴換⁴錢²是⁴錢²舖⁴的¹買³賣⁴。
9. 娘²兒²們打³首³飾¹得³上⁴首³飾¹樓²去⁴。
10. 北³京¹的¹綢²緞⁴舖算⁴是⁴大⁴買³賣⁴了¹。
11. 布⁴舖裡³賣⁴的¹都¹是⁴粗¹細⁴布⁴,不²賣⁴洋²布⁴。

12. 估¹衣¹①舖⁴的¹衣¹裳¹總³便²宜²點³兒²。
13. 繡¹花¹舖⁴賣⁴的¹都¹是⁴綉⁴貨⁴②。
14. 絲¹線⁴舖⁴賣⁴的¹是⁴縧¹子³、繐¹子³、帶⁴子³甚²麼¹的¹。
15. 扇⁴畫⁴店³裡³名²人²字⁴畫⁴很³多¹。
16. 上⁴藥⁴舖⁴裡³去⁴抓¹劑⁴葯⁴來²。
17. 當¹舖⁴裡³可³以³取³二⁴分¹利⁴,再⁴多¹就⁴犯⁴法³了¹。
18. 那⁴書¹禁⁴止³了¹,書¹舖⁴裡³不⁴敢³賣⁴。
19. 古³玩⁴舖⁴是⁴賣⁴古³玩⁴玉⁴器⁴的¹。
20. 玉⁴器⁴舖⁴是⁴賣⁴珠¹寶³玉⁴器⁴的¹。
21. 近⁴視⁴眼³看⁴不⁴清¹,上⁴眼³鏡⁴舖⁴裡³去⁴配⁴副⁴眼³鏡⁴兒²就⁴好³了¹。
22. 襪²貨⁴舖⁴裡³甚²麼¹都¹有³賣⁴的¹。
23. 琵²琶¹、絃²子³、笙¹簫¹、管³笛²,都¹是⁴樂⁴器⁴舖⁴裡³的¹東¹西¹。
24. 馬³身¹上⁴的¹傢¹伙³鞍¹帖⁴③舖⁴裡³都¹買³得²出¹來²。
25. 鞋²舖⁴就⁴是⁴靴¹舖⁴。
26. 傘³舖⁴裡³也³賣⁴雨³具⁴和³蓆²什²麼¹的¹。
27. 上⁴茶²葉⁴舖⁴去⁴買³茶²葉⁴都¹是⁴論⁴分¹兩³。
28. 北³京¹有³個⁴有³名²的¹香¹蠟⁴舖⁴名²叫⁴火³樹⁴林²。
29. 紙³舖⁴是⁴竟⁴賣⁴紙³張¹的¹。
30. 那⁴邊¹兒²有³個⁴小³酒³舖⁴兒²,偺¹²們²去⁴喝¹盅¹酒³罷⁴。
31. 糧²食²店⁴用⁴的¹斛⁴斗³大⁴小³都¹是⁴官¹定⁴的¹。
32. 煤²球²兒²完²上⁴來²了¹,叫⁴煤²舖⁴裡³快⁴送⁴來²罷⁴。
33. 炭⁴廠³子³裡³的¹炭⁴堆¹着²很³多¹。
34. 他¹本³是⁴木⁴作⁴④的¹手³藝⁴,現⁴在⁴開¹了¹個⁴小³木⁴廠²子³了¹。
35. 他¹開¹着²磚¹瓦³窑²,要⁴多¹少³磚¹瓦³都¹可³以³供¹。
36. 飯⁴碗³、酒³杯¹、盤²子³、碟²子³什²麼¹的¹磁²器⁴舖⁴裡³全²有³。
37. 銅²舖⁴是⁴專¹賣⁴銅²器⁴的¹。
38. 錫¹舖⁴是⁴專¹賣⁴錫¹鑞⁴貨⁴兒²的¹。
39. 洋²鐵³做⁴的¹罐⁴子³和³零²用⁴東¹西¹是⁴洋²鐵³舖⁴裡³賣⁴。
40. 賣⁴水³旱⁴烟¹袋⁴的¹地⁴方¹兒²叫⁴烟¹袋⁴舖⁴。
41. 各⁴舖⁴子³掛⁴的¹招¹牌²都¹在⁴油²漆¹舖⁴裡³定⁴做⁴的¹。
42. 做⁴燈¹籠²的¹地⁴方¹也³說¹燈¹籠²舖⁴。

① 估衣:舊衣服或原料較次、加工較粗的新衣服。
② 綉貨:刺綉品。
③ 鞍帖:鞍具的統稱。也作"鞍韉""鞍韂"。
④ 木作:木工作坊。

43. 耍²貨⁴舖⁴①裡³什²広¹玩²意⁴兒²都¹有³。
44. 到⁴刻¹字⁴舖⁴裡³去⁴叫⁴他¹們⁴給³刻⁴一²個⁴名²戳¹②子¹。
45. 近⁴年²皮⁴貨⁴舖⁴裡³的¹皮²筒⁵子¹很³貴⁴。
46. 點⁴心¹舖⁴就⁴彷³佛²日⁴本³說¹的¹菓⁴子¹店⁴似⁴的¹。
47. 洋²布⁴、洋²絨²甚²広¹的¹都¹是⁴洋²貨⁴店⁴裡³賣⁴。
48. 廣³貨⁴舖⁴賣⁴的¹是⁴廣³東¹來²的¹東¹西¹。
49. 木⁴箱²子¹是⁴櫃²箱¹舖⁴裡³打³的¹。
50. 本³地⁴的¹照⁴相⁴館³頂³好³是⁴那³一⁴家¹？
51. 裁²縫²舖⁴也³叫⁴成²衣¹舖⁴。
52. 他¹住⁴在⁴客⁴店⁴裡³了¹。
53. 澡³堂²子¹裡³還³有³官¹堂²③、盆²堂⁴、池²湯¹④的¹分¹別²。
54. 惟²獨⁴戲⁴館³子¹的¹柁²叫⁴駕⁴海²。
55. 上⁴海³的¹外⁴國²雜²耍²兒²館²子¹倒⁴不²錯⁴。
56. 日⁴本³的¹飯⁴館³子¹叫⁴料⁴理³屋¹，你³想³怪⁴不²怪⁴？

57. 北³邊¹的¹茶²館³兒²也³可³以³吃¹飯⁴。
58. 叫⁴麪⁴館²³兒²裡³端¹兩²³碗³滷³麪⁴來⁴罷⁴。
59. 餑²餑²舖⁴裡³也³賣⁴各⁴樣⁴兒²的¹點³心⁴。
60. 羊²肉⁴舖⁴是⁴在⁴教⁴的¹人²開¹的¹。
61. 湯¹鍋⁴是⁴宰³猪¹的¹地⁴方²兒²。
62. 雞¹籠²裡³的¹鴨¹子¹都¹是⁴填²飽³了¹的¹。
63. 你³到⁴魚²床²子¹上⁴去⁴看⁴看⁴有³什²広¹魚²。
64. 果³局²子¹裏³賣⁴的¹都¹是⁴鮮¹果³子¹。
65. 菜⁴床²子¹的¹菜⁴是⁴從²市⁴上⁴批¹下⁴來²的¹。
66. 鏇⁴床²子¹裡³鏇⁴⑤的¹不²是⁴嘎¹兒²⑥就⁴是⁴棒⁴兒²。
67. 蘇¹杭²兩³處⁴機¹坊¹很³多¹。
68. 開¹染⁴坊¹得³用⁴顏²料⁴。
69. 糖²坊¹是⁴做⁴大⁴麥⁴糖²的¹。
70. 上⁴油²坊¹去⁴打³油²。
71. 現⁴在⁴的¹磨⁴坊¹是⁴用⁴機⁴器⁴磨⁴

---

① 耍貨舖：明清時期北京專售民間玩具的店舖。
② 戳：底本作"戮"。名戳子：印章。
③ 官堂：較高檔的澡堂，一室僅容一人或數人，每人使用一個澡盆。(張宗平、呂永和譯，呂永和、湯重南校《清末北京志資料》，北京燕山出版社，1994年，503頁)
④ 池湯：供多人同時入浴的大浴池，價格低廉。也叫"池堂"。
⑤ 鏇：用車床或刀子轉着圈地削。
⑥ 嘎兒：木製的圓球。

粉³的¹多¹。

72. 豆⁴腐³房²是⁴半⁴夜³裡³就⁴起³來²磨⁴豆⁴腐³了¹。

73. 這⁴兒²有³稅⁴局²子²得³上⁴稅⁴。

74. 你³有³銀²信⁴①可³以³託¹信⁴局²子¹②寄⁴去⁴。

75. 電⁴報⁴局²也³給³人²翻¹報⁴③。

76. 現⁴在⁴上⁴海³的¹郵²政³總³局²盍⁴的¹很²³體³面⁴。

77. 招¹商¹局²的¹買³賣⁴一⁴年²總³不⁴少³了¹。

---

① 銀信：銀兩和書信的合稱，舊時在外地做事的人多將書信和匯款一并寄往家中。清袁枚《新齊諧》卷二十一《奇騙》："一少年從外入，禮貌甚恭，呼翁爲老伯，曰：'令郎貿易常州，與侄同事，有銀信一封，托侄寄老伯……'（信）皆家常瑣屑語，末云：'外紋銀十兩，爲爺薪水需。'"（崔國光校點，齊魯書社，1986年，446頁）

② 信局子：清末的民間通信機構，多由私人籌辦。

③ 翻報：翻譯電報。

顏色（單句、散語）類

1. 青¹灰¹
2. 深¹青¹灰¹
3. 淺³灰¹
4. 庫⁴灰¹
5. 洋²灰¹
6. 白²灰¹
7. 豆⁴沙¹色⁴
8. 品³藍²
9. 京¹醬⁴
10. 楊²妃¹色⁴
11. 竹²根³青¹
12. 墨⁴綠⁴
13. 雪³湖²
14. 棗³紅²
15. 泥²金¹
16. 深¹湖²色⁴
17. 淡⁴蜜⁴色⁴
18. 紫³醬⁴
19. 紫³駝²
20. 月⁴白²
21. 鶯²黃²
22. 品³綠⁴
23. 猪¹肝¹色⁴
24. 葵²綠⁴
25. 寶³藍²
26. 銀²灰¹
27. 雪³青¹
28. 杏⁴黃²
29. 藕³合²
30. 大⁴紅²
31. 豆⁴青¹
32. 葱¹心¹綠⁴
33. 茶²青¹
34. 淡⁴茶²青¹
35. 天¹青¹
36. 桃²紅²
37. 古³銅²色⁴
38. 湖²綠⁴

1. 青¹灰¹色⁴也³大⁴氣⁴，做⁴爺²們¹的¹大⁴襖兒²、馬³褂兒²都¹可³以³用³，可³是⁴方¹馬³褂兒²不⁴能²用⁴這⁴個⁴顏²色⁴。娘²兒²們¹也³是⁴一²樣⁴，總³

是⁴家¹常²用⁴的¹多¹。

2. 深⁴青¹灰¹和⁴青¹灰¹差⁴不⁴多¹的¹用⁴法³，些¹微¹覺²得⁴太⁴老¹一⁴點³兒²就⁴是⁴了¹。

3. 淺³灰¹這⁴個⁴顏²色⁴很²雅³，也³大⁴方¹，官¹場²用⁴這⁴個⁴做⁴袍²子¹的¹很²多¹，做⁴軍¹機¹褂⁴的¹少⁴一⁴點³兒²，因¹爲²顏²色⁴近⁴於²太⁴素⁴，而²且³容²易⁴變⁴色⁴，沾¹不⁴得²水³，一⁴沾¹水³就⁴犯⁴。

4. 庫⁴灰¹不²大⁴好³看⁴，無²論⁴做⁴甚²庅¹都¹不²順⁴眼³，就⁴是⁴招¹了¹臟⁴不²大⁴顯³眼³。

5. 洋²灰¹是⁴新¹出¹的⁴，現⁴在⁴爺²們¹娘²兒²們¹都¹有³用⁴這⁴個⁴做⁴襖³子¹的¹，別²的¹衣¹裳¹不²大⁴用⁴。

6. 白²灰¹也³大⁴方¹，也³雅³靜⁴，更⁴是⁴官¹場²通¹用⁴的¹。可³也³就⁴是⁴做⁴袍²子¹用⁴，不⁴能²做⁴別²的¹，也³因¹爲²是⁴太⁴素⁴。

7. 豆⁴砂¹色⁴我³看⁴倒⁴不⁴錯⁴，葷¹素⁴都¹可³以³用⁴，又⁴文²雅³又⁴不⁴嫌²素⁴靜⁴，又⁴耐⁴臟⁴，無²論⁴大⁴人²孩²子¹、男²人²女³人²都¹用⁴，前²兩³年²很²通¹行²，現⁴在⁴又⁴行²過⁴了¹。這⁴些¹顏²色⁴都¹是⁴做⁴袍²子¹的¹多¹，或⁴者³套⁴褲⁴什²庅¹的¹。馬³褂⁴兒²所³不⁴能²用⁴，這⁴是⁴做⁴婦⁴人²女³子¹之¹服²最⁴相¹宜²。

8. 品³藍²男²女³都¹可³以³做⁴襖³兒²，爺²們¹也³可³以³做⁴馬³褂⁴兒²，可³是⁴娘²兒²們¹的¹褲⁴子¹也³有³用⁴這⁴個⁴顏²色⁴的¹，若⁴是⁴二⁴藍²、三¹藍²，比³這⁴個⁴顏²色⁴又⁴彷²彿²是⁴大⁴方¹些¹，可³沒²這⁴個⁴醒³目⁴。

9. 京¹醬⁴，爺²們¹的¹便⁴衣¹兒²之¹中¹做⁴馬³褂⁴兒²最⁴好³，可³也³有³做⁴袍²子¹的¹，若⁴是⁴做⁴了¹馬³褂⁴兒²，什²庅¹顏²色⁴的¹袍²子¹都¹配⁴得²上⁴；若⁴是⁴做⁴了¹袍²子¹，總³得³配⁴上⁴天¹青¹緞⁴子¹的¹馬³褂⁴兒²，或⁴是⁴二⁴藍²的¹、泥²金¹的¹、蜜⁴色⁴的¹、紫³駝²的¹馬³褂⁴兒²都¹行²，娘²兒²孩²子¹們¹也³可³用⁴。

10. 楊²妃¹色⁴是⁴專¹做⁴娘²兒²們¹、孩²子¹們¹的¹衣¹裳¹用⁴，爺²們¹決²不⁴能²用⁴的¹，不²但⁴不⁴能²做⁴馬³褂⁴兒²，連²袍²子¹都¹不¹能²用⁴，至⁴多¹做⁴一⁴雙¹套⁴褲⁴，還²得³年²輕¹纔²行²。就⁴是⁴娘²兒²們¹，用⁴這⁴個⁴做⁴裹²子¹的¹也³少³。

11. 竹²根¹青¹也³是⁴葷¹素⁴並⁴用⁴，到⁴底³年²輕¹的¹和⁴娘²兒²們¹用⁴相¹宜²，上⁴年²紀⁴的¹人²總³不²大⁴合²式⁴。春¹秋¹二⁴季⁴，這⁴個⁴顏²色⁴的¹衣¹裳¹好³看⁴。

12. 墨⁴綠⁴江¹蘇¹人²不²大⁴用⁴，廣³東¹人²用⁴的¹多¹，顏²色⁴倒⁴不⁴錯⁴，又⁴耐⁴久³又⁴不⁴招¹臟¹，就⁴

是[4]一[2]樣[4],不[4]能[2]上[4]正[4]場[2]面[4]登[1]大[4]雅[3]之[1]堂[2],官[1]場[2]穿[1]的[1]少[3],都[1]是[4]平[2]常[2]人[2]用的[1]多[1],娘[2]兒[1]們[1]可[3]不[2]論[4]。

13. 雪[3]湖[2]也[3]是[4]新[1]行[2]的[1]顏[2]色[4],不[4]很[3]正[4]派[4],也[3]就[4]是[4]姑[1]娘[2]孩[2]子[1]們[1]用的[1]多[1],爺[2]們[1]用[4]的[1]少[3]。

14. 棗[3]紅[2]用[4]處[4]不[4]寬[1],爺[2]們[1]做[4]馬[3]褂[4]兒[2]、袍[2]子[1]還[2]得[3]花[1]兒[2]的[1]纔[2]行[2],別[2]的[1]沒[2]有[3]什[2]広[3]用[4]處[4]。

15. 泥[2]金[1]是[4]上[4]色[4],不[2]論[4]什[2]広[3]都[1]可[3]用[4],便[4]服[4]之[1]中[1]做[4]馬[3]褂[4]兒[2]、袍[2]子[1],都[1]是[4]上[4]等[3]人[2]官[1]場[2]中[1]用的[1],無[2]論[4]甚[2]麼[1]顏[2]色[4]都[1]配[4]得[4]上[4]。我[3]見[4]娘[2]兒[2]們[1]有[3]用[4]這[4]個[4]做[4]褲[4]子[1]的[1],那[4]實[2]在[4]糟[1]糕[2]極[2]了[1]。

16. 深[1]湖[2]色[4]和[2]竹[2]根[1]青[1]一[2]樣[4]的[1]用[4]法[3],夏[4]天[1]用[4]的[1]多[1]。

17. 淡[4]蜜[4]色[4]太[4]嬌[1]嫩[4]太[4]淺[3],不[4]能[2]永[3]遠[3]這[4]個[4]顏[2]色[4]兒[2],也[3]容[2]易[4]招[1]臟[4],那[4]個[4]用[4]處[4]和[2]泥[2]金[1]不[4]差[1]甚[2]広[1]。

18. 紫[3]醬[4]也[3]看[4]材[4]料[2]兒[2],以[3]緞[4]子[1]而[2]論[4],現[4]在[4]很[3]行[2],別[2]的[1]材[4]料[2]也[3]不[2]大[4]行[2],可[3]是[4]這[4]個[4]顏[2]色[4]正[4]派[4],無[2]論[4]老[3]少[4]男[2]女[3]都[1]有[3]用的[1],各[4]樣[4]衣[1]裳[2]也[3]都[1]

可[3]以[3]做[4]。

19. 紫[3]駝[2]也[3]很[3]古[3]雅[3],也[3]很[3]文[2]靜[4],也[3]大[4]方[1],娘[2]兒[2]們[1]小[3]孩[2]子[1]用[4]着[2]不[4]好[3]看[4]。

20. 月[4]白[2]這[4]個[4]顏[2]色[4]都[1]是[4]做[4]衣[1]服[2]裡[3]兒[2]的[1],別[2]的[1]顏[2]色[4]都[1]是[4]做[4]面[4]兒[2],沒[2]有[3]做[4]裡[3]兒[2]的[1],就[4]有[3]一[2]宗[1]白[2]板[3]綾[2],可[3]以[3]做[4]裡[3]兒[2],現[4]在[4]也[3]不[2]大[4]興[1]。

21. 鶯[2]黃[2]很[3]貴[4]重[4],黃[2]帶[4]子[1]、黃[2]馬[3]褂[4]兒[2]、一[4]品[3]或[4]是[4]出[1]品[3]的[1]都[1]是[4]他[1]。中[1]央[1]屬[3]土[3],土[3]是[4]黃[2]的[1],所[3]以[3]貴[4]重[4],平[2]常[2]人[2]不[4]能[2]用[4]。

22. 品[3]綠[4]爺[2]們[1]更[4]不[2]大[4]用[4]了[1],小[3]姑[1]娘[2]們[1]做[4]褲[4]子[1]、襪[3]兒[2]。姨[2]太[4]太[4]不[4]准[3]穿[1]大[4]紅[2]裙[2],就[4]用[4]這[4]個[4]做[4]裙[2]子[1]。

23. 猪[1]肝[1]色[4]人[2]都[1]不[2]大[4]愛[4],可[3]倒[4]是[4]正[4]色[4],袍[2]子[1]、馬[3]褂[4]兒[2]都[1]能[2]做[4],娘[2]兒[2]們[1]用[4]的[1]很[3]少[3],因[1]為[4]是[4]土[4]地[4]臉[3]兒[2]似[4]的[1],不[2]大[4]好[3]看[4]。

24. 葵[2]綠[4]倒[4]是[4]好[3]顏[2]色[4],雖[1]然[2]和[4]品[3]綠[4]彷[3]彿[2],其[2]實[2]也[3]是[4]正[4]色[4],和[4]秋[1]香[1]差[1]不[4]多[1],爺[2]們[1]若[4]做[4]一[2]件[4]秋[1]香[1]色[4]袍[2]子[1],配[4]上[4]一[2]件[4]京[1]醬[4]的[1]馬[3]褂[4]兒[2],真[1]是[4]好[3]看[4],又[4]大[4]氣[4]又[4]奪[2]目[4]。再[4]若[4]是[4]年[2]紀[4]輕[1]

的[1]小[3]夥[3]兒[2]，長[3]得[2]好[3]，一[2]定[4]叫[4]人[2]搶[3]了[1]去[4]了[1]。

25. 寶[3]藍[2]是[4]最[4]耐[4]久[3]的[1]，甚[2]広[1]都[1]能[2]做[4]，大[4]概[4]總[3]是[4]老[3]頭[2]兒[2]、老[3]媽[1]兒[2]們[4]用[4]的[1]多[1]。

26. 銀[2]灰[1]就[4]是[4]太[4]文[2]雅[3]了[1]，又[4]尊[1]重[4]又[4]動[4]人[2]，非[1]有[3]潘[1]安[1]般[1]的[1]貌[4]、西[1]施[1]般[1]的[1]容[2]不[4]配[4]穿[1]。若[4]是[4]疤[1]癩[4]臉[3]兒[2]或[4]是[4]癩[4]蝦[1]蟆[2]似[4]的[1]人[2]穿[1]這[4]個[4]顏[2]色[4]，不[2]但[4]不[4]好[3]看[4]，倒[4]叫[4]人[2]看[4]着[2]嘈[1]唓[1]①的[1]一[2]笑[4]。

27. 雪[3]青[1]只[3]好[3]年[2]輕[1]的[1]婦[4]女[3]們[4]做[4]下[4]衣[1]，是[4]很[3]動[4]人[2]的[1]，爺[2]們[4]實[2]在[4]用[4]不[4]着[2]，可[3]也[3]有[3]小[3]夥[3]子[1]做[4]大[4]襖[3]兒[2]的[1]，看[4]着[2]真[1]頷[2]磣[3]②。

28. 杏[4]黃[2]也[3]是[4]正[4]色[4]，但[4]是[4]不[2]算[4]黃[2]色[4]，是[4]紅[2]色[4]一[2]路[4]了[1]。廣[2]東[1]娘[2]兒[2]們[4]有[3]用[4]這[4]個[4]做[4]裙[2]子[1]的[1]，未[4]免[3]暴[4]殄[3]天[1]物[4]了[1]，也[3]未[4]免[3]僭[3]③妄[4]。總[3]而[2]言[2]之[1]，爺[2]們[4]可[3]以[3]做[4]馬[3]褂[4]兒[2]的[1]，娘[2]兒[2]們[4]不[4]該[1]當[4]做[4]下[4]衣[1]，現[4]在[4]不[4]然[2]。

29. 藕[3]合[2]也[3]不[2]是[4]正[4]色[4]，"紅[2]紫[3]不[4]以[3]爲[2]褻[4]服[2]"，是[4]聖[4]人[2]的[1]教[4]訓[4]。這[4]等[3]顏[2]色[4]只[23]好[3]做[4]零[2]碎[4]東[1]西[1]，或[4]是[4]斗[3]蓬[1]、風[1]帽[4]什[2]広[1]的[1]，因[1]爲[4]大[4]紅[2]的[1]斗[3]蓬[2]和[4]風[1]帽[4]，非[1]有[3]官[1]職[2]的[1]人[2]不[4]能[2]用[4]。

30. 大[4]紅[2]也[3]是[4]尊[1]貴[4]的[1]，比[3]方[1]一[2]家[1]子[1]有[3]一[2]個[4]媳[2]婦[4]還[2]有[3]一[2]個[4]妾[4]，只[3]准[4]這[4]個[4]媳[2]婦[4]兒[2]穿[1]大[4]紅[2]，妾[4]若[4]穿[1]了[1]大[4]紅[2]，媳[4]婦[4]的[1]娘[2]家[1]一[2]定[4]要[4]和[4]男[2]家[1]講[3]理[3]，還[2]許[3]打[3]官[1]司[1]，所[3]以[3]北[3]邊[1]人[2]最[4]喜[3]用[4]的[1]。

31. 豆[4]青[1]和[4]茶[2]青[1]差[1]不[4]多[1]一[2]類[4]，可[3]是[4]豆[4]青[1]文[2]雅[3]，茶[2]青[1]正[4]派[4]，各[4]有[3]所[3]長[2]，也[3]看[4]各[4]人[2]所[3]好[4]就[4]是[4]了[1]，至[4]於[2]做[4]衣[1]裳[2]，也[3]不[4]拘[1]甚[2]広[1]都[1]行[2]。

32. 葱[1]心[1]綠[4]太[4]淺[3]，只[3]好[3]夏[4]天[1]用[4]，不[2]是[4]做[4]冬[1]衣[1]的[1]顏[2]色[4]，南[2]邊[1]人[2]床[2]上[4]的[1]帳[4]子[1]可[3]以[3]用[4]這[4]個[4]做[4]，大[4]衣[1]不[4]行[2]，官[1]衣[1]兒[2]更[4]不[4]行[2]。

33. 茶[2]青[1]不[2]錯[4]，又[4]耐[4]久[3]又[4]不[4]十[2]分[1]華[2]麗[4]，可[3]倒[4]不[4]俗[2]，馬[3]褂[4]兒[2]、袍[2]子[1]都[1]能[2]做[4]。

34. 淡[4]茶[2]青[1]也[3]文[2]雅[3]，也[3]正[4]派[4]，

---

① 唓：嗤。
② 頷磣：寒磣。
③ 僭：僭。

顏色（單句、散語）類　127

文^{2}質^{2}彬^{1}彬^1，不^{4}蠢^{3}不^{4}俗^2，算^{4}是^{4}好^{3}顏^{2}色^4，就^{4}怕^{4}沾^{4}水^3，一^{1}沾^{4}水^{3}就^{4}犯^4，所^{3}以^{3}衣^{1}裳^{4}不^{4}多^{1}的^{1}人^{2}不^{4}輕^{1}易^{4}用^4。

35. 天^{1}青^{1}是^{4}最^{4}正^{4}最^{4}通^{1}行^{2}最^{4}尊^{1}貴^{4}的^{1}了^1，凡^{2}是^{4}官^{1}衣^{1}兒^{2}用^{4}的^{1}短^{3}套^{4}子^1、長^{2}套^{4}子^1，非^{1}用^{4}這^{4}個^{4}不^{4}行^2，定^{4}例^{4}是^{4}下^{4}等^{3}人^{2}不^{4}准^{3}用^4，只^{3}可^{3}用^{4}元^{2}色^4，這^{4}都^{1}是^4《會^{4}典^3》①上^{4}記^{4}載^{3}的^1，若^{4}是^{4}有^{4}白^{2}事^4，不^{2}論^{4}上^{4}中^{1}下^{4}三^{1}等^{3}人^{2}都^{1}用^{4}元^{2}色^4，不^{2}用^{4}天^{1}青^1。

36. 桃^{2}紅^{2}與^{3}大^{4}紅^{2}不^{4}同^2，和^{4}銀^{2}紅^{2}粉^{3}紅^{2}是^{4}一^{2}路^4，不^{4}算^{4}正^{4}色^4，可^{3}是^{4}娘^{2}兒^{2}們^{1}很^{3}愛^4，婦^{4}女^{3}裹^{3}脚^{3}的^1，用^{4}這^{4}個^{4}做^{4}雙^{4}小^{3}綉^{4}鞋^{2}兒^2，就^{4}彷^{3}彿^{2}是^{4}出^{1}水^{3}的^{1}紅^{2}菱^{2}似^{4}的^1，然^{2}而^{2}總^{23}得^{3}三^{1}寸^{4}金^{1}蓮^{2}纔^{2}行^2，若^{4}是^4

尺^{3}半^{4}拉^{3}兒^{2}的^{1}脚^{3}用^{4}這^{4}個^{4}做^{4}鞋^2，那^{4}就^{4}把^{3}人^{2}的^{1}牙^{2}都^{1}可^{3}以^{3}笑^{4}掉^{4}了^1。

37. 古^{3}銅^{2}色^{4}很^{3}文^{2}靜^4，很^{3}正^{4}派^4，也^{3}算^{4}是^{4}上^{4}等^{3}顏^{2}色^4，官^{1}場^{2}買^{3}賣^{4}人^{2}通^{1}行^2，什^{2}広^{1}材^{2}料^{4}什^{2}広^{1}東^{1}西^{1}都^{1}能^{2}做^4。

38. 湖^{2}綠^{4}也^{3}是^{4}做^{4}裡^{3}兒^{2}用^{4}的^1，做^{4}面^{4}兒^{2}少^3，婦^{4}女^{3}偶^{3}然^{2}用^{4}他^{1}做^{4}面^{4}兒^{2}的^{1}也^{3}有^3，可^{3}也^{3}看^{4}什^{2}広^{1}材^{2}料^4。若^{4}是^{4}紗^{1}羅^{2}綢^{2}絹^{1}之^{1}類^4，爺^{2}們^{1}也^{3}可^{3}以^{3}做^{4}夏^{4}天^{1}的^{1}衣^{1}裳^1，緞^{4}子^1、綾^{2}子^{1}就^{4}没^{2}有^{3}用^{4}這^{4}個^{4}顏^{2}色^{4}做^{4}衣^{1}裳^{1}的^{1}了^1。國^{2}家^{1}定^{4}例^4，黃^{2}的^{1}不^{2}用^{4}說^1，天^{1}青^{1}最^{4}貴^{4}重^4，其^{2}次^{4}是^{4}大^{4}紅^2，另^{4}外^{4}就^{4}是^{4}黑^{1}白^{2}兩^{3}樣^{4}兒^2，別^{2}的^{1}都^{1}是^{4}裸^{2}色^{4}不^{4}一^{2}定^4。

---

① 會典：記載一代典章制度的書，其體例源于《周官》《周禮》，明清時期稱"會典"。

家常問答

第一章　（破案起贓，窩家涉訟）

1. 東[1]街[1]那[4]個[4]古[3]玩[4]舖[4]是[4]怎[3]広[1]關[1]了[1]？
2. 那[4]個[4]舖[4]子[1]不[2]是[4]關[1]了[1]。
3. 不[2]是[4]關[1]了[1]，怎[3]広[1]上[4]着[1]門[2]呢[1]？
4. 是[4]因[1]爲[4]打[3]了[1]官[1]司[1]了[1]，得[3]暫[4]且[3]關[1]幾[3]天[1]。
5. 是[4]和[4]誰[2]打[3]了[1]官[1]司[1]了[1]呢[1]？
6. 不[2]是[4]和[4]人[2]打[3]了[1]官[1]司[1]了[1]。
7. 那[4]広[1]是[4]怎[3]麼[4]件[4]事[1]呢[1]？
8. 是[4]因[1]爲[4]買[3]了[1]賊[2]贓[1]了[1]，叫[4]賊[2]扳[1]①出[1]來[2]了[1]。
9. 是[4]買[3]了[1]甚[2]麼[4]賊[2]贓[1]了[4]？
10. 是[4]買[3]了[1]一[2]個[4]金[1]表[3]、一[2]掛[4]朝[2]珠[1]。
11. 是[4]誰[2]家[1]丢[1]的[1]？
12. 是[4]一[2]個[4]宅[1]門[2]子[1]丢[1]的[1]。
13. 那[4]麼[4]買[3]的[1]時[2]候[4]没[3]對[4]舖[4]保[3]②広[1]？
14. 大[4]概[1]是[4]没[2]對[4]舖[4]保[3]。
15. 巧[3]了[1]③買[3]的[1]準[3]便[1]宜[1]罷[4]？
16. 聽[1]説[1]是[4]買[3]的[1]很[3]便[2]宜[1]。
17. 贓[1]起[3]了[1]去[4]了[1]広[1]？
18. 是[4]起[3]了[1]去[4]了[1]。
19. 買[3]了[1]幾[3]天[1]就[4]犯[4]了[1]案[4]了[1]広[1]？
20. 就[4]是[4]那[4]天[1]早[3]起[3]買[3]的[1]，趕[3]

---

① 扳：招供的時候拏扯別人。也説"誣板""誣攀"。
② 舖保：以店舖名義作擔保。
③ 巧了：大概，估計。

响²午⁴衙²門²裡³就⁴把³賊²拿²住⁴了¹,晚³上⁴差¹人²帶⁴着²賊²到⁴鋪⁴子¹指³贓²來²了¹。

21. 現⁴在⁴那⁴個⁴舖⁴子¹的¹掌³櫃⁴的¹在⁴衙²門²裏³了¹麼¹?

22. 掌³櫃⁴的¹沒²在⁴家¹,出¹外⁴去⁴了¹,把⁴舖⁴子¹的¹一²個¹夥³計⁴傳²了¹去⁴了¹。

23. 那⁴广¹那⁴個⁴舖⁴子¹得³多¹咱¹纔²能²開¹呢¹?

24. 總³得³等³完²了¹案⁴纔²能²開¹哪¹。

第二章(託人售物,應允賒賬)

1. 你³是⁴纔²進⁴城²广¹?
2. 可³不²是⁴广¹,纔²進⁴城²。
3. 你²沒²遇⁴見⁴我³們¹掌⁴櫃⁴的¹广¹?
4. 我³沒²碰⁴見⁴他¹,他¹上⁴那⁴兒²去⁴了¹?
5. 他¹出¹城²找³你³去⁴了¹。
6. 他¹巧³了¹出¹的¹是⁴前²門²,我³進⁴的¹是⁴哈³達²門²①。
7. 不²錯⁴,他¹出¹的¹是⁴前²門²。
8. 他¹幹¹甚²广¹找³我³去⁴了¹?
9. 你³們¹俩³不²是⁴定⁴規¹的¹今¹兒²個⁴在⁴城²外¹頭²見⁴广¹?
10. 我³沒²和⁴他¹定⁴規¹在¹城²外⁴頭²見⁴哪¹。
11. 那⁴广¹是⁴怎³广¹定⁴規¹的¹呢¹?
12. 我³那⁴天¹就⁴告⁴訴⁴他¹,三¹五³天¹我³進⁴城²來²。
13. 那⁴广¹許³是⁴他¹那⁴天¹聽⁴錯⁴了¹。
14. 他¹出¹城²找³我³,是⁴爲⁴什²广¹事⁴情²啊⁴?
15. 就⁴是⁴爲⁴上⁴同²那⁴個⁴客⁴人²買³東¹西¹的¹事⁴情²。
16. 我³昨²兒²個⁴見⁴了¹那⁴個⁴客⁴人²了¹。

---

① 哈達門:崇文門,位于北京城東南,在明、清及民國時都設有稅關,是進出京城的商業要道。又稱"哈德門"等。

17. 他[1]没[2]提[2]留[2]那[4]個[4]東[1]西[1]不[4]留[2]啊[1]？
18. 他[1]說[1]留[2]是[4]留[2]，就[4]是[4]不[4]能[2]立[4]刻[4]給[3]現[4]錢[2]，叫[4]我[3]問[4]問[4]你[3]們[3]等[3]幾[3]天[1]行[2]不[4]行[2]。
19. 他[1]可[3]以[3]多[1]咱[1]給[3]呢[1]？
20. 他[1]說[1]可[3]以[3]月[4]底[3]月[4]初[1]給[3]罷[4]。
21. 月[4]底[3]月[4]初[1]我[3]們[1]倒[4]還[2]可[3]以[3]等[3]，將[1]來[2]是[4]我[3]們[1]出[1]城[2]取[3]去[4]呀[1]，還[2]是[4]他[1]給[3]送[4]來[2]呢[1]？
22. 我[3]可[3]以[3]叫[4]他[1]給[3]送[4]來[2]罷[4]。
23. 那[4]更[4]好[3]了[1]。

第三章（送肉不鮮，立餉退換）

1. 你[3]是[4]那[3]兒[2]的[1]？
2. 我[3]是[4]大[4]街[1]羊[2]肉[4]舖[4]的[1]。
3. 你[3]找[3]誰[2]來[2]了[1]？
4. 我[3]是[4]給[3]廚[2]子[1]送[4]羊[2]肉[4]來[2]了[1]。
5. 你[3]把[4]他[1]帶[4]到[4]廚[2]房[2]去[4]。
6. 是[4]，廚[2]師[1]傅[4]，羊[2]肉[4]舖[4]裏[3]送[4]肉[4]來[2]了[4]。
7. 拿[2]進[4]來[2]罷[4]。你[3]送[4]來[2]的[1]這[4]是[4]多[1]少[3]羊[2]肉[4]？
8. 你[3]要[4]的[1]不[2]是[4]十[2]斤[1]広[1]？
9. 不[2]錯[4]，是[4]十[2]斤[1]。
10. 這[4]送[4]來[2]的[1]就[4]是[4]十[2]斤[1]。
11. 我[3]看[4]這[4]個[4]肉[4]不[4]新[1]鮮[1]。
12. 沒[2]有[3]的[1]話[4]，這[4]是[4]今[1]兒[2]個[4]早[3]起[3]新[1]宰[3]的[1]羊[2]。
13. 你[3]別[2]冤[1]①我[3]，這[4]決[2]不[2]是[4]新[1]宰[3]的[1]羊[2]。
14. 那[4]広[1]你[3]說[1]這[4]是[4]多[1]咱[1]的[1]肉[4]呢[1]？
15. 這[4]必[4]是[4]前[2]兩[3]三[1]天[1]宰[3]的[1]羊[2]。
16. 我[3]告[4]訴[4]你[3]寔[2]話[4]罷[4]，這[4]是[4]昨[2]兒[2]個[4]賣[4]剩[4]②下[4]的[1]肉[4]。

---

① 冤；冤，欺騙。
② 剩；剩。

17. 那⁴麽¹你³爲⁴什²麽¹不⁴給³我³送⁴新¹鮮¹的¹肉⁴來²呢¹？
18. 你³別²怨⁴我³，這⁴是⁴我³們¹掌³櫃⁴的¹叫⁴我³送⁴來²的¹。
19. 那⁴麽¹你³把³這⁴個⁴拿²囘²去⁴給³換⁴新¹鮮¹的¹來²罷⁴。
20. 我³把³這⁴個⁴拿²囘²去⁴，趕⁴晌²午⁴再⁴給³你³送⁴新¹鮮¹的¹肉⁴來²行²。

不⁴行²？
21. 不⁴行²，這⁴囘²頭²老³爺²們²就⁴等³着¹吃¹哪¹。
22. 那⁴麽¹我³就⁴拿²囘²去⁴，快⁴給³你³換⁴來²罷¹。
23. 你³們¹可³想³着²把⁴分¹兩³邀¹①準³了¹。
24. 是⁴了¹。

第四章(投信主出，倩②人代收)

1. 你³是⁴那³兒²的¹？
2. 我³是⁴送⁴信⁴的¹。
3. 是⁴給³誰²的¹信⁴？
4. 是⁴給³這⁴院⁴裡³高¹老³爺²的¹信⁴。
5. 你³在⁴那³公¹館³裏³？
6. 我³在⁴德²國²公¹館³裏³。
7. 高¹老³爺²没⁴在⁴家¹，纔⁴出¹去⁴了¹。
8. 那⁴麽¹這⁴封¹信⁴交⁴給³誰²呢¹？
9. 你³去¹交¹給³他¹跟¹班¹的¹罷⁴。
10. 他¹跟¹班¹的¹在⁴那³屋¹裡³住⁴？

11. 在⁴後⁴頭²院⁴子¹那³間¹小³西¹屋¹裏³住⁴。
12. 他¹的¹跟¹班¹的¹也³没²在⁴家¹，鎖³着²門¹了¹。
13. 那⁴麽¹你³把³信⁴交¹給³我³罷⁴。
14. 是⁴，那⁴麽¹勞²您³駕⁴，囘²頭²交¹給³高¹老³爺²罷⁴。
15. 你³把³信⁴簿²子¹給³我³，我³給³你⁴畫¹上⁴罷⁴。你³不²要⁴囘²信⁴麽¹？
16. 是⁴要⁴囘²信⁴，我³可³不⁴知¹道⁴高¹

---

① 邀：稱量。
② 倩：請，使。

老[3]爺[2]得[3]多[1]咱[1]問[2]來[2]。

17. 他[1]問[2]來[2]的[1]也[3]快[4]。
18. 您[2]想[3]大[4]概[4]得[3]什[1]広[1]時[2]候[4]問[2]來[2]?
19. 巧[3]了[1]他[1]三[1]下[4]鐘[1]① 也[3]就[4]問[2]來[2]了[1]。
20. 那[4]広[1]我[3]三[1]下[4]多[1]鐘[1]再[4]來[2]盪[2]罷[4]。
21. 你[3]現[4]在[4]還[2]上[4]那[3]兒[2]去[4]?
22. 我[3]現[4]在[4]到[4]講[3]書[1]堂[2]送[4]信[4]去[4]。
23. 是[4]那[3]個[4]講[3]書[1]堂[2]?
24. 是[4]在[4]後[4]門[2]的[1]。
25. 現[4]在[4]纔[2]一[4]點[3]多[1]鐘[1],趕[2]你[3]打[3]後[4]門[2]問[2]來[2]取[3]問[2]信[4],高[1]老[3]爺[2]也[3]就[4]問[2]來[2]了[1]。
26. 您[2]說[1]的[1]很[3]是[4]。

第五章(查問僕役,討取問信)

1. 你[3]把[3]那[4]封[1]信[4]送[4]到[4]陳[2]宅[2]去[4]了[1]広[1]?
2. 我[3]送[4]了[1]去[4]了[1]。
3. 陳[2]老[3]爺[2]在[4]家[1]了[1]広[1]?
4. 陳[2]老[3]爺[2]沒[2]在[4]家[1]。
5. 你[3]見[4]了[1]誰[2]了[1]?
6. 我[3]見[4]了[1]陳[2]宅[2]管[3]事[4]的[1]了[1]。
7. 你[3]沒[2]問[4]他[1],陳[2]老[3]爺[2]是[4]上[4]那[3]兒[2]去[4]了[1]広[1]?
8. 我[3]問[4]他[1]來[2]着[2],他[1]說[1]陳[2]老[3]爺[2]拜[4]客[4]去[4]了[1]。
9. 你[3]沒[2]在[4]那[4]兒[2]等[3]着[2]広[1]?
10. 我[3]聽[1]說[1]陳[2]老[3]爺[2]總[3]得[3]掌[3]燈[1]纔[2]能[2]問[2]來[2]哪[1],所[3]以[3]我[3]沒[2]等[3]着[2]。
11. 你[3]把[3]信[4]留[2]下[4]了[1]広[1]?
12. 我[3]留[2]下[4]了[1]。
13. 你[3]交[1]給[3]誰[2]了[1]?
14. 我[3]就[4]交[1]給[3]那[4]個[4]管[3]事[4]的[1]了[1]。
15. 你[3]怎[3]広[1]告[3]訴[4]他[1]的[1]?
16. 我[3]告[4]訴[4]他[1]趕[3]陳[2]老[3]爺[2]問[2]來[2],就[4]趕[3]緊[3]的[1]交[1]上[4]去[4]。

---

① 三下鐘:三點。

17. 他[1]不[2]至[4]於[2]忘[4]在[1]脖[2]子[1]後[4]頭[2]啊[1]。
18. 我[3]想[3]他[1]不[4]能[4]忘[4]了[1]。
19. 他[1]知[1]道[4]那[4]是[4]一[4]封[1]要[4]緊[3]的[1]信[4]广[1]？
20. 我[3]告[4]訴[4]他[1]説[1]了[1]，那[4]是[4]一[4]封[1]要[4]緊[3]的[1]信[4]。
21. 你[3]没[2]説[1]你[3]可[3]以[3]多[1]咱[2]取[3]同[2]信[4]去[4]广[1]？

22. 他[1]告[4]訴[4]我[3]説[1]，若[4]是[4]有[3]同[2]信[4]，他[1]們[1]可[3]以[3]打[3]發[1]人[2]給[3]送[4]來[2]。
23. 他[1]們[1]打[3]發[1]人[2]給[3]送[4]來[2]，總[3]不[4]可[3]靠[4]，我[3]想[3]還[2]是[4]你[3]明[2]天[1]取[3]去[4]罷[4]。
24. 是[4]，我[3]明[2]兒[2]一[4]清[1]早[3]取[3]去[4]，好[3]不[4]好[3]？
25. 那[4]广[2]着[2]很[3]好[3]。

第六章(議事未定,專待經手)

1. 偺[2]們[1]上[4]同[2]商[1]量[1]的[1]那[4]件[4]事[4]還[2]没[2]定[4]規[1]广[1]？
2. 還[2]没[2]定[4]規[1]了[1]。
3. 怎[3]广[1]這[4]广[2]些[1]個[4]日[4]子[1]，還[2]不[2]定[4]規[1]呢[1]？
4. 是[4]因[1]為[4]還[2]得[3]等[3]一[2]個[4]人[2]。
5. 等[3]誰[2]呢[1]？
6. 等[3]一[2]個[4]姓[4]張[1]的[1]。
7. 這[4]個[4]姓[4]張[1]的[1]，現[4]在[4]是[4]在[4]那[4]兒[2]了[1]？

8. 他[1]現[4]在[4]是[4]出[1]外[4]去[4]了[1]。
9. 得[3]多[1]咱[2]同[2]來[2]呢[1]？
10. 他[1]上[4]同[2]來[2]信[4]説[1]是[4]這[4]個[4]月[4]底[3]同[2]來[2]。
11. 今[1]兒[2]個[4]不[2]是[4]月[4]底[3]了[1]广[1]？
12. 今[1]兒[2]個[4]是[4]月[4]底[3]了[1]，可[3]不[4]知[1]道[4]他[1]同[2]來[2]了[1]没[2]有[3]。
13. 你[3]不[4]打[3]聽[1]打[3]聽[1]去[4]广[1]？
14. 我[3]打[3]算[4]明[2]兒[2]個[4]早[3]起[3]打[3]聽[1]去[4]。

15. 怎³広¹這⁴件⁴①事⁴總⁴得³等³他¹間²來²広¹?

16. 是⁴,總³得³等³他¹間²來²。

17. 怎³広⁴必¹得³等³他¹呢¹?

18. 因¹爲⁴這⁴件⁴事⁴當¹初¹是⁴經¹他¹手³辦⁴的¹。

19. 那⁴広¹他¹這⁴間²來²的¹話⁴準³広⁴?

20. 那⁴話⁴不⁴能²不⁴準³。

21. 那⁴広¹他¹一⁴間²來²就⁴可³以³定⁴規¹広¹?

22. 他¹間²來²也³就⁴没²什²広¹耽¹悞⁴了¹。

23. 這⁴件⁴事⁴日⁴子¹也³不⁴少³了¹,我³們¹那⁴個⁴朋²友³催⁴了¹我³好³幾³間²來²了¹。

24. 是⁴,我³也³是⁴很³着¹急²,就⁴因¹爲⁴他¹一²個⁴人²没²間²來²,所³以³不⁴能²定⁴規¹。

25. 你³總³要⁴快⁴辦⁴纔²好³。

第七章(幫忙事畢,約伴同遊)

1. 怎³広¹昨²天¹我³找³了¹你³兩³盪⁴你³都¹没²在⁴家¹?

2. 是⁴我³這⁴兩³天¹很³忙²。

3. 你³忙²什²広¹了¹?

4. 我³是⁴忙²朋²友³的¹事⁴情²了¹。

5. 是⁴那³位⁴朋²友³的¹事⁴情²?

6. 是⁴一²位⁴外⁴鄉¹的¹朋²友²。

7. 是⁴什²広¹地⁴方¹的¹人²?

8. 是⁴南²京¹人²。

9. 是⁴個⁴幹⁴什²広⁴的¹?

10. 是⁴個⁴作⁴買³賣⁴的⁴。

11. 是⁴作⁴甚²広¹買³賣⁴的¹?

12. 是⁴個⁴綢²緞⁴客⁴。

13. 你³們¹是⁴早³認⁴識²的¹広¹?

14. 起³②前²年²纔²認⁴得²的¹。

15. 他¹這⁴盪⁴是⁴賣⁴貨⁴來²了¹広¹?

---

① 件:底本作"伴"。

② 起:從,自,表示起點。

16. 不²是⁴賣⁴貨⁴來²了¹,是⁴收¹帳⁴來²了¹。
17. 他¹在⁴城²外⁴頭²住⁴着²了¹,還²是⁴在⁴城²裡³頭²住⁴着²了¹?
18. 是⁴在⁴城²外⁴頭²一²個⁴錢²舖³裏³住⁴着²了¹。
19. 你³把³事⁴情²都¹給³他¹辦⁴完²了¹广¹?
20. 還²得³給¹他¹辦⁴一⁴天¹就⁴完²了¹。
21. 我³來²找³你³是⁴要⁴和⁴你³商¹量¹偺²們¹逛⁴一²盪⁴去⁴。
22. 打³算⁴上⁴那³兒²逛⁴去⁴?
23. 我³的¹意⁴思¹是⁴要⁴上⁴西¹山¹逛⁴去⁴。
24. 到⁴西¹山¹逛⁴去⁴倒⁴不²錯⁴,偺²們¹可³以³多¹咱¹去⁴呢¹?
25. 你³的¹意⁴思¹是⁴打³算⁴多¹咱¹去⁴好³呢¹?
26. 我³那³天¹都¹行²,只²要⁴你³多¹咱¹有³工¹夫¹兒²,偺²們¹就⁴去⁴。
27. 那⁴广¹偺²們²後⁴天¹去⁴罷¹。

第八章(行客到寓,檢點什物)

1. 您²的¹行²李³都¹來²了¹。
2. 叫⁴他¹們¹都¹搬¹進⁴來²罷⁴。
3. 您²點³一⁴點³對⁴不²對⁴?
4. 不²錯⁴,都¹對⁴了⁴,脚³錢²都⁴給⁴了⁴他¹們¹了¹广⁴?
5. 是¹都¹給³了⁴他¹們¹了¹。
6. 那⁴广¹你³先¹把³火³爐²上⁴罷⁴,煤²都¹送⁴來²了¹广¹?
7. 都¹送⁴來²了¹,在⁴院⁴子¹裏³擱¹着²哪¹。我³現⁴在¹把³地⁴毯³鋪¹上⁴罷⁴。
8. 先¹不²用⁴鋪¹地⁴毯³了⁴,那⁴等³明²兒²個⁴再⁴説¹罷⁴。
9. 那⁴广¹我³先¹開¹箱¹子¹把⁴東¹西¹拿¹出¹來²罷⁴。
10. 喫⁴飯⁴的¹傢¹伙³是⁴在⁴那³隻⁴箱¹子¹裏³了¹?
11. 巧³了¹是⁴在⁴這⁴個⁴箱¹子¹裏³了¹。
12. 那⁴广¹你³把³這⁴個⁴箱¹子¹打³開¹,就⁴先¹把³吃¹飯⁴的¹傢¹伙³和⁴燈¹

拿[2]出[1]來[2]就[4]得[2]了[1]。

13. 吃[1]飯[4]的[4]傢[1]伙[3]沒[2]在[4]這[4]個[4]箱[1]子[1]裏[3]，燈[1]和[4]臉[3]盆[2]可[3]在[4]這[4]個[4]箱[1]子[1]裏[3]了[1]。

14. 那[4]麽[1]你[3]就[4]先[1]把[4]燈[1]和[4]臉[3]盆[2]拿[2]出[1]來[24]。

15. 我[3]想[3]起[3]來[2]了[4]，吃[1]飯[4]的[1]傢[1]伙[3]是[4]在[4]那[4]個[4]黑[1]箱[1]子[1]裏[3]了[1]。

16. 厨[2]子[1]幹[4]什[2]麽[1]去[4]了[1]？

17. 他[1]買[3]菜[4]去[4]了[1]。

18. 他[1]是[4]纔[2]去[4]，是[4]早[3]去[4]了[1]？

19. 去[4]了[1]會[3]子[1]了[1]，也[3]快[4]同[2]來[2]了[4]。

20. 他[1]同[2]來[2]就[4]叫[4]他[1]快[4]做[4]飯[4]。

21. 我[3]先[1]到[4]厨[2]房[2]把[4]火[3]爐[2]上[4]罷[4]。

22. 那[4]也[3]倒[4]好[3]。

第九章(學話讀報，當差候缺)

1. 閣[2]下[4]這[4]程[2]子[1]沒[2]出[1]去[4]麽[1]？

2. 是[4]，這[4]程[2]子[1]總[3]沒[2]出[1]去[4]。

3. 竟[4]在[4]家[1]裡[3]幹[4]什[2]麽[1]了[1]？

4. 我[3]是[4]這[4]程[2]子[1]竟[4]學[2]話[4]了[1]。

5. 您[2]的[1]話[4]現[4]在[4]也[3]可[3]以[3]説[1]上[4]來[2]了[1]。

6. 説[1]是[4]説[1]上[4]來[2]了[1]，説[1]的[1]可[4]還[2]不[4]能[2]那[4]麽[1]連[2]貫[4]。

7. 那[4]等[3]記[3]得[2]的[1]話[4]多[1]了[1]，字[4]音[1]也[3]熟[2]了[1]，自[4]然[2]説[1]着[2]就[4]順[4]了[1]。

8. 不[2]錯[4]，您[2]説[1]的[1]很[3]是[4]。

9. 閣[2]下[4]除[2]了[1]學[2]話[4]還[2]念[4]文[2]書[1]麽[1]？

10. 是[4]，現[4]在[4]也[3]學[2]俗[2]話[4]，也[3]念[4]京[1]報[4]①。

11. 閣[2]下[4]念[4]京[1]報[4]也[3]倒[4]很[3]有[3]益[2]處[4]，又[4]可[3]以[3]學[2]文[2]理[3]，又[4]可[3]以[3]知[1]道[4]官[1]事[4]。

12. 是[4]，您[2]這[4]一[2]向[4]官[1]差[1]忙[2]不[4]忙[2]？

13. 那[4]程[2]子[1]很[3]忙[2]，這[4]些[1]日[4]子[1]

---

① 京報：清代北京民間報房印行的報紙，多刊印傳抄自朝廷的諭旨、奏章和任免消息。

没²甚²広¹事⁴。

14. 您²一²個⁴月⁴上⁴幾³盪⁴衙²門²？

15. 一²個⁴月⁴也³就⁴是⁴上⁴個⁴三¹四⁴盪⁴衙²門²。

16. 像⁴您²這⁴個⁴將¹來²也³可³以³得²外⁴任⁴広⁴？

17. 是⁴，也³可³以³得²外⁴任⁴。

18. 您²若⁴是⁴往³外⁴去⁴，可³以³陞¹甚²広¹呢¹？

19. 可³以³陞¹同²知¹、通¹判⁴①。

20. 像⁴您²這⁴陞¹的¹也³快⁴罷⁴？

21. 還⁴不⁴能²了¹，總³得³再⁴過⁴個⁴五³六⁴年²纔²能²往³外⁴陞¹哪¹。

22. 等³底³下⁴②我³再⁴來²望⁴看⁴③閣²下⁴罷⁴。

23. 忙²甚²広¹了¹。

24. 您²留²步⁴，別²送⁴。

25. 請³了¹。

第十章（飭僕掃屋，待客臨門）

1. 你³和⁴苦³力⁴把⁴那⁴東¹屋¹裏³拾²掇²出¹來²。

2. 是⁴那³位⁴老³爺²要⁴住⁴啊¹？

3. 是⁴有³一²位⁴客⁴人²要⁴來²。

4. 大⁴概⁴得³多³咱¹來²呀¹？

5. 巧³了¹過⁴個⁴四⁴五³天¹就⁴可³以³來²了¹。

6. 您²打³算⁴那⁴屋¹裏³是⁴怎³広¹拾²掇²呢¹？

7. 你³和⁴苦³力⁴把⁴那⁴屋¹裡³零²碎⁴東¹西¹拿²出¹來²，都¹打³掃³乾¹净³了¹。

8. 把⁴那³零²碎⁴東¹西¹都¹拿²出¹來²，擱¹在⁴那³屋¹裏³去⁴呢¹？

9. 那⁴間¹小³南²屋¹裡³擱¹得²下⁴擱¹不²下⁴？

10. 巧³了¹許³擱¹下⁴了¹。

---

① 同知、通判；均爲明清時期地方一級行政長官（知府、知州）的佐官，分管糧運、農田、水利等事務。（劉國新主編《中國政治制度辭典》，中國社會出版社，1990年，143頁）

② 底下：以後。

③ 望看：看望。

11. 那[4]広[1]就[4]攔[1]在[4]那[4]南[2]屋[1]裏[3]去[4]罷[4]。
12. 那[4]東[1]屋[1]裡[3]窗[1]戶[4]不[4]得[3]糊[2]糊[2]広[1]？
13. 那[4]屋[1]裏[3]棚[2]怎[3]広[1]樣[4]？
14. 棚[2]倒[4]還[2]好[3]了[1]。
15. 那[4]広[1]趕[3]你[3]打[3]掃[4]乾[1]淨[4]了[1]，就[4]叫[4]棚[2]匠[4]來[2]糊[2]窗[1]戶[4]罷[4]。
16. 那[4]屋[1]裏[3]擺[3]什[2]広[1]傢[1]伙[3]呢[1]？
17. 把[4]客[4]屋[1]裏[3]那[4]張[1]八[1]仙[1]桌[1]子[1]抬[2]過[4]去[4]擺[3]上[4]。
18. 還[2]得[3]有[3]椅[3]子[1]哪[1]。
19. 我[3]這[4]屋[1]裏[3]椅[3]子[1]多[1]，可[3]以[3]拿[2]過[4]兩[3]張[1]去[4]。
20. 可[3]是[4]客[4]人[2]用[4]什[2]広[1]床[2]呢[1]？
21. 把[4]我[3]現[4]在[4]睡[4]覺[4]的[1]這[4]張[1]鐵[3]床[2]抬[2]過[4]去[4]就[4]得[2]了[1]。
22. 那[4]広[1]您[2]睡[4]那[3]張[1]床[2]呢[1]？
23. 我[3]就[4]用[4]那[4]張[1]木[4]床[1]就[4]行[2]了[1]。
24. 是[4]了[1]，我[3]這[4]就[4]和[4]苦[3]力[4]抬[2]掇[2]去[4]罷[4]。

第十一章（買賣未成，從中探價）

1. 你[3]這[4]幾[3]天[1]怎[3]広[1]沒[2]來[2]呀[1]？
2. 我[3]是[4]家[1]去[4]了[1]幾[3]天[1]。
3. 你[3]是[4]在[4]那[3]兒[2]住[4]家[1]？
4. 我[3]的[1]家[1]是[4]在[4]通[1]州[1]。
5. 你[3]是[4]通[1]州[1]人[2]広[1]？
6. 我[3]是[4]武[3]清[1]縣[4]的[1]人[2]，搬[1]到[4]通[1]州[1]住[4]去[4]了[1]。
7. 在[3]通[1]州[1]住[4]了[1]有[3]幾[3]年[2]了[1]？
8. 住[4]了[1]有[3]七[1]八[2]年[2]了[1]。
9. 你[3]上[4]回[2]拿[2]來[2]的[4]那[4]幾[3]樣[4]兒[2]玉[4]器[4]到[4]底[3]是[4]怎[3]広[1]樣[4]啊[1]？
10. 令[4]友[3]給[3]的[1]那[4]個[4]價[4]值[2]寔[2]在[4]是[4]賣[4]不[4]着[2]。
11. 他[1]給[3]的[1]是[4]多[1]少[3]？
12. 他[1]給[3]六[4]十[2]兩[3]銀[2]子[1]。
13. 他[1]給[3]六[4]十[2]兩[3]銀[3]子[1]怎[3]広[1]还[2]賣[2]不[4]着[2]広[4]？
14. 我[3]們[1]當[1]初[1]是[4]七[1]十[2]兩[3]銀[2]子[1]

買³的¹，我³們¹怎³广¹能²賠²錢²賣⁴呢¹？

15. 你³說¹七¹十²兩³銀²子¹買³的¹，那³是⁴對⁴證⁴呢¹？

16. 真¹是⁴七¹十²兩³買³的¹，您若⁴不²信⁴，我³可³以³起³誓⁴。

17. 你³也³不²用⁴起³誓⁴，現⁴在⁴你³是⁴少³了¹多⁴少³銀²子¹不²賣⁴罷⁴。

18. 少³了¹八¹十²兩³銀²子¹不⁴敢⁴賣⁴。

19. 你³上¹同²怎³广¹告⁴訴⁴我³那⁴個⁴朋²友³的⁴？

20. 我³說¹等³過³幾³天¹我³來³僭²們¹再³商¹量²罷⁴。

21. 今¹兒²個⁴偏¹巧³他¹没²在⁴家¹，你³改³天¹再¹來¹盪⁴行²不⁴行²？

22. 怎³广¹不⁴行²，我³一⁴兩³天¹再⁴來²盪⁴罷⁴。

23. 就⁴是⁴⁴。

第十二章(預定客座,修治餚饌)

1. 老³爺²今¹兒²晚³上⁴請³幾³位⁴客⁴呀¹？

2. 我³請³了¹八²位⁴。

3. 八²位⁴都⁴準³來²广¹？

4. 有³六⁴位⁴準³來²，那⁴兩³位⁴不²定⁴來²不⁴來²。

5. 您²想³是⁴在⁴那³屋³裡³擺¹呢¹？

6. 我³想³西¹屋³裡³寬¹綽¹，在⁴那⁴屋¹裡³擺¹罷⁴。

7. 我³也³想³是⁴西¹屋¹裏³好³。那⁴广¹用⁴那³張¹桌¹子¹呢¹？

8. 還²是⁴用⁴見⁴天¹吃³飯⁴的¹那⁴張¹桌¹子¹，上⁴頭⁴蓋⁴上⁴圓²桌¹面⁴子¹就⁴得²了¹。

9. 您²打³算⁴都¹是⁴豫⁴備⁴①甚²广¹菜⁴呢¹？

10. 牛²肉⁴羊²肉⁴家¹裏³都¹有³广¹？

11. 家¹裏³有³牛²肉⁴，没²羊²肉⁴。

12. 還²有³幾³隻¹雞¹？

---

① 豫備:預備。

13. 就⁴剩⁴了¹一⁴隻¹雞¹了¹。
14. 那⁴广⁴就⁴買³一⁴隻¹羊²腿³,再⁴買³一⁴隻¹雞¹。
15. 不⁴買³魚²广¹?
16. 打³算⁴是⁴買³魚²,可³不⁴知¹道⁴有³活²魚²没²有³。
17. 這⁴幾³天¹來²的¹活⁴魚²很³多¹。
18. 那⁴广¹就⁴買³一⁴條²活²鯉²魚²,要⁴大⁴的¹。
19. 買³鴨¹子¹不⁴買³?
20. 我³怕⁴是⁴現⁴在⁴的¹鴨¹子¹很³瘦⁴。
21. 可³以³挑¹肥²的¹買³呀¹。
22. 那⁴麼¹你³告⁴訴⁴廚²子¹,若⁴有³肥²鴨¹子¹就⁴買³,没²肥²的¹就⁴算⁴了⁴。鮮¹果³子¹巧³了¹毂⁴用⁴的¹了¹罷⁴?
23. 鮮¹果³子¹毂⁴了¹,再⁴買³幾³樣⁴兒²乾¹果³子¹就⁴得²了¹。
24. 那⁴广¹叫⁴廚²子¹買³去⁴罷⁴。

第十三章(託人修表,配買鑰匙)

1. 我³託¹您²把⁴這⁴個⁴表³交¹給³鐘¹表³匠⁴給³收¹拾²收¹拾²。
2. 這⁴個⁴表³怎³广³了¹?
3. 大⁴概⁴是⁴油²泥²厚³了⁴,得³擦¹擦¹了¹。
4. 裏³頭²没²別²的¹毛²病⁴广¹?
5. 没²別²的¹毛²病³,平²常⁴走³的¹很³好³。
6. 這⁴個⁴表³是⁴多¹咱¹擦¹的¹油²泥²?
7. 起³到⁴了¹我³手³裏³還³没²擦¹過²了¹。
8. 您²是⁴多¹咱¹買³的¹?
9. 我³是⁴前²年¹買³的¹。
10. 有⁴在⁴貴⁴國²買³的¹广¹?
11. 不²是⁴在⁴敝⁴國²買³的¹,是⁴我³前²年¹到⁴香¹港³去⁴買³的¹。
12. 這⁴個⁴倒⁴还²是⁴個⁴陳²表³了¹。
13. 也³不²算⁴很³陳²,不²過⁴十²幾³年²的¹表³。

14. 看⁴這⁴表³瓢²子¹①可³真¹不²錯⁴。
15. 是⁴,瓢²子¹是⁴真¹結¹寔²。
16. 是⁴多¹少³塊⁴錢²買³的¹?
17. 您²猜¹一⁴猜¹得³多¹少³塊⁴錢²?
18. 我³猜¹總³得³五³六⁴十²塊⁴錢²罷⁴?
19. 您²猜¹的¹倒⁴不⁴差¹什³广¹,我是⁴五³十²塊⁴錢²買³的¹。
20. 平²常²走³的¹快⁴慢³怎³广¹樣⁴?
21. 走³的¹也³不²快⁴不²慢⁴,倒⁴是⁴很³準³的¹。
22. 您²這⁴把³鑰⁴匙²,嘴³子¹也³圓²了¹,得³換⁴一⁴把³新¹的¹了¹。
23. 鐘¹表³舖⁴裏²有³這⁴樣⁴兒²的¹鑰⁴匙²广¹?
24. 銅²的¹一²定⁴有³,可³不⁴知¹道⁴有³金¹的¹沒²有³。
25. 沒²有³金¹的¹,銅²的¹也³使³得²。
26. 那⁴就⁴是⁴了¹。

第十四章(收貨訪友,相約同車)

1. 您²是⁴多¹咱¹到⁴的¹?
2. 我³到⁴了¹有³兩³三¹天¹了¹。
3. 在⁴那³兒²住⁴着²了¹?
4. 住⁴在⁴城²外⁴頭²一²個⁴親¹戚⁴家¹了¹。
5. 今¹年²行²裡³的¹買³賣⁴好³啊¹?
6. 前²半⁴年²買³賣⁴不²見³好³,後⁴半⁴年²還²算⁴可³以³的¹。
7. 您²這⁴遭¹來²是⁴有³什³广¹公¹幹⁴?
8. 我³是⁴要⁴到⁴歸¹化⁴城²②收¹貨¹去⁴。
9. 是⁴早¹定⁴下⁴的¹貨⁴广¹?
10. 是⁴今¹年²春¹天¹批¹下⁴的¹貨⁴,現⁴在⁴到⁴那³兒²取³去⁴。
11. 來²了¹幾³位⁴同²事⁴的¹?
12. 就⁴是⁴我³和⁴我³們¹行²裏²的¹一²個⁴夥³計⁴。
13. 打³算⁴多¹咱¹起³身¹哪¹?

---

① 表瓢子:錶内部的裝置。又叫"錶瓢兒"。瓢子,泛指皮或殼裹包着的東西。
② 歸化城:今呼和浩特市舊城。

14. 巧³了¹總³得³月⁴半⁴纔²能²動⁴身¹哪¹。

15. 我³現⁴在⁴也³打³算⁴要⁴到⁴歸¹化⁴城²去⁴。

16. 是⁴有³什²広¹官¹差¹去⁴広¹？

17. 不²是⁴官¹差¹,是⁴到⁴那⁴兒²瞧²一²個⁴朋²友³去⁴。

18. 那⁴広¹偺²們¹一²塊⁴兒¹搭¹帮¹①走³好³不⁴好³？

19. 我³也³打³算⁴是⁴偺²們¹搭¹帮¹走³。

20. 那⁴広¹等³我³們¹定⁴規¹了¹起³身¹的¹日⁴子²,告⁴訴⁴您²説¹罷⁴？

21. 是⁴,偺²們¹是⁴得³坐⁴騾²馱²轎⁴②去⁴罷⁴？

22. 是⁴,偺²們¹騎²不²慣⁴牲¹口³,就⁴得³坐⁴騾²馱²轎⁴去⁴纔²好³。

23. 那⁴広¹就⁴託¹您²連²我³的¹騾²馱²轎⁴都¹給³雇⁴下⁴就⁴是⁴了¹。

24. 是⁴了¹,您²交給⁴我³給³您²辦⁴罷⁴。

第十五章(託買書籍,昂價待售)

1. 那⁴個⁴姓⁴楊²的¹今¹兒²個⁴來²了¹,您²見⁴着²了¹広¹？

2. 我³没²見⁴他¹,他¹來²的¹時²候⁴我³出¹了¹門²了¹。

3. 我³們¹倆³倒⁴見⁴着²了¹。

4. 你³知¹道⁴他¹來²找³我³是⁴有³什²広¹事⁴広¹？

5. 是⁴有³事⁴情²。

6. 甚²広¹事⁴情²？

7. 您²上⁴囘²不²是⁴託¹他¹給³找³一²部⁴書¹広¹？

8. 不²錯⁴,我³託¹過⁴他¹給³找³書¹。

9. 他¹説¹他¹現⁴在⁴已³經¹給³您²找³着²了¹。

10. 是⁴在⁴書¹舖⁴裏³找³着²的¹広¹？

11. 不²是⁴書¹舖⁴,是⁴宅⁴門²子¹裏³有³

---

① 搭帮:搭夥,結伴。
② 馱:騾馱轎;清末民初時的一種坐轎,前後各有一頭騾子駕馱。又稱"馱轎"。

這^{4}广^{1}部^{4}書^{1}要^{4}賣^4。

12. 他^{1}没^{2}提^{2}板^{3}怎^{3}广^{1}樣^{4}广^1?
13. 他^{1}説^{1}是^{4}殿^{4}板^{3}①,那^{4}自^{4}然^{2}是^{4}好^{3}的^{1}了^1。
14. 他^{1}没^{2}説^{1}這^{4}部^{4}書^{1}是^{4}幾^{3}套^{4}广^1?
15. 他^{1}説^{1}是^{4}八^{2}套^{4}是^{4}十^{2}套^4,我^{3}記^{4}不^{4}清^{1}了^4。
16. 他^{1}提^{2}書^{1}價^{4}是^{4}多^{1}少^{3}來^{2}着^{4}广^1?
17. 他^{1}没^{2}提^{2}書^{1}價^{4}是^{4}多^{1}少^3,他^{1}就^{4}説^{1}這^{4}部^{4}書^{1}貴^{4}的^{1}很^{3}了^1。

18. 他^{1}今^{1}兒^{2}個^{4}是^{4}拿^{2}着^{2}書^{1}來^{2}的^{1}广^1?
19. 他^{1}没^{2}拿^{2}着^{2}書^1,他^{1}説^{1}等^{4}問^{4}問^{4}您^{2}若^{4}是^{4}要^4,再^{4}把^{3}書^{1}拿^{2}來^2。
20. 他^{1}告^{4}訴^{4}你^{3}説^{1}他^{1}多^{1}咱^{2}還^{2}來^2?
21. 他^{1}説^{1}今^{1}天^{1}若^{4}是^{4}見^{4}不^{4}着^{2}您^2,一^{4}兩^{3}天^{1}他^{1}还^{2}來^2。
22. 我^{3}想^{3}明^{2}兒^{2}我^{3}打^{3}發^{1}人^{2}去^{4}把^{4}他^{1}找^{3}來^{2}好^{3}不^{4}好^3?
23. 打^{3}發^{1}人^{2}把^{4}他^{1}找^{3}來^{2}也^{2}好^3。

第十六章(典賣房屋,輾轉探聽)

1. 我^{3}託^{1}老^{3}兄^{1}一^{2}件^{4}事^4。
2. 是^{4}什^{2}麽^{1}事^{4}情^2?
3. 是^{4}託^{1}您^{2}給^{3}打^{3}聽^{1}一^{2}件^{4}房^{2}子^{1}的^{1}事^{4}情^2。
4. 是^{4}什^{2}麽^{1}房^{2}子^1?
5. 我^{3}聽^{1}見^{4}説^1,後^{4}門^{2}外^{4}頭^{2}有^{2}一^{2}處^{4}住^{4}房^{2}要^{4}賣^4。
6. 您^{2}是^{4}多^{4}咱^{1}聽^{1}見^{4}説^{1}的^1?

7. 我^{3}聽^{1}見^{4}説^{1}不^{2}過^{4}纔^{2}五^{3}六^{4}天^1。
8. 那^{4}處^{4}房^{2}我^{3}知^{1}道^4。
9. 您^{2}知^{1}道^{4}是^{4}要^{4}賣^{4}多^{1}少^{3}銀^{2}子^1?
10. 那^{4}處^{4}房^{2}先^{1}是^{4}要^{4}賣^4,現^{4}在^{4}又^{4}不^{2}賣^{4}了^1。
11. 我^{3}聽^{1}見^{4}説^{1}現^{4}在^{4}还^{2}是^{4}要^{4}賣^4。
12. 現^{4}在^{4}不^{2}是^{4}要^{4}賣^4,是^{4}要^{4}典^3。
13. 您^{3}知^{1}道^{4}典^{3}價^{4}是^{4}多^{1}少^{3}麽^1?

---

① 殿板:清代武英殿官刻本的簡稱。因刻印書籍的機構在武英殿故稱,也稱"殿本"。

14. 大[4]概[3]典[3]價[4]纔[2]幾[3]百[4]兩[3]銀[2]子[1]，可[3]打[4]算[4]典[3]五[3]年[2]。

15. 那[4]是[4]誰[2]的[1]房[2]，您[2]知[1]道[4]不[4]知[1]道[4]？

16. 我[3]知[1]道[4]先[1]頭[2]裏[3]①是[4]一[2]個[4]作[4]官[1]的[1]房[2]，後[来][2]可[3]不[4]知[1]道[4]是[4]賣[4]給[3]誰[2]了[1]。

17. 有[3]人[2]告[4]訴[4]我[3]說[4]現[4]在[4]那[4]個[4]房[2]主[3]姓[4]主[3]。

18. 是[4]個[4]幹[4]甚[2]広[1]的[1]？

19. 巧[3]了[1]是[4]個[4]作[4]買[3]賣[4]的[1]罷[4]。

20. 您[2]這[4]朋[3]友[3]們[1]裏[3]頭[2]有[3]認[4]識[2]他[1]的[1]広[1]？

21. 沒[2]有[3]認[4]識[2]他[1]的[1]。

22. 我[2]打[3]算[4]託[1]您[2]給[3]打[4]聽[1]打[4]聽[1]有[3]認[4]識[2]他[1]的[1]沒[2]有[3]。

23. 是[4]您[2]有[3]意[4]要[4]典[3]那[4]個[4]房[2]広[1]？

24. 或[4]典[3]或[4]買[3]都[1]可[3]以[3]。

25. 那[4]広[1]我[3]給[3]您[2]辦[4]辦[4]罷[4]。

26. 勞[2]您[2]駕[4]罷[4]。

第十七章(回家省親，出外求名)

1. 老[3]兄[1]久[3]違[2]。

2. 彼[3]此[3]彼[3]此[3]。

3. 您[2]到[4]了[1]幾[3]天[1]了[1]？

4. 我[3]到[4]了[1]纔[2]兩[3]天[1]。

5. 您[2]上[4]間[2]來[2]，我[2][3]簡[3]直[2]的[1]不[4]知[1]道[4]。

6. 是[4]，我[3]上[4]間[2]到[4]京[1]纔[2]三[1]天[1]就[4]間[2]去[4]了[1]。

7. 是[4]怎[3]広[1]間[2]去[4]的[1]那[4]広[1]快[4]呢[1]？

8. 是[4]因[4]為[4]接[4]着[2]家[1]信[4]說[1]家[1]母[3]病[4]了[1]，所[3]以[3]我[3]趕[3]緊[3]的[1]間[2]去[4]了[1]。

9. 現[4]在[4]令[4]堂[2]老[3]太[4]太[4]倒[4]大[4]好[3]了[1]？

10. 是[4]，我[3]到[4]了[1]家[1]不[4]多[1]幾[3]天[1]就[4]好[3]了[1]。

11. 我[3]上[4]間[2]聽[1]見[4]說[1]您[2]間[2]去[4]的[1]那[4]広[1]快[4]，不[4]知[1]道[4]什[2]広[1]緣[2]

---

① 先頭裏：以前，先前。

12. 我[3]上[4]回[2]來[2]，您[2]是[4]怎[3]広[1]知[1]道[4]的[1]？

13. 那[4]我[3]是[4]聽[1]悦[4]來[2]店[4]掌[4]櫃[4]的[1]説[1]的[1]。

14. 我[3]這[4]盪[4]來[2]您[2]是[4]聽[1]誰[2]説[1]的[1]？

15. 我[3]昨[2]兒[2]個[4]出[1]城[2]，聽[1]見[4]信[4]昌[1]銀[2]號[4]説[1]您[2]來[2]了[1]。

16. 我[3]本[3]來[2]打[3]算[4]一[1]兩[3]天[1]到[4]您[2]府[3]上[4]去[4]，想[3]不[2]到[4]您[2]倒[4]先[1]瞧[2]我[3]來[2]了[1]。

17. 偺[2]們[1]這[4]樣[4]兒[2]的[4]交[1]情[2]还[2]拘[1]什[2]広[1]禮[3]呀[1]。

18. 這[4]實[2]在[4]是[4]老[3]兄[1]恕[4]我[3]了[1]。

19. 那[3]兒[2]的[1]話[4]呢[1]，您[2]這[4]盪[4]是[4]爲[4]什[2]広[1]來[2]的[1]？

20. 是[4]爲[4]辦[4]功[1]名[2]的[1]事[4]情[2]。

21. 辦[4]的[4]有[3]了[1]頭[2]緒[4]了[1]麼[1]？

22. 還[2]没[2]頭[2]緒[4]了[1]，等[3]一[1]兩[3]天[1]我[3]再[4]告[4]訴[4]您[2]説[1]。

23. 是[4]了[1]。

第十八章（病官乞假，散僕求傭）

1. 我[3]今[1]兒[2]個[4]給[3]老[3]爺[2]請[3]安[1]來[2]了[1]。老[3]爺[2]您[2]好[3]啊[1]？

2. 好[3]啊[1]，你[3]的[1]事[4]情[2]好[3]啊[1]？

3. 托[1]老[3]爺[2]的[1]福[2]，小[3]的[1]事[4]情[2]倒[4]還[2]好[3]。

4. 你[3]這[4]是[4]多[1]咱[2]囘[2]來[2]的[1]？

5. 小[3]的[1]是[4]前[2]幾[3]天[1]囘[2]來[2]的[1]。

6. 你[3]是[4]跟[1]着[2]你[3]們[1]老[3]爺[2]囘[2]來[2]的[1]広[1]？

7. 是[4]，跟[1]着[2]我[3]們[1]老[3]爺[2]囘[2]來[2]的[1]。

8. 你[3]們[1]老[3]爺[2]是[4]作[4]甚[2]広[1]囘[2]來[2]了[1]？

9. 小[3]的[1]的[1]老[3]爺[2]是[4]告[4]病[4]囘[2]來[2]的[1]。

10. 是[4]得[2]了[1]什[2]広[1]病[4]了[1]？

11. 是[4]因[1]爲[4]不[4]服[2]水[3]土[3]，打[3]到[4]任[4]之[1]後[4]就[4]害[4]病[4]，直[2]到[4]如[2]今[1]病[4]更[4]重[4]了[1]，所[3]以[3]就[4]告[4]囘[2]來[2]了[1]。

12. 你[3]們[1]間[2]來[2]走[3]了[1]有[3]多[1]少[3]日[4]子[1]?
13. 走[3]了[1]有[3]一[2]個[4]多[1]月[4].
14. 他[1]這[4]間[2]來[2]是[4]打[3]算[4]在[4]京[1]當[1]差[1]広[1]?
15. 現[4]在[4]还[2]不[4]一[2]定[4]了[1], 等[2]病[4]好[3]了[1]再[3]說[1]罷[4].
16. 你[3]們[1]這[4]些[1]底[3]下[4]人[2]怎[3]広[4]樣[4]呢[1]?
17. 我[3]們[1]老[3]爺[2]的[1]意[4]思[1], 就[4]是[4]留[2]那[4]倆[3]舊[4]家[1]人[2], 叫[4]我[3]們[1]這[4]幾[3]個[4]人[2]另[4]找[3]事[4]罷[4].
18. 那[4]広[1]你[3]現[4]在[4]是[4]打[3]算[4]找[3]事[4]広[1]?
19. 是[4]打[3]算[4]找[3]事[4].
20. 是[4]打[3]算[4]在[4]京[1]裡[23]找[3]事[4]啊[1], 还[2]是[4]出[1]外[4]去[4]呢[1]?
21. 小[3]的[1]倒[4]是[4]願[4]意[4]出[1]外[4]去[4].
22. 等[23]有[3]機[1]會[4]我[3]給[3]你[3]舉[3]薦[4]罷[4].
23. 費[4]老[3]爺[2]的[1]心[4].

第十九章(僕隷慇懃,服侍周到)

1. 老[3]爺[2]該[1]起[3]來[2]了[1].
2. 現[4]在[4]幾[3]點[3]鐘[1]了[1]?
3. 表[3]站[4]住[4]了[1], 不[4]知[1]道[4]有[3]幾[3]點[3]鐘[1]了[1].
4. 你[3]約[1]摸[1]着[2]有[3]甚[2]広[1]時[2]候[4]了[1]?
5. 我[3]約[1]摸[1]着[2]現[4]在[4]總[3]有[3]八[1]點[3]鐘[1]了[1].
6. 你[3]爐[2]上[4]火[3]了[1]広[1]?
7. 早[3]爐[2]上[4]了[1].
8. 今[1]兒[2]個[1]是[4]晴[2]天[1]是[4]陰[1]天[1]?
9. 今[1]兒[2]個[1]是[1]半[4]陰[1]半[4]晴[2].
10. 先[1]生[1]來[2]了[1]沒[2]有[3]?
11. 还[2]沒[2]來[2]了[1], 大[4]概[4]也[3]快[4]來[2]了[1].
12. 你[3]把[4]我[3]的[1]衣[1]服[1]給[3]我[3]拿[2]出[1]來[2].
13. 您[2]打[3]算[4]穿[1]那[3]件[4]衣[1]服[1]啊[1]?
14. 穿[1]那[4]件[4]青[1]大[4]呢[2]的[1]罷[4].
15. 那[4]件[4]衣[1]服[1]还[2]沒[2]刷[1]哪[1].
16. 你[3]現[4]在[4]就[4]快[4]給[3]刷[1]出[1]來[2].

17. 這[4]件[4]衣[1]服[1]掉[4]了[1]一[2]個[4]鈕[3]子[1]。

18. 你[3]快[4]找[3]個[4]針[1]線[4]給[3]釘[1]上[4]。壺[2]裏[3]有[3]熱[4]水[3]没[2]有[3]？

19. 有[3]熱[4]水[3]。

20. 那[4]广[4]你[2]把[34]那[4]熱[4]水[3]倒[4]在[4]洗[3]臉[3]盆[2]裏[3]，我[3]好[3]洗[3]臉[3]。

21. 您[2]不[2]要[4]漱[4]口[3]水[3]广[1]？

22. 要[4]漱[4]口[3]水[3]，擱[1]在[4]臉[3]盆[2]桌[1]上[4]罷[4]。

23. 牙[2]刷[1]子[1]和[4]刷[1]牙[2]散[4]都[1]在[4]那[3]兒[2]了[1]？

24. 都[1]在[4]臉[3]盆[2]桌[1]抽[1]屜[4]裏[3]了[1]。

25. 你[3]給[3]我[2]拿[2]點[1]心[1]去[4]罷[4]。

26. 您[2]要[4]什[2]广[2]點[3]心[1]？

27. 我[3]就[4]要[4]烤[3]麵[4]包[1]和[4]奶[3]油[2]。

28. 您[2]要[4]什[2]广[2]茶[2]？

29. 我[3]不[2]要[4]茶[2]，就[4]要[4]一[2]碗[3]冲[1]雞[1]蛋[4]就[4]得[2]了[1]。

第二十章(乍見新知,因問舊友)

1. 你[3]昨[2]兒[2]個[4]出[1]門[2]了[1]广[1]？
2. 是[4]出[1]門[2]去[4]了[1]。
3. 上[4]那[3]兒[2]去[4]來[2]着[2]？
4. 逛[4]廟[4]去[4]了[1]。
5. 是[4]你[3]一[2]個[4]人[2]去[4]的[1]广[1]？
6. 還[2]同[2]着[2]兩[3]位[4]朋[2]友[3]去[4]的[1]。
7. 是[4]買[3]東[1]西[1]去[4]了[1]还[2]是[4]閒[2]逛[4]去[4]呢[1]？
8. 也[3]買[3]了[1]點[3]兒[2]東[1]西[1]。
9. 是[4]買[3]古[3]玩[2]玉[3]器[4]去[4]了[1]广[1]？
10. 不[2]是[4]買[3]古[3]玩[3]玉[4]器[4]，是[4]買[3]了[1]

幾[3]樣[4]兒[2]零[2]用[4]的[1]傢[1]伙[3]。

11. 竟[4]到[4]了[1]廟[3]上[4]，没[2]到[4]別[2]處[4]去[4]广[1]？
12. 是[4]，没[2]到[4]別[2]處[4]去[4]，我[3]們[1]在[4]廟[3]上[4]遇[4]見[4]了[1]一[2]個[4]人[2]。
13. 是[4]個[4]什[2]广[1]人[2]？
14. 這[4]個[4]人[2]他[1]認[4]得[2]我[3]，我[3]可[3]不[2]認[4]得[2]他[1]。
15. 他[1]和[4]你[3]説[1]什[2]广[1]來[2]着[2]？
16. 他[1]和[4]我[3]打[3]聽[1]你[3]來[2]着[2]。
17. 他[1]姓[4]甚[2]广[1]？

18. 我[3]問[4]他[1]姓[4]來[2]着[2],現[4]在[4]我[3]忘[4]了[1]。
19. 你[3]瞧[2]他[1]是[4]像[4]個[4]幹[1]甚[2]広[4]的[4]?
20. 我[3]瞧[2]他[1]那[4]個[4]樣[4]子[1]像[4]是[4]個[4]作[4]買[3]賣[4]的[1]。
21. 他[1]有[3]多[1]大[4]歲[4]數[4]兒[1]?
22. 巧[3]了[1]有[3]四[4]十[2]多[1]歲[4]罷[4]。
23. 有[3]鬍[2]子[1]沒[2]有[3]?
24. 有[3]鬍[2]子[1]。
25. 你[3]沒[2]問[4]他[1]是[4]在[4]那[3]兒[2]住[4]家[1]広[4]?
26. 他[1]說[1]他[1]在[4]方[1]巾[1]衚[2]衕[4]住[4]家[1]。
27. 是[4]了[1],我[3]知[1]道[4]了[1],他[1]姓[4]宋[4],是[4]個[4]買[3]賣[4]人[2]。
28. 他[1]是[4]和[4]你[3]相[1]好[3]広[1]?
29. 是[4],我[3]們[1]倆[3]是[4]至[4]好[3]的[1]朋[2]友[3]。

第二十一章(徧覓紅呢,約伴同買)

1. 我[3]託[1]您[2]給[3]打[3]聽[1]一[2]樣[4]兒[2]東[1]西[1]。
2. 打[3]聽[1]什[2]広[1]東[1]西[1]?
3. 我[3]要[4]買[3]哈[1]喇[1]①。
4. 買[3]什[2]広[1]哈[1]喇[1]呢[1]?
5. 要[4]買[3]紅[2]哈[1]喇[1]。
6. 紅[2]哈[1]喇[1]各[4]洋[2]貨[4]鋪[4]裏[3]都[1]有[3]啊[1]。
7. 是[4],我[3]到[4]這[4]大[4]街[1]上[4]各[4]洋[2]貨[4]舖[4]裏[3]都[1]找[3]到[4]了[1],都[1]不[4]很[3]好[3]。
8. 是[4]怎[3]広[1]不[4]好[3]呢[1]?
9. 都[1]是[4]太[4]薄[2],沒[2]厚[4]的[1]。
10. 你[3]是[4]打[3]算[4]做[4]什[2]広[1]用[4]啊[1]?
11. 不[2]是[4]我[3]自[4]己[3]用[4],是[4]打[3]算[4]送[4]人[2]。
12. 是[4]要[4]買[3]多[1]少[3]尺[3]呢[1]?
13. 我[3]要[4]買[3]兩[4]定[4]。
14. 近[4]來[2]的[1]新[1]哈[1]喇[1]都[1]是[4]薄[2]的[1]多[1]厚[4]的[1]少[3],就[4]是[4]有[3]一[2]個[4]洋[2]貨[4]舖[4]裏[3]有[3]厚[4]的[1]。
15. 這[4]個[4]洋[2]貨[4]舖[4]在[4]那[3]兒[2]啊[1]?

---

① 哈喇:用羊絨、駝絨等原料織成的西式呢絨,作爲高檔面料,常用來製作西服、中山裝、軍大衣以及一些高級中式服裝。"哈"音 kā。

16. 是⁴在⁴城²外⁴頭²。
17. 是⁴什²広¹字⁴號⁴？
18. 字⁴號⁴是⁴德²茂⁴。
19. 你³買³過⁴他的¹哈¹喇¹麼¹？
20. 我³買³過⁴是²藍¹哈¹喇¹，没²買³過⁴紅²的¹。
21. 你³知¹道⁴他有³紅²的¹広¹？
22. 大³概⁴總³有³罷⁴。
23. 那⁴広¹就⁴託¹你³給³我³買³罷¹。
24. 你³有³樣⁴子¹広¹？

25. 我³没²有³樣⁴子¹。
26. 你³没²有³樣⁴子¹，我³怕⁴是⁴買³來²不⁴合²式⁴。
27. 那⁴広¹我²同²你³到⁴那⁴個⁴舖⁴子¹買³去⁴罷⁴。
28. 偺²們¹倆³一⁴同²瞧²去⁴倒⁴妥³當¹。
29. 偺²們¹現⁴在⁴可³以³去⁴広¹？
30. 願⁴意⁴去⁴偺²們¹就⁴去⁴。

第二十二章(公事忙迫,不能分身)

1. 你³這⁴程²子¹没²找³偺²們¹那⁴位⁴朋²友³去⁴広¹？
2. 我³去⁴找³了¹他¹三¹趟⁴了¹。
3. 到⁴底³見⁴着²了¹没²有³？
4. 昨²兒²個⁴纔²見⁴着²了¹。
5. 是⁴在⁴他¹家¹裏³見⁴着²的¹広¹？
6. 我³到⁴他¹家¹裏³去⁴了¹兩³趟⁴，他⁴都¹没²在⁴家¹，昨²兒²個⁴我³到⁴衙²門²裏³去⁴見⁴着²他¹了¹。

7. 你³没²問⁴他¹那⁴件⁴事⁴怎³広¹樣⁴了¹広¹？
8. 我³問⁴他¹來²着²,他¹説¹還²没²辦⁴了¹。
9. 怎³広¹這⁴広¹些¹日⁴子¹他¹还²没²辦⁴呢¹？
10. 他¹説¹他¹這⁴程²子¹很³忙²,没²能²找³那⁴個⁴人²去⁴。
11. 他¹甚¹広¹事⁴這⁴広¹忙²啊¹？
12. 他¹説¹近⁴來²衙²門²裏³有³三¹件⁴

要[4]緊[3]的[1]案[4]得[3]赶[3]緊[3]審[3]的[1]。

13. 你[3]知[1]道[4]是[4]什[2]麽[1]要[4]緊[3]的[1]案[4]呢[1]？

14. 我[3]聽[1]説[1]一[2]件[1]盗[4]案[4]兩[3]件[4]命[4]案[4]。

15. 他[1]既[4]然[2]這[4]麼[1]忙[2]，怎[3]広[4]也[3]不[4]來[2]告[4]訴[4]偺[2]們[1]呢[1]？

16. 他[1]總[3]是[4]因[1]為[4]官[1]差[1]忙[2]，騰[2]不[4]開[1]身[1]子[1]來[2]。

17. 那[4]広[1]他[1]得[3]多[1]咱[1]纔[2]能[2]忙[2]完[2]了[1]呢[1]？

18. 巧[3]了[1]得[3]過[4]個[4]十[2]天[1]八[1]天[1]的[1]罷[4]。

19. 那[4]広[4]你[3]今[1]天[1]晚[3]上[4]去[4]問[4]問[4]他[1]，若[4]是[4]他[1]打[3]發[1]別[2]的[1]人[2]找[3]那[4]個[4]人[2]去[4]行[2]不[4]行[2]？

20. 你[3]説[1]的[1]也[3]是[4]，若[4]是[4]打[3]發[1]別[2]的[1]人[2]去[4]行[2]，那[4]自[4]然[2]更[4]好[3]了[1]。

第二十三章（飭僕莨飯,托友寄信）

1. 老[3]爺[2]間[2]來[2]了[1]，您[2]擦[-]臉[3]広[1]？

2. 是[4]，你[3]快[4]給[3]我[3]打[3]洗[3]臉[3]水[3]來[2]。

3. 洗[3]臉[3]水[3]打[3]來[2]了[1]，胰[2]子[1]手[3]巾[1]都[1]給[3]您[2]預[4]備[4]好[3]了[1]。

4. 你[3]快[4]給[3]我[3]沏[1]茶[2]來[2]。

5. 您[2]餓[4]不[2]餓[4]？

6. 我[3]現[4]在[4]是[4]又[4]渇[3]又[4]餓[4]。

7. 那[4]広[1]我[3]沏[1]茶[2]去[4]，就[4]叫[4]厨[2]子[1]快[4]給[3]您[2]預[4]備[4]飯[4]罷[4]。

8. 不[2]用[4]忙[2]着[2]預[4]備[4]飯[4]，我[3]先[1]吃[1]一[4]點[3]兒[2]點[3]心[1]罷[4]。

9. 怎[3]広[1]您[2]是[4]餓[4]的[1]等[3]不[4]得[2]飯[4]了[1]広[1]？

10. 倒[4]不[2]是[4]餓[4]的[1]等[3]不[4]得[2]飯[4]，是[4]因[1]為[4]我[3]先[1]要[4]寫[3]信[4]。

11. 那[4]就[4]是[4]了[1]。

12. 你[3]把[3]那[4]匣[2]子[1]信[4]紙[3]給[3]我[3]拏[2]來[2]。

13. 是[4]您[2]新[1]買[3]的[1]那[4]匣[2]子[4]信[4]紙[3]広[1]？

14. 不[2]錯[4]，你[3]把[3]印[3]色[4]盒[2]子[1]和[4]圖[2]書[1]都[1]拏[2]出[1]來[2]。

15. 你³瞧²見⁴那⁴塊⁴火³漆¹①了¹没²有³？
16. 我³瞧²見⁴您²那⁴天¹使³完²了¹，攔¹在⁴那⁴個⁴小³抽⁴屉⁴裏³了¹。
17. 你³點³上⁴蠟³燈¹，我³現⁴在⁴要⁴封¹信⁴。
18. 您²這⁴寫³完²了¹信⁴就⁴要⁴吃⁴飯⁴广¹？
19. 我³还²不⁴吃³飯⁴了¹。你³先¹送⁴信⁴去⁴。
20. 給³誰²送⁴的¹信¹？
21. 你³把³這⁴兩³封⁴信⁴給⁴李³老³爺²送⁴了¹去⁴，就⁴提²我³託¹他¹明²天¹給³寄⁴到⁴上³海³去⁴。
22. 有³囘²信⁴广¹？
23. 没²囘²信⁴，你³就⁴快⁴送⁴了¹去⁴快⁴囘²來²。

第二十四章(奉差查工,應酬舊友)

1. 老³兄¹一²向⁴少³見⁴。
2. 彼³此³彼³此³，兄¹台²是⁴多⁴咱¹囘²來²的¹？
3. 我³是⁴昨⁴兒²個⁴囘²來²的¹。
4. 路⁴上⁴都⁴好³啊¹？
5. 托¹您²福²倒⁴都⁴平¹安¹。
6. 兄¹台²這⁴盪⁴出¹去⁴，是⁴有³甚²广¹官¹差¹？
7. 我³是⁴隨²着²大⁴人²到⁴陵⁴上⁴查⁴看⁴工¹程²去⁴了¹。
8. 是⁴隨²着²那³位⁴大⁴人²去⁴的¹？
9. 是⁴隨²着²常⁴大⁴人²去⁴的¹。
10. 去⁴了¹有³多⁴少³日⁴子¹？
11. 連²來²帶⁴去⁴正⁴半⁴個⁴月⁴。
12. 我³上⁴囘²到⁴府⁴上⁴望⁴看⁴您⁴去⁴了¹，聽¹説¹您²出¹外⁴差¹去⁴了¹。
13. 勞²您²駕⁴，我³實⁴在⁴失¹迎²。
14. 那³兒²的¹話⁴呢¹。
15. 老³兄⁴這⁴程²子¹忙⁴甚¹广¹來²着²？

---

① 火漆:舊時書信文件封口用的物料,主要原料爲松香。又稱"封蠟"。

16. 也³沒²什²广¹正⁴經³事⁴,就⁴是⁴這⁴幾³天¹有³一²位⁴舊⁴日⁴的¹朋²友³到⁴京¹來²了¹,應⁴酬²了¹兩³天¹。

17. 是⁴那³位⁴朋²友³?

18. 就⁴是⁴我³去⁴年²和⁴您²提²的¹那⁴位⁴彭²子³修¹,他¹來²了¹。

19. 這⁴位⁴朋²友³來²了¹好³極²了¹,我³還²要⁴和⁴他¹會⁴會⁴面⁴哪¹。

20. 他¹也³是⁴久³仰³大⁴名²,還²要⁴到⁴尊¹府⁴上⁴望⁴看⁴您²去⁴哪¹。

21. 不⁴敢³當¹,他¹這⁴趟⁴來²是⁴有³何²公¹幹⁴?

22. 是⁴瞧²他¹的¹親¹戚⁴來²了¹。

23. 那⁴广¹一⁴兩³天¹我³們¹可³以³見⁴一²見⁴。

24. 他¹這⁴兩³天¹必⁴拜⁴您²去⁴。

第二十五章(途中遇雨,城外借宿)

1. 你³這⁴兩³天¹幹⁴什²广¹來²着²?

2. 我³昨²兒²個³纔²間²來²。

3. 上⁴那³兒²去⁴了¹?

4. 逛⁴去⁴了¹。

5. 上⁴甚²广¹地⁴方¹逛⁴去⁴了¹?

6. 到⁴海³淀⁴逛⁴去⁴了¹。

7. 去⁴了¹幾³個⁴人²?

8. 去⁴了¹五³個⁴人²。

9. 是⁴多¹咱¹去⁴的¹?

10. 前²天¹去⁴的¹,昨²天¹早³起³間²來²的¹。

11. 怎³广¹去⁴的¹?

12. 一²去⁴是⁴坐⁴車¹去⁴的¹,回²頭²是⁴騎⁴驢²回²來²的¹。

13. 怎³广¹一⁴天¹沒²趕³回²來²广¹?

14. 是⁴因¹爲⁴遇⁴見⁴雨³了¹,關¹在⁴城⁴外⁴頭²了¹。

15. 是⁴在⁴那⁴塊⁴兒²遇⁴見⁴雨³了¹?

16. 是⁴在⁴半⁴路⁴上⁴遇⁴見⁴雨³了¹。

17. 那⁴广¹你³們¹關¹在⁴城²外⁴頭²,是⁴住⁴在⁴店⁴裏³了¹广¹?

18. 我³們¹先¹到⁴了¹店⁴裏³,他¹們¹不⁴留²我³們¹住⁴。

19. 是⁴爲⁴什²広¹不⁴留²你³們¹住⁴呢¹?

20. 是⁴因¹爲⁴我³們¹没²帶²着²行²李³,他¹們¹不⁴肯³留²我³們¹住⁴。

21. 你³們¹没²告⁴訴⁴他¹們¹説¹你³們¹是⁴逛⁴去⁴的¹広¹?

22. 告⁴訴⁴他¹們¹説¹了¹,他¹們¹説¹這⁴是⁴開¹店⁴的¹規¹矩³,客⁴人²没²有³行²李³是⁴不⁴能²留²住⁴的¹。

23. 那⁴広¹你³們¹怎³広¹好³呢¹?

24. 幸⁴虧¹我³有³一²個⁴朋²友³在⁴城²外⁴頭²住⁴,我³們¹到⁴他¹家¹裏³住⁴去⁴了¹。

25. 還²算⁴有³救⁴星¹,不⁴然²就⁴更⁴受⁴了¹罪⁴了¹。

第二十六章(買料雇工,赶造棉衣)

1. 我³叫⁴你³找³的¹裁²縫²你³找³來²了¹?

2. 早³就⁴找³來²了¹。

3. 你³怎³広¹不⁴早³告⁴訴⁴我³呀¹?

4. 我³見⁴老³爺²手³底³下⁴有³事⁴,所³以³没³敢³告⁴訴⁴您³說¹。

5. 那⁴広¹你³出¹去⁴把³他¹叫⁴進⁴來²。

6. 老³爺²,他¹就⁴是⁴裁²縫²。

7. 你³的¹成²衣¹舖⁴是⁴在⁴那⁴兒²啊¹?

8. 我³的¹成²衣¹舖⁴就⁴在⁴這⁴大⁴街¹上⁴。

9. 你³給³這⁴院⁴裏³老³爺²們¹做⁴過⁴活²広¹?

10. 先¹頭²裏³我³常²到⁴這⁴院⁴裏³做⁴活²來²。

11. 我³怎³広¹總³没²瞧²見⁴過⁴你³呀¹?

12. 老³爺²您²忘⁴了¹,上⁴回²我³在⁴北³屋¹裏³給³那⁴位⁴客⁴人²做⁴活²,您²不²是⁴還²和⁴我³説¹話⁴來²着²広¹?

13. 不²錯⁴,我³想³起³來²了¹,我³現⁴在⁴找³你³來²是⁴要⁴做⁴一²件⁴大⁴棉²襖³。

14. 材²料⁴您²都¹買³了⁴広¹?

15. 綢²子¹我³都¹買³了³¹,棉¹花¹等³叫⁴跟¹班¹的¹晚³上⁴買³了¹給³你³送⁴了¹去⁴。

16. 您²把³尺²寸⁴都¹開¹出¹來²了¹広¹?

17. 這[4]是[4]我[3]開[1]出[1]來[2]的[1]尺[2]寸[4]單[1]子[1]。

18. 那[4]广[1]我[3]先[1]把[3]綢[2]子[1]拿[2]了[1]去[4]裁[2]出[1]來[2]。

19. 給[3]你[3]這[4]綢[2]子[1]，得[3]多[1]咱[1]可[3]以[3]得[2]？

20. 五[3]六[4]天[1]就[4]可[3]以[3]做[4]得[2]了[1]。

21. 不[4]能[2]早[3]兩[3]天[1]得[2]广[1]？

22. 若[4]是[4]您[2]等[3]穿[1]，也[3]可[3]以[3]早[3]得[2]。

23. 你[3]趕[3]緊[3]的[1]給[3]做[4]罷[4]，越[4]快[4]越[4]好[3]。

24. 是[4]了[1]。

第二十七章(買炭過多,友欲分賣)

1. 這[4]院[4]裡[3]存[2]着[2]的[1]這[4]個[4]炭[4]都[1]是[4]你[3]買[3]的[1]广[1]？

2. 不[2]錯[4]，都[1]是[4]我[3]買[3]的[1]。

3. 你[3]買[3]這[4]广[1]些[1]個[4]炭[4]燒[1]的[1]了[3]广[1]？

4. 我[3]一[2]個[4]人[2]自[4]然[2]燒[1]不[4]了[3]這[4]广[1]些[1]個[4]。

5. 那[4]广[1]你[3]幹[4]甚[2]广[1]買[3]這[4]广[1]些[1]個[4]呢[1]？

6. 我[3]打[3]算[4]偺[2]們[1]倆[3]可[3]以[3]用[4]。

7. 我[3]已[3]經[3]買[3]了[1]好[3]些[1]個[4]了[1]。

8. 你[3]是[4]多[1]咱[1]買[3]的[1]？

9. 也[3]是[4]新[1]近[4]買[3]的[1]。

10. 你[3]是[4]托[1]誰[2]給[3]你[3]買[3]的[1]？

11. 是[4]我[3]自[4]己[3]去[4]買[3]的[1]。

12. 你[3]買[3]的[1]是[4]誰[2]家[4]的[1]？

13. 是[4]在[4]一[2]個[4]煤[2]棧[4]裡[3]買[3]的[1]。

14. 你[3]買[3]的[1]比[3]我[3]買[3]的[1]便[2]宜[2]广[1]？

15. 是[4]，比[3]你[3]買[3]的[1]便[2]宜[1]。

16. 炭[4]的[1]好[3]歹[3]怎[3]广[1]樣[4]？

17. 那[4]我[3]可[3]不[4]知[1]道[4]，我[3]想[3]都[1]不[4]差[1]甚[2]广[1]罷[4]。

18. 不[4]能[2]不[4]差[1]甚[2]广[1]，我[3]知[1]道[4]一[2]定[4]差[1]的[1]多[1]。

19. 還[2]能[2]差[1]得[2]了[3]很[3]多[1]广[1]？

20. 你[3]不[2]信[4]把[3]我[3]這[4]炭[4]拿[2]幾[3]斤[1]去[4]燒[1]一[4]燒[1]就[4]知[1]道[4]了[1]。

21. 我³想³你²買³的¹這⁴個⁴炭⁴是⁴頂³貴⁴了⁴罷⁴?
22. 貴⁴是⁴頂⁴貴⁴,可³是⁴比³別²的¹炭都¹好³。
23. 那⁴广¹你³還²得³把⁴這⁴個⁴炭⁴轉⁴賣⁴給³別²人²些¹個⁴罷⁴?
24. 有³要⁴的¹就⁴賣⁴。
25. 等³有³人²要⁴買³的¹時²候⁴我³給³賣⁴些¹個⁴罷⁴。
26. 那⁴也³可²以³罷⁴。

第二十八章(行客到店,吃粥換銀)

1. 李³祥²。
2. 喳¹。
3. 你³進⁴這⁴個⁴店⁴裡³瞧²瞧²有³好³房²沒²有³?
4. 辛¹苦³衆³位⁴。
5. 您²來²了¹,您²是⁴要⁴住⁴店⁴广¹?
6. 我³們³老³爺²叫⁴我³問⁴你³們¹有³好³房²沒²有³。
7. 您²來²瞧²瞧²這⁴兩³間¹上⁴房²怎³广¹樣⁴?
8. 這⁴兩³間¹可²以³的¹。
9. 那⁴广¹叫⁴車¹赶³進⁴來²罷⁴。
10. 我³去⁴叫⁴他¹赶³進⁴來²。
11. 老³爺²是⁴先¹擦¹臉³是⁴先¹喝¹茶²?
12. 你³先¹給³我³打³洗³臉³水³來²。
13. 是⁴。
14. 李³祥²你³把³茶²壺²涮⁴出¹來²了¹广¹?
15. 涮⁴出¹來²了¹。
16. 你³擱¹上⁴葉⁴子¹叫⁴他¹們¹拿²開¹水³來²沏¹上⁴。
17. 老³爺²間²頭²是⁴吃¹甚²广¹飯⁴,早³盼¹咐⁴他¹們¹做⁴去⁴。
18. 我³今¹兒²個⁴不⁴舒³坦³,叫⁴他¹們¹給³我³熬³點³兒²粥¹來²。你³吃¹甚²广¹,可³以³告⁴訴⁴他¹們¹說¹罢⁴①。
19. 偺²們¹還²有³多¹少³現⁴錢²?
20. 還²有³兩³吊⁴多¹現⁴錢²。

---

① 罢:罷。

21. 你³吃¹完²了¹飯⁴,把⁴這⁴錠⁴銀²子¹拿²去⁴換⁴了¹錢³來²。
22. 這⁴錠⁴銀²子¹有³幾³兩³?
23. 大⁴約¹有³四³兩³多¹,你³拿²去⁴叫⁴錢²舖⁴平²去⁴就⁴是⁴了¹。
24. 這⁴個⁴地⁴方¹總³比³京¹裡³換⁴的¹錢²少³。
25. 少³換⁴幾³個⁴錢²也³是⁴没²法²子¹的¹事⁴。
26. 老³爺⁴,店⁴家¹開¹賬⁴①來²了¹。
27. 你³給³他¹們¹就⁴是⁴了¹。

第二十九章(拍買叫貨,折本還價)

1. 你³新¹近⁴買³叫⁴貨⁴②去⁴得²意⁴罷⁴?
2. 別²提²了¹。
3. 怎³广¹別²提²了¹?
4. 簡³直²的¹我³買³打³了¹眼³③了¹。
5. 怎³广¹會³買³打³了¹眼³了¹?
6. 我³買³的¹東¹西¹到⁴家¹裡³一⁴瞧²全²是⁴壞⁴的¹。
7. 你³都¹是⁴買³了¹些¹個⁴甚²广¹?
8. 竟⁴是⁴些¹個⁴零²用⁴的¹傢¹伙³和⁴兩³架⁴坐⁴鐘¹。
9. 莫⁴非²這⁴些¹傢¹伙³都¹是⁴壞⁴的¹广¹?
10. 木⁴器⁴傢¹伙³拉¹到⁴家¹裡³去⁴全²都¹散³了¹,其²餘²那⁴些¹零²碎⁴東¹西¹也³是⁴壞⁴的¹多¹好³的¹少³。
11. 那⁴兩³架⁴鐘¹怎³广¹樣⁴?
12. 我³找³鐘¹表³匠⁴拆¹開¹看⁴了¹,裏³頭²全²短³着¹東¹西¹了¹。
13. 那⁴广¹若⁴是⁴都¹賣⁴出¹去⁴,還²可³以³賺⁴幾³個⁴錢²广¹?
14. 不²但⁴不⁴能⁴賺⁴錢²,還²得³賠²出¹好³些¹個⁴錢²去⁴哪¹。

---

① 賬;底本作"張"。開賬;開出賬單,列出賬目。
② 買叫貨;拍賣。
③ 打眼;買東西時没有看出毛病而上當。

15. 也[3]不[2]至[4]于[2]賠[2]錢[2]罷[4]。

16. 怎[3]広[1]不[2]至[4]於[2]賠[2]錢[2]呢[1]？這[4]現[4]在[4]一[4]收[1]拾[2],就[4]得[3]花[1]好[3]些[4]個[4]錢[2],然[4]後[4]再[4]一[4]賠[2]着[4]賣[4],前[2]後[4]得[3]賠[2]出[1]多[1]少[3]錢[2]去[4]。

17. 若[4]是[4]賠[2]錢[2]賣[4],還[2]不[4]如[2]留[2]着[2]自[4]己[3]用[4]哪[1]。

18. 那[4]如[2]何[2]行[2]呢[1]？我[3]買[3]這[4]個[4]都[1]是[4]借[4]來[2]的[1]錢[2],現[4]在[4]都[1]得[3]快[4]還[2]人[2]家[1]。

19. 怎[3]広[1]你[3]買[3]的[1]時[2]候[2]沒[2]看[4]出[1]不[4]好[3]來[2]広[1]？

20. 所[3]①沒[2]看[4]出[1]甚[2]広[1]不[4]好[3]來[2]。

第三十章(訪友不遇,託人探聽)

1. 你[3]瞧[2]街[1]門[2]外[4]頭[2]那[4]個[4]人[2]是[4]幹[4]甚[2]広[1]的[1]？

2. 巧[3]了[1]是[4]問[4]道[4]的[1]。

3. 我[3]猜[1]不[2]是[4]問[4]道[4]的[1],光[4]景[3]是[4]打[3]聽[3]人[2]的[1],等[3]我[3]出[1]去[4]問[4]問[4]他[1]就[4]知[1]道[4]了[1]。

4. 您[2]是[4]打[3]聽[3]人[2]的[1]是[4]問[4]道[4]的[1]？

5. 我[3]是[4]打[3]聽[3]一[2]箇[4]人[2]。

6. 您[2]是[4]打[3]聽[3]誰[2]呢[1]？

7. 這[4]院[4]裡[3]住[4]着[2]有[3]一[2]個[4]姓[4]黃[2]的[1]広[1]？

8. 是[4]個[4]幹[4]甚[2]広[1]的[1]？

9. 他[1]原[2]先[1]是[4]在[4]工[1]部[4]裡[3]當[1]書[1]辦[4]②,現[4]在[4]是[4]沒[2]事[4]。

10. 不[2]錯[4],先[1]頭[2]裡[3]有[3]這[4]広[1]一[2]位[4]姓[4]黃[2]的[1]在[4]這[4]院[4]裡[3]住[4],打[3]去[4]年[2]就[4]搬[1]了[1]走[3]了[1]。

11. 您[2]知[1]道[4]他[1]是[4]搬[1]到[4]那[3]兒[2]去[1]了[1]広[1]？

12. 那[4]我[3]可[3]不[4]知[1]道[4]。

13. 您[2]是[4]多[1]咱[1]搬[1]到[4]這[4]院[4]裡[3]來[2]

---

① 所:完全。
② 書辦:清代各部中掌文書事務的官員。

的¹?

14. 我³是⁴去⁴年²搬¹來²的¹。

15. 姓⁴黃²的¹搬²之¹後⁴您²就⁴搬¹來¹了¹广¹?

16. 不²是⁴,姓⁴黃²的¹搬¹了¹之¹後⁴,搬¹來²了¹一⁴家²兒²姓⁴顧⁴的¹,住⁴了¹倆²月⁴搬¹了¹走¹了¹,然²後⁴我³纔²搬¹來²的¹。

17. 那⁴广¹您²沒²見⁴過⁴那⁴個⁴姓⁴黃²

的¹罷⁴?

18. 我³沒²見⁴過⁴,我³聽¹見⁴說¹過⁴。

您²和⁴他¹是⁴親¹戚¹是⁴朋²友³?

19. 我³們¹也³是⁴相¹好³的¹。

20. 您²是⁴找³他¹有³事⁴广¹?

21. 我³是⁴來²望⁴看⁴他¹。

22. 等³我³可³以³到⁴別²處⁴給³你³打³聽¹他¹去⁴罷⁴。

第三十一章(試買劣驢,被友勸阻)

1. 今¹兒²個⁴那⁴個⁴人²拉¹來²的¹那⁴幾³匹¹驢²怎³广¹樣⁴了¹?

2. 我³叫⁴他¹都¹留²下⁴了¹。

3. 叫⁴他¹留¹下⁴是⁴打³算⁴都¹買³广¹?

4. 不²是⁴打³算⁴都¹買³,我³為⁴的¹是⁴挑¹出¹幾³匹¹好³的¹來²。

5. 你³挑¹出¹來²了¹沒²有³?

6. 我³瞧²不⁴出¹是⁴那⁴匹¹好³來²。

7. 你³沒²騎²出¹去⁴試⁴試⁴广¹?

8. 我³打³算⁴明²兒²個⁴早³起³騎²出¹

去⁴試⁴試⁴看⁴是⁴有³幾³匹¹好³的¹。

9. 我³簡直²①的¹告⁴訴⁴你³說¹罷⁴,那⁴幾³匹¹驢²連²一⁴匹¹好³的¹也³沒²有³。

10. 你³看⁴是⁴所³沒²一²個⁴好³的¹广¹?

11. 沒²一⁴匹¹好³的¹,那⁴個⁴人²沒²說¹那⁴幾³匹¹驢²是⁴誰²的¹广¹?

12. 他¹說¹是⁴他¹一²個⁴親¹戚¹家¹裡³養³活²的¹驢²。

13. 那⁴是⁴他¹撒¹謊¹了⁴。

① 簡直:直接。

14. 那[4]広[1]你[3]知[3]道[4]是[4]誰[2]的[1]驢[2]呀[1]？
15. 那[4]是[4]他[1]去[4]年[2]賣[4]剩[4]下[4]的[1]幾[3]匹[1]不[4]好[3]的[1]驢[2]。
16. 既[4]是[4]這[4]広[1]着[2],我[3]就[4]不[4]買[3]他[1]的[1]了[1]。
17. 他[1]和[4]你[3]要[4]多[1]少[3]銀[2]子[1]？
18. 他[1]要[4]八[1]兩[3]銀[2]子[1]一[4]匹[1],少[3]了[1]不[2]賣[4]。

19. 現[4]在[4]城[2]外[4]頭[2]有[3]一[2]個[4]馬[3]店[4]新[1]到[4]了[1]好[3]些[1]個[4]驢[2],比[3]這[4]個[4]又[4]好[3]又[4]便[2]宜[1]。
20. 那[4]広[1]你[3]同[2]我[3]出[1]城[2]看[4]看[1]去[4]。
21. 你[3]明[2]天[1]若[4]沒[2]事[4],偺[2]們[3]就[4]一[4]同[2]看[4]看[1]去[4]。

第三十二章(包車拉客,主人分錢)

1. 我[3]叫[4]你[3]雇[4]的[1]車[1]你[3]雇[4]了[1]広[1]？
2. 雇[4]了[1]。
3. 雇[4]的[1]不[2]是[4]跑[3]海[3]①的[1]車[1]呀[1]？
4. 不[2]是[4]跑[3]海[3]的[1]車[1],是[4]宅[2]門[2]子[1]的[1]車[1]。
5. 宅[2]門[2]子[1]的[1]車[1]和[4]站[4]口[3]子[1]②的[1]車[1]一[2]樣[4]広[1]？
6. 是[4]和[4]站[4]口[3]子[1]的[1]車[1]一[2]樣[4]。
7. 車[1]圍[2]子[1]都[1]是[4]新[1]的[1]広[1]？
8. 全[2]都[1]是[4]新[1]的[1]。

9. 騾[2]子[1]固[2]力[4]③広[1]？
10. 騾[2]子[1]是[4]很[3]固[2]力[4]的[1]。
11. 趕[3]車[1]的[1]是[4]上[4]年[2]紀[4]的[1]是[4]年[2]輕[1]④的[1]？
12. 是[4]年[2]輕[1]的[1]。
13. 你[3]和[4]他[1]說[1]明[2]白[2]是[4]雇[4]一[4]天[1]広[1]？
14. 告[4]訴[4]明[2]白[2]他[1]了[1],是[4]坐[4]一[4]天[1]。

① 跑海:四處奔走,這裏指流動拉客的車夫。
② 站口子:在固定地方候客的車夫,與"跑海"相對。
③ 固力:結實,牢靠。也作"骨力"。
④ 輕:底本作"經"。

15. 車[1]錢[2]是[4]幾[3]吊[4]?
16. 車[1]錢[2]是[4]八[2]吊[4]。
17. 管[1]他[1]飯[4]不[4]管[3]?
18. 另[4]外[4]給[3]他[1]一[2]吊[4]錢[2]的[1]飯[4]錢[2]就[4]得[2]了[1]。
19. 那[4]広[1]宅[2]門[2]子[1]的[1]車[1]怎[3]広[1]能[2]出[1]來[2]拉[1]買[3]賣[4]呢[1]?
20. 因[1]為[4]他[1]們[1]老[3]爺[2]不[4]常[2]上[4]衙[2]門[2],所[3]以[3]出[1]來[2]可[3]以[3]拉[1]買[3]賣[4]。
21. 他[1]拉[1]買[3]賣[4]挣[4]的[1]錢[2]是[4]都[1]歸[1]他[1]自[4]己[3]広[1]?
22. 不[4]能[2]都[1]歸[1]他[1]自[4]己[3],也[3]得[3]交[1]給[3]他[1]主[3]人[2]幾[3]吊[4]錢[2]。
23. 京[1]裏[3]常[2]有[3]宅[2]門[2]子[1]的[1]車[1]出[1]來[2]拉[1]買[3]賣[4]広[1]?
24. 不[4]常[2]有[3],很[3]少[3]的[1]。
25. 那[4]輛[4]車[1]趕[3]來[2]了[1]広[1]?
26. 還[2]沒[2]趕[3]來[2]了[1]。
27. 等[3]他[1]趕[3]來[2]你[3]進[4]來[2]告[4]訴[4]我說[1],我[3]先[1]要[4]出[1]去[4]看[4]看[4]去[4]。

第三十三章(代攬主顧,購買古玩)

1. 掌[3]櫃[4]的[1],我[3]給[3]你[3]們[1]引[3]了[1]一[2]位[4]主[3]顧[4]來[2]。
2. 費[4]您[2]心[1]。這[4]位[4]怎[3]広[1]稱[1]呼[1]?
3. 他[1]姓[4]陳[2]。
4. 會[4]說[1]我[3]們[1]的[1]話[4]広[1]?
5. 他[1]不[2]會[4]中[1]國[2]話[4]。
6. 是[4]多[1]咱[2]來[2]的[1]?
7. 前[2]幾[3]天[1]到[4]的[1]。
8. 早[3]先[1]來[2]過[4]沒[2]有[3]?
9. 沒[2]來[2]過[4],他[1]這[4]是[4]頭[2]一[2]盪[4]來[2]。
10. 是[4]在[4]公[1]館[3]裡[3]住[4]着[2]了[1]広[1]?
11. 沒[2]在[4]公[1]館[3]裡[3]住[4]着[2],是[4]在[4]交民[2]巷[4]①外[4]國[2]店[4]裡[3]住[4]着[2]了[1]。
12. 這[4]位[4]是[4]作[4]官[1]的[1]広[1]?

---

① 交民巷:舊稱"江米巷",明朝時南方大米進京的集散地。第二次鴉片戰爭後,列強相繼在江米巷劃地設立使館,江米巷更名為"交民巷"。

13. 是[4],他[1]是[4]在[4]我[3]們[1]本[3]國[2]作[4]官[1]。

14. 這[4]囘[2]是[4]有[4]公[1]事[4]到[4]敝[4]國[2]來[2]広[1]?

15. 没[2]公[1]事[4],他[1]是[4]特[4]意[4]逛[4]來[2]了[1]。

16. 今[1]兒[2]個[4]到[4]我[3]們[1]小[3]號[4]來[2],是[4]要[4]用[4]點[3]兒[2]什[2]広[1]東[1]西[1]?

17. 他[1]是[4]要[4]買[3]古[3]磁[2]和[4]古[3]銅[2]的[1]東[1]西[1]。

18. 請[3]他[1]瞧[2]瞧[2]這[4]古[3]磁[2]碗[3]、古[3]磁[2]盤[2]和[4]古[3]銅[2]爐[2],對[4]式①不[2]對[4]式[4]?

19. 他[1]說[1]可[3]以[3]的[1]。他[1]問[4]你[3]們[1]還[2]有[3]古[3]磁[2]碗[3]没[2]有[3]了[1]。

20. 局[2]子[1]裡[3]還[2]有[3]好[3]些[1]個[3,4]了[1],可[3]以[3]打[3]發[1]人[2]去[4]拿[2]來[2]瞧[2]瞧[2]。

21. 現[4]在[4]我[4]們[1]要[4]有[3]事[4]去[4],没[2]工[1]夫[1]瞧[2],赶[3]明[1]天[1]你[3]們[1]給[3]送[4]到[4]店[4]裡[3]去[4]瞧[2]罷[4]。

22. 這[4]位[4]明[2]兒[2]個[4]甚[2]広[1]時[2]候[4]可[3]以[3]在[4]店[4]裏[3]?

23. 他[1]見[4]天[1]早[3]起[3]總[3]在[4]店[4]裡[3]。

24. 就[4]是[4]罷[4]。

第三十四章(遣使饋問,犒僕致謝)

1. 囘[2]老[3]爺[2]知[1]道[4],城[2]外[4]頭[2]謝[4]老[3]爺[2]打[3]發[1]人[2]給[3]您[2]送[4]東[1]西[1]來[2]了[1]。

2. 叫[4]他[1]進[4]來[2]。

3. 請[3]老[3]爺[2]安[1]。老[3]爺[2]好[3]啊[2]?

4. 你[3]們[1]老[3]爺[2]好[3]啊[1]?

5. 好[3],問[4]老[3]爺[2]好[3]哪[1]。

6. 他[1]是[4]多[2]咱[2]囘[2]來[2]的[1]?

7. 囘[2]來[2]有[3]四[4]五[3]天[1]了[1]。

8. 還[2]没[2]出[1]來[2]了[1]?

9. 可[3]不[2]是[4]広[1],我[3]們[1]老[3]爺[2]到[4]了[1]家[4]就[4]不[4]舒[1]坦[3]了[1],所[3]以[3]還[2]没[2]出[1]來[2]了[1]。

10. 是[4]怎[3]広[1]不[4]舒[1]坦[3]了[1]?

11. 是[4]在[4]路[4]上[4]受[4]了[1]點[3]兒[2]風[1]寒[2],

---

① 對式:合適,滿意。

到⁴了¹家¹就⁴傷¹起³風¹來²了¹。

12. 請³大⁴夫¹瞧²了¹沒²有³?

13. 請³大⁴夫¹瞧²了¹,吃¹了¹兩³劑⁴藥⁴,現⁴在⁴好³些¹個⁴了¹。

14. 總³還²是⁴得³小³心¹着²纔²好²哪¹。

15. 是⁴,我³們¹老³爺¹打³發⁴我³給²您²送⁴了¹一²對³火³腿³、兩³簍³醬³菜³來²。

16. 留²着²你³們¹老³爺¹用⁴罷⁴,何²必⁴費⁴心¹呢¹?

17. 還²有³好³些¹個⁴了¹,這⁴也³都¹是⁴人²送⁴給³我³們¹老³爺²的¹。

18. 給³你³這⁴四⁴吊¹錢²,留²着²零²花¹罷⁴。

19. 老³爺²幹⁴甚²广¹還²賞³錢²哪¹,謝⁴謝⁴老³爺²!

20. 不²用⁴謝⁴了¹。

21. 老³爺²若⁴没²甚²广¹話⁴,我³就⁴要⁴間²去⁴了¹。

22. 没²別²的¹話⁴,間²去⁴問⁴你³們¹老³爺³好³,道⁴費⁴心¹。

23. 是⁴,我³間²去⁴都⁴替⁴老³爺²說¹就⁴是⁴了¹。

第三十五章(來箱點數,分別轉送)

1. 間²禀³老³爺²,天¹津¹來²了¹箱¹子¹了¹。

2. 有³信¹没²有³?

3. 就⁴是⁴這⁴一⁴封¹信⁴,請³您²看⁴看⁴。

4. 有³人²押¹來²没²有³?

5. 没²押¹箱¹子¹的¹,就⁴是⁴趕³車¹的¹送⁴來²的¹。

6. 他¹是⁴多¹咱¹起³的¹身¹?

7. 他¹説¹他¹前²兒²個⁴早³起³動⁴的¹身¹。

8. 這⁴广¹長¹天¹他¹怎³广¹會⁴走³了¹三¹天¹呢¹?

9. 他¹剛¹纔²説¹大⁴道⁴上⁴竟⁴是⁴泥²和⁴水³,所³以³兩³天¹没²能²趕³到⁴。

10. 你³們¹把⁴箱¹子¹都¹搬⁴進⁴來²了¹广¹?

11. 都[1]搬[4]進[4]來[2]了[1]。

12. 你[3]點[3]了[1]是[4]多[1]少[3]隻[1]？

13. 我[3]點[3]了[1]是[4]十[2]四[4]隻[1]。

14. 那[4]就[4]對[4]了[1]，你[3]出[1]去[4]問[4]問[4]趕[4]車[1]的[1]，還[2]短[3]①他[1]兩[3]塊[4]錢[2]的[1]車[1]錢[2]對[4]不[2]對[4]？

15. 是[4]，我出[1]去[4]問[4]了[1]趕[3]車[1]的[1]了[1]，他[1]說[1]不[2]錯[4]，是[4]還[2]短[3]他[1]兩[3]塊[4]錢[2]的[1]車[1]錢[2]。

16. 那[4]广[1]你[3]把[3]這[4]兩[3]塊[4]錢[2]給[3]他[1]送[4]出[1]去[4]，叫[4]他[1]去[4]罷[4]。

17. 請[3]問[4]老[3]爺[2]，把[4]那[4]些[1]箱[1]子[1]擱[1]到[4]那[3]屋[1]裏[3]去[4]？

18. 那[4]不[2]是[4]都[1]是[4]我[3]的[1]箱[1]子[1]。

19. 那[4]广[1]有[3]老[3]爺[2]的[1]幾[3]隻[1]呢[1]？

20. 那[4]裡[3]頭[2]有[3]四[4]隻[1]大[4]箱[1]子[1]是[4]我[3]的[1]，拿[2]到[4]這[4]屋[1]裏[3]來[2]罷[4]。

21. 那[4]十[2]隻[1]是[4]誰[2]的[1]呢[1]？

22. 那[4]都[1]是[4]左[3]老[3]爺[2]的[1]，你[3]明[2]天[1]雇[4]車[1]給[3]送[4]了[1]去[4]罷[4]。

第三十六章（電報輪舩，公司鼎立）

1. 你[3]知[1]道[4]船[2]到[4]了[1]没[2]有[3]？

2. 到[4]了[1]好[3]大[4]半[4]天[1]了[1]。

3. 是[4]多[1]喒[1]到[4]的[1]？

4. 今[1]兒[2]晌[2]午[4]到[4]的[1]。

5. 到[4]的[1]不[2]是[4]大[4]阪[3]公[1]司[1]的[1]船[2]麽[1]？

6. 不[2]是[4]，是[4]太[4]古[3]的[1]。

7. 船[2]名[2]兒[2]叫[4]甚[2]麽[1]？

8. 船[2]名[2]兒[2]叫[4]鎮[4]江[1]。

9. 是[4]打[3]漢[4]口[3]來[2]的[1]麽[1]？

10. 不[2]錯[4]，是[4]解[3]②漢[4]口[3]來[2]的[1]。

11. 我[3]還[2]當[3]是[4]大[4]阪[3]公[1]司[1]的[1]船[2]呢[1]。

12. 可[3]是[4]今[1]兒[2]晚[3]上[4]還[2]有[3]一[4]隻[1]輪[2]船[2]要[4]到[4]，也[3]是[4]打[3]漢[4]口[3]來[2]

---

① 短：欠。
② 解：從，自，表示起點。

的。
13. 是大阪公司的船麼？
14. 可不是麼，剛纔我們行裡接了電報，說是這隻大利丸今兒晚上要到。
15. 我請問您，上海走長江的輪船通共有多少隻？
16. 那船數兒我知道的也不很詳細，我就知道有三家公司。
17. 是那三家公司呢？
18. 就是怡和、太古、招商局這三家，他們是立了合同的，其餘那些走長江的船很多，可都不在三家公司之內。
19. 那麼大阪公司的船呢？
20. 那我還不知道。
21. 這三家公司的船一定是很好的了。
22. 不一定，船的大小不同，好歹快慢也都不一樣，就是船價都是一律的。
23. 船價既然是一律，那還是坐好船好。
24. 那還用說麼。

第三十七章（書屬陳編，例禁飜印）

1. 請問，我要印一部書，您有認得的刷印局沒有？
2. 多着的哪，最好的總還算是商務印書館。您要往好裡印，可是工價大一點兒。
3. 工價倒不要緊，可有一層，我這部書是費了好些年的工夫纔做得了的，就怕是那些壞了腸子的把我的稿子拿了去賣給別人。

的¹傢¹伙³。我³那⁴天¹看⁴見⁴你³把⁴擦¹油²膩⁴東¹西¹的¹搌³布⁴就⁴給³我³擦¹桌¹子¹,那⁴還⁴行²麼¹?

11. 小³的¹往³後⁴記⁴住⁴就⁴是⁴了¹。

12. 我³還²告⁴訴⁴你³,廚²房²裡³燒³火³,不²論⁴是⁴夜⁴裡³是⁴白²天¹,總³得⁴小³心¹,別²叫⁴火³星¹兒²迸⁴在⁴煤¹堆¹裡³,不²定³那³會⁴兒¹就⁴許³着²了¹。

13. 這⁴些¹事⁴小³的¹都¹很³留³神²的¹,您²放⁴心¹罷⁴。

14. 還²有³一²件⁴事⁴,你³天¹天¹兒¹買³的¹菜⁴,不⁴很³新¹鮮¹,萬⁴一¹吃¹出¹病⁴來²,算⁴誰²的¹呀¹?

15. 小³的¹天¹胆³也³斷⁴不⁴敢³買⁴不⁴新¹鮮¹的¹菜⁴。

16. 只²要⁴你³明²白²就⁴得²了¹,你³去⁴罷⁴。

第四十章(偷安嗜賭,獲譴求寬)

1. 你³這⁴幾³天¹晚³上⁴總³不²在⁴家¹,是⁴上⁴那³兒²去⁴了¹?

2. 小³的¹任⁴那³兒²也³沒²去⁴。

3. 你³別²不²認²,我³昨³兒¹晚³上⁴同²來²,要⁴打³發¹你³送⁴信¹去⁴,你³怎³麼¹沒²在⁴家¹?

4. 那⁴是⁴因⁴爲⁴小³的¹肚¹子²疼²,到⁴茅²房²裡³去⁴出¹。

5. 你³別²胡²說¹,那⁴兒²有³上⁴茅²廁⁴去⁴那⁴麼¹大⁴的¹工¹夫¹呢³?我³知¹道⁴你³是⁴出¹去¹耍³去⁴了¹。

6. 小³的¹不⁴敢³耍³錢²。

7. 我³有³一⁴天¹看⁴見⁴你³和⁴夥³伴⁴兒²們¹在⁴一²塊⁴兒¹賭³。因¹爲⁴是⁴大⁴年²下⁴的¹,所³以³我³沒²肯³說¹你³。近⁴來²我³看⁴你³做³事⁴無²精¹打³彩³的¹,那⁴總³是⁴夜⁴裡³耍³錢²不²睡⁴覺⁴的¹緣²故⁴,而²且³屋³裡³的¹土³你³也³不⁴撣³①,滿³地⁴的¹

---

① 撣;撢。

水³也³不⁴擦¹，院⁴子¹裡³的¹地⁴也³不⁴掃³，要⁴是¹有³客⁴來²，這⁴成⁴什²麼¹樣⁴兒²呢¹？

8. 老³爺²別¹那⁴麼¹說¹，家¹裡³的¹事⁴情²多¹，一²個⁴人²兒¹忙²不²過⁴來²。

9. 那⁴麼¹我³問⁴你³，昨²兒²我³叫⁴你³爐⁴火²，你³睡⁴晌⁴覺⁴起³來²，眼³睛¹①還²睜¹不⁴開¹了¹，難²道¹你³沒²工¹夫⁴做⁴家¹裡³的¹事⁴麼¹？

10. 老³爺²另⁴雇⁴人⁴罷⁴，小³的¹不²幹⁴了¹。

11. 你³這⁴個⁴人²實¹在⁴混⁴帳⁴，我³決²不⁴要⁴你³了¹，開¹發¹你³的¹工¹錢²，你³滾³出²去⁴罷⁴。

12. 老³爺²別¹生¹氣⁴，小³的¹下⁴次⁴再¹不⁴敢³了¹，給³老³爺²磕⁴頭²。

13. 你³真¹是⁴個⁴滾³刀¹肉⁴②，我³也³沒²有³法³子¹，這¹次⁴饒²你³罷⁴。

第四十一章（車分式樣，馬用單雙）

1. 張¹順⁴。
2. 喳¹。
3. 你³去⁴給³我³雇⁴馬³車¹。
4. 是⁴，老³爺²要⁴雇⁴甚²麼¹樣⁴兒²的¹馬³車¹？
5. 我³要³雇⁴一²輛⁴轎⁴車¹。
6. 老³爺²，甚²麼¹是⁴轎⁴車¹？
7. 你³實²在⁴糊²塗¹，連²轎⁴車¹都¹不⁴知¹道⁴麼¹？
8. 我³告⁴訴⁴你³，他¹們¹這⁴本³地⁴不⁴是⁴有³好³幾³樣⁴兒²的¹車¹麼¹，那⁴兩³頭²兒²高¹和⁴元²寶³似⁴的¹，那⁴叫⁴元²寶³車¹；後¹頭²有³篷²可³以³搪³③起³來²的¹，那⁴叫⁴皮²篷²車¹；那⁴沒²有³篷²的¹，叫⁴漢⁴生¹美³；跟¹轎⁴子¹似⁴的¹四⁴面⁴兒²都¹有³玻¹璃²窗¹戶⁴、兩³傍¹邊¹兒²④有³門²可³以³開¹的¹，那⁴就⁴是⁴我³纔²說¹的¹

---

① 睛：底本作"晴"。
② 滾刀肉：比喻軟硬不吃、難以對付的無賴人物。
③ 搪：支。
④ 傍邊兒：旁邊兒。

轎⁴車¹。

9. 老³爺², 我³還看⁴見⁴有³那⁴頂³大⁴的¹, 可³以³坐⁴五³六⁴個⁴人², 那⁴叫⁴甚²麼¹?

10. 那⁴個⁴名²字叫⁴船²車¹, 因⁴爲⁴那⁴個⁴樣⁴式⁴和⁴船²似⁴的¹, 而²且³兩³匹¹馬³纔²可³以³拉¹。

11. 小³的¹明²白²了¹。老³爺²是⁴要⁴單¹套⁴兒²的¹是⁴要⁴二⁴套⁴的¹?

12. 他¹們¹這⁴兒²除²了¹船²車¹是⁴二⁴套⁴, 其²餘²的¹都¹是⁴單¹套⁴。

13. 那⁴麼¹我³就⁴雇⁴去⁴罷⁴。

14. 你³雇⁴車¹要⁴雇⁴那⁴車¹行²的¹車¹, 別²雇⁴那⁴跑³海³的¹車¹。

15. 是⁴, 像⁴上⁴回²雇⁴的¹那⁴樣兒²的¹車¹行²不⁴行²?

16. 那⁴不⁴行, 那⁴是⁴跑³海³的¹車¹, 我³不²要⁴, 你³總³得³挑¹那³講³究¹一⁴點³兒²的¹車¹雇⁴纔²好³。

17. 那⁴麼¹我³到⁴車¹行²裡³去⁴看⁴一²看⁴。

18. 你³就⁴快⁴去⁴快⁴回²來²。

19. 是⁴。

第四十二章(雇坐新車, 謁見當道)

1. 問²老³爺², 車¹行²的¹車¹價⁴很³貴⁴。

2. 車¹價⁴貴⁴也³有³限⁴的¹, 還²是⁴車¹行²的¹車¹好³。

3. 我³想³老³爺²不⁴如²買³一²輛⁴好³點³兒²的¹車¹坐⁴, 倒⁴方¹便⁴些¹個¹。

4. 買³車¹還²得³買³馬³, 也³不²對⁴我³的¹勁⁴兒²。

5. 買³馬³怕⁴費⁴事⁴, 可³以³叫⁴他¹們¹① 包¹餧⁴。

6. 包¹餧⁴馬³那⁴倒⁴不²必⁴。我³想³最⁴好³是⁴和⁴他¹們¹商¹量¹包¹雇⁴, 每³月⁴連²車¹帶⁴馬³通¹共⁴包¹價⁴是⁴多¹少³, 坐⁴一²個⁴月⁴給³一²個⁴月⁴的¹錢², 那⁴不⁴爽³神²麼¹?

---

① 們:底本作"門"。

7. 老³爺²說¹的¹很³是⁴,小³的¹再⁴到⁴行²裡³去⁴。

8. 張¹順⁴,車¹雇⁴來¹了¹沒²有³?

9. 雇⁴來²了¹。

10. 雇⁴的¹是 轎⁴車¹麼¹?

11. 可³不²是⁴轎⁴車¹,車¹是⁴新¹的¹,馬³是⁴很³臕³壯⁴的¹。

12. 車¹價⁴都¹說¹妥³了¹沒²有³?

13. 他¹們¹說¹,老³爺²坐⁴著¹瞧²罷⁴,還²能²苦³得²了³他¹們¹麼¹?

14. 不⁴說¹車¹價⁴,總³不²大⁴妥³當¹。你³去⁴告⁴訴⁴他¹,我³要⁴上⁴東¹

城²到⁴道⁴台²衙²門²,回²頭²再⁴上⁴洋²務²局²,然後⁴回²來²,給³他¹兩³塊⁴錢²的¹車¹錢²,另⁴外⁴還²給³他¹半⁴塊⁴錢²的¹飯⁴錢²,問²他¹願意⁴不²願⁴意⁴。

15. 老³爺²,馬³夫¹說¹今¹兒¹個⁴車¹又⁴新¹馬³又⁴好³,老³爺²坐⁴一²天¹,車¹價⁴飯⁴錢²一²股³腦³兒²給³三¹塊⁴錢²罷⁴。

16. 就⁴三¹塊⁴罷⁴,也³不²用⁴費⁴話⁴了¹,你³回²頭²給³他¹就⁴是⁴了¹。

第四十三章(出口免釐,報關取用)

1. 您²恭¹喜³在⁴那³兒²①?

2. 我³在⁴報⁴關¹行²當⁴夥³計⁴,您²是⁴在⁴那³兒²發¹財²?

3. 我³現⁴在⁴是⁴做⁴茶²葉⁴買³賣⁴。

4. 聽¹說¹茶²葉⁴的¹買³賣⁴很³大⁴,今¹年²行²市⁴怎³麼¹樣⁴?

5. 今¹年²的¹行²市⁴也³不⁴見⁴得²怎³

麼¹樣⁴。

6. 若⁴論⁴怎麼¹樣⁴,還²算⁴可³以³的¹了¹。

7. 到⁴底³比³上⁴從⁴先¹②可³差¹多¹了¹。因¹為⁴現⁴在⁴外⁴洋²的¹茶²出¹的¹多¹,製法³又⁴好³,所³以³中¹國²茶²的¹銷¹路⁴就⁴窄³了¹。

---

① 恭喜在那兒:客套語,詢問對方的職業。

② 從先:從前。

8. 我³想³往³後⁴免³了¹內⁴地⁴的¹釐²金①,茶²葉⁴的¹成²本³輕¹,銷¹路總³是⁴要⁴漸⁴漸⁴兒²推¹廣³的¹。

9. 那⁴倒⁴是⁴不²錯⁴的¹,免³了¹內⁴地⁴的¹釐²捐¹,貨⁴物³出¹口³在⁴海³關¹上⁴完²了¹子³口³半⁴稅⁴②,後⁴來⁴運⁴到⁴外⁴洋²去⁴,也³不²過⁴報⁴出¹口³半⁴稅⁴就¹得²了¹。可³是⁴若⁴沒²有³納⁴子³口³半⁴稅⁴,領³了¹派¹司¹③,出¹口³的¹時²候⁴還¹是⁴要⁴報⁴出¹口³正⁴稅⁴的¹。

10. 不²錯⁴,這⁴個⁴法²子¹很³方¹便⁴。僧²們¹這⁴報⁴關¹行²的¹買³賣⁴,是⁴專¹給³客⁴人²代⁴辦⁴上⁴稅⁴、裝⁴貨⁴各⁴樣⁴兒²的¹事⁴,從²中¹扣⁴一²個⁴中¹用⁴,這⁴項⁴錢⁴每³年²也³就⁴成²了¹文²了¹。

11. 那⁴麼¹寶³行²裡³每³年²賺⁴的¹錢³不⁴少³罷⁴?

12. 那⁴也³不⁴一²定⁴,也³看⁴做⁴法³好³不⁴好³就⁴是⁴了¹。

13. 不²錯⁴的¹。

第四十四章(寄懷舊雨,東道洗塵)

1. 今¹兒²是⁴那³陣⁴風¹兒²把⁴你³吹¹來²了¹?

2. 我³是⁴夜⁴貓¹子¹進⁴宅²,無⁴事⁴不⁴來²。

3. 別²瞎¹咧¹咧¹了¹,抽¹煙¹喝⁴茶²罷⁴。

4. 我³請³問⁴你³,僧²們¹那⁴個⁴朋²友³金¹玉⁴良²您²記⁴得²麼¹?

5. 我³倒⁴忘²了¹是⁴那³位⁴。

6. 您²細⁴細⁴兒²的¹想³一³想³。

_____

① 釐金:自清朝咸豐三年(1853)至中華民國初年徵收的一種以貨物通過稅爲主的商品稅,因其初定稅率約爲貨值的1%(即一釐),故名"釐金"。又稱"釐捐""釐金稅"。(張海聲主編《中國近百年經濟史辭典》,蘭州大學出版社,1992年,151頁)

② 子口半稅:近代中國海關所在口岸爲"母口",以內地關卡爲"子口",故名"子口稅"。外國商人進出口貨物,獲准在口岸一次性納稅,而免去一切內地關卡的稅捐和釐金,所納之稅爲正稅之半,故又稱"子口半稅"。

③ 派司:通行證,借自英語 pass。

7. 我[3]簡[3]直[2]的[1]想[3]不[4]起[3]來[2]了[1]，你[3]提[2]醒[3]我[3]罷[4]。

8. 您[2]實[2]在[4]是[4]貴[4]人[2]多[1]忘[4]事[4]，您[3]那[4]位[4]貴[4]同[2]年[2]，他[1]上[4]回[2]進[4]京[1]不[2]是[4]和[2]您[2]同[2]船[2]來[2]著[1]麼[1]？怎[3]麼[1]您[2]倒[4]忘[4]了[1]？

9. 不[2]錯[4]，我[3]想[3]起[3]來[2]了[1]，我[2]們[1]有[3]好[3]些[1]年[2]沒[2]見[4]了[1]。他[1]好[3]啊[1]？他[1]是[4]多[1]咱[1]來[2]的[1]？

10. 他[1]是[4]昨[2]天[1]到[4]的[1]。

11. 現[4]在[4]住[4]在[4]那[3]個[4]店[4]裡[3]了[1]？

12. 他[1]就[4]住[4]在[4]我[3]住[4]的[1]那[4]個[4]店[4]裡[3]了[1]。

13. 他[1]和[4]您[2]提[2]我[3]來[2]着[2]麼[1]？

14. 可[3]不[2]是[4]麼[1]，他[1]叫[4]我[3]先[1]帶[4]個[4]好[3]兒[2]來[2]，過[4]兩[3]天[1]他[1]還[2]要[4]來[2]拜[4]您[2]哪[1]。

15. 不[4]敢[3]當[1]，您[2]知[1]道[4]他[1]是[4]打[3]那[3]兒[2]來[2]的[1]？

16. 我[3]問[4]他[1]來[2]着[2]，他[1]說[1]他[1]是[4]打[3]外[4]國[2]回[2]來[2]。

17. 那[4]麼[1]他[1]在[1]這[4]兒[2]還[2]得[3]盤[2]桓[2]幾[3]天[1]了[1]罷[4]？

18. 也[3]沒[2]甚[2]麼[1]大[4]耽[1]誤[4]，不[2]過[4]住[4]上[4]個[4]十[2]天[1]半[4]個[4]月[4]的[1]就[4]要[4]起[3]身[1]。

19. 那[4]我[3]還[2]要[4]去[4]拜[4]望[4]他[1]呢[1]，請[3]您[2]回[2]去[4]先[1]替[4]我[3]請[3]安[1]問[4]好[3]罷[4]。

20. 我[3]替[4]您[2]說[1]就[4]是[4]了[1]，趕[3]過[4]幾[3]天[1]咱[2]們[1]找[3]個[4]地[4]方[1]把[4]他[1]請[3]來[2]，說[1]一[4]天[1]話[4]兒[2]，您[2]想[3]好[3]不[4]好[3]？

21. 那[4]更[4]好[3]了[1]。

第四十五章(售繭議價,看樣成交)

1. 我[3]有[3]一[2]樣[4]兒[1]貨[4]賣[4]給[3]您[2]，要[4]不[2]要[4]？

2. 甚[2]麼[1]貨[4]？

3. 蠶[2]繭[3]。

4. 是⁴雙⁴宮¹①是⁴單¹宮¹？

5. 單¹宮¹，無²錫²來²的¹。

6. 單¹宮¹我³不²要⁴，我³要⁴雙⁴宮¹。

7. 你³要⁴雙⁴宮¹，我³還²有³一²樣⁴兒²餘²姚²來²的¹，東¹西¹很³好³。

8. 價⁴錢²怎³麼¹樣⁴？

9. 價⁴錢²不²算⁴大⁴，四⁴十²二⁴兩³銀²子¹一²担⁴。

10. 四⁴十²二⁴兩³價⁴錢²大⁴一⁴點³兒²，我³買³不⁴了³。

11. 您²聽¹着¹這⁴價⁴錢²彷³彿²是⁴太⁴大⁴，您²不⁴知¹道⁴，那⁴東¹西¹可³是⁴頂³好³。

12. 東¹西¹雖¹好³，到³底³也³值²不⁴了³四⁴十²二⁴兩³啊¹。

13. 那⁴可³難²說¹了¹，去⁴年²的¹行²市⁴還²會⁴直²長³到³五³十²兩³哪¹。現⁴在⁴市⁴上⁴的¹貨⁴很³短³，買³的¹人²又⁴多¹，這⁴四⁴十²二⁴兩³也³並⁴沒²說¹謊³啊¹。

14. 四⁴十²二⁴兩³到⁴底³我³不⁴能²買³，若⁴是⁴東¹西¹好³，我³可³以³給³三¹十²九³兩³。

15. 三¹十²九³兩³差⁴多¹了¹，東¹西¹我³管³保³一²定⁴好³，價⁴錢²可³是⁴少³了¹四⁴十²一⁴兩³斷⁴不⁴敢³賣⁴。我³這⁴兒²有³樣⁴子¹，您²看⁴一²看⁴。

16. 東¹西¹還²罷⁴了³的¹，我³給³你³三¹十²九³兩³半⁴罷⁴。

17. 偺²們¹也³不²是⁴交⁴過⁴一⁴囘²兩³囘²了¹，多¹咱¹又⁴留²過⁴添¹頭²來²着²？

18. 既⁴是⁴這⁴麼¹樣⁴，我³給³四⁴十²兩³罷⁴。

19. 四⁴十²兩³我³賠²一⁴點³兒²賣⁴給³您²了¹。

---

① 雙宮：雙宮繭，即由兩頭蠶結成的繭。用這種繭繅的絲叫雙宮絲。

第四十六章(下鄉收貨,到埠付銀)

1. 這^{4}幾^{3}天^{1}您^{2}上^{4}那^{3}兒^{2}去^{4}來^{2}着^4?
2. 我^{3}到^{4}鄉^{1}下^{4}收^{1}貨^{4}去^{4}了^1。
3. 收^{1}的^{1}是^{4}甚^{2}麼^{1}貨^4?
4. 我^{3}是^{4}和^{4}我^{3}們^{1}行^{2}裡^{3}幾^{3}個^{4}同^{2}事^{4}一^{2}塊^{4}兒^{2}去^{4}的^1。
5. 您^{2}去^{4}的^{1}是^{4}甚^{2}麼^{1}地^{4}方^{1}兒^2?
6. 去^{4}的^{1}地^{4}方^{1}離^{2}這^{4}兒^{3}有^{3}四^{4}五^{3}十^{2}里^{3}地^4,地^{4}名^{2}兒^{2}叫^{4}南^{2}滙^4。
7. 一^{4}天^{1}可^{3}以^{3}打^{3}來^{2}囘^{2}兒^{2}麼^1?
8. 一^{4}清^{1}早^{3}起^{3}身^1,在^{4}那^{4}兒^{2}吃^{1}了^{1}晌^{3}飯^4,和^{4}朋^{2}友^{3}說^{1}了^{1}會^{4}兒^{2}話^{4}就^{4}往^{3}囘^{2}裡^{3}趕^3,六^{4}點^{3}鐘^{1}到^{4}了^{1}擺^{3}渡^{4}口^{2}兒^2,趕^{3}到^{4}家^{1}已^{3}經^{1}有^{3}六^{4}點^{3}半^{4}了^1。
9. 打^{3}這^{4}麼^{1}①去^{4}是^{4}坐^{4}船^{2}快^{4}是^{4}坐^{4}車^{1}快^4?
10. 還^{2}是^{4}坐^{4}車^{1}快^4。
11. 在^{4}那^{4}兒^{2}有^{3}甚^{2}麼^{1}經^{1}紀^{4}②没^{2}有^3?
12. 有^{3}經^{1}紀^4,也^{3}有^{3}個^{4}鎮^{4}店^4。
13. 那^{4}麼^{1}您^{2}買^{3}得^{2}了^{3}之^{1}後^4,是^{4}他^{1}們^{1}把^{4}貨^{4}送^{4}到^{4}上^{4}海^{3}來^{2}呀^1,還^{2}是^{4}打^{3}發^{1}人^{2}上^{4}那^{4}兒^{2}取^{3}貨^{4}去^{4}呢^1?
14. 都^{1}是^{4}他^{1}們^{1}用^{4}船^{2}裝^{1}到^{4}上^{4}海^3,送^{4}到^{4}碼^{3}頭^2,該^{1}當^{4}多^{1}兒^{2}錢^{2}一^{4}担^4,打^{3}那^{4}兒^{2}往^{3}這^{4}麼^{1}來^{2}的^{1}船^{2}價^4,偺^{2}們^{1}一^{2}概^{4}都^{1}不^{4}管^3。
15. 他^{1}們^{1}把^{4}貨^{4}送^{4}到^{4}上^{4}海^3,立^{4}刻^{4}就^{4}要^{4}錢^{2}麼^1?
16. 是^{4}立^{4}刻^{4}給^{3}錢^2,他^{1}們^{1}拿^{2}了^{1}錢^{2}就^{4}可^{3}以^{3}囘^{2}去^{4}了^1。
17. 您^{2}每^{3}年^{2}用^{4}的^{1}貨^{4}光^{1}景^{3}也^{3}不^{4}少^{3}罷^4?
18. 我^{3}們^{1}一^{4}年^{2}總^{3}得^{3}用^{4}幾^{3}十^{2}萬^{4}銀^{2}子^{1}的^{1}貨^4。

---

① 這麼:這裏。

② 經紀:買賣。清吳敬梓《儒林外史》第二十三囘:"家裏做個小生意,是戲子行頭經紀。"(中華書局(香港),1972年,232頁)

19. 敢³情²①每³年²用⁴這⁴麼¹些¹個⁴貨⁴哪¹？
20. 是⁴，每³年²總³得³用⁴那⁴麼¹些¹個⁴貨⁴。

第四十七章(造票通行,奉官查准)

1. 久³違²了¹。
2. 彼³此³彼³此³。
3. 恭¹喜³在⁴那³兒²？
4. 我³現⁴在⁴是⁴在⁴一²個⁴銀²行²裡³當¹夥³計⁴。
5. 您²是⁴在⁴那³個⁴銀²行²裡³？
6. 就⁴是⁴正⁴金¹銀²行²②。
7. 正⁴金¹銀²行²不²是⁴開¹了¹好³些¹年²了¹麼¹？
8. 開¹了¹有³十²年²的¹光¹景³了¹。
9. 現⁴在⁴聽¹說¹你³們¹的¹買³賣⁴已³經¹做⁴開¹了¹。
10. 買³賣⁴算⁴是⁴可³以³的¹。
11. 那⁴本³是⁴有³賺⁴無²賠²的¹買³賣⁴，而²且³寶³行²的¹銀²元²票⁴也³通¹用⁴了¹。
12. 敝⁴行²的¹鈔¹票⁴上⁴海³各⁴鋪⁴子¹都¹通¹用⁴。
13. 零²碎⁴換⁴錢²的¹時²候⁴也³不²用⁴貼¹水³③麼¹？
14. 不²用⁴，和⁴滙¹豐¹、通¹商¹這⁴幾³家¹兒²的¹票⁴子¹是⁴一²樣⁴使³喚⁴。
15. 啊⁴，那⁴又⁴可³以³賺⁴好³錢²了¹。
16. 本³來²銀²行²的¹規¹矩³，有³一²⁴百³萬⁴洋²錢²的¹本³錢²纔²可³以³造⁴一⁴百³萬⁴洋²錢²的¹票⁴子¹。
17. 他¹們²造⁴這⁴票⁴子¹也³是⁴奉⁴官¹的¹麼¹？
18. 自⁴然²是⁴奉⁴官¹的¹，他¹們²都¹得³

---

① 敢情：原來。
② 正金銀行：日本在二戰前的外匯專業銀行，1880年成立，總行設在日本橫濱。1893年起在中國上海、天津、漢口、北京等地設立分行。《中國近代史稿》編寫組編《簡明中國近代史知識手冊》，北京師範大學出版社，1974年，357頁）
③ 貼水：調換票據或兌換貨幣時，比價低的一方給另一方補償的差額。

先[1]請[3]衙[2]門[2]查[2]驗[4]，趕[3]查[4]驗[4]之[1]後[4]，實[2]在[4]有[3]多[1]少[3]本[3]錢[2]，纔[2]准[3]他[1]們[4]造[4]多[1]少[3]票[4]子[1]。

19. 既[4]然[2]有[3]實[2]在[4]本[3]錢[2]，那[4]總[3]不[2]怕[4]有[3]倒[3]閉[4]的[1]事[4]情[2]了[1]。

20. 也[3]有[3]，止[3]於[2]是[4]①不[4]多[1]就[4]是[4]了[1]。

21. 中[1]國[2]的[1]銀[2]號[4]和[4]滙[4]票[4]莊[1]，差[1]不[4]多[1]和[4]銀[2]行[2]是[4]一[2]路[4]的[1]買[3]賣[4]，到[4]底[3]辦[3]法[3]不[4]同[2]。

22. 可[3]不[2]是[4]麼[1]，他[1]們[1]的[1]辦[4]法[3]又[4]好[3]又[4]省[3]事[4]。

第四十八章(行東求夥，舊友荐人)

1. 我[3]託[1]您[2]一[2]件[4]事[4]。
2. 甚[2]麼[1]事[4]情[2]？請[3]說[1]罷[4]。
3. 我[3]打[3]算[4]在[4]這[4]上[4]海[3]立[4]個[4]事[4]，要[4]開[1]個[4]行[2]。
4. 要[4]開[1]甚[2]麼[1]行[2]？
5. 專[1]做[4]貴[4]國[2]和[4]敝[4]國[2]貨[4]物[4]買[3]賣[4]的[1]行[2]，要[4]找[3]一[2]位[4]經[1]手[3]的[1]。
6. 經[1]手[3]的[1]俗[2]說[1]不[2]是[4]叫[4]買[3]辦[4]麼[1]？
7. 可[3]不[2]是[4]麼[1]。
8. 您[2]打[3]算[4]下[4]多[1]少[3]本[3]錢[2]？
9. 那[4]倒[4]不[4]一[2]定[4]，若[4]是[4]買[3]賣[4]好[3]，我[3]就[4]多[1]下[4]些[1]個[4]本[3]錢[2]，現[4]在[4]還[2]不[4]知[1]道[4]是[4]怎[3]麼[1]樣[4]，所[3]以[3]得[3]找[3]一[2]位[4]靠[4]得[3]住[4]的[1]人[2]，又[4]要[4]會[4]做[4]買[3]賣[4]的[1]，我[3]們[1]可[3]以[3]商[1]量[1]著[2]辦[4]事[4]。

10. 這[4]事[4]倒[4]很[3]巧[3]，現[4]在[4]倒[4]有[3]一[2]位[4]相[4]好[3]的[1]人[2]，很[3]精[1]明[2]，家[1]道[4]也[3]可[3]以[3]，而[2]且[3]那[4]個[4]人[2]是[4]極[2]和[2]平[2]、極[2]有[3]見[4]識[4]的[1]人[2]。

11. 這[4]位[4]令[4]友[3]姓[4]甚[2]麼[1]？
12. 他[1]姓[4]周[1]，號[4]叫[4]蕳[3]人[2]。
13. 有[3]多[1]大[4]年[2]紀[4]了[1]？
14. 他[1]今[1]年[2]整[3]四[4]十[2]。

---

① 止於是；只不過是。

15. 啊[4],正[4]在[4]壯[4]年[2]有[3]爲[2]的[1]時[2]候[4]。
16. 可[3]不[2]是[麼1],他[本3]來[2]也[3]做[4]過[4]買[3]賣[4],後[來2]因[爲4]他[1]那[4]位[4]居[停3]上[4]了[1]年[紀4]囬[2]國[2]去[了1],就[把3]行[2]也[3]收[1]了[1]。
17. 那[麼4]他[1]現[在4]有[3]甚[麼2]公[1]幹[4]?
18. 他[1]現[4]在[4]不[2]做[4]甚[麼1],就[4]在[4]家[1]裡[3]賦[4]閒[2]。前[2]天[1]遇[4]見[4]我[3],告[4]訴[4]我[3]説[1],他[1]還[3]想[3]出[1]來[4]做[4]番[1]事[4]業[4]。
19. 既[4]是[4]這[4]広[4]樣[4]好[3]極[2]了[1],那[4]就[4]求[2]您[2]分[1]心[1]給[3]介[4]紹[4]罷[4]。
20. 那[3]兒[2]的[1]話[呢4]。

第四十九章(叙談舊事,修訂成書)

1. 揮[1]翁[1]好[3]啊[1]。
2. 好[3]啊[1],少[4]翁[1]公[1]事[4]忙[2]?
3. 說[1]忙[2]也[3]不[4]忙[2],說[1]閒[2]也[3]不[4]閒[2]。
4. 唉[1],您[2]知[1]道[4]現[4]在[4]住[4]在[4]上[4]海[3]的[1]日[4]本[3]人[2]有[3]多[1]少[3]広[1]?
5. 那[我3]倒[4]不[4]理[會4]。
6. 脚[3]下[4]比[3]二[十2]年[2]前[2]我[3]乍[4]遇[4]見[4]您[的1]時[候4]兒[4]多[1]着[2]好[3]幾[3]倍[4]咯[1]。
7. 那[広4]大[概3]有[3]多[1]少[呢3][1]?
8. 現[在4]總[3]有[3]七[1]八[1]千[1]罷[4],時[2]勢[4]大[4]變[了1]。
9. 我[記3]得[2]偺[們1]在[4]研[究2]所[3]的[1]時[候2]兒[2],您[2]做[4]了[1]幾[3]本[3]書[1],現[在4]怎[広1]樣[4]了[1]?
10. 原[2]是[4]我[3]爲[4]學[生2]們[1]用[4]功[1]做[4]的[1],一[4]本[3]《華[2]語[3]跬[1]步[4]》,一[4]本[3]《滬[4]語[3]便[4]商[1]》,還[2]做[4]了[1]一[4]本[3]《商[1]賈[3]問[4]答[2]》,這[4]話[4]彷[2]彿[不4]多[4]幾[1]天[1]兒[2]似[4]的[1]。
11. 唉[1],日[4]子[1]真[1]快[4],拉[1]了[1]個[4]皮[2]臉[3]兒[2]說[罷1],偺[們4]真[1]算[4]是[4]舊[4]交[了1]。
12. 彼[3]此[3]彼[3]此[3],從[1]庚[1]子[3]那[4]年[2],我[到4]臺[2]灣[1]去[4],您[2]在[4]上[4]海[3],就[4]沒[2]見[4]面[4],這[4]一[2]晃[4]兒[2]又[4]有[4]好[3]幾[3]年[的1]工[1]夫[1]兒[2]了[1]。
13. 可[3]不[2]是[麼4],現[在4]偺[2]們[1]又[4]聚[4]在[4]一[2]塊[4]兒[2]了[1],也[3]算[4]是[4]難[4]得[的2]。提[2]起[3]您[2]做[4]書[1]來[2],偺[2]們[1]兩[3]國[2]通[1]商[彼4]此[3]做[4]買[4]賣[4],打[3]頭[2]兒[2]是[4]先[1]用[4]語[1]言[2],這[4]部[4]書[1]將[1]來[2]一[2]定[4]用[4]處[4]很[4]大[4]了[1]。

14. 這⁴也³是⁴勢³所³必⁴然²。
15. 如²今²您²這³幾³部⁴書⁴怎³広¹樣⁴了¹？
16. 已³經¹印⁴了¹第⁴六⁴版³了¹，這⁴裡³頭²未⁴免³還²有³不²到⁴家¹的¹地⁴方¹兒²，現⁴在⁴還²得³修¹改³修¹改³，我³想³該¹刪¹的¹刪¹，該¹添¹的¹添¹，再⁴斟¹酌²斟¹酌²。
17. 那⁴更⁴妙⁴了¹。

第五十章(苦心孤詣，寶卷益人)

1. 我³看⁴見⁴您²改³好³了¹的¹書¹比³從²前²更⁴到⁴家¹了¹。
2. 我³也³不²過⁴因⁴爲⁴偺¹們¹兩³國²的¹人²彼³此³可³以⁴用⁴這⁴個⁴學²話⁴，所³以³都¹一²句⁴一²句⁴的¹翻¹譯⁴出¹來²。
3. 哎¹喲¹，虧⁴您²的¹精¹神¹好³，詳²詳²細⁴細⁴兒¹的¹翻¹出¹來²，而³且³這⁴上⁴頭²有³好³些¹個⁴字⁴用⁴日⁴本³音¹註⁴不²出¹來²的¹，您²是⁴怎³広¹辦⁴的¹？
4. 沒²法²子¹，只³好³依¹稀¹彷³彿²叫⁴他¹近⁴情²近⁴理³就⁴是⁴了¹。
5. 可³真¹不⁴容²易⁴，別²說¹是⁴心¹血³，就⁴是⁴工¹夫¹也³費⁴了¹很³多¹的¹了¹。
6. 那⁴倒⁴沒²什²麼¹，我³都¹是⁴起³早³睡⁴晚³騰²出¹工¹夫¹來²做⁴的¹，可³是⁴也³不²是⁴一²天¹兩³天¹的¹事⁴情²咯¹。
7. 我³看⁴您²在⁴這⁴上⁴頭²也³費⁴了¹許³多¹的¹錢²了¹罷²？
8. 那⁴倒⁴不⁴必⁴説¹了¹，我³也³不²是⁴爲⁴賺⁴錢²，也³不²是⁴爲⁴沽¹名²，不²過⁴是⁴爲⁴衆⁴人²有³益³的¹意⁴思¹。可³是⁴這⁴當⁴兒²我³也³有³一²點³兒²後⁴悔³了¹。早³知¹道⁴上⁴海³有³這⁴麼¹個⁴局²面⁴，當¹初¹在⁴這⁴本³地⁴置⁴點³兒²產⁴業⁴，那⁴倒⁴可³以³發¹了¹大⁴財²了¹，哈¹哈¹。
9. 佩⁴服²得²很³，改³天⁴印⁴得²了¹，請³您²送⁴一²本⁴給³我³。
10. 一²定⁴要⁴奉⁴送⁴的¹。
11. 謝⁴謝⁴，謝⁴謝⁴，真¹是⁴多¹年²的¹朋²友³，偺¹們¹不⁴拘¹①形²跡⁴了¹。
12. 彼³此³從²實²最⁴好³。
13. 所³以³說¹"酒³逢²知¹己³千¹杯¹

---

① 拘：拘。

少³",我³雖¹然²不²會⁴喝¹酒³,偺²們¹以³文²會⁴友³,也³算⁴是⁴最⁴長²久³最⁴相¹得²①的¹了¹,就⁴請³您²再⁴把³這⁴些¹事⁴敘⁴點³兒²在⁴這⁴本³書¹上⁴罷⁴。

14. 很³好³很³好³。

---

① 相得:相處投契。

續散語類

1. 您²想³是⁴不²是⁴？我³猜¹是⁴這⁴広¹着²。
2. 他¹說¹的¹主²意⁴不²對⁴，你³說¹的¹這⁴个⁴是⁴了¹。
3. 你³買³結實²的¹罷¹，這⁴个⁴沒²用⁴頭²。
4. 本³來²我³沒²作⁴過⁴這⁴个⁴事⁴，你³聽¹見⁴誰²這⁴広¹說¹的¹？
5. 你³別²瞞²着²，你³要⁴說¹破⁴了¹。
6. "你³不⁴冷³広¹？"①"我³不⁴冷³，穿¹小²³襖³兒²呢¹。"
7. 留²人²吃¹飯⁴呢¹，你³馬³上⁴去⁴做⁴罷⁴。
8. 我³告⁴訴⁴你³的¹那⁴个⁴話⁴，你³多¹咱²纔²能²做⁴？
9. 這⁴広¹大⁴遠³的¹你³來²瞧²我³，辛¹苦³了²你³了¹。
10. 聽¹說¹你³明²兒²個⁴要⁴動⁴身¹，我³今¹兒²個⁴來²瞧²瞧²你³的¹東¹西¹都¹齊²截²②了¹沒²有³。
11. 告⁴訴⁴你³的¹話⁴，等³我³回²來²的¹時²候⁴你³都¹弄⁴齊²截⁴了¹纔²好³。
12. 你³要⁴去⁴，跟¹我³一²塊⁴兒²去⁴瞧²瞧²。
13. 家¹去⁴罷⁴，媽¹叫⁴你³吃¹飯⁴哪¹，吃¹完²了¹再⁴來²這⁴兒²玩²兒²。
14. 我³這⁴広¹大⁴歲⁴數⁴兒²沒²見⁴過⁴這⁴个⁴東¹西¹，這⁴是⁴什²広¹做⁴的¹？
15. 我³再⁴不⁴管³了¹，你³想³去⁴竟⁴管³去⁴。
16. 我³跑³得⁴快⁴，你³追¹不²上⁴我³。
17. 你³別²搓¹磨²③他¹，他¹就⁴要⁴哭⁴哪¹。
18. 地⁴方¹兒²窄³過⁴不²去⁴，你³起³

---

① "續散語類"中，若同一句子序號之下爲對話，底本在其中一方話語結束處有"」"符號隔開。爲方便閱讀，整理本一律改爲用雙引號標示雙方的話語。

② 齊截：齊全。

③ 搓磨：故意折騰人。

來[2]讓[4]我[3]過[4]去[4]。

19. 我[3]一[2]个[4]官[1]板[3]兒[2]①都[1]没[2]有[3]，你[3]找[3]別[2]人[2]借[4]去[4]罷[4]。
20. 你[3]尋[2]什[2]広[1]？要[4]吃[1]的[1]要[4]頑[2]兒[2]的[1]我[3]這[4]兒[2]都[1]有[3]。
21. 你[23]總[4]要[4]快[4]辦[4]纔[2]好[3]，別[2]耽[1]擱[1]久[3]了[1]。
22. 差[4]點[3]兒[2]連[2]我[3]的[1]命[4]都[1]保[3]不[4]住[4]了[1]。
23. "你[3]瞧[2]瞧[2]我[3]這[4]件[4]新[1]衣[1]裳[2]合[2]式[4]不[4]合[2]式[4]？""合[2]式[4]，就[4]是[4]短[3]點[3]兒[2]。"
24. 你[3]做[4]活[2]得[3]謹[3]慎[4]點[3]兒[2]，別[2]躲[3]懶[3]。
25. 我[3]這[4]兒[2]有[3]事[4]忙[2]着[2]哪[1]，別[3]攪[3]我[3]。
26. 他[1]一[2]个[4]人[2]拿[2]不[2]動[4]，你[3]去[4]幫[1]着[2]他[1]罷[4]。
27. 他[1]現[4]在[4]没[2]在[4]京[1]裡[3]，他[1]已[3]經[1]上[4]蘇[1]州[1]去[4]了[1]。
28. 你[3]來[2]看[4]看[4]像[4]不[2]像[4]，我[3]給[3]你[3]樣[4]子[1]，你[3]爲[4]什[2]広[1]這[4]広[1]做[4]？
29. 輕[1]容[2]易[4]②不[2]到[4]我[3]這[4]兒[2]，今[1]兒[2]什[2]広[1]風[1]兒[2]吹[1]了[1]你[3]來[2]？
30. 這[4]些[1]都[1]不[4]要[4]，只[2]要[4]一[2]个[4]，

除[2]了[1]這[4]个[4]都[1]拿[2]了[1]去[4]罷[4]。
31. 這[4]個[4]是[4]該[1]擱[1]在[4]這[4]兒[2]的[1]，這[4]兒[2]是[4]該[1]擱[1]這[4]個[4]的[1]。
32. 昨[2]兒[2]晚[3]上[4]我[3]在[4]書[1]房[2]裡[3]念[4]書[1]來[2]着[2]，抽[1]冷[3]子[1]③聽[1]見[4]厨[2]房[2]裡[3]嘩[1]愣[4]的[1]一[4]聲[1]，我[3]就[4]趕[3]緊[3]的[1]點[3]上[4]燈[1]去[4]一[4]瞧[2]，原[2]來[2]是[4]猫[1]叨[1]④着[2]一[2]個[4]耗[4]子[3]。
33. 這[4]兩[3]天[1]辛[1]苦[3]了[1]，今[1]兒[2]你[3]可[3]回[2]家[1]罷[4]。
34. 刀[1]刺[2]破[4]指[2]頭[2]了[1]，疼[2]的[1]什[2]広[1]事[4]都[1]不[4]能[2]做[4]。
35. "你[3]没[2]碰[4]見[4]他[1]了[1]広[1]？""碰[4]見[4]他[1]了[1]。""在[4]那[3]兒[2]了[1]？""在[4]樹[4]那[4]一[4]邊[1]兒[2]。"
36. 得[3]澆[1]花[1]兒[1]了[1]，叫[4]打[3]雜[2]兒[1]的[1]拿[2]水[3]來[2]。
37. 我[3]要[4]勞[2]您[2]駕[4]，順[4]路[4]替[4]我[3]捎[1]個[4]信[4]兒[1]給[3]某[3]人[2]，行[2]不[4]行[2]？
38. 這[4]是[4]一[2]件[4]不[4]要[4]緊[3]的[1]事[4]，儘[3]你[3]的[1]心[1]胸[1]做[4]就[4]是[4]了[1]。
39. 我[3]把[3]日[4]子[1]過[4]忘[4]了[1]，今[1]兒[2]幾[3]兒[2]了[1]？

---

① 官板兒：銅錢。
② 輕容易：輕易。
③ 抽冷子：突然，冷不防。
④ 叨：底本作"叨"。

40. 天[1]不[4]早[3]了[4]，快[4]掌[3]燈[1]了[1]。
41. 你[3]隨[2]便[4]兒[2]就[4]是[4]了[1]，何[2]必[4]等[3]讓[4]呢[1]，你[3]成[2]了[4]客[4]了[1]広[1]？
42. 你[3]這[4]広[1]大[4]年[2]紀[4]竟[4]知[1]道[4]吃[1]飯[4]，不[4]知[1]道[4]學[2]本[3]事[4]，你[3]想[3]想[3]你[3]不[2]害[4]臊[4]広[1]？
43. 人[2]家[1]怎[3]広[1]勸[4]你[3]說[1]你[3]，你[3]總[3]不[4]聽[1]，到[4]底[3]還[2]是[4]錯[4]了[1]，你[3]怎[3]広[1]好[3]意[4]思[1]見[4]人[2]沒[2]羞[1]沒[2]臊[4]的[1]？
44. 你[3]這[4]個[4]主[2]意[4]不[2]錯[4]，我[3]也[3]是[4]這[4]広[1]想[3]呢[1]。
45. 你[3]別[2]輕[1]看[4]他[1]，他[1]有[3]件[4]湛[3]新[1]的[1]褂[4]子[1]。
46. 快[4]黑[1]上[4]來[2]了[1]，別[2]竟[4]自[4]耽[1]誤[4]工[1]夫[1]兒[2]了[1]。
47. 好[3]的[1]雖[1]多[1]，那[4]些[1]個[4]裡[3]頭[2]我[3]頂[23]喜[3]歡[1]這[4]一[2]個[4]。
48. 你[3]管[3]你[3]的[1]罷[4]，不[2]用[4]管[3]人[2]家[1]的[1]事[4]。
49. 占[1]卦[4]算[4]命[4]，那[4]都[1]是[4]假[3]事[4]，哄[4]弄[4]人[2]的[1]，我[3]不[2]信[4]那[4]個[4]。
50. 你[3]們[1]都[1]分[1]開[1]了[1]広[1]？這[4]份[4]兒[2]是[4]我[3]的[1]広[1]？
51. 你[3]和[3]我[3]有[3]什[2]広[1]笑[4]頭[2]兒[2]，竟[4]這[4]広[1]要[4]笑[4]不[2]笑[4]的[1]叫[4]人[2]家[1]犯[4]疑[2]①。
52. 沒[2]辦[4]妥[3]呢[1]，還[2]得[3]過[4]兩[3]天[1]。
53. 我[3]這[4]個[4]皮[2]氣[4]您[2]也[3]是[4]知[1]道[4]，不[4]拘[1]什[2]広[1]都[1]好[3]。
54. 外[4]頭[2]風[1]大[4]，把[4]孩[2]子[1]抱[4]進[4]去[4]罷[4]。
55. "他[1]的[1]病[4]怎[3]広[1]樣[4]？""他[1]仍[2]舊[4]不[4]好[3]。"
56. "他[1]不[2]是[4]不[2]愛[4]作[4]活[24]，本[3]來[2]是[4]不[2]會[4]的[1]。""啊[1]，怨[4]不[4]得[2]②，我[3]從[2]來[2]沒[2]見[4]過[4]他[1]忙[2]活[2]的[1]。"
57. 我[3]這[4]就[4]寫[3]完[2]了[1]，剩[4]的[1]也[3]不[4]多[1]了[1]。
58. 這[4]隻[1]櫃[4]子[1]這[4]兒[2]攔[1]不[2]下[4]，你[3]先[1]把[3]桌[1]子[1]攔[1]開[1]點[3]兒[2]。
59. 你[3]做[4]的[1]活[2]計[4]太[4]不[4]好[3]，粗[1]針[1]大[4]麻[2]線[4]的[1]，接[1]頭[2]兒[2]另[4]做[4]罷[4]。
60. 他[1]那[4]個[4]皮[2]氣[4]一[2]輩[4]子[1]改[3]不[4]了[3]，老[3]是[4]這[4]個[4]樣[4]兒[2]。
61. 害[4]了[1]嗓[3]子[1]了[1]，我[3]不[4]能[2]唱[4]了[1]。
62. 這[4]幾[3]天[1]你[3]一[2]個[4]人[2]兒[2]很[3]受[4]累[4]，想[3]我[3]幫[1]你[3]不[4]想[3]啊[1]？
63. 燈[1]底[3]下[4]不[4]能[2]瞧[2]書[1]，害[4]的[1]我[3]眼[3]睛[1]模[1]糊[2]③得[2]慌[1]。

① 犯疑：生疑心。
② 怨不得：怪不得。
③ 模糊：模糊。

64. 今¹兒²是⁴個⁴好³天¹,老³爺²兒²①煴³②眼³睛¹。

65. 你³辦⁴誰²的¹事⁴,這⁴幾³天¹這⁴广¹忙²。

66. 不²是⁴頑²兒²的¹,我³這⁴兒²忙²要⁴緊³的¹事⁴,這⁴時²候⁴兒²別¹攪³我³。

67. 你³這⁴個⁴事⁴說¹是⁴與³我³無²干¹,然²而²我³想³你³不⁴該¹這⁴广¹做⁴。

68. 好³在⁴今¹兒²個⁴好³天¹氣⁴,您³要⁴沒²事⁴,何²不⁴跟¹我³來²溜¹達²溜¹達¹。

69. 你³好³好³兒²的¹抱⁴着²罷⁴,這⁴孩²子¹馬³撒²歡¹兒²③呢¹,怕¹掉⁴④下⁴去⁴。

70. 剛¹來²的¹那⁴個⁴人²是⁴不²上⁴不⁴下⁴的¹,他¹是⁴那²³等³人²?

71. 他¹是⁴很³伶²俐⁴的¹孩²子¹,學²什²广¹會⁴什²广¹,沒²有³一²樣⁴兒²不²會⁴的¹。

72. 這⁴件⁴東¹西¹給³人²用⁴罷⁴,我³們¹留²着²沒²什²广¹大⁴用⁴處⁴。

73. 我³有³件⁴事⁴要⁴出¹去⁴,你³好³

好¹兒²的¹在⁴這⁴兒²等³我³囘²來²,我³給³你³帶⁴點²兒²好³東¹西¹來²。

74. 我³不⁴常²上⁴他¹那⁴兒²去⁴,他¹倒⁴幌²幌²兒²⑤上⁴這⁴兒²來²。

75. 說¹話⁴做⁴事⁴得³小³心¹點⁴兒²,別²這⁴广¹冒⁴失¹。

76. 這⁴個⁴東¹西¹我³等³着²用⁴哪¹,越⁴快⁴越⁴好³,你³要⁴得³多¹少³日⁴子¹?

77. 你³不²用⁴理³他¹,管³他¹說¹去⁴罷⁴。

78. 這⁴兩³天¹沒²什²广¹要⁴緊³的¹事⁴,你³要⁴囘²去⁴也³可³以³,你³要⁴去⁴多¹少³日⁴子¹?

79. 那⁴件⁴事⁴連²他¹們¹也³捎¹⑥上⁴了¹,辦⁴的¹還²沒²有³停²當¹广¹?

80. 我³告⁴訴⁴你³的¹尺³寸⁴,一⁴點²兒²也⁴錯⁴不⁴了³,全²照⁴着²我³的¹話⁴做⁴纔⁴好³。

81. 你³怎³广¹使³這⁴個⁴搜¹火³?拿²那⁴個⁴不²更⁴强²广¹?

82. 我³這⁴個⁴病⁴總³不²見⁴效⁴,還²是⁴我³見⁴天¹吃⁴着²藥³哪¹。

---

① 老爺兒:太陽。
② 煴:晃。
③ 馬撒歡兒:形容動物或小孩活蹦亂跳的樣子。
④ 掉:底本作"悼"。
⑤ 幌幌兒:晃晃兒。有時,偶爾。
⑥ 捎:底本作"梢"。

83. 家[1]務[4]都[1]交[1]給[3]孩[2]子[1]們[1]，我[3]都[1]不[4]管[3]了[1]，遇[4]着[2]有[3]要[4]緊[3]的[1]時[2]候[4]兒[2]，我[3]幌[3]幌[14]兒[2]張[1]羅[2]張[1]羅[2]。

84. 他[1]家[1]很[3]苦[3]，一[2]個[4]大[4]錢[2]①也[3]不[4]輕[1]易[4]有[3]，看[4]起[3]來[2]他[1]難[4]過[4]不[2]是[4]假[3]粧[1]②的[1]。

85. 他[1]不[2]是[4]不[4]會[4]做[4]，他[1]竟[4]故[4]竟[4]兒[2]的[1]做[4]的[1]。

86. 他[1]是[4]個[4]慢[4]性[4]子[1]的[1]人[2]，我[3]問[4]他[1]倆[3]搭[1]五[3]個[4]是[4]多[1]少[3]，他[1]還[2]搯[2]着[2]指[3]頭[2]兒[2]算[4]哪[1]，你[3]想[3]叫[4]人[2]氣[4]不[4]氣[4]？

87. 他[1]餵[4]飽[3]他[1]的[1]馬[3]了[1]，一[4]會[4]兒[2]就[4]該[1]走[3]罷[4]。

88. 那[4]些[1]東[1]西[1]我[3]已[3]經[1]均[1]分[1]了[1]，誰[2]的[1]不[2]是[4]一[2]樣[4]呢[1]？

89. 這[4]塊[4]包[1]袱[2]染[3]的[1]顏[2]色[4]兒[2]真[1]不[2]錯[4]，不[4]能[2]老[3]是[4]這[4]广[1]樣[4]罷[4]。

90. 那[4]孩[2]子[1]竟[4]貪[1]頑[2]兒[2]不[2]愛[4]念[4]書[1]，一[4]天[1]到[4]晚[3]竟[4]在[4]街[1]上[4]洒[3]土[3]颺[2]烟[1]兒[2]③的[1]，沒[2]出[1]息[1]到[4]家[1]了[1]。

91. 要[4]有[3]什[2]广[1]得[2]項[4]④的[1]地[4]方[1]兒[2]，從[2]不[4]給[3]人[2]留[2]分[4]兒[2]，只[2]顧[4]自[4]各[3]兒[2]多[1]佔[3]點[3]兒[2]便[2]宜[2]纔[2]歇[1]手[3]。

92. 把[4]這[4]雞[1]蛋[4]⑤一[2]個[4]個[4]兒[2]的[1]拿[2]出[1]來[2]，看[4]有[3]幾[3]個[4]不[4]好[3]的[1]。

93. 我[3]如[2]今[1]算[4]是[4]享[3]福[2]了[1]，家[1]裡[3]外[4]頭[2]都[1]有[3]孩[2]子[1]們[1]照[4]應[4]，任[4]什[2]广[1]都[1]不[3]管[3]。

94. 各[4]人[2]幹[4]各[4]人[2]的[1]就[4]結[2]了[1]，何[2]必[4]管[3]人[2]家[1]的[1]事[4]呢[1]？

95. 他[1]得[2]了[1]一[2]個[4]小[3]小[4]外[4]任[4]官[1]，同[2]來[2]攢[2]⑥倆[3]錢[2]兒[2]，現[4]在[4]他[1]有[3]萬[4]數[4]兩[3]銀[2]子[1]的[1]家[1]當[1]兒[2]。

96. 這[4]句[4]話[4]怎[3]广[1]個[4]意[4]思[1]，我[3]解[3]來[2]解[3]去[4]直[2]解[3]了[1]一[4]天[1]，還[2]解[3]不[4]出[1]什[2]广[1]意[4]思[1]來[2]，到[4]了[1]第[4]二[4]天[1]又[4]想[3]了[1]會[3]子[1]，我[3]好[3]容[2]易[4]纔[2]明[2]白[2]這[4]個[4]意[4]思[1]了[1]。

97. 你[3]也[3]不[4]當[1]差[1]使[3]，也[3]不[2]作[4]買[3]賣[4]，你[3]整[3]天[1]家[1]做[4]什[4]麼[1]？

98. 女[3]人[2]們[1]梳[1]纂[3]兒[2]有[3]好[3]幾[3]樣[4]

---

① 大錢：中有方孔、面值較大的銅錢，始造于咸豐年間，有不同種類。

② 粧：裝。

③ 洒土颺烟兒：指在外面瘋玩瘋鬧。也說"撒土攘烟兒"。

④ 得項：獲得收入。項：收入，盈利。

⑤ 蛋：底本作"蚤"。

⑥ 攢：攢。

兒[2]講[3]究[1]，類[4]如[2]什[2]麼[1]高[1]板[3]兒[2]、兩[3]半[4]兒[2]頭[2]①、喜[3]鵲[4]尾[3]兒[2]②、平[2]三[1]套[4]③、高[1]纂[3]兒[2]、元[2]寶[3]纂[3]兒[2]、馬[3]尾[3]纂[3]兒[2]、滿[3]冠[1]兒[2]、高[1]冠[1]兒[2]④、半[4]冠[1]兒[2]這[4]些[1]個[4]名[2]目[4]了[1]。

99. 中[1]國[2]的[1]男[2]人[2]們[1]都[1]打[3]辮[4]子[1]，外[4]國[2]的[1]男[2]人[2]們[1]都[1]鉸[3]頭[2]髮[3]。

100. 這[4]是[4]我[3]的[1]命[4]該[1]如[2]此[3]，無[2]可[3]奈[4]何[2]呀[1]。

101. 這[4]件[4]事[4]我[3]作[4]不[4]得[2]主[3]兒[2]，等[3]老[3]爺[2]囘[2]來[2]纔[2]可[3]以[3]定[4]規[1]呢[1]。

102. 你[3]們[1]看[4]着[1]該[1]怎[3]麼[1]辦[4]怎[3]麼[1]辦[4]罷[4]，我[3]不[4]敢[3]出[1]主[3]意[4]。

103. "不[2]過[4]幾[3]十[2]步[4]，他[1]就[4]走[3]不[4]動[4]了[1]。""怪[4]不[4]得[2]他[1]嬌[1]養[3]慣[4]了[1]的[1]。"

104. "叫[4]他[1]再[4]來[2]罷[4]。""他[1]來[2]這[4]兒[2]好[3]幾[3]囘[2]了[1]，我[3]不[4]好[3]意[4]思[1]白[2]叫[4]他[1]囘[2]去[4]。"

105. 昨[2]兒[2]個[4]我[3]和[4]他[1]定[4]規[1]今[1]兒[2]個[4]晌[3]午[4]在[4]這[4]兒[2]見[4]，他[1]也[3]快[4]來[2]了[1]，我[3]先[1]和[4]您[2]閑[2]談[2]閑[2]談[2]罷[4]。

106. 外[4]面[4]雖[1]然[2]是[4]個[4]利[4]巴[1]兒[2]⑤，然[2]而[2]叫[4]他[1]辦[4]事[4]辦[4]得[4]很[3]真[1]。

107. 你[3]愛[4]吃[1]石[2]榴[2]麼[1]？我[3]家[1]有[3]好[3]些[1]，明[2]兒[2]給[2]您[2]送[4]來[2]罷[4]。

108. 您[2]聽[1]聽[1]外[4]頭[2]叮[1]噹[1]叮[1]噹[1]的[1]，那[4]是[4]什[2]麼[1]聲[1]兒[2]？

109. 這[4]部[4]書[1]解[3]得[4]很[3]切[4]，再[4]沒[2]有[3]比[3]這[4]個[4]明[2]白[2]的[1]了[1]。

110. 好[3]在[4]今[1]兒[2]個[4]我[3]們[1]這[4]幾[3]個[4]人[2]都[1]沒[2]事[4]，何[2]不[4]出[1]去[4]熱[4]鬧[4]熱[4]鬧[4]，要[4]不[4]然[2]咱[2]們[1]頂[3]好[3]是[4]幹[4]什[2]広[3]頑[2]兒[2]呢[1]？

111. "我[3]還[2]有[3]事[4]要[4]問[4]他[1]，他[1]上[4]那[3]兒[2]去[4]了[1]？""他[1]上[4]岸[4]去[4]了[1]。""怨[4]不[4]得[2]他[1]沒[2]在[4]船[2]上[4]。"

112. 太[4]陽[2]平[2]西[1]了[1]，我[3]還[2]得[3]往[3]囘[2]裡[3]趕[3]呢[1]。

113. 你[3]也[3]該[1]起[3]來[2]了[1]，天[1]不[4]早[3]了[1]，太[4]陽[2]快[4]上[4]來[2]了[1]。

114. 今[1]兒[2]天[1]晚[3]了[1]不[4]能[2]細[4]說[1]，明[2]兒[2]個[4]早[3]早[3]兒[2]的[1]來[2]。

115. 我[3]到[4]他[1]家[1]裡[3]給[3]我[3]沏[1]壺[2]

---

① 兩半兒頭：一種婦女髮式，把頭髮分爲左右各一把，繞在髮簪上。也叫"兩把兒頭"。

② 喜鵲尾兒：婦女髮式，頭髮在腦後梳出長形的一截，形似喜鵲尾，故稱。

③ 平三套：清代流行于蘇州地區的一種婦女髮式，頭髮平盤三股于髻心之外。

④ 高冠兒：婦女髮式，將頭髮縮成結，上扣一個黑絨布圓殻（稱"冠子"），用簪子插住。（以上幾種婦女髮式的說明參看周錫保著《中國古代服飾史》，中國戲劇出版社，1984年，487－499頁）

⑤ 利巴兒：小店鋪裏做雜活的年輕學徒，也指外行人。也作"力巴兒""力笨兒"。

茶², 喝¹ 着² 噴⁴ 香¹ 的¹, 我³ 説³
這⁴ 茶² 葉⁴ 怎³ 麽¹ 這⁴ 麽¹ 好³, 他¹
説¹ 不² 是⁴ 茶² 葉⁴ 好³, 就⁴ 是⁴ 這⁴
壺² 裡³ 有³ 清¹ 香¹ 的¹ 玫² 瑰¹ 花¹
兒² 哪¹。

116. 听¹ 説¹ 您² 要⁴ 回² 國², 多¹ 喒¹ 晚³
兒²① 纔² 去⁴ 呢¹?

117. "老³ 爺² 這⁴ 個⁴ 東¹ 西¹ 我³ 有³ 點³
兒² 用⁴ 處⁴, 尋² 給³ 我²³ 點³ 兒² 行²
不⁴ 行²?" "可³ 以³, 你³ 只³ 管³ 拿²
就⁴ 是⁴ 了¹。"

118. 他¹ 是⁴ 誰² 家¹ 的¹ 妞¹ 兒², 今¹ 年²
多¹ 大⁴ 歲⁴ 數⁴ 兒² 了¹?

119. 你³ 這⁴ 個⁴ 好² 孩² 子¹ 不² 要⁴ 淘²
氣⁴, 好³ 好³ 兒² 的¹ 頑² 兒² 罷⁴, 別²
混⁴ 翻¹ 騰² 東¹ 西¹。

120. "這⁴ 架⁴ 鐘¹ 怎³ 麽¹ 站⁴ 住⁴ 了¹?"
"阿¹, 我³ 忘⁴ 了¹ 上⁴ 絃² 了¹。"

121. 這⁴ 個⁴ 東¹ 西¹ 這⁴ 麽¹ 一⁴ 瞧² 就⁴ 彷³
彿² 很³ 重⁴, 拿² 起⁴ 來² 跟¹ 紙³ 的¹
似⁴ 的¹ 這⁴ 麽¹ 輕¹ 巧³。

122. 這⁴ 是⁴ 料⁴ 貨⁴, 你³ 小³ 心¹ 點³ 兒²
弄⁴ 他¹, 一² 碰⁴ 就⁴ 要⁴ 壞⁴ 的¹。

123. 那⁴ 件⁴ 事⁴ 我³ 無² 心¹ 説¹ 他¹, 他¹
就⁴ 聽⁴ 見⁴ 有³ 心¹, 您² 想² 想³ 我³
心¹ 裡³ 並⁴ 不² 是⁴ 這⁴ 麽¹ 樣⁴。

124. "你³ 買³ 那⁴ 麽¹ 些¹ 個⁴ 幹⁴ 什² 麽¹?"
"你³ 不⁴ 知¹ 道⁴, 這⁴ 個⁴ 大⁴ 有³ 用⁴
處⁴。"

125. 這⁴ 個⁴ 東¹ 西¹ 很³ 沉² 重⁴, 我³ 提¹
溜¹ 不⁴ 動⁴。

126. "你³ 會⁴ 浮² 水³② 麽¹?" "我³ 會⁴ 點³
兒²。"

127. 昨² 兒¹ 晚³ 上⁴ 下⁴ 雨³ 下⁴ 的¹ 很³ 大⁴,
風¹ 也³ 不⁴ 少³, 淅⁴③ 的¹ 滿³ 屋¹ 子¹
精¹ 濕¹ 了¹。

128. 昨² 兒² 個⁴ 頭² 一⁴ 回² 是⁴ 我³ 去⁴
的¹, 第⁴ 二⁴ 回² 該¹ 誰² 去⁴?

129. 這⁴ 掌³ 柜⁴ 的¹ 我³ 很³ 有³ 交¹ 情²,
他¹ 的¹ 舖⁴ 子¹ 是⁴ 在⁴ 我³ 們¹ 舖⁴
子¹ 的¹ 隔¹ 壁³ 兒² 了¹。

130. 誰² 叫⁴ 你³ 拿² 這⁴ 個⁴ 來², 我³ 不²
要⁴, 你³ 照⁴ 舊⁴ 的¹ 擱¹ 回² 那⁴ 兒²
去⁴。

131. 他¹ 不² 説¹ 他¹ 各⁴ 個⁴ 兒²④ 來² 的¹
莽⁴ 撞⁴, 倒⁴ 説¹ 人² 的¹ 不² 是⁴ 了⁴。

132. 這⁴ 件⁴ 事⁴ 我³ 不² 信⁴, 只² 怕¹ 未⁴
必⁴ 罷⁴。

133. 這⁴ 件⁴ 事⁴ 你³ 跟¹ 着² 他¹ 學² 罷⁴,
必² 定⁴ 有³ 益⁴ 你³ 的¹。

134. 這⁴ 麽¹ 着² 也³ 不⁴ 好³, 那⁴ 麽¹ 着²

---

① 多喒晚兒;多早晚兒, 什麽時候。
② 浮水;游泳。
③ 淅;雨斜打下來。
④ 各個兒;自個兒, 自己。

也[3]不[4]好[3]，必[4]定[4]怎[3]広[4]樣[4]兒[2]纔[2]好[3]哪[1]？

135. 我[3]勸[4]你[3]，他[1]説[1]的[1]那[4]些[1]個[4]話[4]都[1]是[4]爲[3]你[3]好[3]，萬[4]不[4]能[2]這[4]広[1]樣[4]兒[2]听[1]説[1]，俗[2]語[3]不[2]是[4]説[1]広[1]，"好[3]話[4]別[2]犯[4]猜[1]，犯[4]猜[1]没[2]好[3]話[4]"，你[3]不[2]要[4]多[1]思[1]多[1]想[2]了[1]。

136. 他[1]剛[1]説[1]的[1]那[4]些[1]話[4]聽[1]起[3]來[2]很[3]彷[3]彿[2]真[1]有[3]的[1]似[4]的[1]，細[4]想[2]想[3]他[1]都[1]是[4]編[1]造[4]出[1]來[2]的[1]，不[4]能[2]不[4]假[3]。

137. 嘻[1]①，誰[2]把[3]這[4]些[1]火[3]藥[4]擱[1]這[4]兒[2]了[1]？不[2]是[4]頑[2]兒[2]的[1]，若[4]是[4]火[3]星[1]一[2]迸[4]，可[3]怎[3]広[4]樣[4]呢[1]？這[4]樣[4]胆[3]大[4]的[1]事[4]左[3]不[4]過[4]是[4]你[3]幹[4]的[1]，我[3]想[3]別[2]人[2]再[4]不[4]敢[3]的[1]。

138. 太[4]多[1]嘴[3]了[1]罷[4]，少[3]説[1]點[3]兒[2]不[4]好[3]広[1]？

139. 搖[2]大[4]鼓[3]是[4]賣[4]翠[4]花[1]兒[2]的[1]，搖[2]鈴[2]兒[2]是[4]②賣[4]線[4]的[1]。

140. "老[4]爺[2]做[4]什[2]広[1]用[4]的[1]？水[3]開[1]了[1]。""那[4]広[1]你[3]先[1]把[3]今[1]兒[2]買[3]的[1]那[4]些[1]白[2]糖[1]倒[4]一[2]半[4]兒[2]給[3]和[2]攏[3]①着[1]，我[3]囬[2]頭[2]去[4]看[4]看[2]哪[1]。"

141. 我[3]把[3]叫[4]你[3]買[3]的[1]芝[1]蔴[2]醤[4]要[4]送[4]我[3]們[1]那[4]兒[2]，所[3]以[3]你[3]先[1]把[3]那[4]個[4]瓶[2]子[1]涮[4]乾[1]净[4]給[3]裝[1]一[2]半[4]兒[2]罷[4]，剰[4]下[4]的[1]一[2]半[4]兒[2]我[3]們[1]留[4]着[1,2]用[4]哪[1]。

142. 這[4]油[2]點[3]不[4]着[2]，巧[3]了[1]是[4]有[3]了[1]水[3]了[1]。

143. 上[4]囬[2]是[4]我[3]念[4]了[1]，這[4]囬[2]是[4]臨[2]到[4]誰[2]念[4]了[1]？

144. 這[4]個[4]價[4]兒[2]太[4]貴[4]了[1]，不[4]肯[3]減[3]點[3]兒[2]広[1]？

145. 這[4]茶[2]忒[4]淡[4]了[1]，再[4]續[4]上[4]點[3]兒[2]。

146. 你[3]別[2]吃[1]他[1]，看[1]停[2]住[4]食[2]了[1]，跟[1]石[2]頭[2]這[4]広[1]硬[4]広[1]。

147. 我[3]看[4]他[1]今[1]兒[2]個[4]有[3]點[3]兒[2]邪[2]氣[4]，你[3]躲[3]開[1]他[1]罷[4]。

148. 你[3]在[4]外[4]頭[2]淘[2]氣[4]，也[3]要[4]跟[1]那[4]好[3]人[2]頑[2]兒[2]頑[2]兒[2]罷[4]，別[2]玩[2]兒[2]的[1]太[4]粗[1]了[1]。

149. 這[4]塊[4]地[4]的[1]方[1]向[4]倒[4]還[2]合[2]我[3]的[1]式[4]，這[4]塊[4]地[4]主[3]兒[2]是[4]誰[2]？我[3]要[4]找[3]他[1]商[1]量[1]商[1]量[1]賣[4]不[2]賣[4]。

150. 各[4]掃[3]自[3]己[3]門[2]前[2]雪[3]，休[1]管[3]他[1]人[2]瓦[3]上[4]霜[1]，我[3]喝[1]我[3]的[1]酒[3]，吃[1]我[3]的[1]大[4]烟[1]，花[1]我[3]的[1]

---

① 嘻：嘆詞。

② 是：底本爲"兒"。

錢²，礙⁴你³什²广¹相¹干¹？
151. 這⁴肉⁴没²煮³透⁴，還²挺³硬⁴呢¹。
152. 這⁴肉⁴没²燒¹透⁴，裡³頭²還²有³血³津²兒²呢¹。
153. 你³嫌²我³這⁴兒²不⁴好³，别²再⁴上⁴這⁴兒²來²。
154. 我³脚³上⁴長³凍⁴瘡¹了¹，穿¹不⁴得²毛²兒¹窩¹了¹。
155. 偺²們¹可³以³走³了¹，為⁴什²广¹獣⁴住⁴？上⁴前²兒¹啊¹。
156. 我³叫⁴你³拿²那⁴個⁴去⁴，你³拿²這¹個⁴來²，拏²錯⁴了¹，擱¹同¹²原²處²兒²去⁴。
157. 把³車¹往³後³拉¹些¹兒²，讓⁴我³們¹過⁴去⁴。
158. 他¹是⁴我³的¹大⁴舅⁴子¹，我³媳¹婦兒²是⁴他¹的¹妹⁴妹⁴。
159. 這⁴屋¹裡³鬧⁴了¹一⁴屋¹子¹的¹烟¹，揢¹起³這⁴窗¹户³來²罷⁴。
160. 多¹等³一⁴等³兒²，不²是⁴我³不²下⁴車¹，我³的¹脚³麻²了¹，動⁴不⁴得²了¹。
161. 今¹兒²個⁴是⁴隆²福²寺⁴①開¹廟⁴②，您²要⁴買³東¹西¹，各⁴式⁴各⁴樣⁴兒²的¹都¹有³。
162. 他¹幹⁴什²广¹都¹不⁴留²心¹，我³不²用⁴他¹了¹。

163. 那⁴個⁴人²很³可³憐²，通¹身¹的¹殘²疾²，而²且³他¹天¹生¹得²又⁴聾²又⁴啞³。
164. 那⁴件⁴事⁴很³不⁴容²易²辦⁴，我³還²不⁴能²呢¹，何²況⁴你³？
165. 偺²們¹應¹該¹守³禮³拜¹去⁴，因¹爲⁴偺²們¹耶²蘇¹教⁴是⁴每³七¹天¹一⁴個⁴禮³拜⁴。
166. 你³們¹這⁴些¹東¹西¹都¹很³好³，就⁴是⁴我³不⁴能²都¹要⁴，每³樣⁴兒²要⁴點³兒²。
167. 照⁴這⁴樣⁴兒²的¹做³就³可³以³，每³樣⁴要⁴十²個⁴，可³就⁴是⁴一⁴樣⁴，我³要⁴造⁴得²活²便⁴③纔¹好³呢¹。
168. 你³剛¹來²了¹广¹？我³在⁴這⁴兒²多¹半¹天¹了¹。
169. "依¹您²這⁴广¹説¹，他¹明¹天¹一⁴定⁴要⁴來²广¹？""那⁴個⁴就⁴保³不²定⁴。"
170. 怪⁴不⁴得²這⁴個⁴水³這⁴广¹凉²，這⁴眼³井³是⁴頂³深¹的¹呀¹。
171. 這⁴個⁴樓²梯¹没²有³扶²手³，小³心¹掉⁴下⁴去⁴。
172. 他¹除²了¹吃¹喝¹就⁴是⁴睡⁴覺⁴，没²别²的¹能²耐⁴。

---

① 隆福寺：北京著名的喇嘛廟，始建於明景泰三年。
② 開廟：舉行廟會。廟會是一種定期舉行的、設在寺廟或其附近的大型集市。
③ 活便：靈活。

173. 我[3]要[4]往[3]那[4]厷[1]去[4]的[1]，你[3]起[3]來[2]別[2]擋[3]着[4]道[4]兒[2]。

174. 衆[4]位[4]等[3]急[2]了[1]，你[3]爲[4]什[2]厷[1]來[2]得[2]這[4]厷[1]遲[2]？

175. 他[1]愛[4]吃[1]大[4]烟[1]，一[1]天[1]到[4]晚[3]不[4]離[2]嘴[3]兒[2]的[1]吃[1]，見[4]天[1]沒[2]別[2]的[1]，竟[4]顧[4]那[4]一[2]件[4]事[4]。

176. 春[1]天[1]不[2]要[4]帳[3]子[1]，這[4]兩[3]天[1]晚[3]上[4]蚊[2]子[1]很[3]多[1]，咬[3]得[2]人[2]不[4]能[2]睡[4]覺[4]，這[4]陣[4]兒[2]該[1]當[1]做[4]了[1]。

177. 你[3]別[2]聽[1]他[1]說[1]瞎[1]話[4]，原[2]來[2]這[4]等[3]人[2]拿[2]點[3]子[1]事[4]當[1]做[4]話[4]把[3]兒[1]，弄[4]做[4]大[4]題[2]目[4]給[3]人[2]聽[1]呢[1]。

178. 他[1]那[4]一[2]張[1]嘴[3]很[3]不[34]好[3]，他[1]不[4]管[3]什[2]厷[1]話[4]兒[2]都[1]說[1]。

179. 你[3]一[2]個[4]人[2]別[1]佔[4]這[4]厷[1]寬[1]地[4]方[1]兒[1]，还[2]有[3]好[3]些[1]個[4]人[2]要[4]坐[4]着[2]哪[1]。

180. 我[3]本[3]來[2]不[2]會[4]喝[1]酒[3]，你[3]既[4]是[4]真[1]心[1]讓[4]我[3]，明[2]兒[1]個[4]偺[1]們[1]倆[3]就[4]儘[3]着[1]量[4]兒[2]試[4]一[2]試[4]。

181. 不[2]錯[4]你[3]說[1]的[1]很[3]是[4]，這[4]正[4]是[4]我[3]想[3]着[2]的[1]呀[1]。

182. 你[3]找[3]他[1]，他[1]並[4]沒[2]在[4]這[4]兒[1]。

183. 他[1]也[3]不[2]作[4]官[1]，也[3]不[2]做[4]買[3]賣[4]，家[1]裡[3]穿[1]的[1]、吃[1]的[1]、喝[1]的[1]都[1]有[3]，他[1]是[4]逍[1]遙[2]快[4]樂[4]的[1]。

184. 今[1]年[2]好[3]幾[3]個[4]月[4]沒[2]下[4]雨[3]，種[4]莊[1]稼[1]的[1]人[2]所[3]沒[2]指[3]望[4]兒[2]了[1]。你[3]種[4]着[2]有[3]多[1]少[3]趴[3]地[4]？少[3]點[3]兒[1]還[2]可[3]以[3]，多[1]了[1]更[4]不[2]上[4]算[4]①了[1]。

185. "今[1]兒[2]你[3]出[1]去[4]怎[3]厷[1]樣[4]了[1]？""咳[1]，別[2]提[2]了[1]，黃[2]了[1]，一[2]個[4]大[4]錢[2]也[3]拉[1]不[4]着[2]了[1]。"

186. "街[1]坊[1]的[1]四[4]隣[2]都[1]沒[2]燒[1]，單[1]燒[1]他[1]一[4]家[1]兒[1]，你[3]說[1]怪[4]不[2]怪[4]？""沒[2]有[3]什[2]厷[1]可[3]怪[4]的[1]，就[4]是[4]天[1]理[3]昭[1]彰[1]，報[4]應[4]不[4]爽[3]罷[4]咧[1]。"

187. 這[4]件[4]事[4]除[2]了[1]你[3]誰[2]敢[3]擔[1]錯[4]兒[2]？

188. 我[3]這[4]幾[3]年[2]所[3]沒[2]運[4]氣[4]，種[4]莊[1]稼[1]也[3]不[4]收[1]成[2]，做[4]買[3]賣[4]也[3]賠[2]了[1]本[3]兒[2]，可[3]怎[3]厷[1]好[3]呢[1]？

189. "你[3]的[1]眼[3]睛[1]怎[3]厷[1]樣[4]了[1]？""那[4]年[2]我[3]手[3]裡[3]拿[2]着[1]根[1]烟[1]袋[4]，栽[1]了[1]個[4]勳[1]斗[1]，戳[1]的[1]瞎[1]了[1]一[4]隻[1]眼[3]了[1]。"

190. "你[3]沒[2]聽[1]見[4]他[1]們[1]的[1]信[4]兒[2]厷[1]？""嗜[1]，這[4]裡[3]頭[2]有[3]得[2]項[4]

---

① 上算：合算。

190　華語跬步

肯[3]叫[4]偺[2]們[1]知[1]道[4]広[2]？我[3]告[4]訴[4]你[3]，那[4]件[4]事[4]他[1]辦[4]的[1]很[3]機[1]密[4]，連[2]一[2]個[4]人[2]也[3]不[4]知[1]道[4]。"

191. 這[4]個[4]東[1]西[1]很[3]大[4]，單[1]皮[2]兒[2]的[1]繩[2]子[1]怕[4]勒[1]折[2]了[1]，你[3]幫[1]我[3]擰[2]結[1]實[12]這[4]繩[2]子[1]罷[2]。

192. 我[3]要[4]拿[2]繩[2]子[1]綑[3]上[4]他[1]，你[3]幫[1]着[2]繞[4]①結[1]實[12]這[4]繩[2]子[1]。

193. 今[1]兒[2]個[4]前[2]門[2]外[4]頭[2]瞧[2]熱[4]鬧[4]去[4]的[1]很[3]多[1]，有[3]整[3]千[1]整[3]萬[4]的[1]人[2]。

194. 你[3]要[4]和[4]我[3]説[4]話[4]得[3]大[4]聲[1]兒[2]的[1]説[1]，我[3]耳[3]朵[2]有[3]點[3]兒[2]背[4]。

195. 這[4]疋[3]綢[2]子[1]顏[2]色[4]兒[2]太[4]紅[2]，怕[4]落[4]了[1]顏[2]色[4]兒[2]罷[4]。

196. 這[4]部[4]書[1]是[4]在[4]那[3]兒[2]刷[1]的[1]？板[3]很[2]好[3]。

197. 這[4]部[4]小[3]書[1]兒[2]從[2]前[2]有[3]賣[4]的[1]，如[2]今[1]官[1]府[2]禁[4]止[3]了[1]，所[3]以[3]這[4]書[1]不[2]印[4]來[2]賣[4]了[1]。

198. 那[4]部[4]書[1]很[3]貴[4]，没[2]人[2]買[3]得[2]起[3]，所[3]以[3]現[4]在[4]不[2]印[4]了[1]。

199. 他[1]向[4]來[2]没[2]別[2]的[1]心[1]，現[4]在[4]他[1]因[1]爲[4]交[1]上[4]了[1]一[2]個[4]不[4]好[3]的[1]朋[2]友[3]，全[2]改[3]了[1]樣[4]兒[2]了[1]。

200. 我[3]從[2]東[1]京[1]帶[4]來[2]的[1]那[4]些[1]東[1]西[1]，叫[4]他[1]們[1]打[3]開[1]，舖[1]在[4]草[3]地[4]上[4]晒[4]一[2]晒[4]。

201. 我[3]這[4]兒[2]正[4]短[3]着[2]這[4]個[4]東[1]西[1]呢[1]，要[3]買[3]也[3]買[3]不[4]着[2]，今[1]兒[2]個[4]費[4]您[2]心[1]給[3]我[3]這[4]個[4]。這[4]個[4]實[4]在[4]是[4]您[2]送[4]的[1]很[3]俏[4]皮[2]了[1]。

202. 他[1]家[1]原[2]先[1]是[4]個[4]大[4]財[2]主[3]呢[1]，因[1]爲[4]他[1]們[1]少[4]爺[2]没[2]出[1]息[1]，無[2]所[3]不[4]爲[4]，如[2]今[1]他[1]全[2]家[1]兒[2]敗[4]盡[4]了[1]。

203. "他[1]家[1]有[3]幾[3]個[4]孩[2]子[1]？" "有[3]四[4]個[4]孩[2]子[1]，可[3]是[4]剛[1]來[2]的[1]這[4]是[4]他[1]最[4]疼[2]的[1]兒[2]子[1]。"

204. 他[1]扭[3]了[1]腿[3]腕[4]子[1]了[1]，一[2]步[4]步[4]的[1]走[3]不[2]上[4]來[2]。

205. 你[3]留[2]我[3]吃[1]飯[4]不[2]用[4]費[4]事[4]，隨[2]便[4]兒[2]就[4]是[4]了[1]。

206. 這[4]樹[4]纔[2]結[1]果[3]子[1]了[1]，種[4]了[1]好[3]幾[3]年[2]總[3]没[2]結[1]着[2]，今[1]年[2]纔[2]結[1]兩[3]個[4]了[1]。

207. 這[4]樹[4]新[1]結[1]果[3]子[1]了[1]，味[4]兒[2]很[3]好[3]，所[3]以[3]昨[2]兒[2]個[4]摘[1]兩[3]個[4]給[2]您[2]送[4]了[1]去[4]了[1]。

208. 前[2]兒[2]個[4]行[2]市[4]十[2]五[3]吊[4]換[4]一[4]兩[3]，今[1]兒[2]個[4]行[2]市[4]又[4]落[1]了[1]，十[2]三[1]吊[4]一[4]兩[3]了[1]，你[3]想[3]

---

① 繞：底本作"燒"。

想³差⁴的¹真¹利⁴害⁴了¹。

209. 他¹常²常²的¹在⁴背⁴地⁴裡³罵⁴我³，都粧¹聽⁴不²見⁴，今¹兒²又⁴說¹的¹太⁴不²像⁴了¹，我³再⁴也³不⁴能²受⁴了¹，所³以³我³纔²罵⁴他¹哪¹。

210. 我³那⁴跟¹班¹的¹太⁴過⁴於²不⁴小³心¹，我³常²說¹他¹，昨²兒²個⁴又⁴把⁴我³要⁴緊³的¹東¹西¹給³砸⁴了¹。我³再⁴也³不⁴能²忍³了¹，所³以³纔²把⁴他¹散④¹了¹。

211. 你³見⁴過⁴熊¹広¹？現⁴在⁴城¹外⁴頭²有³耍³狗³熊²的¹，偺²們¹瞧²瞧² 去⁴罷⁴。

212. 這⁴広¹怪³冷³的¹天¹跑³到⁴交¹民²巷⁴吃¹飯⁴去⁴，囬²來²若²是⁴着²凉²還²值²得²了³広¹？你³去⁴罷⁴，我³寧⁴可³不²去⁴。

213. 他¹做⁴衣¹裳¹得¹多¹買³尺²寸⁴，因¹爲⁴他¹是⁴頂³胖⁴大⁴的¹。

214. 別²這⁴広¹快⁴，慢⁴慢¹兒²的¹說¹罷⁴。

215. "你³一²個⁴人²做³買³賣⁴広¹？" "不²是⁴，我³跟¹他¹搭¹夥³計⁴。"

216. 這⁴塊⁴羊¹肉⁴很³新¹鮮¹，煎¹點³兒²，下⁴剩⁴的¹賣⁴罷⁴。

217. "那⁴火³盆²你³擱¹到⁴那³兒²了¹²？"

"我³擱¹在⁴樓²板³上⁴了¹。"

218. 雇⁴個⁴厨²子¹，每³月⁴得³多¹少³工¹錢²？

219. 咱²們¹這⁴幾³個⁴人²定¹規¹不⁴許³撒¹謊³，後⁴來²他¹瞞²着¹我³們¹賺⁴了¹錢²，叫⁴我³們¹知¹道⁴了¹，所³以³他¹受⁴罰²了¹一⁴兩³銀²子¹了¹。

220. 今¹兒²我³們¹要⁴搬¹去⁴的¹那⁴所³兒²房²子¹很³不⁴乾¹净⁴，該¹拾²掇²拾²掇²，你³先¹去⁴掃³掃³那³個⁴蛛¹蛛¹網³罷⁴。

221. 你³别²拿²那⁴広¹整³塊⁴兒²的¹，你³先¹把⁴他¹切¹碎⁴了¹再⁴拿²來²。

222. 他¹爲²人²很³不⁴好³，借⁴人²家¹的¹錢²也³不⁴肯³還²，又⁴愛⁴撒¹謊³，常²常²的¹對⁴不⁴起³人²。那⁴個⁴我³們¹永³遠³做⁴不⁴來²的¹。

223. 天⁴不⁴早³了¹，快⁴去⁴，你³看¹②悞⁴了¹。

224. 他¹走³在⁴街¹上⁴很³不⁴留²心¹，瞧²這⁴兒²看⁴那⁴兒²的¹，所³以³就⁴有³小³絡³來²跟¹上⁴他¹了¹，他¹常²愛⁴丢¹東¹西¹。

225. 他¹們¹倆³人²長³得¹一²樣⁴，說¹話⁴走³道⁴兒²也³是⁴一²個⁴樣⁴，

———

① 散:解雇。
② 看:當心。

知[1]道[4]的[1]説[1]他[1]們[1]不[2]是[4]一[2]塊[4]兒[2]的[1]人[2]，不[4]知[1]道[4]的[1]説[1]他[1]們[1]很[3]像[4]哥[1]兒[2]倆[3]。

226. 他[1]們[1]家[1]很[3]没[2]有[3]規[1]矩[4]，一[4]點[3]兒[2]家[1]教[4]都[1]没[2]有[3]，他[1]縱[4]① 孩[2]子[1]撒[1]野[3]了[1]。

227. 這[4]孩[2]子[1]長[3]得[2]俊[4]，後[4]來[2]必[4]有[3]長[3]進[4]的[1]。

228. 昨[2]兒[2]個[4]請[3]大[4]夫[1]瞧[2]了[1]，吃[1]了[1]兩[3]劑[4]藥[4]，就[4]漸[4]漸[4]兒[2]的[1]好[3]上[4]來[2]了[1]。

229. 我[3]剛[1]開[1]的[1]那[4]幾[3]年[2]買[3]賣[4]很[3]不[2]順[4]當[1]，這[4]幾[3]年[2]些[1]微[1]的[1]好[3]點[1]兒[2]了[1]。看[4]起[3]來[2]我[3]這[4]個[1]買[3]賣[4]一[4]間[2]比[3]一[4]間[2]好[3]上[4]來[2]了[1]。

230. 這[4]我[3]有[3]好[3]幾[3]年[2]下[4]天[1]津[1]去[4]，來[2]回[2]做[4]買[3]賣[4]，剛[1]去[4]的[1]那[4]幾[3]年[2]很[3]好[3]，這[4]二[4]年[2]雖[1]然[2]還[4]是[4]去[4]，可[3]就[4]一[4]回[2]比[3]一[4]回[2]還[2]不[2]濟[4]。

231. 這[4]件[4]事[4]説[1]是[4]我[3]們[1]大[4]家[1]的[1]不[4]小[3]心[1]，然[2]而[2]他[1]一[2]個[4]人[2]該[1]頂[3]着[2]不[2]是[4]了[1]。

232. 我[3]听[1]説[1]他[1]又[4]續[4]了[1]絃[2]了[1]，這[4]盏[4]來[2]的[1]比[3]先[1]頭[2]裡[3]的[1]更[4]好[3]。

233. 你[3]要[4]買[3]硯[4]台[2]，不[2]要[4]買[3]新[1]的[1]，越[4]舊[4]的[1]更[4]好[3]。

234. "你[3]那[4]隻[1]手[3]怎[3]麼[1]了[1]？叫[4]刀[1]子[1]刺[4]了[1]麼[2]？" "不[2]是[4]，我[3]叫[4]螞[3]蜂[1]螫[1]着[2]了[1]？"

235. 昨[2]兒[2]晚[3]上[4]在[4]院[4]子[1]裡[3]納[4]着[2]涼[2]睡[4]着[2]了[1]，忽[1]然[2]疼[2]的[1]我[3]醒[3]了[1]，一[4]瞧[2]，敢[3]情[2]是[4]蝎[1]子[1]螫[1]了[1]手[3]了[1]。

236. "噯[1]，你[3]今[1]兒[2]打[3]扮[4]得[3]整[3]整[3]齊[2]齊[1]兒[2]的[1]上[4]那[4]兒[2]去[4]？" "有[3]人[2]請[3]我[3]吃[1]飯[4]哪[1]。"

237. 這[4]房[2]子[1]太[4]老[3]，雨[3]常[2]漏[4]，我[3]想[3]要[4]修[1]蓋[4]了[1]罷[4]。

238. 這[4]件[4]事[4]並[4]没[2]我[3]的[1]事[4]，爲[4]什[2]广[1]叫[4]我[3]去[4]？這[4]是[4]該[1]管[3]的[1]广[1]？

239. 他[1]多[1]大[4]財[2]主[3]，就[4]這[4]广[1]樣[4]的[1]天[1]天[1]兒[2]吃[1]喝[1]走[3]逛[4]，一[4]點[1]兒[2]正[4]經[1]事[4]也[3]不[2]做[4]。

240. 我[3]叫[4]你[3]做[4]的[1]這[4]都[1]不[4]好[3]，起[3]頭[2]兒[2]再[4]做[4]罷[4]。

241. 既[4]往[3]不[4]咎[1]，將[1]來[2]你[3]更[4]要[4]謹[3]慎[4]了[1]。

242. 可[3]以[3]開[1]飯[4]罷[4]，打[3]過[4]了[1]四[4]點[3]鐘[1]了[1]。

243. 他[1]心[1]裡[3]竟[4]想[3]發[1]財[2]，一[4]點[3]兒[2]本[3]事[4]也[3]没[2]有[3]。

244. 明[2]擺[3]着[2]是[4]他[1]做[4]的[1]，然[2]而[2]

---

① 縱：縱容，放任。

他¹嘴³硬⁴,不²認⁴是⁴他¹做⁴的¹。

245. 這⁴個⁴東¹西¹你³還²不⁴會⁴拿²,應該¹把⁴這⁴一⁴邊¹兒²朝²上⁴拿²着²。

246. 他¹本³來¹就⁴是⁴個⁴明²白²人²,這⁴幾³年²他¹又⁴上⁴各⁴省²瞧²風俗²去⁴了⁴,他¹更⁴是⁴老⁴江¹湖²了¹。

247. 我³知¹道⁴他¹明²天¹一²定⁴不⁴能²早³來⁴,因爲⁴他¹是⁴睡⁴慣⁴早³覺⁴了¹。

248. 他¹那⁴個⁴病⁴没¹指³望⁴了¹。大⁴夫¹不²下⁴药⁴了¹广?

249. "我³聽¹説¹現⁴在⁴外⁴國²有³打³仗⁴呢¹。""那³兩³國²打⁴仗⁴呢¹?"

250. 他¹這⁴幾³年²窮²的¹連²飯⁴都¹吃¹不²了³了¹,因爲⁴這⁴兩³天¹有³個⁴好³親¹戚¹⁴把⁴他¹救⁴出¹來²了¹,所以³他¹又⁴活⁴上⁴來²了¹。

251. 生¹就⁴的¹骨²頭²長³就⁴的¹肉⁴,要⁴改³也³改³不⁴了⁴略¹,因¹爲⁴長³成²是⁴這⁴個⁴樣⁴兒²的¹。

252. 他¹們²兩³個⁴人²有³仇²,坐⁴不²到²一²塊⁴兒²⁴。

253. "這⁴等³人²你³怎³广⁴認⁴得⁴他¹?""他¹在⁴我³們²村¹兒²裡³住⁴。"

254. 我³那⁴年²出¹外⁴過⁴河²,看⁴見⁴水³

不²大⁴,我³就⁴要⁴浮²⁴過⁴去⁴,那³兒²知¹道⁴到⁴中¹間¹兒²不⁴好³了¹,水³有³下⁴巴¹頦²兒²這⁴广¹深¹,好³容²易⁴纔²浮²過⁴去⁴了¹。

255. 北³京¹城²有³兩³句⁴俗²語³兒²:"無²風¹三¹尺²³土³,有³雨³一⁴街¹泥²。"有³一⁴天¹下⁴大⁴雨³,我³有³事⁴出¹去⁴,走³到⁴大⁴街¹不⁴好³了¹,泥²有³脚³面⁴兒²這⁴广¹深¹,真¹叫⁴人²受⁴了¹累¹了¹。

256. 我³瞧⁴見⁴一⁴個⁴有³錢²的¹人²,戴⁴着²小³帽⁴兒²很³體³面⁴的¹,帽⁴邊¹兒²都¹是⁴金¹子²鑲¹成²的¹。

257. 這⁴兩³天¹因爲⁴很³忙²,把⁴那⁴件⁴事⁴耽¹擱⁴日⁴子¹太⁴多¹,想³不⁴出¹頭²緒⁴來²了¹。

258. 你³先¹把³這⁴個⁴摘¹下⁴來²,掛⁴起³這⁴個⁴來²罷¹。

259. 纔²買³的¹那⁴條²魚²看¹猫¹拉¹了¹去⁴,弄⁴個⁴套⁴兒²先¹掛⁴上⁴他¹罷⁴。

260. "他¹戴⁴的¹那⁴涼²帽⁴,我³没²見⁴過⁴那⁴個⁴樣⁴式⁴的¹。""那⁴是⁴老⁴樣⁴兒²①的¹帽⁴子¹。"

261. "你³們²這⁴兒²怎³广⁴這¹些¹個⁴蚊²子¹?""因¹爲⁴挨¹着²水³邊¹

---

① 老樣兒:舊款式。

兒[2]很[3]近[4]。"

262. 那[4]一[4]天[1]請[3]客[4]亂[4]騰[1]騰[1]的[1],好[3]些[1]個[4]像[3]伙[3]沒[2]查[2]清[1]楚[3],到[4]今[1]兒[2]個[4]查[2]了[1]一[4]查[2],那[4]些[1]個[4]調[2]羹[1]短[3]了[1]一[4]把[3]了[。]

263. "三[1]兩[3]銀[2]子[1]賣[4]不[2]賣[4]?""賣[4]不[4]了[3],還[2]沒[2]彀[4]我[3]的[1]本[3]兒[2]呢[1],你[3]再[4]多[1]添[1]一[4]兩[3]銀[2]子[1]我[3]就[4]賣[4]了[。]"

264. 他[1]那[4]個[4]人[1]很[3]可[3]笑[4],拿[2]假[3]的[1]來[2]要[4]揝[3]我[3]是[4]真[1]的[1],我[3]假[3]粧[1]不[4]理[3]會[4],故[4]意[4]兒[2]的[1]和[4]他[1]說[1],你[3]的[1]東[1]西[1]雖[1]好[3],我[3]沒[2]打[3]着[2]①那[4]広[3]些[1]錢[2]買[3]。他[1]聽[1]見[4]就[4]跟[1]上[4]了[1]我[3]的[1]口[3]氣[4],直[2]要[4]賣[4]哪[4],你[3]想[3]想[3]這[4]個[4]誰[2]上[4]檔[4]②?

265. 他[1]知[1]道[4]我[3]們[5]沒[2]買[3]過[4],所[3]以[3]就[4]拿[2]假[3]的[1]當[1]真[1]的[1]賣[4]給[3]我[3],他[1]揝[4]了[1]我[3]們[5]了[1]。

266. 你[3]打[3]糨[4]子[1]得[3]勤[2]點[3]兒[2]攪[3]着[2],別[2]叫[4]他[1]煳[2]③了[1]。

267. 這[4]白[2]糠[1]買[3]得[3]不[4]多[1],不[2]過[4]僅[3]彀[2]偺[2]們[5]使[3]的[14],不[2]要[4]給[3]人[2]。

268. 這[4]皮[2]子[1]我[3]預[4]備[4]的[1]很[3]多[1],今[1]年[2]天[1]氣[4]暖[3]和[2],用[4]的[1]人[2]很[3]少[3],眼[3]看[4]着[2]交[1]春[1]④了[1],所[3]以[3]我[3]不[2]論[4]賺[4]⑤多[1]少[3],賣[4]了[1]他[1]就[4]完[2]了[1]。

269. 你[3]辦[4]的[1]那[4]件[4]事[4]也[3]快[4]到[4]了[1]日[4]子[1]了[1],我[3]儘[4]力[4]兒[2]幫[1]着[2]你[3]幹[4]罷[4]。

270. 他[1]家[1]裡[3]有[3]個[4]花[1]園[2]子[1]很[3]大[4],我[3]昨[2]兒[2]個[4]逛[4]去[4],曲[1]曲[1]灣[1]灣[1]的[1]走[3]了[1]半[4]天[1]了[1]。

271. 馬[3]夫[1]因[1]爲[4]有[3]事[4]告[4]三[1]天[1]假[4]了[1],你[3]小[3]心[1]照[4]應[4]這[4]牲[1]口[3]。

272. 我[3]有[3]點[3]兒[4]不[4]舒[1]坦[3],沒[2]心[1]腸[2]幹[4]事[4]情[2]。

273. 我[3]這[4]幾[3]年[2]竟[4]靠[4]桌[1]子[1]用[4]心[1]用[4]意[4]的[1]寫[3]字[4],也[3]不[2]過[4]就[4]是[4]這[4]樣[4],實[2]在[4]是[4]不[4]容[4]易[4]學[2]的[1]。

274. 我[3]向[4]來[2]沒[2]見[4]過[4]他[1]作[4]活[2]的[1],他[1]仗[4]着[2]什[1]広[1]過[4]日[4]子[1]?

275. 我[3]不[2]認[4]得[2]外[4]國[2]的[1]文[2]理[3],請[3]您[2]把[4]這[4]個[4]字[4]兒[2]給[3]繙[1]譯[4]出[1]來[2]。

276. 我[3]有[3]用[4]處[4]跟[1]他[1]要[4],去[4]的[1]

---

① 打着:打算,預備。
② 上檔:上當。
③ 煳:糊。
④ 交春:立春。
⑤ 賺:賺,盈利。

也³不²是⁴一⁴同²半¹⁴同²了¹,他¹還²是⁴望⁴我³轉³影³壁④①不⁴給³還²,所²以³我³説¹你³多³咱¹給³,他¹説¹明²兒²一²定⁴給³,我³⁴知¹道³那⁴都¹是⁴白²説¹,靠⁴不²住⁴的¹,然²而²不⁴好³意²思¹講³理³勉³强³的¹要⁴。

277. "我³一²定⁴要⁴打³你³。" "這⁴次⁴饒²我³罷⁴,下⁴次⁴再⁴不⁴敢⁴了¹。" "不⁴行²,那⁴都¹是⁴白²饒²。"

278. 他¹借⁴了¹我³的¹衣¹裳¹去⁴了¹,説¹是⁴一⁴兩³天¹兒²還²我³,三¹四⁴天¹也³没²信⁴兒²,等³我³去⁴找³他¹要⁴的¹時²候⁴兒²,他¹已³經¹給³賣⁴了¹,你³想³想³這⁴不²是⁴出¹於²情²理³之¹外⁴的¹事⁴广?

279. 他¹今¹年²有³四⁴十²多³歲⁴罷⁴,也³是⁴中¹年²的¹人²了¹。

280. 我³借⁴給³他¹一⁴百³吊²錢²,説¹下⁴每³月⁴二⁴分¹利⁴了¹。那³兒²知¹道⁴給³我³兩³個⁴月⁴的¹利⁴錢²之¹後⁴,到⁴今¹兒¹個⁴已³過⁴七¹八¹年²了¹,連²一⁴個⁴大⁴錢²也³没²給³,算⁴起³來²他¹該¹的¹利⁴錢²比³本³錢²还²多¹哪¹。

281. "我³心¹裡³説¹不⁴出¹來²的¹委⁴屈¹,我³把⁴他¹痛⁴打³了¹一²頓⁴纔²解³恨⁴哪¹。" "你³不²要⁴着²急²,先¹把⁴情²形²細⁴細⁴兒²的¹告⁴訴⁴我³罷²。"

282. 我³要⁴找³他¹托¹一²件⁴事⁴去⁴,又⁴不⁴好³意²思¹白²去⁴托⁴他¹,然²而²没²什²广¹可³送⁴的¹,就⁴是⁴這⁴點³兒¹土²物⁴兒²,雖²然²千¹里³送⁴鵝²毛²,到⁴底³比³空¹着²手³兒²還⁴强²些⁴兒²。

283. 他¹出¹外⁴做⁴買³賣⁴這⁴有³好³些¹年²了¹,這⁴時²候⁴他¹發¹了¹大⁴財²了¹。

284. "您²是⁴本³地⁴人²广¹?" "不²是⁴,我³是⁴外⁴鄉⁴人²。"

285. 這⁴東¹西¹我³買³妥³了¹,囘²頭²我³就⁴打³發¹人²來²拿²。

286. 這⁴兩³天¹順⁴風¹走³了¹好³些¹路⁴了¹,今¹兒¹个⁴要⁴買³東¹西¹,偺³們¹要⁴往³舟¹山¹灣¹一⁴灣¹船²。

287. 那⁴個⁴地⁴方¹没²什²广¹菜⁴,就⁴是⁴蘿²蔔²一²樣⁴兒²,早³起³晚³上⁴都¹是⁴他¹,這⁴些¹日¹子¹這⁴個⁴東¹西¹我³連²看⁴都¹不²愛⁴看⁴了¹。

288. 你³在⁴人²家¹跟¹前²説¹話⁴行²

---

① 轉影壁:故意躲避不見。

事得簡決①點兒,別發怯。

289. 剛來的那位我不是不理他,因為他是很不通情理的人。

290. "我看這部書編的不大好。""我也想是這麼着,做的不但沒才學,而且又不通文理的樣子。"

291. 我纔說的那些話,不過是說個笑話兒的,你千萬別犯猜。

292. 像他那麼無來由的人,管他做什麼,由他去罷。

293. 你穿的這件褂子是老樣兒了,這兩年不大興。

294. 牛肉、羊肉兩樣兒攪和着吃也可以。

295. 我看他有點兒邪氣,要變了卦了,千萬別惹他。

296. 你別和他穿換②,他是個言不應口的外面架子③了。

297. 他是個斯文人,你和他走道兒不要很快,走得越拉絲④越像哪。

298. 這封信是他寫的麼?我看了半天,看不出筆跡來。

299. 我乍到北京總不知道說法,南邊說"喉嚨疼",說這句京話怎麼說?

300. 昨兒個下半天抽冷子我們的老主人囘來,把我留住不叫去,大概是東家有事叫我做哪。

301. 因為他這些日子好歹全沒信兒,所以我正在這兒想他,何等納悶,這兩天連飯都吃不下去了。今兒個你來,說他在外頭很好,十分的平安,我聽見就覺着身上很舒服起來了,看起來今兒個你來的這是一劑好葯了。

302. 開煙館設賭局,那是犯法的事,若是官知道一定要拿的。

303. 你別怪他,他是個沒禮貌的人,往往有那個毛病。

---

① 簡決:做事決斷。
② 穿換:交往。
③ 外面架子:比喻虛有其表。也説"外面光"。
④ 拉絲:本指食物發黏,掰開時呈絲狀。這裏比喻動作拖沓。也説"拉黏兒"。

304. "您[2]再[4]給[3]多[1]加[1]幾[3]吊[4]錢[2]罷[4]。""我[3]給[3]你[3]的[1]錢[2]已[3]經[1]彀[4]數[4]兒[2]了[1],你[3]怎[3]広[1]這[4]広[1]貪[1]心[1]不[4]足[2]啊[1]。"

305. 他[1]是[4]個[4]貪[1]心[1]不[4]足[2]的[1],得[2]一[2]步[4]兒[2]進[4]一[2]步[4]兒[2]的[1],我[3]不[4]知[4]道[4]那[3]是[4]個[4]底[3]兒[2]了[1]。

306. 你[3]和[4]他[1]交[1]朋[2]友[3]得[3]小[3]心[1],別[2]聽[1]他[1]嘴[3]裡[3]甜[2]哥[1]蜜[4]姐[3]姐[3]的[1],他[1]嘴[3]裡[3]説[1]好[3]話[4],脚[3]底[3]下[4]使[4]絆[4]子[1]。

307. 那[4]件[4]事[4]這[3]有[3]好[3]些[1]日[4]子[1]鬧[4]不[4]清[1]楚[3],好[3]容[2]易[4]到[4]這[4]兩[3]天[1]事[4]情[2]辦[4]的[1]有[3]了[1]邊[1]兒[2]了[1],不[4]久[3]的[1]要[4]成[2]功[1]了[1]。

308. 咳[1],別[2]那[4]広[1]死[3]呀[2]活[2]的[1],大[4]清[1]早[3]起[3]別[2]混[4]説[1]。

309. 你[3]給[3]我[3]開[1]單[1]子[1]也[3]是[4]無[2]用[4],我[3]是[4]睁[1]着[2]眼[3]兒[2]的[1]瞎[1]子[1]広[1]?

310. 不[2]論[4]有[3]的[1]没[2]的[1],他[1]滿[3]嘴[3]裡[3]説[1]瞎[1]話[4]侮[4]弄[4]人[4]家[1]。

311. 你[3]瞧[2]瞧[2]那[4]個[4]人[2],彷[3]彿[2]眼[3]空[1]四[4]海[3]、目[4]中[1]無[2]人[2]的[1]樣[4]兒[2],揚[2]着[2]個[4]臉[3]兒[2]摇[2]摇[2]擺[3]擺[3]的[1]走[3]道[4]兒[2]哪[1]。

312. 那[4]個[4]人[2]很[3]不[4]好[3],遊[2]手[3]好[3]閑[2],不[2]做[4]點[3]兒[2]正[4]經[1]事[4],真[1]是[4]個[4]好[4]吃[1]懶[3]做[4]的[1],不[2]是[4]東[1]西[1]。

313. "昨[2]兒[2]個[4]没[2]到[4]掌[3]燈[1]的[1]時[2]候[4],有[3]人[2]溜[4]進[4]門[2]來[2],把[4]我[3]們[1]的[1]東[1]西[1]偷[1]了[1]好[3]些[1]個[4]去[4]了[1]。""咳[1],越[4]發[1]没[2]王[2]法[3]了[1],戴[4]着[2]老[3]爺[2]兒[2]就[4]鬧[4]賊[2]。"①

314. 我[3]的[1]皮[2]氣[4]太[4]過[4]於[2]草[3]率[4],説[1]話[4]不[4]藏[2]私[1],有[3]什[2]広[1]説[1]什[2]広[1]。

315. 你[3]怎[3]広[1]説[1]也[3]説[1]不[2]過[4]他[1],你[3]説[1]了[1]一[2]句[4]他[1]説[1]十[2]句[4],他[1]説[1]話[4]不[4]饒[2]人[2]兒[2]。

316. 原[2]圖[2]的[1]就[4]是[4]這[4]幾[3]個[4]錢[2]兒[2],辛[1]辛[1]苦[3]苦[3]的[1]圖[2]什[2]広[1]呢[1]?

317. 我[3]現[4]在[4]不[2]要[4]他[1]罷[4],恐[3]怕[4]後[4]來[2]有[3]什[2]広[1]事[4];要[4]他[1]罷[4],也[3]和[4]從[2]前[2]一[2]樣[4],真[1]是[4]前[2]思[1]後[4]想[3]很[3]爲[2]難[2]。

318. 我[3]們[1]那[4]個[4]朋[2]友[3]很[3]聰[1]明[2],瞧[2]着[2]人[2]家[1]幹[4]什[2]広[1]就[4]會[4]做[4]什[2]広[1],真[1]是[4]見[4]一[2]樣[4]兒[2]會[4]一[2]樣[4]兒[2]。

319. 托[1]他[1]辦[4]什[2]広[1]事[4]所[3]靠[4]不[4]住[4],他[1]没[2]酒[3]兒[2]三[1]分[1]醉[4]広[1]。

320. 他[1]的[1]皮[2]氣[4]比[3]別[2]人[2]又[4]是[4]兩[3]樣[4],他[1]竟[4]愛[4]幹[4]些[1]個[4]新[1]鮮[1]樣[4]兒[2]。

---

① 戴着老爺兒就鬧賊:相當于説"光天化日之下鬧賊"。老爺兒:太陽。

321. 實[2]在[4]出[1]於[2]無[2]法[3]，拋[1]頭[2]露[4]面[4]的[1]，和[4]您[2]借[4]錢[2]來[2]了[1]。

322. "聽[1]説[1]你[3]這[4]兩[3]天[1]迷[2]在[4]好[3]地[4]方[1]了[1]？""没[2]有[3]的[1]話[4]，我[3]可[3]不[2]是[4]，去[4]是[4]去[4]呀[1]，然[2]而[2]也[3]不[2]過[4]是[4]逢[2]場[2]做[4]戲[4]的[1]應[4]酬[2]朋[2]友[3]們[1]罷[4]咧[1]。"

323. 今[1]兒[2]是[4]個[4]晴[2]天[1]了[1]，誰[2]還[2]想[3]着[2]出[1]門[2]兒[2]帶[4]把[3]雨[3]傘[3]呢[1]？那[3]兒[2]知[1]道[4]下[4]大[4]雨[3]，也[3]没[2]有[3]避[4]雨[3]的[1]地[4]方[1]兒[2]，可[3]就[4]叫[4]雨[3]淋[2]濕[1]了[1]衣[1]裳[1]了[1]。

324. 他[1]本[3]没[2]有[3]錢[2]，硬[4]要[4]給[3]我[3]送[4]禮[3]，送[4]了[1]五[3]吊[4]錢[2]的[1]禮[3]了[1]。第[4]二[4]天[1]他[1]和[2]我[3]借[4]十[2]吊[4]錢[2]了[1]，你[3]瞧[2]他[1]要[4]做[4]臉[3]兒[2]①不[2]做[4]臉[3]兒[2]？

325. 他[1]素[4]日[4]爲[2]人[2]很[3]好[3]來[2]着[2]，誰[2]知[1]他[1]見[4]財[2]起[3]意[4]做[4]了[1]賊[2]了[1]。

326. 這[4]老[3]頭[2]兒[2]五[3]十[2]多[1]歲[4]了[1]，還[4]是[4]漆[1]黑[1]的[1]頭[2]髮[3]不[2]見[4]老[3]。

327. 他[1]身[1]上[4]穿[1]着[2]件[4]翠[4]藍[2]布[4]的[1]大[4]衫[1]，倒[4]很[3]俏[4]皮[2]。

328. 他[1]們[1]家[1]有[3]錢[2]的[1]，娘[2]兒[2]們[1]出[1]來[2]手[3]上[4]都[1]帶[4]着[2]焦[1]黄[2]的[1]金[1]鐲[2]子[1]哪[1]。

329. 他[1]們[1]家[1]没[2]錢[2]的[1]，一[4]瞧[2]就[4]知[1]道[4]了[1]，你[3]没[2]見[4]他[1]穿[1]着[2]一[2]件[4]藍[2]不[4]藍[2]綠[4]不[2]綠[4]的[1]走[3]了[1]色[3]的[1]布[4]衫[3]兒[1]広[1]？

330. 很[3]好[3]的[1]白[2]菜[4]，他[1]醃[1]錯[4]了[1]，没[2]味[4]兒[2]了[1]，因[1]爲[4]他[1]鹽[2]擱[1]多[1]了[1]，夠[1]②鹹[2]的[1]。

331. 我[3]最[4]怕[4]夠[1]苦[3]的[1]，一[4]吃[1]就[4]惡[3]心[1]。

332. 你[3]別[2]叫[4]他[1]起[1]來[2]，他[1]睡[4]的[1]噴[1]香[1]的[1]。

333. 您[2]起[3]南[2]邊[1]帶[4]來[2]的[1]兩[3]隻[1]火[3]腿[3]，不[2]但[4]味[4]兒[2]不[4]好[3]，而[2]且[4]又[4]是[4]精[1]淡[4]的[1]，不[4]好[3]吃[1]。

334. 他[1]那[4]個[4]人[2]没[2]有[3]學[2]問[4]，當[1]着[2]人[2]跟[1]前[2]放[4]屁[4]，這[4]一[4]屋[2]子[1]鬧[4]得[2]夠[1]臭[4]的[1]。

335. 這[4]兒[2]的[1]月[4]餅[3]很[3]好[3]吃[1]，訓[4]③甜[2]的[1]。

336. 味[4]兒[2]過[4]于[2]強[2]，夠[1]酸[1]的[1]。

337. 生[1]柿[4]子[1]吃[1]不[4]的[1]，怪[4]澁[4]的[1]。

338. "你[3]昨[2]兒[2]個[4]説[1]來[2]，怎[3]広[1]没[2]有[3]來[2]？""唉[1]，像[4]昨[2]兒[2]個[4]那[4]広[1]粗[1]風[1]暴[4]雨[3]的[1]天[1]怎[3]広[1]

---

① 做臉兒：争氣，挣面子。
② 夠：太，過于。
③ 訓：很，特別。

來^{2}呢^1?"

339. 我^{3}听^{1}他^{1}説^{1}的^{1}話^{4}東^{1}拉^{1}西^{1}扯^{3}的^1,叫^{4}人^{2}聽^{1}着^{1}很^{3}可^{3}氣^4。

340. 説^{1}話^{4}胡^{2}拉^{1}溜^{2}扯^{3}①的^1,實^{2}在^{4}是^{4}討^{3}厭^4。

341. 這^{4}兒^{2}有^{3}太^{4}陽^{2}很^{3}熱^4,偺^{2}們^{1}陰^{1}凉^{2}兒^{2}裡^{13}坐^{4}着^{1}去^{4}罷^4。

342. 他^{1}爲^{2}人^{2}不^{2}大^{4}好^3,滿^{23}嘴^{3}裡^{3}胡^{2}説^{3}八^{2}道^{4}的^1,人^{1}人^{1}都^{1}不^{1}愛^{4}他^2,若^{4}是^{4}小^{3}孩^{2}子^{1}跟^{1}他^1,一^{1}定^{4}要^{4}學^{2}壞^{4}了^1。

343. "你^{3}怎^{3}広^{3}這^{4}広^{3}悶^{4}悶^{4}不^{2}樂^{4}呢^1?""你^{3}不^{4}知^{1}道^4,我^{3}有^{3}件^{4}事^{4}很^{3}懸^{2}心^1。"

344. 我^{3}有^{3}個^{4}親^{1}戚^{4}在^{4}我^{3}這^{4}兒^{2}住^4,整^{3}年^{2}家^{1}②白^{2}吃^{1}飯^4,要^{4}撐^{1}他^{1}他^{1}也^{3}不^{4}走^3,不^{4}撐^{3}他^{1}我^{3}又^{4}不^{4}好^{3}養^{2}活^2。拿^{2}他^{1}當^{4}客^{2}待^4,他^{1}又^{4}不^{4}願^{2}意^4;拿^{2}他^{1}當^{4}使^{3}唤^{4}人^{2}待^4,他^{1}又^{4}不^{4}依^1。真^{1}是^{4}叫^{4}我^{3}没^{2}法^{3}子^1,深^{1}不^{4}的^{1}淺^{3}不^{4}的^1。

345. 我^{3}要^{4}送^{4}給^{3}他^{1}人^{2}情^2,多^{1}了^{1}他^{1}説^{1}我^{3}巴^{1}結^{2}他^1,少^{3}了^{1}他^{1}又^{1}笑^{4}話^{4}我^3,真^{1}是^{4}叫^{4}人^{2}輕^{1}不^{4}好^{3}重^{4}不^{4}好^3。

346. 他^{1}那^{4}個^{4}孩^{2}子^{1}很^{3}没^{2}出^{1}息^{1}兒^2,常^{2}常^{2}的^{1}人^{2}不^{4}知^{1}鬼^{3}不^{4}覺^{2}的^{1}偷^{1}出^{1}去^{4}賣^4。

347. 不^{2}論^{4}什広^{1}事^4,總^{3}得^{3}二^{4}人^{2}合^{2}把^{3}③纔^{2}辦^{4}得^{3}好^{3}呢^1,俗^{2}言^{2}説^1"二^{4}人^{2}同^{2}一^{4}心^1,黄^{2}土^{3}變^{4}成^{2}金^1"。

348. 他^{1}家^{1}有^{3}好^{3}些^{4}個^{4}人^2,連^{2}上^{4}帶^{4}下^{3}總^{3}有^{3}二^{4}十^{2}多^{1}個^{4}人^2,没^{2}有^{3}一^{2}個^{4}吃^{1}閑^{2}飯^{4}的^1,都^{1}是^{4}齊^{2}心^{1}努^{3}力^{2}的^{1}幹^{4}事^4。

349. 十^{2}冬^{1}腊^{4}月^{2}的^{1}天^{1}很^{3}冷^3,凍^{4}的^{1}連^{2}手^{3}脚^{3}都^{1}僵^{1}了^1,做^{4}事^{4}很^{3}不^{4}方^{1}便^4,得^{3}交^{1}了^{1}春^{1}煖^{4}花^{1}香^{1}的^{1}時^{2}候^{4}纔^{2}好^{3}了^1。

350. "您^{2}掉^{4}了^{1}幾^{3}個^{4}牙^2?""一^{2}個^{4}兒^{2}也^{3}没^{2}掉^4,就^{4}是^{4}一^{2}樣^4,嘴^{3}裡^{3}的^{1}牙^{2}都^{1}活^{2}動^{4}了^1。"

351. 我^{3}説^{1}人^{2}在^{4}世^{4}上^4,爲^{2}人^{2}總^{3}不^{4}可^{3}荒^{1}唐^2,一^{2}定^{4}要^{4}兩^{3}隻^{1}脚^{3}趾^{3}④穩^{3}了^{1}纔^{2}好^3。

352. 他^{1}架^{4}不^{2}住^{4}酒^3,喝^{1}了^{1}兩^{3}盅半^4,立^{4}刻^{4}就^{4}幌^{2}離^{2}幌^{2}蕩^{4}⑤的^{1}站^{4}不^{2}住^{4}了^1。

---

① 胡拉溜扯:胡説,説話不着邊際。也説"胡拉混扯"。

② 整年家:一年到頭。

③ 合把:合作。

④ 趾:踏,踩。

⑤ 幌離幌蕩:晃裏晃蕩。

353. 我³這⁴兩³天¹有³點³兒²不⁴舒¹坦³,竟⁴在⁴家¹裡³,見⁴天¹也³就⁴是⁴吃¹了¹飯⁴溜¹溜¹食²兒²①,溜⁴膩⁴了¹就⁴在⁴炕⁴上⁴側⁴着¹身⁴子³躺³着²瞧²閒²書¹哪¹。

354. 今¹兒²你³又⁴喝¹醉⁴了¹,喝¹的¹前²仰¹兒²後⁴合²的¹所³站⁴不²住⁴。

355. 他¹這⁴早²³晚³兒²②怎³広¹還²不⁴起³來²?叫⁴門²也³叫⁴不⁴開¹,別²是⁴叫⁴煤²薰¹着¹²了¹。你³們¹就⁴拿²根¹通¹條²撬³開¹門²瞧²一⁴瞧²就⁴知¹道⁴了¹。

356. 你³太⁴過⁴於²不⁴講³究¹,別²的¹不²要⁴緊³罷⁴咧¹,那⁴兒²帽⁴子³沒²有³帽⁴襻⁴兒²③?這⁴是⁴個⁴什²広¹樣⁴兒²呢¹?

357. 這⁴件⁴衣¹裳²髒¹了¹,拿²去⁴洗³一⁴洗³。等³乾¹了¹烙⁴一⁴烙⁴,拿²針¹給³釘⁴上⁴鈕³襻⁴兒²。

358. "你³聽¹聽¹門²口³兒²馬³蹄²兒²響³是⁴跑²報³的¹④罷⁴?""不²是⁴,咱²們¹街¹坊¹的¹馬³驚¹了¹。"

359. 我³跑³回²來²渴³的¹我³嗓³子³都¹乾¹了¹,要⁴喝¹碗³茶²歇¹歇¹兒²,可³是⁴滾³熱⁴的¹茶²怪⁴燙⁴的¹,只²好³我³就⁴喝¹了¹一²氣⁴⑤涼²水³了¹。

360. 他¹是⁴個⁴沒²見⁴世²面⁴的¹人²,還³不²懂³得²什²広¹,請³您²指³教⁴指³教⁴他¹就⁴好³。

361. 北³京¹城²裡³有³一⁴種³小²絡²很³利⁴害⁴,任⁴憑²你³怎³広¹留²心¹,他¹還²能²穀⁴叫⁴你³眼³錯⁴不²見⁴⑥的¹就¹偷¹了¹去⁴了¹。

362. 他¹搶³了¹我³的¹眼³鏡⁴兒²就⁴跑²了¹,我³在⁴後⁴頭²追¹他¹,跑²得²也³不²算⁴慢⁴,然²而²心¹急²腿³慢⁴,總³趕³不²上⁴他¹。

363. 這⁴程²子¹窮²的¹我³一²個⁴大⁴錢²也³沒²有³,昨²兒²晚³上⁴沒⁴得²吃¹飯⁴,所³以³求²親¹告⁴友³的¹好³容²易⁴借⁴出¹兩³吊⁴錢²,買³了¹米³先¹擱¹在¹屋¹裡³收¹着²,又⁴出⁴去⁴買³菜⁴去⁴了¹,這⁴広¹個⁴夾¹當¹兒²²⁴⑦就⁴叫⁴人²偷¹了¹去⁴了¹。這⁴纔²是⁴越⁴窮²越⁴見⁴鬼³了¹。

---

① 溜食:遛食,飯後散步。
② 這早晚兒:這時候。
③ 帽襻兒:帽子的扣帶。
④ 跑報的:驛站遞送公文的人馬。
⑤ 一氣:一陣,一通,多用于貶義的語境。
⑥ 眼錯不見:一眨眼的功夫沒看見,這裏形容小偷的動作之快。
⑦ 夾當兒:兩件事之間極短的空隙。

364. 那[4]件[4]事[4]，本[3]來[2]我[3]一[4]點[3]錯[4]兒[2]也[3]沒[2]有[3]的[1]，那[3]兒[2]知[1]道他[1]不[4]分[1]青[4]紅[2]皂[4]白[2]就[4]派[4]了[1]我[3]一[2]頓[4]不[2]是[4]①了[1]。

365. 這[4]冬[1]天[1]的[1]時[2]候[2]兒[2]，做[4]飯[4]、做[4]菜[4]、做[4]水[3]都[1]很[3]費[4]工[1]夫[1]，因[1]為[4]是[4]天[1]寒[2]火[3]冷[3]。

366. 你[3]這[4]個[4]人[2]很[3]對[4]我[3]的[1]勁[4]兒[2]②，我[3]有[3]什[2]広[1]心[1]事[4]，你[3]一[4]句[4]給[12]我[3]說[1]明[2]白[2]了[1]，實[2]在[4]是[4]個[4]痛[4]快[4]人[2]。

367. 往[34]後[4]有[3]什[2]広[1]邪[2]僻[4]③的[1]事[4]，不[2]要[4]和[4]他[1]說[1]，他[1]是[4]個[4]光[1]明[2]正[4]大[4]的[1]人[2]。

368. 你[3]在[4]背[4]地[4]裡[3]再[4]不[2]要[4]講[3]究[14]④人[2]，應[1]當[1]給[3]人[2]隱[3]惡[4]揚[2]善[4]纔[2]是[4]的[1]，千[1]萬[4]別[2]學[2]他嘴[3]裡[3]混[4]遭[1]遏[4]⑤人[2]。

369. 我[3]那[4]天[1]起[3]天[1]津[1]來[2]，道[4]兒[2]很[3]不[4]好[3]走[3]，因[1]為[4]雨[3]水[3]大[4]的[1]緣[2]故[4]，這[4]天[1]走[3]到[4]一[2]個[4]前[2]不[4]着[12]村[1]兒[2]後[4]不[4]着[4]店兒[2]的[1]地[4]方[1]兒[2]，又[4]下[4]起[3]雨[3]來[2]，真[1]叫[4]人[2]受[4]累[4]了[1]。

370. 我[3]昨[2]兒[2]個[4]白[2]日[4]十[2]二[4]點[3]鐘[13]起[3]，到[4]晚[4]上[4]十[2]二[4]點[3]鐘[1]，整[23]整[3]的[1]寫[3]了[1]兩[3]萬[4]字[4]，因[1]為[4]把[4]腦[3]袋[4]低[1]的[1]工[1]夫[1]大[4]了[1]，所以[2]頭[2]惛[1]⑥腦[3]悶[4]的[1]很[3]難[2]受[4]，到[4]今[1]兒[2]個[4]還[2]不[4]舒[1]服[2]。

371. 我[3]剛[1]說[1]的[1]那[4]句[4]話[4]求[2]你[3]千[1]萬[4]別[2]說[1]出[1]來[2]。

372. 你[3]看[4]他[1]真[1]是[4]個[4]滾[3]刀[1]肉[4]，有[3]人[2]罵[4]他[1]也[3]不[4]知[1]羞[1]，有[3]人[2]打[3]他[1]也[3]不[4]知[1]疼[2]。

373. 你[3]放[4]心[1]罷[4]，誰[2]沒[2]有[3]個[4]錯兒[2]呢[3]？我[3]橫[2]豎[4]⑦不[2]告訴[4]人[2]。

374. 他[1]的[1]媳[2]婦[4]兒[2]，年[2]輕[1]輕[1]兒[2]的[1]倒[4]很[3]老[3]誠[2]⑧，關[1]着[2]門[2]兒[2]過[4]日[4]子[1]，不[2]是[4]那[4]個[4]水[3]性[4]楊[2]花[1]的[1]。

375. 那[4]件[4]事[4]這[4]広[4]辦[4]也[3]不[4]好[3]、那[4]広[4]辦[4]也[3]不[4]好[3]，這[4]兩[3]天[1]鬧[4]得[2]我[3]心[1]裡[3]猶[2]豫[4]不[4]決[2]。

---

① 派……不是；批評別人的過錯。
② 對勁兒：意氣相投，合得來。
③ 邪僻：不正當。
④ 講究：談論，議論。
⑤ 遭遏：糟蹋。
⑥ 惛：昏。
⑦ 橫豎：反正。
⑧ 老誠：老實，沉穩。

376. 听[1]説[1]那[4]兩[3]國[2]説[1]合[2]不[4]開[1]要[4]決[2]裂[4]。

377. 説[1]是[4]俗[2]不[4]講[3]理[3]，然[2]而[2]要[4]緊[3]的[1]地[4]方[1]兒[2]也[3]千[1]萬[4]的[1]別[2]錯[4]了[1]過[4]節[2]兒[2]。

378. 我[3]不[2]是[4]本[3]地[4]人[2]，我[3]們[1]老[3]家[1]是[4]山[1]東[1]，寄[4]居[1]在[4]此[3]地[4]。

379. 本[3]來[2]他[1]戒[4]了[3]賭[3]了[1]，這[4]些[1]日[4]子[1]有[3]人[2]勸[4]他[1]解[3]悶[4]兒[2]，所[3]以[3]他[1]就[4]心[1]活[2]①了[1]。這[4]幾[3]天[1]又[4]輸[1]了[3]不[4]少[3]了[1]。

380. 他[1]家[1]那[4]個[4]管[3]事[4]的[1]不[2]錯[4]，説[1]話[4]伶[2]牙[2]俐[4]齒[3]的[1]叫[4]人[2]喜[3]歡[1]。

381. 像[4]咱[2]們[1]倆[3]這[4]广[1]情[2]投[2]意[4]合[2]的[1]，不[4]拘[1]形[2]跡[4]最[4]好[3]。

382. 我[3]早[3]就[4]知[1]道[4]你[3]要[4]叫[4]他[1]害[4]了[1]。爲[4]什[2]广[1]呢[1]? 因[1]爲[4]他[1]本[3]不[2]是[4]個[4]好[3]貨[4]，萬[4]萬[4]惹[3]不[4]得[2]他[1]。

383. 像[4]這[4]广[1]暑[3]熱[4]的[1]天[1]，別[2]吃[1]很[3]熱[4]的[1]，晾[2]凉[2]了[3]再[4]吃[1]。

384. 他[1]本[3]來[2]不[2]是[4]個[4]好[3]東[1]西[1]，你[3]別[2]親[1]近[4]他[1]就[4]是[4]了[1]。

385. "南[2]邊[1]兒[2]怎[3]广[1]天[1]都[1]紅[2]了[1]?" "不[4]好[3]了[1]! 前[2]門[2]大[4]街[1]走[3]了[1]水[3]了[1]。"

386. 他[1]前[2]兒[2]個[4]説[1]了[1]好[3]些[1]個[4]兩[3]頭[2]兒[2]不[2]見[4]面[4]兒[2]的[1]話[4]，來[2]給[3]我[3]們[1]結[1]仇[2]，所[3]以[3]我[3]要[4]拉[1]他[1]去[4]説[1]明[2]白[2]，他[1]不[4]敢[3]去[4]，因[1]爲[4]是[4]恐[3]怕[4]對[4]出[1]光[1]兒[2]來[2]②。

387. "你[3]把[3]表[3]借[4]給[3]他[1]了[1]广[1]?" "可[3]不[2]是[4]广[1]，一[2]個[4]多[1]月[4]没[2]拿[2]回[2]來[2]。" "是[4]不[2]是[4]? 我[3]告[4]訴[4]你[3]往[3]後[4]別[2]借[4]給[3]他[1]東[1]西[1]，他[1]非[1]骈[1]③就[4]騙[4]。"

388. 我[3]在[4]屋[1]裡[3]寫[3]字[4]來[2]着[1]，他[1]就[4]蹑[1]手[3]蹑[1]脚[3]兒[2]的[1]進[4]來[2]，冷[3]不[4]防[2]的[1]嚇[4]我[3]一[2]大[4]跳[4]了[1]。

389. 京[1]城[2]裡[2]很[3]熱[4]鬧[4]，不[2]像[4]那[4]鄉[1]下[4]冷[3]冷[3]清[1]清[1]的[1]地[4]方[1]兒[2]，任[4]什[2]广[1]④没[2]有[3]買[3]不[4]着[2]的[1]。

390. 他[1]無[2]故[4]的[1]來[2]要[4]和[4]我[3]説[1]

---

① 心活：心志動揺。

② 對光：相互交換意見。"對出光兒來"指雙方瞭解真相。

③ 骈：《集韻》："披耕切，音怦。張弦也。又悲萌切，音繃。彈也。"這裏意爲欺騙。*A Chinese and English Vocabulary in the Pekinese Dialect*《漢英合璧相連字彙》："骈騙：to cheat, to swindle（校注者譯：欺騙，騙取）；骈子手：a swindler（校注者譯：騙子）"（George Carter Stent 司登得著, Shanghai: The Customs Press, 1871年, 358頁）

④ 任什广：無論什麼。

理³,我³聽¹的¹滿³肚⁴子¹委³屈¹說¹不⁴出¹話⁴來²。

391. "你³褪⁴着²手³①兒¹幹⁴什²広¹呢²?""我³擩³②/抓³癢³癢¹³兒²哪¹。"

392. 你³告⁴訴⁴厨²子¹,再⁴煑⁴飯⁴的¹時²候⁴兒²,先¹得³拿⁴篩²子¹篩¹米³,因¹爲⁴米³裡³頭²砂¹子¹很³多⁴。

393. 你³不²要⁴聲¹張¹,你³爲⁴什²広¹擛²鑼²擛²鼓³③呢²?恐³怕⁴人²人²都¹知¹道⁴啊¹。

394. 這⁴厨²子¹不²錯⁴,幹⁴事⁴情²很³麻²利⁴,一⁴會³兒²的¹工¹夫¹什²広¹菜⁴都¹可³以³做⁴得²。

395. 我³們¹兩³個⁴人²在⁴這⁴兒¹説¹話⁴沒²你³的¹事⁴,别²混⁴挿¹言²兒²④。

396. 他¹本³是⁴公¹子¹哥¹兒²出¹身¹,沒²受⁴過⁴酸¹甜²苦³辣⁴的¹。

397. 今¹兒²個⁴街¹上⁴很³熱⁴鬧²,何²不⁴出¹去⁴逛⁴逛⁴去⁴,别²這⁴広¹竟⁴在⁴家¹裡³彷³彿²老⁴太⁴太⁴吃¹檳²榔¹⑤悶⁴着²似⁴的¹,看¹悶⁴出¹病¹來²,不²是⁴頑²兒²的¹呀¹。

398. 這⁴兩³天¹你³有³什²広¹心¹事⁴,天¹天¹兒¹這⁴広¹愁²眉²不⁴展³的¹?

399. 他¹的¹皮²氣⁴和²人²兩³樣⁴,平²日⁴家¹人²來²客²去⁴,吃¹喝¹上⁴花¹多¹少³錢²都¹不⁴管³,零²碎⁴不²要⁴緊³的¹一⁴倆³大⁴的¹事⁴很³捨³不⁴得²花¹,真¹是⁴大⁴處⁴兒²不²算⁴小³處⁴兒²算⁴。

400. 天¹快⁴晌²午⁴了¹,飯⁴還²沒²得²呢¹広²?叫⁴他¹們¹快¹預⁴備⁴罷⁴,别²這⁴広¹摸¹摸¹捼¹捼¹⑥的¹。

401. 他¹是⁴欺⁴善⁴怕⁴惡⁴的¹脾²氣⁴,若⁴給³他¹留¹點³分⁴兒²⑦,他¹更⁴長³了¹價²兒²了¹。

402. 你³跟¹我³説¹話⁴要¹有³點¹兒¹規¹矩³,别²那⁴広¹摇²頭²幌²腦³⑧的¹。

403. "你³幹⁴什²広¹來²了¹?""我³要⁴托¹他¹一²件⁴事¹情²來²了¹。""你³不⁴知¹道⁴他¹現¹在⁴正⁴在⁴氣⁴頭²兒¹上⁴哪¹?别²惹³他¹。"

404. 當¹家¹過⁴日⁴子¹也³不²要⁴太⁴過⁴於²認¹真¹了¹,總³得³睁¹個⁴眼³兒²合²個⁴眼³兒²就⁴好³了¹。

―――――――――

① 褪着手:手藏在袖子裏。
② 擩:搔,抓。
③ 擛:《集韻》:"山皆切,音崽。散失也。"疑爲"篩"之誤,列此備考。篩鑼擛鼓:敲鑼打鼓。
④ 挿言兒:挿嘴。
⑤ 檳榔:檳榔。
⑥ 捼:索。摸摸索索:形容動作拖拉,不利索。
⑦ 留分兒:留情面。
⑧ 摇頭幌腦:摇頭晃腦。

405. 栽¹了¹個⁴觔¹斗¹,脚³也³蹊¹了¹,手³也³蹊¹了¹。

406. 他¹們¹那⁴屋¹裡³誰²說¹笑⁴話⁴兒²呢¹?滿³屋¹裡 那⁴廣¹唏¹唏¹哈¹哈¹①的¹笑⁴。

407. 我³告⁴訴⁴你³,没²眼³睛¹的¹叫⁴瞎¹子¹,瘸²³嘴³子¹的¹是⁴没²牙²的¹人²。

408. 我³替⁴他¹操¹心¹費⁴神²的¹辦⁴了¹好³些¹個⁴事⁴,他¹倒⁴説¹了¹我³一²頓⁴,這⁴兩³天¹我³癟³着¹一²肚⁴子¹氣⁴没²地⁴方¹兒²生¹,總³得³找³個⁴説¹理³的¹地⁴方¹兒²,要⁴評²評²理³出¹出¹氣⁴哪¹。

409. 今¹兒²個⁴戲⁴很³不⁴好³,天¹又⁴熱⁴人²又⁴多¹,真¹是⁴貼¹錢²買³罪⁴受⁴了¹。

410. 他¹本³是⁴個⁴没²學²問⁴的¹,假³粧³斯¹文²人²的¹樣⁴子¹,滿³嘴³裡³之¹乎¹者³也³的¹,倒⁴不⁴好³聽¹。

411. 看⁴他¹彷³彿³是⁴個⁴念⁴書¹的¹,其²實²他¹心¹裡³一²竅⁴不⁴通¹。

412. 我³是⁴個⁴体⁴②漢⁴子¹,嘴³直²,您²不²要⁴見⁴怪⁴。

413. 我³跟¹他¹這⁴有³好²³幾³年²没² 見⁴了¹,要⁴帶⁴封¹信⁴去⁴也³没²便⁴人²,因¹為⁴昨²兒²個⁴有³個⁴朋²友³上⁴他¹那⁴兒²去⁴,所³以³我³就⁴把³這⁴幾³年²的¹事⁴情²都¹寫³了¹一⁴封¹信⁴給³他¹,整³整³的¹寫³了¹兩³天¹,把⁴筆¹尖¹兒²都¹寫³禿¹了¹。

414. 這⁴對⁴花¹瓶²倒⁴不²錯⁴,古⁴窰²的¹磁²器⁴,至⁴不²濟³也³值²好³幾³十²兩³銀²子¹。

415. 生¹來²的¹白²頭²髪³叫⁴天¹老³兒²,年²老³了¹没²頭²髪³的¹就⁴是⁴禿¹子¹。

416. 我³不²叫⁴你³告⁴訴⁴他¹實²話⁴,昨²兒²個⁴你³偏¹要⁴當¹着⁴他¹説¹這⁴件⁴事⁴,我³那⁴樣⁴兒²的¹努²嘴³兒²擠³眼³兒²,你³都¹不⁴理³我³了¹。

417. 昨²兒²晚³上⁴夢⁴見⁴狗³來²咬³我³,我³嚇⁴醒³了¹一⁴瞧⁴,只³聽¹見⁴外⁴頭²風¹颳¹得²颮¹颮¹颮¹③的¹很³不⁴安¹静⁴,這⁴廣¹着⁴我³正³宿³④的¹所³睡⁴不⁴着⁴覺⁴了¹。

418. 那⁴個⁴姑¹娘²長³得²很³俏⁴皮²,没²一²樣⁴兒²不⁴齊²備⁴的¹。

---

① 唏唏哈哈:嘻嘻哈哈。
② 体:笨。体,《集韻》:"部本切,音笨。性不慧也。"
③ 颮颮颮:呼啦啦。颮,《集韻》:"呼骨切。疾風貌。"颮,《集韻》:"郎達切,音剌。風貌。"
④ 正宿:整宿。

419. 昨²兒²個⁴我³出¹城²逛⁴青¹兒²①去⁴了¹，瞧²見⁴他¹起³那⁴邊¹兒²騎²着¹一²匹¹²大⁴草⁴驢²回來²了¹。

420. 你³瞧²那⁴樹⁴梢⁴兒²上⁴落⁴着²個⁴雀⁴兒²，別²把⁴他¹嚇¹唬⁴走³了¹。

421. 這⁴棵¹樹⁴怪⁴不⁴得²不⁴長³葉⁴兒¹呢¹，敢²情²樹¹根¹兒²都¹叫⁴螞³蟻⁴蛀⁴着²了¹。

422. 我³前¹兒²個⁴打³他¹，他¹滿³嘴³裡³告⁴饒²兒²。

423. 你³看⁴那⁴邊¹兒²來²了¹一⁴隻¹船²，船²梢¹兒²上⁴坐⁴着²個⁴舵²工¹使³船²哪¹。

424. 這件⁴事⁴情²管³他¹也³不⁴好³，不⁴管³他¹也³不⁴好³，家¹裡³外⁴頭²都¹沒²有³一⁴個⁴主²意⁴，大⁴家¹夥³兒²鬧⁴糟¹糕¹。

425. 不²是⁴雀³兒²叫⁴喚⁴，是⁴他¹嘴³裡³頭²吹¹哨⁴子¹。

426. 你³怎³広¹這⁴広¹坐⁴着²不⁴安¹頓⁴，你³若⁴是⁴身¹上⁴蒾¹撓²②，洗³個³澡³就⁴好³了¹。

427. 你³不²要⁴听¹他¹造²謠²言²說⁴瞎¹話⁴的¹，什²広¹都¹信⁴不⁴得⁴。

428. 我³在⁴街¹上⁴碰⁴見⁴一²個⁴人²，身¹量⁴兒²③、衣¹裳¹、面⁴貌⁴全²都¹和⁴你³一²樣⁴，絲¹毫²也³不²錯⁴的¹。

429. 他¹有³他¹的¹能²處⁴，不⁴敢³說¹我³有³我³的¹，然²而²各⁴人²的¹巧³妙⁴不⁴同²。

430. 那⁴位⁴大⁴人²用⁴兵¹如²神²，號⁴令⁴嚴²明²，把⁴賊²都¹殺⁴盡⁴了¹。

431. 這⁴些¹人²裡³頭²惟²有³你³寫²的¹字⁴很³好³，看⁴起³來²你³獨²佔⁴鼇²頭²。

432. 下⁴棋²畫⁴畫⁴兒²都¹有³譜³，不⁴能²亂⁴下⁴亂⁴畫⁴。

433. 你³這⁴個⁴差¹使³已³經¹當¹的¹有³指³望²了¹，從²此³以³後⁴更⁴要⁴步⁴步⁴兒²留¹心¹，不²要⁴大⁴意⁴了¹。

434. 小³雞¹子¹公¹的¹母³的¹自⁴然²分⁴得²出¹來²，纔²出¹蛋¹壳³兒²的¹小³小³雞¹兒²，公¹的¹母³的¹分¹不⁴清¹。

435. 他¹家¹是⁴娘²兒²們¹當¹家¹過⁴日⁴子¹，爺²們¹做⁴不⁴得⁴主²意⁴，竟⁴在⁴家¹裡³抱⁴孩²子¹，實³在⁴是²⁴可³笑⁴。俗²語³兒¹說¹的¹"草³雞¹下⁴蛋¹公¹雞¹打³鳴²

---

① 逛青兒：踏青。
② 蒾：刺。刺撓：皮膚發癢難受。
③ 身量兒：身材。

兒[2]",他[1]們[1]家[1]是[4]翻[1]了[1]過[4]兒[2]①了[1]。

436. 這[4]個[4]廟[4]坍[1]塌[1]了[1]好[3]幾[3]年[2]了[1],今[1]年[2]那[4]個[4]老[3]和[4]尚[4]要[4]募[4]化[4]重[1]修[1]哪[1]。

437. 人[3]要[4]祭[4]祀[4]神[2]佛[2]的[1]時[2]候[4]兒[2],頭[2]一[4]天[1]應[1]當[1]齋[1]戒[4]沐[4]浴[4],爲[4]的[1]是[4]乾[1]淨[4]。

438. 人[2]有[3]了[1]病[4],應[1]當[1]快[4]請[3]個[4]大[4]夫[1]來[2]吃[1]幾[3]劑[4]補[3]葯[4]安[1]心[1]調[2]養[3]纔[2]好[3]哪[1]。

439. 你[3]要[4]做[4]那[4]個[4]菜[4],等[3]水[3]開[1]了[1],先[1]把[3]浮[2]頭[2]兒[2]②的[1]潲[1]了[1]去[4],然[2]後[4]擱[1]東[1]西[1]煑[3]一[4]煑[3]纔[2]好[3]。

440. 那[4]個[4]東[1]西[1]我[3]只[3]要[4]浮[2]頭[2]兒[2]的[1],當[1]中[1]間[1]兒[2]的[1]不[2]要[4],儘[3]底[3]下[4]的[1]也[3]不[2]要[4]。

441. "什[2]広[1]吧[1]吧[1]的[1]響[3]?" "是[4]在[4]隔[4]壁[4]兒[2]拏[2]斧[3]子[1]劈[4]柴[2]火[3]呢[1]。"

442. 咱[2]們[1]許[3]久[3]没[2]見[4],您[2]發[1]了[1]福[2]了[1]。

443. 這[4]是[4]我[3]目[4]睹[3]眼[3]見[4]的[1],錯[4]不[4]了[3]。

444. 他[1]這[4]兩[3]天[1]犯[4]了[1]皮[2]氣[4]了[1],你[3]們[1]去[4]他[1]不[2]怕[4],等[3]我[3]去[4]

他[1]就[4]好[3]了[1]。你[3]們[1]不[4]知[1]道[4],他[1]雖[1]然[2]犯[4]皮[2]氣[4],我[3]最[4]能[2]降[2]伏[2]他[1]。

445. 今[1]兒[2]個[4]有[3]人[2]請[3]我[3]吃[1]飯[4],得[3]穿[1]官[1]衣[1]兒[2]去[4],囘[2]頭[2]得[3]換[4]便[4]衣[1]兒[2],叫[4]他[1]們[1]拿[2]包[1]袱[2]/哇[1]單[1]③包[1]衣[4]裳[2]罷[4]。

446. 原[2]先[1]我[3]拿[2]他[1]當[4]做[4]好[3]人[2],誰[2]知[1]道[4]他[1]在[4]背[4]地[4]裡[3]坑[1]骗[1]拐[3]騙[4]的[1],竟[4]做[4]些[1]個[4]不[2]要[4]臉[3]的[1]事[4]。

447. 墻[2]上[4]掛[4]着[2]的[1]四[4]幅[2]畫[4]兒[2]畫[4]得[3]很[3]好[3],又[4]有[3]神[2]妙[4],越[4]看[4]越[4]好[3]。

448. 當[1]今[1]的[1]老[3]佛[2]爺[2]造[4]化[4]好[3],風[1]調[2]雨[3]順[4]國[2]泰[4]民[2]安[1]。

449. 這[4]些[1]個[4]書[1],都[1]被[4]蠹[4]魚[2]子[1]打[3]了[1]。

450. 你[3]要[4]藏[2]書[1],別[2]用[4]書[1]套[4],因[1]爲[4]書[1]套[4]裡[3]有[3]糨[4]子[1],容[2]易[4]着[2]蟲[2]子[1],若[4]是[4]用[4]板[3]套[4]纔[2]可[3]以[3]避[4]蟲[2]子[1]。

451. 你[3]先[1]把[3]紙[3]堵[3]住[4]這[4]個[4]窟[1]窿[2]罷[4],不[4]然[2]恐[3]怕[4]就[4]流[2]没[2]了[1]。

452. 這[4]件[4]事[4]不[2]是[4]他[1]是[4]誰[2]呢[1]?我[3]揆[3]情[2]度[4]理[3]④的[1]想[3]了[1]會[3]

---

① 翻過兒:位置顛倒。

② 浮頭兒:表面。

③ 哇單:雙層的包袱布,借自滿語 wadan。也作"挖單"。

④ 揆情度理:根據人情事理進行推測。揆:揣測。

子[1]了[1],還[2]是[1]他[1]。

453. 這[4]些[1]首[3]飾[1]都[1]是[4]鍍[4]金[1]的[1],也[3]沒[2]有[3]真[1]金[1]的[1],也[3]沒[2]有[3]包[1]金[1]的[1]。

454. 我[3]這[4]個[4]買[3]賣[4]不[4]行[2]了[1],上[4]吐[4]下[4]瀉[4]的[1]所[3]沒[2]有[3]進[4]項[4]啦[4]。

455. 他[1]們[1]那[4]幾[3]個[4]人[2]就[4]是[4]有[3]多[4]大[4]的[1]力[4]量[4],我[3]可[3]不[2]怕[4],單[1]人[2]獨[2]馬[3]的[1]可[3]以[3]當[1]。

456. 快[4]走[3]罷[4],那[4]邊[1]兒[2]井[3]台[2]兒[1]上[4]有[3]轆[4]轤[4]打[3]水[3]哪[1],咱[2]們[1]尋[2]點[3]兒[1]喝[1]就[4]好[3]了[1]。

457. 我[3]的[1]皮[2]氣[4]最[4]怕[4]院[4]子[1]有[3]街[1]坊[1],我[3]喜[3]歡[1]獨[2]門[2]獨[2]院[4]兒[2]的[1]住[4]。

458. 依[1]我[3]說[1],咱[2]們[1]上[4]路[4]走[3]道[4]兒[1]的[1]法[2]子[1],總[3]是[4]晚[1]一[4]點[3]兒[2]起[3]身[1]、早[3]一[4]點[3]兒[1]住[4]店[4]纔[2]好[3],因[1]為[4]現[4]在[4]年[2]頭[2]兒[2]①不[4]好[3],道[4]兒[1]上[4]怕[4]遇[4]見[4]搶[3]奪[2],那[4]可[3]不[4]是[4]頑[2]兒[1]的[1]呀[1],你[3]們[1]不[4]知[1]道[4]那[4]些[1]馬[3]賊[2],常[2]做[4]那[4]圖[2]財[2]害[4]命[4]的[1]事[4]。

459. 那[4]單[1]子[1]上[4]您[2]打[3]了[1]圖[2]書[1]沒[2]有[3]?

460. 新[1]近[4]我[3]到[4]他[1]們[1]家[1]一[4]瞧[2],是[4]新[1]拾[2]掇[2]的[1]屋[1]子[1],很[3]乾[1]淨[4],墻[2]上[4]掛[4]着[1]一[4]張[1]行[2]樂[4]圖[2],周[1]圍[2]還[2]有[3]好[3]些[1]擺[3]設[4]兒[1]哪[1]。

461. 你[3]若[4]是[4]出[1]去[4]做[4]官[1],不[2]論[4]什[2]麼[1]事[4],辦[4]得[2]要[4]公[1]平[2]纔[2]好[3],千[1]萬[4]別[2]受[4]賄[4]賂[4]。

462. 這[4]所[3]兒[2]房[2]子[1]有[3]好[3]些[1]日[4]子[1]沒[2]人[2]住[4]了[1]罷[4],你[3]看[4]這[4]房[2]簷[2]兒[2]上[4]有[3]好[3]多[1]的[1]蜘[1]蛛[1]網[3]。

463. 咱[2]們[1]跑[3]得[2]渾[2]身[1]出[1]了[1]汗[1]了[1],暫[4]且[3]歇[1]歇[1]兒[2]再[4]跑[3]罷[4]。

464. 雖[1]然[2]人[2]人[2]都[1]有[3]志[4]向[4],然[2]而[2]各[4]各[4]兒[1]都[1]不[4]同[2],有[3]近[4]於[2]高[1]的[4],有[3]近[4]於[2]下[4]的[1]。近[4]於[2]高[1]的[1],常[2]受[4]高[1]人[2]引[3]導[4],自[4]然[2]會[4]學[2]好[3]的[1];近[4]於[2]下[4]的[1],常[2]受[4]下[4]人[2]引[3]誘[4],自[4]然[2]而[2]然[2]的[1]學[2]壞[4]了[1],所[3]以[3]古[3]人[2]也[3]說[1]過[4]"近[4]硃[1]者[3]赤[4],近[4]墨[4]者[3]黑[1]"的[1]這[4]兩[3]句[4]話[4]了[1]。

465. 這[4]孩[2]子[1]很[3]恓[3]惶[3]②,不[2]會[4]說[1]出[1]話[4]來[2],你[3]別[2]理[3]他[1],再[4]理[3]他[1]可[3]就[4]要[4]哭[1]了[1]。

466. 你[3]再[4]別[2]託[1]他[1]辦[4]事[4],他[1]幹[4]的[1]事[4]情[2]都[1]是[4]顛[1]三[1]倒[4]四[4]的[1]所[3]靠[4]不[2]住[4]。

---

① 年頭兒:世道。

② 恓惶:腼腆。

467. 我當是白糖餂①了一舌頭,原來是乾净的白鹽,鬧得我嘴裡很難受了。

468. 這屋子底下很不平,拿那塊小磚頭來墊穩了這條桌腿兒罷。

469. "你不是和他們一塊兒鬧的這個事庅?""不是。""你既在一塊兒,免不了有錯兒,你不知道庅,'靛缸裡拉不出白布來',未免有點兒罷。"

470. "那些個人手裡都拿着條扁担,是幹什庅的?""他們是個挑肩兒的,在街上有人雇他,他就給人挑東西哪。"

471. "昨兒個你分給偺們的那一筆錢有點兒不公道罷?""没有的話,是很公道,除了給他多一股之外,其餘的衆人都是均攤匀散的。"

472. 他是個很有能幹的,會畫,會算,會喝,會彈,會吹,没有一樣不會的。這還不算,寫很好的一筆真、草、隸、篆四樣兒

473. 字哪。

他們家的那個娘兒們是個好吃懶做的,横針不拿竪線不拈,連個鈕襻兒還得找人去釘哪,全不想婦人家的縫縫補綻是本分事。

474. "你和他交情怎庅樣?""我和他的交情是很不錯的,連妻子都不避,穿房入屋的個好朋友。"

475. 四牌樓那一帶地方很熱鬧,一天到晚川流不息的人來人往。

476. 他是個顧前不顧後的脾氣,最愛掏窟窿弄洞,錢一到手就要全花了,而且明兒再説明兒個話的這個樣子,所以越過越窮。

477. 昨兒個在我們街坊一個八十來歲的老人去世了,這還可以;又在我們東隔壁兒的一個小孩子,今年纔十二歲,也死了,我想真是黄泉路上没老少。

478. 他一年到頭竟在花園

---

① 餂:舔。

兒[2]裡[3]逍[1]遥[2]快[4]樂[4]的[1]，問[4]事[4]不[4]知[4]任[4]事[4]不[4]管[3]了[1]，實[2]在[4]是[4]比[3]神[2]仙[1]還[2]舒[1]服[4]哪[1]。

479. 他[1]那[4]個[4]人[2]不[2]但[4]學[2]問[4]好[3]，而[2]且[3]品[3]行[2]也[3]高[1]，我[3]十[2]分[4]羨[4]慕[4]他[1]。

480. 這[4]張[1]桌[1]子[1]腿[3]兒[2]是[4]木[4]頭[2]鏇[1]的[1]広[3]？作[4]的[1]很[3]細[4]。

481. 昨[2]兒[2]個[4]我[3]拜[4]年[2]去[4]，整[3]走[3]了[1]一[4]天[1]，乏[2]的[1]我[3]渾[1]身[1]都[1]酸[1]頓[3]了[1]。

482. "聽[1]說[1]他[1]叫[4]水[1]淹[1]死[3]了[1]。我[3]記[2]得[1]他[1]不[2]是[4]會[4]水[3]広[3]？怎[3]広[1]會[4]淹[1]死[3]了[1]呢[1]？""他[1]本[3]來[2]是[4]會[4]水[3]，因[1]爲[4]那[4]天[1]他[1]在[4]河[2]裡[3]洗[3]澡[4]，那[3]兒[2]知[1]道[4]河[2]裡[3]有[3]個[4]漩[4]窩[1]，把[3]他[1]漩[4]住[4]了[1]，所[3]以[3]纔[2]淹[1]死[3]了[1]。"

483. "他[1]戴[4]着[4]個[4]頂[3]子[1]不[2]上[4]衙[2]門[2]是[4]爲[4]什[2]広[1]呢[1]？""你[3]不[4]知[1]道[4]，他[1]是[4]在[4]京[1]候[4]選[3]的[1]官[1]兒[2]。"

484. 要[4]想[3]得[2]他[1]一[4]點[3]兒[2]便[2]宜[1]，那[4]是[4]萬[4]不[4]能[2]的[1]，他[1]心[1]裡[3]頭[2]算[4]盤[2]子[3]兒[2]打[3]得[1]清[1]着[2]呢[1]。

485. "那[4]位[4]大[4]人[2]是[4]頭[2]品[3]是[4]二[4]品[3]你[3]知[1]道[4]広[1]？我[3]看[4]見[4]他[1]頭[2]上[4]戴[4]的[1]是[4]珊[1]瑚[2]頂[3]子[1]，分[1]不[4]出[1]頭[2]二[4]品[3]來[2]。""他[1]是[4]二[4]品[3]，你[3]没[2]見[4]那[4]頂[3]子[1]上[4]有[3]個[4]'壽[4]'字[4]兒[2]広[1]？"

486. "聽[1]說[1]某[3]班[1]①子[1]的[1]戲[4]很[3]好[3]，如[1]今[1]怎[3]広[1]不[2]見[4]唱[4]了[1]？""他[1]們[1]那[4]個[4]班[1]子[1]這[4]兩[3]年[2]賠[2]賬[4]，也[3]没[2]有[3]好[3]脚[4]色[4]，所[3]以[3]去[4]年[2]都[1]散[4]了[1]班[1]兒[2]了[1]。"

487. 這[4]把[3]傘[3]是[4]多[1]少[3]錢[2]一[4]把[3]？比[3]我[3]的[1]那[4]個[4]强[2]多[1]了[1]。那[3]兒[2]有[3]賣[4]的[1]你[3]告[4]訴[4]我[3]，明[2]兒[2]了[4]我[3]也[3]要[4]買[3]去[4]。

488. "你[3]怎[3]広[1]散[4]了[1]？""因[1]爲[4]朋[2]友[3]的[1]事[4]情[2]連[2]我[3]也[3]捎[1]上[4]了[1]，這[4]程[2]子[3]冤[1]屈[1]的[1]受[4]不[4]得[2]，所[3]以[3]忍[3]不[4]住[4]纔[2]散[4]了[1]。"

489. "你[3]勸[4]我[3]的[1]那[4]些[1]話[4]，我[3]都[1]改[3]好[3]了[1]。""是[4]，原[2]本[3]該[1]這[4]広[1]着[2]纔[2]是[4]。"

490. 這[4]是[4]你[3]情[2]我[3]願[4]的[1]纔[2]定[4]規[1]了[1]，爲[4]什[2]広[1]你[3]聽[1]了[1]傍[2]人[2]②的[1]話[4]又[4]翻[1]悔[3]了[1]？

491. 這[4]屋[1]子[1]底[3]根[1]兒[2]③是[4]很[3]乾[1]净[4]，自[4]從[2]做[4]了[1]厨[2]房[2]之[1]後[4]，煙[1]熏[1]火[3]燎[3]的[1]很[3]腌[1]臢[1]。

---

① 班：底本作"斑"。

② 傍人：旁人。

③ 底根兒：本來，原來。

492. "我[3]今[1]兒[2]個[4]恭[1]恭[1]敬[4]敬[4]的[1]給[3]您[2]道[4]喜[3]來[2]了[1]。""隨[2]便[4]兒[2]來[2]就[4]結[2]了[1]，何[2]必[4]這[4]広[3]頂[3]冠[1]束[4]帶[4]的[1]。"

493. "你[3]們[4]那[4]兒[1]的[1]年[2]成[2]好[3]不[4]好[3]？""別[2]提[2]了[1]，莊[1]稼[4]都[1]叫[4]大[4]水[3]淹[1]了[1]。"

494. 你[3]不[2]要[4]夢[4]見[4]什[2]広[1]説[1]什[2]広[1]，要[4]説[1]説[1]笑[4]話[4]兒[1]也[3]得[2]看[4]人[2]，千[1]萬[4]不[4]可[3]冒[2]失[1]。

495. 他[1]昨[2]兒[2]個[4]教[4]給[3]我[3]們[1]的[1]那[4]個[4]打[3]拳[2]脚[3]的[1]法[3]子[1]，今[1]兒[2]個[4]没[2]事[4]咱[2]們[1]試[4]演[3]試[4]演[3]好[3]不[4]好[3]？

496. 燈[1]節[2]兒[2]的[1]日[4]子[1]很[3]熱[4]鬧[4]，不[2]但[4]爺[2]們[1]逛[4]的[1]人[2]多[1]，就[4]是[4]大[4]姑[1]娘[2]小[3]媳[2]婦[4]兒[2]，一[2]個[4]個[4]搽[1]胭[1]抹[3]粉[3]兒[2]的[1]也[3]在[4]街[1]上[4]逛[4]燈[1]。

497. 那[4]天[1]我[3]説[1]他[1]他[1]不[4]服[2]，反[3]倒[4]和[2]我[3]出[1]言[2]不[2]遜[4]，所[3]以[3]我[3]就[4]把[4]他[1]散[4]了[1]。

498. 他[1]那[4]個[4]人[2]一[4]瞧[2]，很[3]彷[3]彿[2]讓[4]人[2]的[1]樣[4]兒[1]，其[2]實[2]他[1]心[1]裡[3]奸[1]詐[4]的[1]了[3]不[4]得[2]。

499. 再[4]別[2]混[4]信[4]人[2]家[1]的[1]話[4]，將[1]來[2]恐[3]怕[4]鬧[4]出[1]事[4]來[2]。

500. 他[1]辦[4]事[4]辦[4]得[2]很[3]不[4]公[1]道[4]，假[3]公[1]濟[4]私[1]的[1]矯[3]理[3]兒[2]①，派[4]人[2]家[1]不[2]是[4]。

501. 他[1]父[4]親[1]爲[2]人[2]不[2]錯[4]，一[2]輩[4]子[1]有[3]好[3]名[2]聲[1]，挣[1]下[4]了[1]許[3]多[1]的[1]錢[2]，給[3]他[1]們[1]子[3]孫[1]建[4]功[1]立[4]業[4]了[1]，那[3]兒[2]知[1]道[4]他[1]的[1]兒[2]子[3]守[4]不[2]住[4]，把[4]一[2]分[4]家[1]私[1]都[1]花[1]得[2]弄[4]個[4]精[1]光[1]了[1]。

502. "你[3]下[4]通[1]州[1]不[2]帶[4]什[2]広[1]行[2]李[3]広[1]？""去[4]幾[3]天[1]就[4]囘[2]來[2]，所[3]以[3]任[4]什[2]広[1]都[1]不[2]用[4]帶[4]。我[3]就[4]是[4]捲[3]了[1]一[2]個[4]鋪[1]蓋[4]捲[3]兒[2]，煞[1]②在[4]車[1]尾[3]兒[2]上[4]就[4]得[2]了[1]。"

503. 這[4]盞[3]苦[34]差[1]本[3]來[2]是[4]他[1]的[1]，因[1]爲[4]他[1]母[3]親[1]病[4]了[1]他[1]不[4]能[2]去[4]，我[3]想[3]誰[2]家[1]没[2]有[3]個[4]老[3]家[1]兒[1]呢[1]，所[3]以[3]我[3]雖[1]然[2]没[2]人[2]派[4]我[3]，我[3]要[4]甘[1]心[1]情[2]願[4]的[1]去[4]替[4]他[1]給[3]辦[4]。

504. 他[1]爲[2]人[2]很[3]四[4]海[3]，説[1]也[3]有[3]笑[4]也[3]有[3]，就[4]是[4]一[2]樣[4]，他[1]是[4]點[3]酒[3]不[4]聞[2]的[1]，是[4]個[4]小[3]螃[2]蟹[4]，你[3]不[2]信[4]明[2]兒[2]請[3]客[4]的[1]時[2]候[2]兒[1]，咱[2]們[1]商[1]量[4]着[2]拿[2]

---

① 矯理兒：強詞奪理。
② 煞：用力勒緊。

酒³灌⁴他¹,看⁴他¹喝¹不⁴喝¹。

505. 俗²語³説¹"嫁⁴出¹去⁴的¹女³兒²潑¹出⁴去⁴的¹水³",只³是⁴我³家¹裡³再⁴没²有³第⁴二¹個⁴孩²子¹,剩⁴下²了¹我³們¹兩³個⁴人²,這⁴些¹個⁴日⁴子¹牽²腸²掛⁴肚⁴的¹很³難²受⁴。

506. 你³往³後⁴別²這⁴広⁴大⁴模²大⁴樣⁴的¹,你³今¹年²纔²多¹大⁴歲⁴數⁴兒²,在⁴人²家¹跟⁴前²,諸¹事⁴還²要⁴小³心¹,説¹話⁴幹⁴事⁴要⁴謙¹恭⁴些¹兒²。

507. 我³家¹一²切⁴的¹家¹務⁴都¹交³給³大⁴小³兒²管³着¹了¹,我³是⁴問⁴事⁴不⁴知¹任⁴事⁴不⁴管³,一²切⁴碟²兒²大⁴碗³兒²小³的¹事⁴,我³都¹假³粧¹聽¹不⁴見⁴看⁴不⁴見⁴,給³他¹們¹一²睡⁴就⁴完²了¹。

508. "你³給³我³挪²用⁴倆³錢²兒²行²不⁴行²?""你²這⁴広¹説¹我³實⁴在⁴不⁴好³意⁴思¹推¹辭²,然²而可³真¹不⁴能²,別²説¹幫¹人²銀²子¹,連²我³自³己³欠⁴人²家¹的¹還²没²有³還²哪¹,請³你³原²諒⁴。"

509. 他¹没²錢²不²做⁴正⁴經³買³賣⁴,竟⁴給³人²家¹拉¹蓬²扯³縴⁴①的¹

過⁴日⁴子¹。

510. 他¹會⁴打³拳²脚³的¹,若⁴是⁴和⁴人²打³架⁴,總¹不⁴使⁴傢³伙³,就⁴摺¹着²拳²頭²打³人¹,很³利⁴害⁴,誰²也³對⁴不²過⁴②他¹。

511. 他¹做⁴買³賣⁴一²連²賠²了¹好³幾³次⁴,如²今¹賠²了¹個⁴没²有³餓⁴死³,也³不⁴能²做買³賣⁴,他¹竟⁴仗⁴着²兩³個⁴空¹拳²頭²過⁴日⁴子¹哪¹。

512. 那⁴位⁴大⁴人²那⁴幾³年²很³有³威¹風¹,没²有³不²怕³的¹,真¹是⁴個⁴出¹將⁴入⁴相⁴、兵¹權²在⁴手³,挣¹下⁴了¹世⁴襲²罔²替⁴③一¹等³侯²給³他¹的¹後⁴輩⁴了¹。

513. 他¹説¹他¹是⁴死¹心¹眼³兒²,我³瞧²他¹很³有³權²變⁴,辦⁴上⁴事⁴兒²很³活²動⁴④。

514. 那⁴股³賊²鬧⁴得¹很³利⁴害⁴,把⁴那⁴一¹城²裡³的¹人²都¹殺¹了¹個⁴雞¹犬³不⁴留²了¹。

515. 他¹很³没²出¹息¹兒²,這⁴幾³年²有³人²勸⁴他¹改³邪²歸¹正⁴,所³以³比³從²前²好³些¹兒²了¹。

516. 颶⁴風¹就⁴是⁴羊²角²風⁴,又⁴可³

————————————

① 拉蓬扯縴:比喻以不正當的手段爲人牽綫、撮合而從中取利。

② 對不過:對付不了。

③ 世襲罔替:清代襲制名,指世代承襲某一官爵而不改變。

④ 活動:靈活。

以[3]說[1]四[4]面[4]風[1]，一[4]颳[1]這[4]個[4]風[1]可[3]就[4]很[2]危[4]險[2]的[1]了[1]。

517. 我[3]勸[4]你[3]以[3]後[4]別[4]和[4]他[1]交[往][3]，他[1]爲[2]人[2]很[3]險[3]，恐[1]怕[4]日[子][1]多[4]了[1]，他[1]要[4]算[4]計[你][3]了[1]。

518. 我[3]說[1]世[4]上[4]的[事][4]情[2]都[1]是[4]假[3]的[1]，那[2]一[2]樣[4]兒[2]能[2]勾[4]①有[3]永[23]遠[3]不[2]壞[4]的[1]呢[1]？是[4]必[4]要[4]壞[4]的[1]，將[來][2]不[4]知[1]道[4]那[4]一[4]年[2]那[3]一[2]日[4]，還[2]有[4]個[4]天[1]塌[4]地[4]陷[4]呢[1]，何[2]必[4]把[4]世[4]上[4]的[1]東[1]西[1]當[1]做[4]長[2]遠[3]不[2]壞[4]的[1]呢[1]？

519. 那[4]個[4]舖[子][1]很[3]揚[2]氣[4]②，出[1]了[1]門[兒][2]不[4]管[4]換[4]哪[1]。

520. 那[4]個[4]老[3]頭[兒][2]素[4]日[4]很[3]硬[4]朗[4]，見[4]天[1]上[4]街[1]遛[1]打[4]遛[1]打[1]，這[4]兩[3]天[1]總[3]沒[2]見[4]他[1]出[1]來[2]走[3]走[3]，問[4]問[4]人[2]纔[2]知[1]道[4]他[1]得[2]了[1]一[2]個[4]癱[4]瘓[4]病[4]，出[1]不[4]來[2]門[兒][2]了[1]。

521. 沒[2]出[1]過[4]外[4]的[1]忽[1]然[2]到[4]了[1]京[1]看[4]看[4]熱[4]鬧[4]，就[4]彷[3]彿[2]獃[2]子[1]似[4]的[1]，什[2]么[4]事[4]做[4]不[4]着[2]，吃[1]希[1]罕[2]東[1]西[1]見[4]希[1]罕[3]事[4]情[2]。

522. 他[1]們[家][1]裡[3]很[3]有[3]錢[2]，也[3]有[3]個[4]勢[4]派[4]③，請[客][4]的[1]時[2]候[4]兒[2]滿[3]漢[4]酒[2]席[2]很[3]講[3]究[1]。

523. 你[3]給[3]我[3]做[4]的[1]那[4]個[4]東[西][1]，後[4]天[1]一[2]定[4]要[4]用[4]，或[4]者[3]大[4]後[4]兒[2]也[3]可[3]以[3]，再[4]遲[2]了[1]就[4]趕[3]不[2]上[4]了[1]。

524. 前[2]兒[1]個[4]你[3]託[1]我[3]辦[4]的[1]事[4]，本[3]來[2]我[3]一[2]個[4]人[兒][2]不[4]行[2]，總[3]得[3]找[3]他[1]纔[2]可[3]以[3]給[3]你[3]辦[4]。這[4]幾[天][1]不[2]是[4]我[3]把[4]你[3]的[1]事[4]不[4]擱[1]在[4]心[1]裡[3]，因[1]爲[4]我[3]老[3]沒[2]見[4]他[1]的[1]面[4]兒[2]。

525. 你[3]把[3]那[4]個[4]茶[2]碗[3]拿[2]開[1]，遞[4]給[3]我[3]那[4]個[4]水[3]煙[1]袋[4]。

526. "你[3]怎[3]么[4]這[4]么[4]咳[2]嗽[4]？着[4]了[1]凉[2]了[1]么[1]？""不[2]是[4]，是[4]我[3]剛[1]纔[2]喝[4]水[3]喝[1]嗆[4]了[1]，所[3]以[3]止[3]不[2]住[4]的[1]咳[2]嗽[4]。"

527. 因[1]爲[4]他[1]的[1]信[4]兒[1]很[3]含[2]糊[2]，我[3]打[4]聽[1]了[1]好[3]幾[3]天[1]還[2]打[4]聽[1]不[4]出[1]來[2]，問[4]人[2]人[2]也[3]不[4]知[1]道[4]，悶[4]了[1]這[4]么[4]幾[3]天[1]，我[3]總[3]摸[1]不[4]清[1]這[4]件[4]事[4]。

528. 他[1]的[1]樣[兒][2]看[3]得[1]很[3]體[3]面[4]，其[2]實[2]他[1]很[3]沒[2]有[3]錢[2]，天[1]天[1]兒[2]換[4]三[1]換[4]四[4]的[1]穿[1]衣[1]裳[1]，

---

① 能勾：能够。

② 揚氣：傲慢，神氣。

③ 勢派：氣派，派頭。

盡[4]鬧[4]排[2]子[1]①，鬧[4]了[1]這[4]幾[3]年[2]鬧[4]不[2]上[3]來[2]了[1]，所[3]以[3]有[3]點[3]兒[2]露[4]出[1]本[3]相[4]來[2]了[1]。

529. 他[1]一[4]點[3]兒[2]本[3]事[4]也[3]沒[2]有[3]，看[4]着[3]彷[3]彿[2]是[4]個[4]人[2]，其[2]實[2]是[4]個[4]死[3]擺[4]架[2]子[1]②。

530. "我[3]有[3]件[4]事[4]要[4]求[2]你[3]。""什[2]么[4]事[4]？""本[2]來[2]不[2]是[4]我[3]的[1]事[4]，是[4]人[2]家[1]托[1]我[3]給[3]辦[4]的[1]，我[3]又[4]一[2]個[4]人[2]兒[2]做[4]不[4]來[2]，所[3]以[3]求[2]你[3]幫[1]我[3]。"

531. 我[3]因[1]爲[4]那[4]天[1]很[3]熱[4]，揩[1]起[3]窗[1]户[4]睡[4]覺[4]來[2]着[3]，忽[1]然[2]飛[1]進[4]了[1]個[4]撲[1]燈[1]蛾[2]兒[2]，把[4]燈[1]撲[1]滅[4]了[1]。

532. 昨[2]兒[2]個[4]我[3]是[4]該[1]當[1]去[4]的[1]，只[3]是[4]聽[1]見[4]坐[4]中[1]有[3]他[1]，所[3]以[3]我[3]避[4]諱[4]他[1]不[4]去[4]了[1]，請[3]您[2]千[1]萬[4]別[2]見[4]怪[4]。

533. 別[2]看[4]他[1]是[4]一[2]個[4]大[4]財[2]主[3]，吃[1]喝[1]穿[1]戴[4]都[1]比[3]我[3]强[2]，可[3]就[4]是[4]一[2]樣[4]，他[1]那[4]個[4]行[2]爲[2]，我[3]很[3]瞧[2]不[4]起[3]他[1]。

534. 前[2]兒[2]個[4]我[3]勸[4]他[1]不[2]用[4]辦[4]這[4]件[4]事[4]，若[4]是[4]真[1]辦[4]起[3]來[2]，到[4]底[3]了[3]不[4]了[3]了[1]。

535. 本[3]來[2]皮[2]氣[4]不[4]好[3]的[1]，偏[1]要[4]盡[3]着[1]量[4]兒[2]的[1]喝[1]酒[3]，得[2]罪[4]

了[1]好[3]些[1]個[4]人[2]。

536. 我[3]在[4]茶[2]館[3]兒[2]裡[3]喝[1]茶[2]來[2]着[2]，另[4]外[2]還[2]有[3]了[4]吃[1]飯[4]的[1]喝[1]醉[4]了[1]罵[4]人[2]，茶[2]館[3]兒[2]掌[3]櫃[4]的[1]不[4]答[1]應[4]，把[4]他[1]打[3]個[4]了[1]稀[1]糊[2]腦[3]子[1]爛[4]了[1]。

537. 他[1]們[1]家[1]的[1]廚[2]子[1]很[3]好[3]，不[4]但[4]把[4]乾[1]鮮[1]果[3]子[1]收[1]拾[2]的[1]齊[2]齊[2]整[3]整[3]、乾[1]乾[1]净[4]净[4]的[1]，餑[1]餑[1]點[3]心[1]也[3]都[1]做[4]得[2]很[3]好[3]，而[2]且[3]把[4]肉[4]燉[4]了[1]個[4]稀[1]爛[4]噴[1]香[1]的[1]，很[3]有[3]味[4]兒[2]了[1]。

538. 我[3]不[4]能[2]像[4]人[1]家[1]那[4]么[1]花[1]言[2]巧[3]語[3]的[1]，不[2]論[4]什[2]么[4]事[4]，是[4]就[4]說[4]是[4]，不[2]是[4]就[4]說[1]不[2]是[4]，心[1]直[2]口[3]快[4]的[1]，没[2]有[3]什[2]么[4]忌[4]諱[4]，所[3]以[3]我[3]纔[2]告[4]訴[4]他[1]們[1]説[1]，千[1]萬[4]別[2]嗔[1]怪[4]我[3]，恕[4]我[3]是[4]拙[1]嘴[3]笨[4]腮[1]的[1]不[4]會[4]説[1]話[4]。

539. 你[2]嘴[3]裡[3]嘟[1]囔[1]什[2]么[4]？你[3]要[4]挨[2]打[3]么[1]？

540. 磨[2]刀[1]的[1]法[3]子[1]，得[3]把[4]他[1]先[1]擱[1]在[4]粗[1]粗[1]糲[1]糲[1]③的[1]一[2]塊[4]石[2]頭[1]上[4]，磨[2]了[1]半[4]天[1]，然[2]後[4]又[4]把[4]他[1]擱[1]一[2]塊[4]細[4]石[2]頭[2]

---

① 鬧排子：鬧排場，講求體面。
② 擺架子：擺放東西的架子，喻指虛有其表的無用之物。
③ 粗粗糲糲：形容物體表面粗糙。

上,要細細兒的磨纏好。

541. 他這幾年上了歲數兒了,不中用了,幸虧他兄弟是個大幫手,不然他在家務上有些來不及了。

542. 你把那個米攔在太陽地裡晒一晒,晒了會兒把那底下晒不着的,拏手撥攔開他,晒到晚上收進來罷。

543. 他如今發了大財了,底根兒就仗着倆肩髈兒弄起這樣大事來了,真是白手成家的。

544. 他因爲他比我能,想要欺負我,所以前兒個我和他說,你要逞能,來試試誰的勁大。說了那一磨兒①之後,他就不敢和我逞能了。

545. 我今年七十多了,山南海北也去過,不差什庅普天底下都走遍了。

546. 那個人可惹不得,常常的說着好話就翻臉。

547. 兩口子不和氣誰能管呢?俗語也說過:"清官難斷家務事。"

548. 他和他年紀、模樣兒、身量兒、打扮兒都不差什庅一樣,倒像一對雙生兒,猛瞧見叫人認不出來。

549. 我們這兒的東西,價錢也不大,東西又好,可就是一樣,你說要多少你就隨手兒拿多少,別挑揀,若是挑的時候兒,這個價兒可賣不了。

550. 這件事因爲我所認識的人有限,所以總得求您給我辦辦。

551. 那個老頭子我最不愛見他的面兒,一見面兒就要說人家的不是,嘴碎嘮叨的討人嫌。

552. 這兩天寫字寫的很利害,天天兒一起來就寫,除去吃飯,直寫到黑,不但指頭疼,連胳臂都腫了。

553. 這孩子越發不好了,從前我說什庅他不過強嘴②而已,今兒個我說他

---

① 一磨兒:一回,一通。
② 強嘴:頂嘴。

没[2]出[1]息[1]，他[1]竟[4]敢[3]還[2]言[2]①，倒[4]説[1]我[3]没[2]出[1]息[1]，要[4]價[4]兒[2]還[2]價[4]兒[2]②的[1]，實[2]在[4]是[4]可[3]惡[4]。

554. 他[1]那[4]個[4]本[3]事[4]我[3]很[3]瞧[2]不[4]起[3]他[1]，雖[1]然[2]有[3]人[2]誇[1]他[1]好[3]，我[3]想[3]還[2]是[4]個[4]稀[1]鬆[1]平[2]常[2]的[1]人[2]。

555. 您[2]託[1]我[3]給[3]他[1]帶[4]的[1]那[4]封[1]信[4]，當[1]着[2]我[3]的[1]面[4]兒[2]打[3]開[1]，從[2]頭[2]至[4]尾[3]的[1]看[4]了[1]一[2]遍[4]，他[1]都[1]明[2]白[2]了[1]。

556. "您[2]高[1]壽[4]？""我[3]今[1]年[2]七[1]十[2]五[3]歲[4]，身[1]子[2]還[2]硬[4]朗[4]。""眼[3]睛[1]、牙[2]都[1]好[3]啊[1]？""唉[4]！老[3]不[4]成[2]材[2]料[4]兒[2]了[1]，眼[3]又[4]花[1]耳[3]又[4]聾[2]，牙[2]剩[4]了[1]倆[3]了[1]。"

557. 他[1]今[1]年[2]十[2]七[1]八[1]歲[4]，正[4]在[4]妙[4]齡[2]的[1]時[2]候[4]兒[2]了[1]。

558. 那[4]花[1]兒[2]纔[2]開[1]了[1]三[1]四[4]天[1]兒[2]，正[4]在[4]妙[4]齡[2]人[2]人[2]兒[2]愛[4]看[4]的[1]時[2]候[4]兒[2]，等[3]着[2]過[4]兩[3]天[1]兒[2]我[3]摘[1]一[4]枝[1]給[3]您[2]。

559. "這[4]件[4]事[4]叫[4]他[1]辦[4]好[3]不[4]好[3]？""他[1]没[2]有[3]什[2]广[1]能[2]耐[4]，怕[4]不[2]勝[4]其[2]任[4]罷[4]。"

560. "明[2]兒[2]個[4]您[2]什[2]广[1]時[2]候[4]兒[2]走[3]請[2]您[2]告[3]訴[4]我[3]，明[2]天[1]好[3] 給[3]您[2]送[4]行[2]。""不[2]必[4]勞[2]駕[4]了[1]，我[3]打[3]算[4]明[2]天[1]朦[2]朦[1]亮[4]兒[2]就[4]要[4]起[3]身[1]哪[1]。"

561. "你[3]做[4]完[2]了[1]飯[4]還[2]給[3]我[3]溜[4]馬[3]去[4]。""您[2]單[1]派[4]人[2]罷[4]，一[4]囘[2]半[4]囘[2]我[3]還[2]可[3]以[3]溜[1]，要[4]叫[4]天[1]天[1]兒[2]溜[1]，悞[4]了[1]飯[4]算誰[2]的[1]錯[4]兒[2]呢[1]？常[2]言[2]不[2]是[4]説[1]'一[4]身[1]不[4]能[2]當[1]二[4]役[4]'广[1]？"

562. 這[4]個[4]孩[2]子[1]不[4]錯[4]，長[3]得[4]眉[2]清[1]目[4]秀[4]，很[3]有[3]福[2]氣[4]，後[4]來[2]必[4]有[3]點[3]兒[2]造[4]化[4]。

563. 叫[4]他[1]辦[4]什[2]广[1]事[4]没[2]不[4]能[2]的[1]，真[1]是[4]個[4]文[2]武[3]全[2]才[2]的[1]了[1]。

564. 可[3]憐[2]見[4]兒[2]的[1]，人[2]家[1]説[1]他[1]他[1]一[4]聲[1]兒[2]也[3]不[4]敢[3]哼[1]，一[4]天[1]到[4]晚[3]一[4]年[2]到[4]頭[2]忍[3]氣[4]吞[1]聲[1]的[1]，甚[2]广[1]人[2]氣[4]都[1]受[4]。

565. "你[2]看[4]這[4]個[4]東[1]西[1]好[3]不[4]好[3]？""這[4]個[4]東[1]西[1]不[2]錯[4]，我[3]要[4]留下[4]點[3]兒[2]，可[3]是[4]現[4]在[4]没[2]錢[2]，明[2]兒[2]個[4]給[3]罷[4]。""不[4]行[2]，我[3]們[1]的[1]東[1]西[1]是[4]賤[4]賣[4]不[4]賒[1]的[1]。"

566. 這[4]本[3]書[1]是[4]誰[2]編[1]的[1]？編[1]的[1]算[4]可[3]以[3]了[1]。你[3]們[1]要[4]學[2]話[4]，總[3]得[3]把[3]這[4]些[1]個[4]話[4]條[2]子[1]翻[1]來[2]覆[4]去[4]的[1]念[4]熟[2]了[1]纔[2]好[3]。

---

① 還言：頂嘴、還嘴。

② 要價兒還價兒：討價還價。

接見問答

第一章（初相會）

久仰久仰。
彼此彼此。
請教貴姓？
豈敢，賤姓李。請教閣下？
賤姓張。貴台甫①？
草字子鶴。請教大號？
草字友梅。貴原籍？
敝處江蘇省城，閣下是本地廣？
是，我們本是山西人，由先祖到此地落的户。請教官印②？
我名字叫鵬飛。請教閣下？
我名字叫遠年。恭喜是？
當差使。
貴衙門？
兵部。
甚広榮任？
員外郎。閣下恭喜？
鄉試。府上什広地方？

---

① 台甫：敬辭，舊時用于問對方的表字。
② 官印：敬辭，舊時用于問對方的正名。

舍下在東四牌樓四條胡同。貴寓？

小寓在前門外頭江蘇會館。

日後得閑，給閣下請安去。

豈敢，改日我兄弟也要到府上請安去。今兒個風不小啊！

可不是広，昨兒晚上看月亮的時候兒，見有很大的風圈①。

看天氣還是短雨呀。

是，算起來這又有一個多月咯。現在天氣②不早，還有點兒俗事，兄弟要先告假。

好說好說，請治公。

那広少陪咯，免送免送，請留步。

不送不送，候乘候乘。

磕頭磕頭。

第二章（屢次相會）

大哥乘着走別下來，失避失避。

那兒的話呢，上那兒去？

我要到城外頭，您從那兒來？

我是行了一個人情，我早要瞧您納③去，老沒得工夫。

那兒的話呢，偺們常見，不拘形跡最好。

話雖是這広着，叫傍人看着真彷彿不懂禮的似的。

那兒，您公事忙，差使又緊，誰還不知道呢？

承您體諒，可是前兒散了，您就囘家了広？

我可不是打算要囘家，道兒遇見了一個朋友，又在一塊兒逛，逛了會子黑了纔家來着。可是上次在您納府上會過的某人，我們倒很投緣，多嗜偺們聚一聚。

---

① 風圈：月暈。
② 天氣：這裏指時候、時間。
③ 您納：敬語，稱呼對方。

是，我也打算再約一天偺們大家熱鬧熱鬧。

是，那広過兩天聽您納信，一兩天再見。您請乘上走罷，別耽誤了正事。

没要緊的事情。

候乘候乘。

好說好說，您請，那広兩便。

第三章（久別相會）

久違久違，一向好啊？

這一向少見咯。

是，我出了二年外，臨走的時候兒實在是忽忙，没得辭行去，所以您不知道。

可不是広，前些日子和朋友打聽，都說是您現在没在京裏，這次到那兒去來着？

是我們一個親戚選到江蘇，我跟着他到那兒逛了一逛。

啊！到那広遠地方兒去了広？想必江南的風景都逛足了罷？

是，也没到什広別的地方，就到了南京和鎮江一帶啊。怎広您納鬚子都有白的咯？

嗐，這兩年公私的事情都不順心，多累多憂，怎広不顯老呢？您倒發了福咯。

是広？我倒不很理會。現在少爺們都長起來了罷？

嗳，長是長咯，也都是竟長了身量兒咯，甚広都還不會。您這次出去，事由兒都得意不得意？

有什広得意的呢？不過是窮逛一會罷咧。

您要没事，咱們找一個地方細談細談好不好？

不咯，改天給您請安去罷，我還要出城呢。

那広再見，過兩天瞧您去。

第四章（暫別相會）

失迎失迎。

一向好啊？

托福托福。

沒出門去呀？

沒上那兒去。從那兒來？

從家裏來，這兩天實在忙得很，所以老沒得請安哪。

不敢當不敢當，我也正打算要給您請安去，不想叫事情絆着老沒能去。偺們有多少天沒見咯？

喝，快一個月咯，我記得就從上次聽戲之後就所沒見。

可不是広。這兩天天氣還好，早晚兒涼一點兒。

是，晌午雖然暖和，早晚兒沒有綿的實在是不行。

近來作何消遣？

就是在家裏看看閑書，您也老沒聽戲罷？

這有這広些日子沒出城咯，您今兒來的正好，昨兒得了點兒吃的東西，偺們多說會兒話兒罷。

不行，今兒個實在沒工夫。我今兒個來一則請安，二則倒是要和您定個約會兒，偺們多咱出去說一天話兒，不知道您幾時有工夫？

這兩天不行，總得過二十纔好。

那広二十二一早我在家裏等您納，偺們見了再定規上那兒去。我還是就要告假，從這広還到衙門去瞧瞧。

怎広一溜倒要走咯？

實在是有事，不然還鬧虛①広？

那広我倒不敢深留咯。

二十二見。

請。

---

① 鬧虛：假客氣。

第五章（拜訪遇）

閣下沒出門去？
沒上那兒去。
真是好天氣呀。
是，現在正是小陽春①庅，怎庅老沒上我這兒來呀？
是，俗事怱忙，所以沒得來請安，不然今兒我還不能來，是因為有件要緊的事情，特來煩瑣②您哪。
我説你是夜猫子進宅不是？有什庅事情請吩咐。
不是別的，是小兒今年下場③，現在要瞧箭，您知道他骼子本來不好，那兒能開弓呢？馬箭是更不必説了，所以求您納替找個替身兒，您務必的得疼我纔好呢！
好説好説，就是這個事呀，有什庅難的呢？到了日子告訴一個信，打發二小兒去就是咯。
啊，二少爺馬步箭都很好了罢？
您不知道庅？上次送轄，雖然沒得，記過名咯。
這更好咯，省得求外人咯。那庅等到有了准日子的時候兒，我再來奉請。
好説好説，必打發他去。

第六章（拜訪未遇）

前日給您請安來，遇見您納公出。
可不是，失迎失迎。本來我沒打算出門就怕是有人來，我們舍親上這兒來咯，再三再四的約我出去，又不好固辭，那兒想到纔走您就來了呢，真獲罪不少。

---

① 小陽春：農曆十月，天氣尚暖，近于陽春。
② 煩瑣：打擾。
③ 下場：科舉考生進場應試。

那兒的話呢，我也是前兒纔得工夫，想咱們這些日子沒見，所以特來問候，不想來得不虔誠，您沒在家，我還等了會子和孫少爺談了半天，後來看光景大概是一時間不來，府上的人也都說是沒准兒，故此我就先囘去咯。

您説也巧了，我囘來的時候兒，家裏人説您纔走，要打發人去趕去罷，又不知道您往那広①去咯。哎，大遠的往這広來空囘去，眞叫人不好意思啊。

那兒的話呢，到您這兒我還是外人広？若是渴了餓了的時候兒，就是您不在家，我還不會自己要広？

第七章（承擾）

前天實在費心，多謝多謝！

好説好説，耽悞您酒，我想一定沒用迭當②罷？

那兒的話呢，可算是酒足飯飽。我想後來喝得過多，恐怕失儀的地方兒不少罷。

沒有的事，通共纔喝了多少呢，我們倒是少敬咯。偏巧來的客多，照應不到的地方兒多極咯。

這是過謙咯，您那樣的應酬還算不到家広？因爲没外人，所以我們纔都那樣的放肆。

原是那広樣最好，若是都拘泥起來，倒不是疼我兄弟咯。

第八章（謝恩）

前日失迎失迎，我們今天特來道謝。

不敢當不敢當，前兒個到府上實在是天晚咯，所以趕忙的囘來了，那一點兒東西不過是些個頑意兒罷咧，何敢當謝字。

好説好説，您帶來的東西固然是不少，親友們多，那兒不得應酬呢？若是都像給我的那広給，恐怕分不過來了罷？

---

① 那広：哪裏，哪邊。
② 用迭當：客套語，表示"吃得好、吃得舒服"。也作"用的當"。

那兒的話呢，沒有什広。本應當給您帶點兒什広成用的東西來，但是不好帶的不好帶，況且貴的是真貴，道兒上倒顯着招搖，所以不過是弄點兒粗東西遮羞而已。

　　好說，還要什広好的呢？這個我們看着就都寶貝似的，又不出門，那兒能見這樣希奇①的東西，還有幾樣兒不認得的呢。前兒個看了一晚上，看來看去直不知道是作什広用的，您明兒有工夫的時候兒，務必還求指教指教。

　　是，過兩天我們請安去的時候兒，可以把他試用一回，自然就都知道了。

第九章（謝勞）

　　前者實在費心費心。

　　好說好說，都辦得不周到，恐怕倒耽悮了您的事情了罷？

　　那兒的話呢，我們這就感激不盡咯。您納說我這件事那兒有工夫辦？再有至近的親友們裏頭，誰肯替我擔這樣的沉重？若不虧您納，實在糟極咯，恐怕耽悮到這時候兒也還沒章程呢。

　　那兒的話呢，本來我也不知道什広，向來在您跟前也沒効過勞，遇見這広點兒事，既是能辦的還敢不上緊②的辦広，若不然可要朋友作什広呢？

　　話雖是這広說，您待我的這情分，實在是不能一時報答的，只好記在心裏就是咯。

第十章（致意）

　　有人托我給您納帶了一個好兒來，您猜是誰？

　　我倒想不起來，您說是那位？

　　就是廣東那位姓趙的。

　　姓趙的我不認得廣東人哪。

　　怎広所忘死了広？

---

①　希奇：稀奇。

②　上緊：加緊，趕緊。

實在想不起來。

就是偺們來的時候兒進京引見來的船友兒，您怎広會忘了広？

啊，他呀！您在那兒遇見咯？他好啊？

昨兒個出南城到西河沿瞧一個朋友去，見他在街上溜打①呢。我們見了問他住在那兒，他說就在高陞店裏住着呢。我又問他怎広沒上偺們這兒來，他說是現在還沒引見下來，事都不順心，所以匀不開工夫不能來，托我見了衆位都替他致意。

那広倒勞您駕咯，按理說應當趕緊的瞧瞧人家去纔是。您瞧我這幾天連着的事情那兒能得工夫，大概得出月兒纔能去呢。還是托您罷，見了的時候兒先替道費心問好，改日我必親身兒上他那兒請安去呀。

第十一章（見文官）

閣下恭喜？

兄弟是當差使。

貴衙門？

兄弟是在工部兼着總理衙門。

貴前程？

在工部是營繕司員外郎，事務衙門是總辦。

啊，閣下是在旗広？貴旗是那旗？

敝旗庙黃旗。

貴固山？

滿洲。

貴甲喇？

四甲喇。

貴牛彔？

扎克丹牛彔。貴哈喇？

---

① 溜打：溜達。

我們是愛新覺羅哈喇①。

啊，原來您是宗室②呀。我提一個人您知道不知道。

是作什広的？

是在宗人府③當差，姓雲號叫子龍，是載字輩的，可忘了是那旗咯。

啊，他呀，認識，也是我們本旗的，算起來我們還不遠呢。

我們至相好，平常都是常見的，就是這一兩個月我們所沒見。

他現在忙得很呢，總得月底他的差使纔能消停。

那広求您見了他的時候兒，替我問他好罷。

第十二章（見武官）

貴姓？

賤姓張。

貴處？

河南。

在那兒恭喜？

兄弟是兵部的差官。

啊，那広兄台是武進士出身罷？

不是，小弟是武舉。

是，是，小弟知道貴省的人練武的多。

是，敝處不差什広念不起書，所以就入了武道兒了。

是，現在吾兄當差幾年了？

纔一年多，不過學習當差罷咧。

兄台太謙了。兄台這科甲出身的，比行伍出身的體面多了，而且這個歲數兒，將來得了保舉，必要高陞提鎮④的呀。

托兄台的福罷。

---

① 旗、固山、甲喇、牛录、哈喇：清朝八旗下的軍隊編制，來源于滿族的牛录制。

② 宗室：清顯祖塔克世（努爾哈赤之父）的直系子孫爲宗室。

③ 宗人府：明清時掌管皇族事務的官署。

④ 提鎮：清代提督與總兵的合稱。

第十三章(見師長)

閣下貴姓？是陳広？
不錯，賤姓陳。
久聞大名,是高名得很哪。
好說好說。
前幾天我們托竹軒替我們請閣下,想必他已然和閣下說過了罷？
可不是広,昨兒個我們見了,他和我提說閣下要約我過來,不知道閣下天天兒是什広時候兒用工？
小弟天天兒是從辰初到巳初。
啊,這広說這個時候兒倒好辦,現在用的是什広功課呢？
現在我請先生,就是天天兒給我點一點兒報,講兩篇尺牘。
啊,這是了。
可是我們預備月敬的數目,竹軒和您提過了沒有？
提過了,這一節倒在其次,只要偺們有緣,那竟在這個呢？
是,兄弟打算從下月初三用工,您可以來広？
可以,我早半天倒没什広事情。
那広偺們就初三見罷。
您忙什広,請再喝碗茶。
改日領賜罷,少陪。

第十四章(見文人)

我給二位引見引見,這位是梅雪樵,這位是兄弟常提的松華舫。
久仰久仰。
彼此彼此。
前幾日在舍親這里捧讀吾兄的佳作,實在高明得很。
謬獎謬獎,不過是胡謅。
過謙過謙,吾兄現時恭喜？

兄弟此時没什広正事，前二年是在外頭遊幕。

吾兄遊歷的都是那一方？

兄弟一出去，是在山西撫台衙門，後來因敝東調在湖廣，兄弟又隨他去了一盪。後來盛京將軍崇樸山來信，再再約兄弟，只好又到了他那兒，不想到那兒兩個多月的工夫，老先生就逝世了，兄弟也就隨着他的靈囘來了。

那広吾兄打算幾時還要出去呢？

倒不一定，總得交春再説。

兄台暫時若在京是妙極了，兄弟家裏還有兩首新謅的歪詩，日後尚要求替改一改。

好説，我們倒是要領教的。

第十五章（見農家）

你們是那兒的人哪？

咱們是西八里庄兒的。

你姓甚広？

姓王啊，你老。

怎広着？今年年成好不好啊？

好什広呀，落一把子柴火。

我倆月前出城見莊稼都不錯呀。

收是收了點兒，穀種粒呀。

現在還短雪罷？

怎広是不短呢？要想過年吃賤麥子，總得連着下這広四五天兒就行了。

現在要置這広十來畆地，得多少銀子呀？

那那兒模準兒去呀，看什広地咯。

哎，也就是不蠢不俏合其中的啊。

哼，也得個二三十兩銀子啊。

你這是今兒進的城啊？

可不是広，喝，老爺兒都大平西了，還得往囘裏趕呢。

那広再説話兒。

再説話兒。

第十六章(見商賈)

你們舖子在那兒啊?
在順治門外土地廟。
你們賣這樣的東西,在那個地方行広?
没什広不行的,我們也不仗着竟在舖子賣,竟靠着趕廟走宅門子。
這就是了,宅門子竟定活多罷?
可不是広,賣零貨還是在廟上。
像你們用的這材料兒,都是自己出去辦去広?
不是,我們南邊也有舖子,要有什広急用的東西,給他們去一封信,他們就給發來,按常規是一年四季兒往這広來貨。
我說呢,你們用的材料兒,不但好而且還便宜,可是你們若來貨的時候兒,托給帶點兒東西行不行?
怎広不行呢?您明兒開出單子來交給我,橫竪辦不錯。
那広明兒個就奉求。

第十七章(見畫工)

聽見說,你們的丹青好得很哪。
那兒的話呢,没學過。
不是,昨兒我在敝友的家裏,看見你們給他畫的行樂圖,實在是傳神有工夫,所以我今兒來找你們,也是要另畫點兒畫兒,不知道你們有工夫没有?
大概得多少日子要呢?
也就是幾個月,足可以完了罷?
是什広樣式體格呢?
是一大本册頁,山水人物都有,要的是半工半寫,我那兒有樣子,你們明兒過去瞧一瞧去,可以不可以?
總得這広着纔好,那広明兒瞧完了再定規罷。

第十八章（見書家）

久聞閣下華翰是高明得很，兄弟要有勞大筆，賞一點墨跡，澗一澗屋子，不知閣下現時有工夫沒有？

豈敢，過於謬贊咯，兄弟那兒敢論到會寫字呢，不過是塗鴉而已，若不嫌村俗，倒可以獻拙。

過謙過謙，近來的書家雖不少，但是像閣下這樣筆法却難得的。看街上舖戶的字號匾額，還就算是毛旭初寫的"步瀛齋"算可以，潘伯寅的筆跡雖多，真的大概少罷。

可不是広，若論舖戶的春聯，倒還是秀遠峯的多。

不錯，他的字倒是很當時的，可是兄弟見那四牌樓底下有一個蠟舖寫着"火樹林"三個字，那書法倒很別致，不知那是誰寫的？

啊，那是毛佟寫的，也不過新奇而已，按規矩可説不下去。就以現在德潤田説，他那個舌墨，就有喜歡的有不喜歡的。總而言之，都不過是玩意兒，論工夫差得遠呢。倒是貴鄰居齡公，那倒是寫好字的，現在雖然那樣年紀，寫起來精神還好。

可不是広，他的字也見過幾處，倒是不易得的。細説起來，還是算閣下有工夫咯，務必就賞墨纔好。

第十九章（見船家）

你是管船的広？

是。

我要進京，你給我寫兩隻船。

老爺共用幾隻？

一共四隻就彀了。

都是跨子船①哪？

---

① 跨子船：清末民初時期的一種船，底平身長，船艙寬深，不易擱淺，適於內河航運。

可不是庅,小了的不寬綽。大概得幾天到京呢?

這可不敢説,若是遇見風雨,七天八天都不定。按規矩平風静浪的是四天到通州。

那我都不管,我要兩天到通州。

也行,那得連走,多雇縴手就是咯。

每隻得合多少錢呢?

按這庅説,一隻總得合十四塊錢。

這太多了罷。

不多,老爺想我們既應了日子,是非多雇人不行,再遇見天氣不好,恐怕還得賠。

那兒那庅巧,我給十二塊錢一隻。

老爺别那庅説,您按十三塊一隻給就是咯。

那庅依着你可是一節,可别耽悮我的事。

那老爺放心,絶不能的。

第二十章(見工匠)

老爺叫我來,有什庅吩咐庅?

我現在有一塊空地基,打算蓋幾間房子,你們辦得來庅?

這没什庅辦不來的,我做的是這個生意庅。您這塊地有多大?要蓋怎庅樣的式樣?通共多少間?

地方有二十弓①見方,蓋法還没打算呢。

這庅説起來,也就是三合房兒,正房帶倆套間兒耳房,隨着大門蓋兩間門房兒,您想這個式樣好不好?

我打算要按着外國的式樣蓋,周圍砌了群墻,中間兒蓋房,在外頭看是一大間,裏頭隔斷出來,這個樣子行不行?

也使得。外國活我們常作,是多用磚瓦少用木頭,通身都是硬山擱檁②,

---

① 弓:長度單位,清代以五尺爲一弓。

② 硬山擱檁:明清時期一種常見的建築形制,是指將房屋的外横墻(山墻)上部砌成"人"字形,在上面直接擱置檁木支撐屋面;因外形顯得質樸剛硬,故稱"硬山"。這種形制構造簡單,成本較低,民間多見。(賈洪波著《中國古代建築》,南開大學出版社,2010版,63—67頁)

山墙上開門，裹頭隔斷也都是磚墙，隨着的都是帶暗鎖的單扇門；地下也有拏磚漫的，也有舖地板的；窻户是彷彿城門似的，裹頭是玻璃門子，外頭是護板；頂棚是有用紙糊的，有用灰抹的，多是房頂兒上蓋烟筒；外頭全是整磚夾線抹灰，裹頭通抹白灰。您聽是這個規模不是？

不錯，你說的很在行，正對我的意思。今兒個天晚咯，明兒個你在早飯頭裹來，我給你畫個樣子，開了口面進身的尺寸，別的也告訴你。

老爺打算是做包工啊，還是做卯子活①呢？

那都明兒個商量，現在我還有要緊的事呢。

第二十一章（見釋家）

師父寶刹在什広地方？

小寺在京西。

領教法號。

小號是悟空。

賢弟子有幾位？

共有四個小徒。

這進城來，是到那兒去？

是到幾個施主家，取月例②銀子。

寶刹的名字是什広？

廟名是碧雲寺。

啊，就是在門頭村哪。

可不是広，您往這広來過広？

没有広，現在天過短，等到過年春天，我們是必要拜訪去的。

不敢當，您若肯來拜佛，我們是求之不得的呢。

---

① 卯子活：計日活。
② 月例：按月發放的費用。

第二十二章（見道士）

師父貴姓？

小道姓崔。

在那兒養静？

白雲觀。

有多少位道友啊？

喝，通共算起來，有四百多人呢。

現在求雨，没有你們的差使呀？

没有，那都是單有當差的。

像我們人家打醮念經，你們也來広？

也看是什広人家，若是王府大宅門子裏特請我們也有去的，尋常請的那是另有地方。

這広説，這里也有許多的分別哪？

那是自然的，别的不説，也要分别個年深年淺哪。

這就是了，再説話兒。

第二十三章（見漁父）

你們是那兒的人哪？

我們是衛裏的広。

這上來是有什広事情？

弄了魚來咯。

弄來的都是什広魚呀？

銀魚和細鱗白[①]。

没有别的了広？

---

① 細鱗白：東北地區盛産的一種淡水魚，白色細鱗，清代貢品。

再有就是包魚。

行市怎広樣?

包魚就是七八百錢,別的還没定規咯。

我看這年下活鯉魚很多,這也是你們那兒來的広?

不是,那都是便門兒外頭養魚池養的擶年①的。

現在氷凍的這広厚,那池子不凍広?

怎広不凍啊,都是現鑿出來的広。

海鯽魚這當兒没有罷?

没有,那得四月纔有呢。

那都是那兒來的?

那都是山東海裏的。

怎広這個魚,説有就來的很多,説没有就一個也没有咯?

你老不知道,我告訴你老,他是到三四月裏這個魚從海上過一回,來的時候兒都是成千累萬的一塊兒走,遠遠兒看着就彷彿一大片紅浪似的,看他來了,這塊兒三四家子湊在一塊兒,下一個大網,就這一網就穀幾十萬斤,大家拉上來分。他若是再從這兒過呢,就還可以打一網,不然就没有咯。還有一樣兒,這個魚是離海就死,拉上來的時候兒若是很多,就在傍邊兒刨一個大坑,擱裏頭就醃,等賣完了鮮的再賣鹹的,就是黄花兒魚那個打法,也和這個是一樣。你老听明白了広?

聽明白咯。那個螃蟹都是那兒來的?

那螃蟹海的到不了這兒,河裏的都是運河裏出的。

是広,你過年春天上來的時候兒,把海螃蟹給我帶點兒來能不能?

也使得,但要帶也是帶熟的,生的可不能帶。

那我知道,就是熟的也好。

---

① 擶年:迎接除夕。也作"躥年"。"躥年:①正月をあてこんで年越し用の商品を売ること。②商人が年越しすること。"(校注者譯:①指迎接新年所賣的除夕用的東西;②商人在除夕所做的事。)(愛知大學中日大辭典編纂處編《中日大辭典》,1980年第2版,256頁)

第二十四章（見僕役）

請老爺安。

你是那兒來的？

小的是蔡先生打發我來的，這兒有一封信。

啊，你叫王陞啊？

是，小的叫王陞。

我現在短一個人，你要跟着我願意广？

是，小的正要求老爺賞飯吃。

你從前跟過誰？

小的伺候過小老爺，還伺候過潘老爺。

啊，你的鋪盖都帶來咯广？

還沒有呢，小的打算老爺今天若留下，我明天再取鋪盖去。

是了，你出去到門上問他你的下房兒的地方，各人收拾收拾，晚上就得給我開飯，務必的什广都要乾净纏好，就是各人穿的衣裳也總得乾净。還有我的皮氣可是急性子，無論幹什广都得快當①。再者這兒的規矩，尋常無故的不許喝酒賭錢、辯嘴吵鬧，晚上是十下兒鐘關門，可不許不在家裏，這你都聽明白咯广？

老爺吩咐的，小的都記住了，日後再不敢明知故犯。老爺還有什广吩咐的？

没什广咯，你歇歇去罷。

那广小的先到下房兒瞧瞧去。

第二十五章（見學童）

你叫什广呀？

我學名字叫季山，小名兒叫壽兒。

---

① 快當：動作迅速。

你們哥兒幾個？
我們哥兒三。
你是最小的呀？
可不是広。
你念書没有？
念哪。
在那兒念広？
在家裏跟着我父親念哪。
念什広呢？
念上《論語》。
念到那兒咯？
念到"公冶長"咯。
你没對對子広？
學對倆字兒的呢。
你十幾歲？
我九歲。
喝，九歲身量可不矮。你父親現在有什広事情？
當差使哪。
當什広差使呀？
理藩院①的差使。
你們是旗人広？
可不是広。
你念滿洲書哪広？
没哪，我父親説，過年叫我念十二頭兒②呢。
現在你没學寫字哪広？
我寫跳格兒③呢。

---

① 理藩院：清代掌管蒙、回、藏等少數民族事務的中央權力機構。
② 十二頭兒：滿文十二字頭，教學時所用的滿文音節形式。
③ 寫跳格兒：練字時先用薄紙蓋在字帖上描紅，後在旁邊空格處臨寫。

你們一個月有幾課呀？
我們一個月有三回背書課，没有別的。
你爸爸就教你一個人兒広？
還有我們本家兒三個孩子，我們親戚家四個人，連我算是八個人呢。
你没事上我們這兒頑兒來。
等着明兒個我告訴了家裏再來。

第二十六章（見女孩）

你幾歲咯？
我七歲了。
屬什広的？
屬猴兒的。
誰給你梳的頭啊？
我姑姑。
你各人會梳不會？
我還不會哪。
你念書没有？
我念哪。
念什広呀？
念《婦女須知》哪。
認過字號兒没有？
認過好幾百呢。
你跟着誰念書？
我爺爺。
你爺爺多大歲數兒？
我爺爺七十三了。
你們姐兒幾個？
我們哥兒三。
啊，你還有一個哥哥呀？

可不是广，我還有一個妹妹呢。
你妹妹多大兒啊？
纔懷抱兒。
你會做活不會？
我會縫紐襻兒。
你没事幹什广頑兒咯？
我和我們街坊鉸紙人兒頑兒。
你叫什广呀？
我叫琴兒。
你們家裏養活巴兒狗没有？
我家裏有三哪。
都叫什广名字啊？
一個叫烏雲兒，一個叫獅子，一個叫蘋果。
啊，下崽子不下？
去年下了一窩都死咯。
明兒再下的時候兒，尋給我一個。
噷①，等明兒有了，我和我媽給你要一個。
你快家去罷，外頭颳風咯。
我還在這兒等我爺爺呢。

第二十七章（見旅客）

瞧您納氣色很好，是從外頭來广？
可不是广，昨兒纔到京。
從那兒起的身？
從天津。
走的是水路是旱路？

---

① 噷：或爲"餀"的俗字。餀，《廣韻》："於犗切。"意爲打嗝，《廣韻·夬韻》："餀，通食氣也。""餀"與嘆詞"咳"形近，疑爲誤用，列此備考。

我們是起的早。

共走了幾天？

算起來是兩天半。

怎広這広快，不是應當走三天哪広？

用不了，您算我們是大前兒個清早從紫竹林起身，太陽冒嘴兒就到了西沽，晌午到蔡村打尖。歇了好一會子，那方兒店裏都是在教的人，沒有猪肉，又是現宰羊，足足的到兩下兒鐘纔動身。晚上住的是河西務，這個店倒是個大店，房子也還乾淨，吃的東西是要什広有什広。在他這兒住了一夜，前兒早起動身，可巧趕上風咯。車上坐着是真冷，要下來走走，土又颳得睜不開眼睛，好容易到安平，把人都凍僵咯。找了一個店在那兒打尖，別的也顧不了咯，先要了一壺熱酒，要了碗熱湯，兩樣兒都喝下去，纔覺着手啊臉啊微然同煖過點兒來，這纔要洗臉水沏茶，收拾了收拾，喝完了茶要飯，一邊兒吃着飯一邊兒听那風的聲兒，真是怕人。依我的主意就在那兒住下了，趕車的一定催着叫走，没法子纔又走。您說可也巧，走了没五里地風就息了，心想晚上要進城，那兒知道來不及咯，於是就住在于家圍咯，昨兒個已分時纔進城。您算是兩天半不是？

按您這広說走得真不算慢。您在這一路上看着庄稼是怎広樣？

好啊，麥子都一寸多高咯。

怎広樣，道路上安静不安静？

没什広不安静的，一路上都有李宫保①的兵巡查，嚴得很哪，也算是辦事認真咯。

我聽見說，在這道路上往往的有被劫奪了的，這話是真広？

那兒的事呢，很平静的。這可以說在皇上脚底下的地方兒，離城纔多遠兒，那兒能有這些事呢？我想這必是謠言，萬不可信的。

第二十八章（見醫士）

老爺來咯，勞駕勞駕。

好說好說，今兒個天氣還好啊。

---

① 宫保：清代太子少保的別稱。

是，請茶。

請。府上欠安的就是您本人兒広？

可不是広，病了這広些日子咯，也請過些位先生，乍瞧都彷彿是好，其實沒見什広大効，所以耽悮到這時候兒。昨兒聽見敝友説，老先生高明得很，故此勞動大駕，您救一救我罷。

好説，您這病從得到現在有多少日子咯？

這説起來也足有三年咯。每逢一到冬天就犯，一直的得到二三月裏纔能見好，藥也不知道是吃了多少咯。

您這犯病的時候兒，能瞉起來不能？

不能，就是在炕上爬着，若是工夫大了，忽然一動，就喘得了不得，總得吐出幾口痰來，纔能稍止住一點兒。

啊，痰裏帶血不帶？

有広，咳嗽一大發就有血還有痰，也是和尋常的痰不一樣，稠糊糊的帶一股腥氣，一到嗓子惡心的受不得。請了別的大夫瞧，也有説肺熱的，也有説勞傷的，也有説應當疎通的，也有説該吃補藥的，類如什広葠术鹿茸吃的也不少咯，身子也不見足壯。前幾天又有人叫天天兒吃白木耳，我想那更是沒什広力量的東西，所以也沒吃他。您看是怎広樣？

現在聽這病源，還是肺經受傷，您請胸口敞①開，我們這兒有這個問病筒②，可以查考查考，您請躺下。

那広實在的不恭。

您別動，等我聽一聽，您可以數幾個字兒。

一，二，三，四，五，六，七。

得咯，您還是肺經受傷，現在在左肺上邊已經壞咯，方纔説的吐的那個腥痰，那就是濃。這個病總得治病源，我想您從前必是酒喝得過于利害，所以肺經受傷，也是因爲酒不化食，身子所以軟弱，肺經因而虧傷。現在總宜先吃定喘的藥，早晚兒還得吃養身子的藥，兩下裏加攻纔能望好。這病實在是耽悮咯，若是在前年一得的時候兒，就用這個法子治，一定不致于到這個地步兒。

---

① 敞：底本作"廠"。
② 問病筒：聽診器。

老爺說的何曾不是呢，都是叫人耽悞咯，現在也追悔不來，只好求您施妙手救我罷，等好了一塊兒到府上給您磕頭道謝去。

您不必着急，我們是決不能不用心的。藥呢，囘頭我配得了打發人送來，您總要多吃養身的東西，奶子喝不喝？

可以喝。

更好，一天要喝一半碗兒奶子，少着急生氣，瞧書下碁是萬不行的，多養身少着凉，這广保養纔好。若是竟吃藥，您保養的不好，恐怕也是白勞。

承教承教，您再坐坐兒罷。

不咯，別處還有幾家呢，也是要早去的。

那广叫他們替我送送罷，我給您磕頭咯。

第二十九章（見旗兵）

您貴姓？

賤姓慶。

現在是什广地方住？

偺們是街坊，我就在房後頭住。

現在當什广差使？

小差使在旗下。

什广前程？

我吃的領催①錢糧②。

您差使忙不忙？

忙广，我在旗下衙門來文處，每月是該兩班兒，一班兒是五天，若是文書來的多，白日還好些兒，黑下是整夜的不能睡。再者我又掌着檔子③，每月領錢糧放錢糧，挑缺放米，所沒有閑工夫。還有旗下的槍營我也有差使，尋常的日

---

① 領催：旗裏的下層小官，負責文書俸餉等庶務。又稱"百什户"，滿語"催促人"之意。

② 錢糧：旗人兵丁的俸祿，包括錢和米。

③ 掌檔子：指負責文書檔案和錢糧發放。

子還可以不去,到了每月八旗合操①,是總得去的。

啊,這厷說起來實在是忙得很哪。現在貴旗的都統是誰?

是文中堂。

管理槍營的是那位?

是我們副都統棍公爺。

營總是那一位呢?

是一位夸蘭達②,姓扎③,名字叫扎拉豐阿。

每月錢糧吃多少?

錢糧名兒是四兩銀子,其實還不到二兩。

米呢?

米應當是一季兒五石五斗,但是現在實得一石,餘下的也不過折給一兩多銀子。

您在這來文上,沒有什厷進項④厷?

那個沒什厷,不過是該班兒的時候兒有官飯,圖一個保舉就是咯,倒是這槍營裏頭有點兒津貼。

大概多少呢?

也就是一兩多銀子。

那厷這厷説起來,每月算起來也就是三兩多銀子。

可不是厷,就仗着米還勾吃的,到年下有一囘賞,別的決沒有什厷得項。

您既説是掌着檔子,我想那是好差使。

嗐,也不過是虛名兒,那兒有什厷出息呢,也就是將就着當而已。

是厷,您沒事請家裡坐着,偺們説一會子話兒。

不咯,這待一會兒吃完了飯,還得上衙門呢。我告訴你,這尋常的日子實在是沒工夫,今兒個我還算是偷閑呢,按規矩説早就該走咯您,偺們改天説話兒,我先少陪。

---

① 八旗合操:清軍八旗訓練制度中的一項内容,八個旗的兵士聯合操演,舉行的頻次因兵種或地方而異。
② 夸蘭達:滿語,旗人對本旗參領(甲喇)的稱呼,也泛指與參領品級相當的官員。
③ 扎:底本作"札"。
④ 進項:收入。

第三十章（戒友酒色）

　　老弟你是個明白人哪，怎広會繞住了呢？我告訴你，古人説的話是萬不錯的，有利必有害。就以現在你所好的這兩樣兒説，在當時的時候兒是何等樣的快樂，過後兒的難受橫豎是你知道，遭蹋了錢，還遭蹋了身子，耽悞了許多的事情，得罪了許多的朋友，這是圖什広呢？

　　大哥您教訓我的話，真有點兒屈我的心。這兩件事情，我固然是有的，也不過是逢場做戲的應酬朋友們罷咧。若按您這広一説，我不成了酒癲色迷了広？況且我又悞過什広事情？得罪過那個朋友？不知道是那個嘴大舌長的人，給我編造這些没影兒的瞎話，特意吹到您的耳朵裡，好叫您數落我，這真是委屈我呀。

　　老弟，你不必生氣，我知道你也必不是這樣兒的人，但是我既听見有風氣，能不上緊的勸你広？也不過是叫你有則改之、無則加勉的意思啊。你還算是年輕，不知道這兩樣害處的詳細。我告訴你罷，我算是過來的人了，當初我在二十來歲的時候兒，真比你現在鬧的還利害。和朋友們一塊兒喝上，誰肯讓誰呀？從晌午喝起，到半夜裡還没完。若是喝上酒，從來不懂得吃東西，你想這身子受傷不受傷？至於和朋友一塊兒出去鬧去，真把錢彷彿揚似的一個樣。再有，那些女人們待人真是一天一個樣兒，而且從不叫你保養身子，説是取樂兒，其實竟是傷財惹氣。你看我現在不過是四十多歲的人，身子就這広樣兒了，豈不是年輕的時候兒沒出息兒的緣故広？所以我現在听見人說你也要入這個道兒，不能不着實的勸你。若等到你心邪了的時候兒纔勸，恐怕再收斂就不容易了。

常言類

那個人黑麻子要娶美貌妻,這叫"癩蝦蟆①想吃天鵝肉"。
大將軍的兵丁都是英雄壯士,"牡丹花雖美也得綠葉扶持"。
現在他家很窮,他常愛偷,這就是"人貧志短,馬瘦毛長"。
他自己覺着力大要欺負人,那叫"初生的犢兒不懼虎"。
那位總督被參了,不知什広事,常言"官大有險,樹大招風"。
那個地方因爲有反叛,百姓都逃散了,俗言"寧作太平犬,不作離亂民"。
我的身上很瘦,總不見胖。你知道"無病休嫌瘦,身安莫怨貧"。
他的朋友沒良心,都是面子情兒,這叫"畫虎畫皮難畫骨,知人知面不知心"。
主人沒了錢,奴才懶惰幹事,這就是"錢壓奴婢,藝壓當行"。
他那兩口子是有了吃沒了散的,這叫做"酒肉朋友,柴米夫妻"。
他背着人偷東西被人查出來了,常言"紙裏頭包不住火",又説"握着耳朵偷鈴鐺",又説"沒有不透風的籬笆",又説"鉄褲子放屁,三年還要透出來了"。
那位吃羊肉,這位吃猪肉,當厨子難,這叫"一人難稱百人意"。
心裏怨恨外面獻勤兒,那叫"猫兒哭耗子假慈悲"。
那府裏見天剩下的菜很多,下人吃不了白給人吃哪。常言"挨着大樹有柴燒"。
年輕的人做大官常愛鬧錯兒,"羽毛不豐滿不可以高飛"。
人有工夫該當看各樣兒的書,宋朝皇上説過,"開卷有益"。
他喫穿上很講究,辦上事沒主見,這叫"酒囊飯袋,衣裳架子"。

---

① 蝦蟆:蛤蟆。

作事怕勞心，銀錢上很在意，俗語説：" 幹大事而惜身，見小利而忘命。"

您別怪他那個話，他勸你也是爲您好，您不知道" 忠言逆耳，良藥苦口"的話了广？

那底下人没有什广大毛病，您將就着用罷，俗語説：" 人是舊的好，衣裳是新的好。"

他現在得了時①了，連舊日的親朋都瞧不着了，這道人"一步登高就不認得老鄉親"。

那個人愛便宜，所以常常的上檔，古人云：" 人見利而不見害，魚見餌而不見鈎。"

古人好學，負薪掛角②都成了名了，"世上無難事，只要有心人"。

他有五個兒子，只有一個頂好的，"三虎出一豹，九狗出一獒"。

他交朋友巴結有錢的，嫌貧愛富，"只有錦上添花的人，不見雪裏送炭的"。

他們兩人的仇恨是好幾年結的，"冰凍三尺並非一日之寒"。

一黨的人若有一個受傷的，衆人都要報仇。俗語説：" 兔死狐悲，物傷其類。"

那倆人做事麻利，這三人幹事很摸搽。俗語兒説：" 十個指頭没有一般兒齊的。"

你做了十幾年的成衣，不必又想改行。常言説的好：" 生行莫入，熟行莫出。"

辦什广事該當先有個防備，古人云：" 未曾水來先疊垻。"

如今的人都很刻薄，你要交朋友，別竟看外面兒，諺語兒説：" 腹中有劍，笑裏藏刀"。

我和他有好幾年的交情，他真是個心口如一的朋友。古人説的不錯：" 路遥知馬力，日久見人心。"

各樣的行情，雖然一天比一天的貴，也不能長許多，俗語説" 帽子没有大一尺的"，貴了也有限的。

那個人是個死心眼兒，所没活動，凡事都要按着舊例辦的，他還不知道"去

---

① 得時：時運好。
② 負薪挂角：邊背着柴邊讀書，放牛時把書挂在牛角上讀，形容讀書十分刻苦。

年的黃曆今年瞧不了"的這句俗語兒了。

你意說別人的不是，自己的毛病倒忘死了，這就是"丈八燈臺，照遠不照近"。

你既是責任在身上，萬不能推委，這就是"騎上老虎下不來了"。

當兵的人什么事都做，常言："好人不當兵，好鐵不打釘。"

散了一個惡人，這新來的更惡了，這叫做"前門拒虎，後門進狼"。

那位大人教子有方，少爺們都升了官了。賢人說："種瓜得瓜，種豆得豆。"

"這點兒東西實在不恭敬得很。""那兒的話呢，'千里送鵝毛，禮輕人意重'。"

你有要事別告訴他，他言語太不謹慎。古人說過："機事不密，其害立成。"

"我打算不念書了，學別的罷。""你不記得么，'萬般皆下品，惟有讀書高'。"

"我要去拜年，又怕大人不喜歡。""俗語兒不是說么：'官兒不打送禮的。'"

因為一半句話他就挑了眼生了氣了，俗語說："酒逢知己千盃少，話不投機半句多。"

他一開口竟叫人名字，實在是出言不遜。古人說："自大是一個臭字。"

他們倆人過于親近了，"君子相交淡淡如水，小人相交蜜裏調油"。

我看不好人的朋友也沒好人，古人說的好："未見其人，先觀其友。"

他當着人就說自己本事好，"誇嘴的大夫沒好藥"。

他起根兒是個厨子，如今戴上紅頂子了。常言："家貧莫言曾祖貴，好漢那怕出身低。"

他家上下有百數多號人，全仗着一個人的本事，俗語："肩頭有力養一口，心中有力養千口。"

他是很在行，閱歷的事情很多，常言道："不經一事，不長一智。"

大家夥兒湊錢就多多了，俗語："衆毛兒攢氈子。"

他真是個下賤東西，一見錢就想着賺到手，俗言："清酒紅人面，財帛動人心。"

挨着好人總學好人，所謂"近朱者赤，近墨者黑"。

他那個左性①，永遠改不了的。古語："山河容易改，秉性最難移。"

他有滿心的憂愁，可不能對人說，那叫"啞吧慢嘗黃連味，自己有苦自心知"。

那位老大人是作事做的很利害，俗話："薑是老的辣。"

這件事和你有干連的，那是"扯着耳朵腮頰動"。

你看那個陣仗兒②利害不利害？那就是"乾打雷不下雨"。

你別聽錯了，不要多思多想。俗語說："好話別犯猜，犯猜沒好話。"

你要買東西總是買貴的好，俗語不是說広，"貴的不貴，賤的不賤"。

你別忙，等着有用主兒的時候，多賣幾個錢兒不好広？怎広"一文不值半文"的賣呢？

你做事總得安靜點兒纔好哪，別那広"車動鈴鐺響"的。

"怎広你們舖子的白米一個月比一個月的貴？""不是我們的貴，'水長船高'。"

浮花亂費那是暴殄天物的事，朱夫子家訓③上說過："一粥一飯當思來處不易，半絲半縷恒念物力維艱。"韓文公④的傳文上也說過："食焉而怠其事，必有天殃。"

那個人作保人，倒給人還了帳了，豈有"把送殯的埋在墳裏"的理麼？

做完了活不給錢還要罵人，這就叫"念完了經打和尚"。

你不用說你長，也不用說他短，你們倆是"一個巴掌拍不響"。

我要找他來，他不肯來，"驢兒不喝水，不能強搵⑤頭"。

狀元郎娶了一位夫人，美而且賢，"才子配佳人，瘸驢對破磨"。

那個文士雖貧，總不求人，"士窮見節義，世亂識忠臣"。

你竟顧現時不想長久主意，這就是"火燎眉毛顧眼前"。

年輕的人辦事總靠不住，常言："嘴上沒毛，辦事不牢。"

---

① 左性：乖張、執拗的脾性。
② 陣仗兒：場面。
③ 朱夫子家訓：指明末清初朱用純所著《治家格言》。朱用純，號柏廬，江蘇崑山縣人，著名的理學家、教育家。
④ 韓文公：唐代韓愈，諡號文，故稱"韓文公"。
⑤ 搵：按。

那個人有本事，衆人都發了財了，這叫"一人有福，托帶滿屋"。

人有没經過的事，該領教別人，古語："要知山上路，須問過來人。"

年輕的人，凡事都要問問上年紀的人，常言："不聽老人言，恓惶①在眼前。"

讒言不可信，必須詳細查察，俗語："來言是非者，便是是非人。"

見人要謙恭，説話要和氣，萬不可驕傲。格言："滿招損，謙受益。"

那位老師教的門生都成了名了，"井淘三遍吃好水，人受教調武藝高"。

單人獨馬，如何能擋千人之衆？俗語："三拳難敵四手，好漢架不住人多。"

人要用功，總別擱下纔能長進哪，格言説的："學如逆水行舟，不進則退；心似平原走馬，易放難收。"

你借給他錢他可不還你了，那叫"肉包子打狗，一去不回來"。

昨兒個那件事，實在是我的錯了，您納饒我罷。"人非堯舜，凡事何能盡善？"

"今年年下賞他們多少呢？""那是'前頭有車，後頭有轍'。"

"這些個底下人是一樣賞是兩樣賞？""一個鍋裏不能熯出兩樣飯來。"

他竟説匪話，總不説正經話。"狗嘴裏怎広能吐出象牙來？"

他總想富貴，一輩子也没發達，這就是"有福不在忙，無福跑斷腸"。

他的臭名在外所共知的，俗言："好事不出門，惡事傳千里。"

那道人會説，辦上事兒全不能，諺語："鷹嘴鴨子爪，會吃不會拿。"

没有身價的人，連性命都不管了，"只圖眼前快樂，那管下獄昇天"。

下流之輩到了兒②還是壞種，俗言："龍生龍，鳳生鳳，耗子生來會搧洞。"

那個人疑心太重，在屋裏總怕有鬼，"爲人不作虧心事，半夜敲門心不驚"。

他父親的産業不要，自己要起家，常言："好男不吃分家飯，好女不穿嫁時衣。"

那位將軍的兵總没打過敗仗，俗語："强將手下無弱兵。"

好女人嫁一個乏③男人，一輩子受苦，俗語："嫁乞隨乞，嫁宼隨宼。"

---

① 恓惶：煩惱不安貌。

② 到了兒：到底，終究。

③ 乏：形容人没有能耐或物品質量低劣。

皇上有好大臣，治國安民真難得。古人云："賢乃國家寶，儒爲席上珍。"
很好的買賣舖子，沒有好掌櫃的，俗語："有千里馬還得有千里人兒。"
他從小兒就沒出息，長大了也是不成人，"駱駝鞍子象的牙，生就的骨頭長就的肉"。
他交朋友不能長好，幾個月就散了。明太祖說過："反覆無常是真小人。"
你們該當學好人作好事，俗語："人望高處走，水往低處流。"
京城的老花子很多，若是一給錢可了不得了，這叫"善門難開，善門難閉"。
這個地方很苦，何不搬到城裡頭去？俗語："根生土長，戀土難移。"
他親生的兒女，下着毒手混打，常言："虎毒不吃子。"
那兩個人對着臉兒嘴裏混罵，諺語："罵人的不高，挨罵的不低。"
哥兒倆頭生兒的不成人，第二的也不成人，這可說得是"八兩半斤一般兒大"。
那些個兒子只有一個成器的，其餘的全都是放蕩，俗語："好的不用多，一個頂十個。"
他打人的臉，人家自然不饒他，俗語："打人別打臉，罵人別揭短。"
粗布穿着暖和，比洋布還結實。常言："要飽是家常飯，要暖是粗布衣。"
"主人不給錢，天天叫我作飯。""你該説'巧媳婦兒做不出沒米兒的粥來'。"
我們的上司不敢叫人辨別是非，"既在矮簷下，焉敢不低頭"？
那些人在一塊兒竟講究人的錯兒，古語："靜坐常思己過，閒談莫論人非。"
我替他費心辦完了事，也不來道謝，這項人是"過了河就拆橋"。
年輕輕兒的人，能立這広大功勞，古語："有志不在年高，無志空長百歲。"
那個人不論幹甚広都是發財，常言："狼到處吃肉，狗到處吃屎。"
一個拿刀一個拿槍，彼此不動手，這就是"麻稭棍兒打狼，兩頭兒害怕"。
信佛的人捨廟裏錢上山去燒香，常言："在家敬父母，何必遠燒香。"
出外去做客，甚広事都不方便，俗語："在家千日好，出外一時難。"
那個人穿綢緞，他家裏人穿破爛，諺語兒："驢糞球兒外面光。"
"你怎広吃這個粗糯糧食？""這叫'隨年穿衣，隨年吃飯'。"
慮事要周到，早該當有預備。先賢云："勿臨渴而掘井。"

犬馬皆知報恩，何況是一個人？"犬有沾草之恩，馬有垂①韁之報。"

那個人能忍氣，總不惹是非，"知足者常樂，能忍者自安"。

當大夫接人的錢得給人治病，俗語："使人錢財，與人消災。"

打發他出去辦事總不能放心，諺語兒："廟貨靠不住。"

那個人交朋友，從來沒花過一文錢，諺語兒："磁公雞一毛兒不拔。"

他使主人的錢，不願意作事，常言："無功受祿，寢食不安。"

有錢不可亂費，過日子須儉省，"常將有日思無日，莫到無時想有時"。

您說我是老練，什麼事打算都要問我，那就是"問道於盲"了。

"天色不早了，明天再來請教。""告假告假，您何必這麼忙，古人云：'與君一夕話，勝讀十年書。'"

我們本是藉酒談心的，不在乎多飲少飲，所謂"醉翁之意不在酒"了。

我想善為至寶，富貴華麗倒也是一場虛浮夢幻罷咧。常言說："寶珠玉不如寶善，友富貴莫若友仁。"

南方的規矩自然是又不同北邊了，俗言說"百里不同風"，又說"一方水土養一方人"。

浮生若夢，一轉眼就過去了。古人云："曾記少年騎竹馬，轉眼便是白頭翁。"

俗語兒常說的"命該如此""莫非是命""命裏所招""委之于命""命裏帶着的""命裏有時終須有，命裏無時莫強求""君子不與命爭""我認了命了"這些樣兒的話，都是説命是各人一定的；又説"運氣好""時運好""走鴻運""運氣旺""運旺"，這都是説人事情好；或是説"運氣不好""時運不濟""運氣背""時運背""運背着呢""背着運呢""走了背運""沒時運"，這都是説人事由兒不好；又説"運去時黃金減色，運來時鐵樹開花""時也，運也，命也""時來運轉，運敗時衰""運去金成鐵，時衰鬼弄人"，這都是説人各有命，命運所招的話。

就是一個算命的，也不敢給人破婚，俗語兒説："寧拆十座廟，不破一人婚。"

暗中天作之合，人家任憑怎麼攔阻，還是要成的，俗語説："姻緣棒打不散。"

---

① 垂；垂。

人家病了快没指望的時候，雖然東廟燒香西廟禱告，那能靠得住呢？俗語兒説"大夫治得了病，治不了命"；又説"閻王叫人三更死，誰敢留人到五更"；又説"人有千算，不如老天爺一算"。
　　學的日子久了，自然就通達了，"鐵打房梁磨繡針，工夫用到自然成"。

通姓捷訣

貴姓？
敝姓趙。
是刀口還是走肖？
走肖。
這位貴姓？
賤姓錢。
啊，趙錢孫李的錢広？
是。
您納貴姓？
子絲孫。
有位同鄉孫某人，是貴本家不是？
不是，同姓不宗。
剛纔那位貴姓？
他是木子李，十八子。
貴同事，都没領教貴姓。
這位是框吉周，這位是口天吳，這位是耳奠鄭，這位是三畫王，這位是兩點馮。
那兩位姓什広？
那幾位一位是耳東陳，一位是衣者褚，一位是魯衛之衛，一位是草頭蔣，一位是三點水兒的沈，一位是韓文公的韓，一位是木易楊。
聽説各處的字音不同，所以請問姓名的時候兒，常有鬧錯了的。
所以了，比方姓朱的罷，一定要説未撇朱，因爲還有言者諸，這倆字同音。

類如姓秦的，可以說秦始皇的秦，不然那甯波人聽見，就當是耳東陳了。

那麼姓尤的呢？

也是一樣，就說朱秦尤許的尤，不然就和游竺權逯的游字相溷了。姓許的就說言午許。

不錯，領教領教。我想各省的人姓很多，也分郡名罷？

那不是平常用的。比方人家有喜慶事寫帖的時候兒，得用郡名，娘兒們不用姓也用郡名。等我先把這眼面前兒常用的姓，說給您聽一聽。就以姓何的說罷，你若不說人可何，就許認作和穆蕭尹的和了。

這話不錯，那広姓呂的該當怎広說？

呂是双口呂，施是方也施，那姓張更是最多的，都說弓張。至於姓孔的，總是孔子的後裔，不用說甚広，可也有說孔孟的孔。姓曹說三國曹，姓嚴說雙口嚴，姓華的可以說榮華的華，還有姓金的也說金銀的金，姓魏的就說鬼委魏，姓陶的就說陶淵明的陶，姓姜常說是美女姜，至於姓戚的，只可說親戚的戚，姓謝是大姓，常說言身寸，姓鄒就說鄒，可是南邊口音，鄒周二字不分，也有說芻耳鄒的。姓喻的很少，可以說口字旁人則俞，姓柏只說松柏的栢，姓水說水火的水，姓竇得用一句三字經，說"竇燕山"的竇。章又是大姓，說立早章，底下那些姓雲的姓蘇的，凡百家姓裏頭有的，都可以背一句百家姓，人家就知道了。其中還有不用背百家姓可以指明的姓，就是雲彩的雲，蘇東坡的蘇，三點水的潘，草頭葛，百里奚的奚，范蠡的范，彭祖的彭，郎中的郎，魯國的魯，韋陀的韋，双日昌，牛馬的馬，苗疆的苗，鳳凰的鳳，花木的花，方圓的方，人則俞，責任的任，《三國誌》裡頭袁紹的袁，楊柳的柳，咸豐的豐一個大耳朵的鄧，鮑魚的鮑，太史公的史，唐朝的唐，弗貝費，廉潔的廉，山今岑，草頭薛，雷電的雷，慶賀的賀，人兒倪，禹湯文武的湯，滕文公的滕，殷勤的殷，四維羅，畢業的畢，赤耳郝，烏鴉的烏，一個大耳朵的鄔，平安的安，尋常的常，喜樂的樂，干鈞于，時辰的時，師傅的傅，皮毛的皮，汴梁的汴字去了三點水兒的卞，齊國的齊，康寧的康，伍子胥的伍，也可以説大寫伍，人未余，狀元的元，卜卦的卜，瞻顧的顧，孟子的孟，太平的平，草頭黃，和氣的和，穆穆文王的穆，草頭蕭，伊尹的尹，女字旁姚，刀口邵，湛新的湛，三點水的汪，示字旁大耳朵的祁，羽毛的毛，大禹王的禹，夷狄的狄，米糧的米，也說八木，寶貝的貝，日月明，臧文仲的臧，言十計，三伏的伏，成功的成，頂戴的戴，談論的談，宋朝的宋，茅草的茅，厂字頭兒一個龍字的龐，熊掌的熊,紀元的紀,舒展的舒,屈原的屈,項羽的項,祝福的祝,紳董的董,梁惠王的梁,杜甫的杜,阮籍的阮,青出於藍的藍,閔子騫的閔,筵席的席,四季的季,桑麻的麻,强盛的强,西貝賈,道路的路,樓閣的樓去了木字旁的婁,危險的危,江海的江,童子的童,顔色的顔,城郭的郭,梅花的梅,茂盛的盛,双木林,彷彿刀字似的刁,鍾馗的鍾,双人徐,山邱的邱,駱駝的駱,高低的高,春夏的夏,蔡就有一姓不用問,田地的田,杜樊川的樊,古月胡,凌雲的凌,雨字頭一個佳字的霍,虎頭虞,草頭萬,干支的支,執柯的柯,既往不咎的咎字似的昝,管仲的管,虎頭盧,"人莫不飲食也"的莫,五經的經,房屋的房,狐裘的裘,綢繆的繆,相干的干,註解的解念懈,應分的應,宗族的宗,甲乙丙丁的丁,齊宣王的宣,虎賁的賁,登耳鄧,"郁郁乎文哉"的郁,双口單就是單双的①單字,蘇杭的杭,洪水的洪,包涵的包,言者諸,左右的左,金石的石,崔②鶯鶯的崔,吉祥的吉,鈕子的鈕,龍共龔,禾木程,嵇康的嵇。邢,刑法的刑換個大耳朵。潤滑的滑,裴度的裴,陸軍的陸,榮耀的榮,老翁的翁,荀子的荀。牛羊的羊,方旁兒於,恩惠的惠,甄別的甄,神麯的麯,國家的家,封典的封。芮③,草頭一個內外的內字。羿,羽毛的羽字加一個草字底兒。儲蓄的儲。靳,沿革的革字旁加一個斤兩的斤字。汲,三點水兒一個及第的及字。郱,丙丁的丙字一個大耳朵。糜費的糜,松樹的松,井田的井,段落的段,富貴的富,巫山的巫,烏鴉的烏,芭蕉的蕉沒有草字頭兒的焦,巴結的巴,弓箭的弓,全美的全,希罕的希字一個大耳朵的鄁,班次的班,仰慕的仰,春秋的秋,伯仲的仲,伊尹的伊,宮殿的宮,牧羊的牧,耳朵旁一個鬼字的隗,山水的山,山谷的谷,車馬的車,公侯的侯,宓妃的宓,相逢的逢字似的逄,安寗的寗,仇十洲的仇,團圞④的圞字沒有四框楞兒的欒,粗暴的暴,甘心的甘,金字旁一個升斗的斗字鈄,屬聲屬色的屬,兵戎的戎,祖宗的祖,文武的武,符呪的符,卯金刀劉,景致的景,詹事府⑤的詹,束帶的束,龍虎的龍。葉也是大姓,不用問就是枝葉的葉。欣幸的欣,司道的司,韶光的韶,告訴的告字一個大耳朵的郜,黎明的黎,薊州的薊,厚薄的薄,官印的印,星宿

---

① 底本多一"的"字。
② 崔:底本作"雀"。
③ 芮:底本作"芮"。
④ 圞:《集韻》:"盧丸切。"意爲圓。
⑤ 詹事府:掌管東宮事務的機構。

的宿,皂白的白,懷想的懷,菖蒲的蒲,兄台的台一個大耳朵的邰,從來的從,湖北鄂省的鄂,索討的索,咸豐的咸,書籍的籍,倚賴的賴,卓越的卓,藺相如的藺,屠户的屠,蒙古的蒙,池沼的池,喬木的喬,陰陽的陰,鬱金香的鬱,胥吏的胥,才能的能,蒼蠅的蒼,單雙的雙,聞一知十的聞,草頭兒一個辛苦的辛字莘,党參的党,羽佳翟,言字旁西早譚,子貢的貢,君子勞心的勞,相逢的逢念蓬,姬妾的姬,春申君的申,扶持的扶,阿堵物的堵,冉有的冉,宰相的宰,酈食其的酈,雍正的雍,推郄的郄念希,憑據的據字改了斜玉旁兒的璩,桑樹的桑,桂花的桂,濮牛壽通的濮,牛羊的牛,福壽的壽,通達的通,邊疆的邊,滬江的滬去了三點水兒的扈,燕子的燕,希冀的冀,單夾的夾字一個大耳朵的郟,三點水兒一個台甫的甫字浦,和尚的尚,士農工商的農,溫和的溫,特別的別,莊子的莊,晏平仲的晏,柴炭的柴,雙目瞿,閻王的閻,充當的充,羨慕的慕,連陞三級的連,草字頭兒一個如意的如字茹,學習的習,官宦的宦,艾蓬的艾,魚龍的魚,從容的容,向來的向,古今的古,容易的易,謹慎的慎,干戈的戈,廖就有一姓,庾嶺梅花的庾,終久的終,既然的既字底下一個旦字的曁,居處的居,權衡的衡,步履的步,京都的都,耿耿於心的耿,滿漢的滿,寬弘的弘,立框兒一個王字的匡,國家的國,文章的文,冠萊公的冠,廣東的廣,福禄的禄,宮闕的闕,東西的東,歐陽的歐,投遞的投字去了提手兒的殳,土沃民稠的沃,利益的利,草頭兒一個太尉的尉字蔚,越發的越,四川夔州府的夔,乾隆的隆,師傅的師,江山鞏固的鞏,倉庫的庫字去一點的厙,三耳聶,日字頭兒一個①吉兆的兆字晁,勾留的勾,明朝的狀元唐敖的敖,通融的融,冷熱的冷,彼此的此字底下一個言語的言字訾。

辛苦的辛,門字裡頭一個豈敢的敢字闞,支那的那,簡便的簡,饒恕的饒,空空如也的空,曾子的曾,父母的母字似的毋,沙土的沙,也字少一直的乜,奉養的養,鞠躬的鞠,必須的須,豐富的豐,窩巢的巢,關卡的關,萌茅的萌字加一個立刀兒的剻,宰相的相,調查的查,前後的後,荆叙的荆,紅色的紅,游疑的游,天竺的竺,權柄的權,旗人牛録的録字一個走之兒的逯,蓋房子的蓋念曷,損益的益,盤桓的桓,公侯的公。您看底下,打萬俟起到末了兒都是雙姓,可也有單姓,那裡頭有後來續的,都是不常見的,而且没甚庅可説的,不過要知道有

---

① 個:底本作"的"。

那個姓就是了。總是把這些姓念熟了背得出來,臨時要通問姓氏的時候兒,只要背一句百家姓就得了。

　　是,是,領教領教。

部首俗稱

一	一橫	丨	一竪/直	丶	一點	亅	一直一鈎
二	兩橫	亠	一點一橫	人	人字頭	亻	單立人兒
人	臥人兒	几	一撇一拐	冂	三框楞兒	冖	禿寶盖兒
氵	兩點水兒	凵	山字底兒	刀	刂立刀兒	勹	包字頭兒
匚	扁框兒	匸	立框兒	卩	脚刀兒	厂	雁字頭兒
厶	三角兒	㔾	盤肘	囗	四框楞兒	土	扌提土兒
夂	反文兒	夊	夏字底兒	宀	寶盖兒	子	子跨子兒
屮	撇山兒	巛	三拐	幺	團絲	广	點雁兒
廴	走廷兒	廾	草字底兒	彐	斜日兒	彡	三撇兒
彳	双立人兒	心	臥心兒	忄	竪心兒	手	扌提手兒
攴	缺技兒	气	氣字頭兒	氵	三點水兒	火	灬火點兒
爻	双乂子	爿	反片兒	牛	牜提牛兒	犬	犭反犬旁兒
王	斜玉旁兒	疒	病撇兒	癶	發字頭兒	皿	血磕兒
目	斜目旁兒	示	礻一不旁兒	禸	禹字底兒	禾	禾木旁兒
糸	絞絲兒	网	方網兒	肉	肉月兒	艸	草頭兒
虍	虎字頭兒	衣	衤衣字旁兒	西	西字頭兒	辵	走之兒
阝	大耳朵	阝	耳字旁兒	髟	髮字頭兒	門	鬭門兒

田中慶太郎 校字
增補《華語跬步》 終

"早期北京話珍本典籍校釋與研究"
叢書總目錄

早期北京話珍稀文獻集成

（一）　日本北京話教科書匯編

《燕京婦語》等八種　　　　　　四聲聯珠
華語跬步　　　　　　　　　　　官話指南・改訂官話指南
亞細亞言語集　　　　　　　　　京華事略・北京紀聞
北京風土編・北京事情・北京風俗問答
伊蘇普喻言・今古奇觀・搜奇新編

（二）　朝鮮日據時期漢語會話書匯編

改正增補漢語獨學　　　　　　　修正獨習漢語指南
高等官話華語精選　　　　　　　官話華語教範
速修漢語自通　　　　　　　　　無先生速修中國語自通
速修漢語大成　　　　　　　　　官話標準：短期速修中國語自通
中語大全　　　　　　　　　　　"內鮮滿"最速成中國語自通

（三）　西人北京話教科書匯編

尋津錄　　　　　　　　　　　　北京話語音讀本
語言自邇集　　　　　　　　　　語言自邇集（第二版）
官話類編　　　　　　　　　　　言語聲片
華語入門　　　　　　　　　　　華英文義津逮
漢英北京官話詞彙　　　　　　　北京官話初階
漢語口語初級讀本・北京兒歌

（四）清代滿漢合璧文獻萃編

清文啓蒙　　　　　　　　　清話問答四十條
一百條・清語易言　　　　　清文指要
續編兼漢清文指要　　　　　庸言知旨
滿漢成語對待　　　　　　　清文接字・字法舉一歌
重刻清文虛字指南編

（五）清代官話正音文獻

正音撮要　　　　　　　　　正音咀華

（六）十全福

（七）清末民初京味兒小説書系

新鮮滋味　　　　　　　　　過新年
小額　　　　　　　　　　　北京
春阿氏　　　　　　　　　　花鞋成老
評講聊齋　　　　　　　　　講演聊齋

（八）清末民初京味兒時評書系

益世餘譚——民國初年北京生活百態
益世餘墨——民國初年北京生活百態

早期北京話研究書系

早期北京話語法演變專題研究
早期北京話語氣詞研究
晚清民國時期南北官話語法差異研究
基於清後期至民國初期北京話文獻語料的個案研究
高本漢《北京話語音讀本》整理與研究
北京話語音演變研究
文化語言學視域下的北京地名研究
語言自邇集——19世紀中期的北京話（第二版）
清末民初北京話語詞彙釋